浙江省普通本科高校"十四五"重点立项建设教材

编号：105118

数字化管理创新系列教材

数字化运营管理
第2版

李晓　刘正刚　王雷　何炳炯　编著

清华大学出版社
北京

内 容 简 介

本书沿着企业数字化转型的思路,按照企业数字化转型战略、数字化运营系统的规划与设计、数字化运营的计划与控制、数字化运营的管理创新逐步展开,全面系统地介绍制造企业数字化运营管理相关的理论、方法与实践,探索企业从订单到交付完整价值链的数字化转型。全书分 4 篇共 9 章,主要内容包括数字化助力企业转型升级、数字化运营系统的规划与设计、数字化运营的计划与控制、数字化运营的管理创新。全书理论与实践相结合,每章都有微课视频和课后习题。

本书适合作为高等院校数字化工程与管理、管理科学与工程、工业工程、工商管理等专业本科生的教材,还可作为企业管理人员、CIO、CTO、IT 从业人员、政府相关工作人员日常学习和工作的参考书。

图书在版编目 (CIP) 数据

数字化运营管理 / 李晓等编著 . —2 版 . —北京:清华大学出版社 , 2024.1
数字化管理创新系列教材
ISBN 978-7-302-65558-9

Ⅰ . ①数… Ⅱ . ①李… Ⅲ . ①数字技术 – 应用 – 企业管理 – 教材 Ⅳ . ① F272.7

中国国家版本馆 CIP 数据核字 (2024) 第 019983 号

责任编辑:刘向威 张爱华
封面设计:文 静
版式设计:常雪影
责任校对:申晓焕
责任印制:丛怀宇

出版发行:清华大学出版社
　　　　网　　　址:https://www.tup.com.cn,https://www.wqxuetang.com
　　　　地　　　址:北京清华大学学研大厦 A 座　　　邮　　编:100084
　　　　社 总 机:010-83470000　　　　　　　　　邮　　购:010-62786544
　　　　投稿与读者服务:010-62776969,c-service@tup.tsinghua.edu.cn
　　　　质 量 反 馈:010-62772015,zhiliang@tup.tsinghua.edu.cn
印 装 者:三河市龙大印装有限公司
经　　销:全国新华书店
开　　本:185mm×260mm　　印　张:23.25　　字　数:452 千字
版　　次:2021 年 11 月第 1 版　2024 年 3 月第 2 版　印　次:2024 年 3 月第 1 次印刷
印　　数:1~1500
定　　价:69.00 元

产品编号:105118-01

FOREWORD 总序

2003 年，在习近平新时代中国特色社会主义思想的重要萌发地浙江，时任省委书记的习近平同志提出建设"数字浙江"的决策部署。在此蓝图的指引下，"数字浙江"建设蓬勃发展，数字化转型和创新成为当前社会的共识和努力方向。特别是党的十八大以来，我国加快从数字大国向数字强国迈进，以"数字产业化、产业数字化"为主线推动经济高质量发展，我国进入数字化发展新时代。

数字强国战略的实施催生出大量数字化背景下的新产业、新业态和新模式，响应数字化发展需求的人才培养结构和模式也在发生显著变化。加强数字化人才培养已成为政、产、学、研共同探讨的时代话题。高等教育更应顺应数字化发展的新要求，顺变、应变、求变，加快数字化人才培养速度、提高数字化人才培养质量，为国家和区域数字化发展提供更好的人才支撑和智力支持。数字化人才不仅包括数字化技术人才，也包括数字化管理人才。当前，得益于新工科等一系列高等教育战略的实施以及高等学校数字人才培养模式的改革创新，数字化技术的人才缺口正在逐步缩小。但相较于数字经济的快速发展，数字化管理人才的供给缺口仍然巨大，加强数字化管理人才的培养和改革迫在眉睫。

近年来，杭州电子科技大学管理学院充分发挥数字化特色明显的学科优势，努力推动数字化管理人才培养模式的改革创新。2019 年，在国内率先开设"数字化工程管理"实验班，夯实信息管理与信息系统专业的数字化优势，加快工商管理专业的数字化转型，强化工业工程专业的数字化特色。当前，学院数字化管理人才培养改革创新已经取得良好的成绩：2016 年，信息管理与信息系统专业成为浙江省"十三五"优势本科专业（全省唯一），2019 年入选首批国家一流本科建设专业。借助数字化人才培养特色和优势，工业工程和工商管理专业分别入选首批浙江省一流本科建设专业。通过扎根数字经济管理领域的人才培养，学院校友中涌现了一批以独角兽数字企业联合创始人、创业者以及知名数字企业高管为代表的数字化管理杰出人才。

杭州电子科技大学管理学院本次组织出版的"数字化管理创新系列教材"，既是对学院前期数字化管理人才培养经验和成效的总结提炼，又为今后深化和升华数字化管理人才培养改革创新奠定了坚实的基础。该系列教材既全面剖析了技术、信息系统、知识、人力资源等数字化管理的要素与基础，也深入解析了运营管理、数字工厂、创新平台、商业模式等数字化管理的情境与模式，提供了数字化管理人才所需的较完备的知识体系建构；既在于强化系统开发、数据挖掘、数字化构建等数字化技术及其工程管理能力的培养，也着力加强数据分析、知识管理、商业模式等数字化应用及其创新能力的培养，勾勒出数字化管理人才所需的创新能力链条。

"数字化管理创新系列教材"的出版是杭州电子科技大学管理学院推进数字化管理人才培养改革过程中的一项非常重要的工作，将有助于数字化管理人才培养更加契合新时代需求和经济社会发展需要。"数字化管理创新系列教材"的出版放入当下商科人才培养改革创新的大背景中也是一件非常有意义的事情，可为高等学校开展数字化管理人才培养提供有益的经验借鉴和丰富的教材资源。

作为杭州电子科技大学管理学院的一员，我非常高兴地看到学院在数字化管理人才培养方面所取得的良好成绩，也非常乐意为数字化管理人才培养提供指导和支持。期待学院在不久的将来建设成为我国数字化管理人才培养、科学研究和社会服务的重要基地。

是为序！

中国工程院
机械与运载工程学部
工　程　管　理　学　部
院士

2020 年 6 月

第2版 前言

本书是浙江省普通本科高校"十四五"重点立项建设教材，也是"数字化管理创新系列教材"之一，是为顺应数字经济时代数字化管理相关人才培养的需求而编写的。本书在编写过程中根据培养应用型人才的需要，本着循序渐进、理论联系实际的原则，内容以适量、实用为度，注重理论知识的运用，着重培养学生应用理论知识分析和解决企业数字化转型中遇到的实际问题的能力。本书力求叙述简练，概念清晰，通俗易懂，便于自学。与本书配套的课程"数字化运营管理"入选国家智慧教育平台与浙江省线上一流课程，相应开课平台为中国大学 MOOC 平台及智慧树平台。本书沿着企业数字化转型的思路，按照数字化助力企业转型升级、数字化运营系统的规划与设计、数字化运营的计划与控制、数字化运营的管理创新逐步展开，力求紧密联系企业实际的同时，又能够形成具有严密逻辑的理论系统，是一本体系创新、深浅适度、重在应用、着重能力培养的应用型本科教材。

本书在第 1 版的基础上进行修订，分 4 篇共 9 章，主要内容有数字化运营管理概述、企业数字化转型战略、数字化设计与制造、数字孪生与数字化工厂、企业资源计划、高级计划排产、从制造执行系统到制造运营管理、工业互联网及双碳背景下的数字化运营管理。

本书由杭州电子科技大学管理学院李晓统筹规划设计，由李晓、刘正刚、王雷和传化集团何炳炯共同编写。其中第 1～4 章和第 9 章由李晓编写，第 5、6 章由李晓、刘正刚、何炳炯编写，第 7、8 章由李晓和王雷编写。全书由李晓负责修改及统稿。本书的出版得到杭州电子科技大学管理学院以及杭州电子科技大学数据科学与智能决策实验中心的大力支持，在此表示衷心的感谢。

本书在编写过程中参考了国内外大量数字化运营相关的学术文献和研究成果，在此谨向这些参考文献的作者致以诚挚的谢意。由于编者水平有限，书中不妥之处在所难免，恳请广大读者批评指正。

李 晓

2024 年 1 月

第1版 前言

本书是"数字化管理创新系列教材"之一，是为顺应数字经济时代数字化相关人才培养的需求而编写的。本书在编写过程中根据培养应用型人才的需要，本着循序渐进、理论联系实际的原则，内容以适量、实用为度，注重理论知识的运用，着重培养学生应用理论知识分析和解决企业数字化转型中遇到的实际问题的能力。本书力求叙述简练，概念清晰，通俗易懂，便于自学。与本书配套的课程"数字化运营管理"已在中国大学MOOC以及"智慧树"网站上线。本书沿着数字化转型战略—数字化运营系统的规划与设计—数字化运营系统管理的思路展开，力求紧密联系企业实际的同时，又能够形成具有严密逻辑的理论系统，是一本体系创新、深浅适度、重在应用、着重能力培养的应用型本科教材。

本书共8章，主要内容有概述、企业数字化转型战略、数字化设计与制造、数字孪生与数字化工厂、企业资源计划、高级计划排产、从制造执行系统到制造运营管理以及工业互联网。

本书可作为高等院校数字化工程与管理、管理科学与工程、工业工程以及工商管理等专业本科生的教材，同时可供对企业数字化转型与数字化运营管理感兴趣的企业人员、广大科技工作者和研究人员参考。

本书由杭州电子科技大学管理学院李晓、刘正刚、王雷和原浙江正凯集团有限公司CIO（首席信息官）何炳炯共同编写。其中第1~4章由李晓编写。第5、6章由刘正刚和何炳炯编写。第7、8章由李晓和王雷编写。全书由李晓完成修改及统稿。本书在编写过程中得到杭州电子科技大学管理学院的大力支持，在此表示衷心的感谢。同时也感谢曹佳柔、陈雨晨、梁鸿飞、李冲、秦嘉乐、陈冠臻等同学为本书的编写所做的收集和整理资料工作。

特别感谢清华大学出版社的编辑为本书的出版付出的辛勤劳动。

本书在编写过程中参考了国内外大量数字化运营相关书籍、期刊、会议资料、白皮书、公众号、个人微博等，在此一并感谢。由于编者水平有限，书中不妥之处在所难免，欢迎广大同行和读者批评指正。

李 晓

2021年4月

CONTENTS 目录

第一篇　数字化助力企业转型升级

第1章　数字化运营管理概述 ·································· 3
　1.1　数字经济 ·· 3
　1.2　数字化核心技术 ······································ 10
　1.3　产业数字化 ·· 24
　1.4　数字化运营管理 ······································ 29
　习题 ·· 33

第2章　企业数字化转型战略 ······························ 37
　2.1　企业数字化转型趋势与挑战 ·························· 37
　2.2　数字化及其转型的相关术语 ·························· 43
　2.3　企业数字化转型战略规划 ···························· 45
　2.4　企业数字化转型战略举措 ···························· 50
　2.5　数字化转型管理参考架构 ···························· 54
　习题 ·· 60

第二篇　数字化运营的规划与设计

第3章　数字化设计与制造 ································ 65
　3.1　工业革命与制造变革 ································ 65
　3.2　产品数字化开发 ······································ 71
　3.3　产品全生命周期管理 ································ 76
　3.4　数字化设计与制造技术 ······························ 86
　习题 ·· 105

第 4 章　数字孪生与数字化工厂 ·· 109
　　4.1　数字孪生的产生与发展 ·· 109
　　4.2　数字孪生的概念与内涵 ·· 112
　　4.3　数字孪生的内容与架构 ·· 117
　　4.4　数字化工厂 ·· 124
　　4.5　数字化工厂下的生产数字孪生 ······································ 133
　　习题 ·· 144

第三篇　数字化运营的计划与控制

第 5 章　企业资源计划 ·· 149
　　5.1　ERP概述 ·· 149
　　5.2　MRP及其运算逻辑 ·· 157
　　5.3　MPS及其运算逻辑 ·· 168
　　5.4　能力需求管理 ·· 177
　　5.5　ERP面临的困境和未来发展趋势 ···································· 191
　　习题 ·· 195

第 6 章　高级计划排产 ·· 201
　　6.1　APS概述 ·· 202
　　6.2　APS体系架构及系统功能模块 ······································ 211
　　6.3　APS的逻辑 ·· 220
　　6.4　APS系统的算法 ·· 229
　　6.5　APS软件及未来发展趋势 ·· 236
　　习题 ·· 244

第 7 章　从制造执行系统到制造运营管理 ······································ 249
　　7.1　MES的基本概念 ·· 249
　　7.2　MES的功能模块及与其他系统的集成 ································ 254
　　7.3　MES规划与需求分析 ·· 259
　　7.4　制造运营管理 ·· 275
　　7.5　从MES的现状与困境看低代码MOM的发展 ·························· 294
　　习题 ·· 297

第四篇　数字化运营的管理创新

第8章　工业互联网 …………………………………………………………303

8.1　工业互联网概述 ………………………………………………………303

8.2　工业互联网平台的体系架构及核心技术 ……………………………311

8.3　工业互联网平台应用案例 ……………………………………………316

8.4　工业互联网平台赋能产业链供应链 …………………………………322

8.5　工业互联网平台运营模式 ……………………………………………327

8.6　区块链赋能工业互联网 ………………………………………………330

习题 …………………………………………………………………………335

第9章　双碳背景下的数字化运营管理 ………………………………………337

9.1　数字技术赋能"双碳目标"管理 ………………………………………337

9.2　数字技术驱动的工业企业低碳绿色运营管理 ………………………339

9.3　工业互联网碳达峰碳中和园区 ………………………………………343

9.4　数字技术驱动的低碳绿色供应链管理 ………………………………346

习题 …………………………………………………………………………353

参考文献 …………………………………………………………………………355

第一篇

数字化助力
企业转型升级

第 1 章

数字化运营管理概述

数字经济作为信息时代新的经济社会发展形态，正成为全球经济发展的新动能，将带来哪些变革？企业、消费者、政府以及整个社会该如何迎接数字经济的到来？本章从数字经济的"前世今生"开始，逐步介绍何为数字经济、数字经济的特征及框架、数字化核心技术、产业数字化的概念和应用场景，最后介绍数字化运营管理的产生背景、内涵以及本书的内容框架。

1.1 数字经济

从农业时代、工业时代到信息时代，纵观世界文明史，每次科技革命和产业变革都推动了生产力的大幅提升和人类文明的巨大进步，技术力量不断推动人类创造新的世界，人类正站在一个新的时代到来的前沿。如图1.1所示，数字经济作为信息时代新的经济社会发展形态，更容易实现规模经济和范围经济，日益成为全球经济发展的新动能。

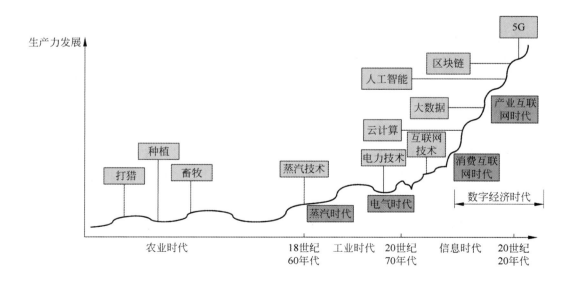

图1.1　数字技术发展推动全球进入数字经济时代
（中国信息通信研究院，2019）

视频讲解

1.1.1 数字经济的"前世今生"

1. 数字经济的"前世"

"数字经济"（digital economy）一词首次出现在1994年加拿大商业策略大师唐·塔普斯科特（Don Tapscott）的著作 *The Digital Economy：Promise and Peril in the Age of Networked Intelligence*（《数字经济：网络智能时代的承诺与危险》，见图1.2）中，作者突出了该词，并对其做了详细描述，此文引起了巨大的反响。唐·塔普斯科特被公认为"数字经济之父"。

图1.2 唐·塔普斯科特和他的关于数字经济的著作

The Digital Economy：Promise and Peril in the Age of Networked Intelligence 中，唐·塔普斯科特回答了每个有远见的高管和经理心中的一个问题：新技术对我和我的业务意味着什么。唐·塔普斯科特用通俗易懂的语言表达了成功参加新IT浪潮的领先组织的实际案例，揭示了新技术和业务策略不仅会改变业务流程，而且会改变产品和服务的创建方式与投放市场、企业的结构和目标、竞争的动态以及业务成功的所有规则。但是，非凡的旅程并没有就此结束。

1994年，美国MIT教授、MIT媒体实验室创办人尼古拉斯·尼葛洛庞蒂（Nicholas Negroponte）出版了《数字化生存》（*Being Digital*）一书（见图1.3）。书中写道：计算机不再只与计算有关，它决定我们的生存；社会的基本构成要素将由原子（atom）转变成比特（bit）；网络将改变人们的生存方式、改变世界。该书出版后曾长期位居美国《纽约时报》畅销书排行榜榜首，美国《时代》周刊将尼古拉斯·尼葛洛庞蒂评为当代最重要的未来学家之一。

《数字化生存》是一部有关数字化社会的启蒙之作，它对互联网的发展起到了推波助澜的作用。尼古拉斯·尼葛洛庞蒂也因此被称为"数字化之父"。

随着曼纽尔·卡斯特尔（Manuel Castells）的《信息时代：经济、社会与文化》（*The Information Age：Economy，Society and Culture*）三部曲、尼古拉斯·尼葛洛

图1.3 尼古拉斯·尼葛洛庞蒂和他的《数字化生存》

庞蒂的《数字化生存》等著作的出版和畅销，数字经济理念在全世界流行开来。

1998年，美国商务部发布报告：*The Emerging Digital Economy*（《新兴的数字经济》），该报告从政府角度判断美国数字经济的到来，并开始设计测量指标、搜集数据，将数字经济纳入官方统计中。此后，又陆续发布了*The Emerging Digital Economy Ⅱ*（《新兴的数字经济Ⅱ》）和*Digital Economy 2000*（《数字经济2000年度报告》）等。"数字经济"的概念在全社会开始广泛使用。

由于万维网的普及，大量资金投入互联网企业，纳斯达克股指曾疯涨到5000多点。美国政府也在不断宣传以数字经济为特征的新经济神话，美国信息产业1990—2000年平均增长率达到6.47%，是其GDP（国内生产总值）增速的2倍。但到了2001年，新经济神话突然破灭，纳斯达克股指跌到1000多点，许多互联网公司倒闭。当时很多经济学家争论数字经济究竟有没有提高生产率，互联网经济是不是泡沫。国内一些学者也发表文章论述中国处在工业化时期，重化工阶段不可逾越。在这种情况下，我国的数字经济和信息化推进速度有所下降。

事实表明，2001年的互联网泡沫破灭只是数字经济发展过程中一段短暂的低潮。2004年美国脸书（Facebook）公司成立，几年后其市值就超过谷歌（Google）公司，社交网络很快成为全球热点。接着，云计算、物联网风起云涌，一浪接一浪，将数字经济又推向高峰。2004—2007年，全球经济年均增长速度高达5%，是近30年来增长最快且最为平稳的一段时间。2008年的国际金融危机使全球经济特别是传统金融业遭受重创，但苹果、脸书、谷歌、微软、亚马逊等数字公司基本上毫发无损。我国的阿里巴巴、百度、腾讯等数字企业受影响也不大，为我国经济稳定增长做出了贡献。

2. 数字经济的"今生"

大数据、人工智能、虚拟现实、区块链等技术的兴起为人们带来了希望，世界各国不约而同地将这些新的信息技术作为未来发展的战略重点。

2016年9月，二十国集团（G20）杭州峰会发布《数字经济发展与合作倡议》，认为数字经济将提供新角度和新思维，通过推动新工业革命的技术、要素和组织变革，提高全要素生产率和潜在增长率，提升中长期增长潜力，开启世界经济增长前景的全新评价和发展模式。

2016年10月，习近平总书记在中共中央政治局第三十六次集体学习时强调，要做大做强数字经济，加快数字经济对经济发展的推动。

2017年3月，"数字经济"被写进了政府工作报告，提出"加快人工智能、第五代移动通信等技术研发和转化，推进'互联网+'深入发展，促进数字经济加快成长，让企业广泛受益、群众普遍受惠"。

2017年1月7日，阿里巴巴集团副总裁、阿里研究院院长高红冰发布《数字经济2.0》报告。

2017年3月3日，腾讯公司董事会主席马化腾认为"数字经济"与"互联网+"一脉相承。"互联网+"强调的是连接；"数字经济"强调的是连接之后有产出，有效益。

2021年10月，习近平总书记在主持十九届中央政治局第三十四次集体学习时进一步强调，要把握数字经济发展趋势和规律，推动我国数字经济健康发展。

2022年12月，习近平总书记在中央经济工作会议上再次强调"要大力发展数字经济"。数字经济在政府工作报告中的地位也不断提升，从2017年第一次提出"促进数字经济加快发展"，到2022年将"促进数字经济发展"单独成段，再到2023年"大力发展数字经济"，政府工作报告对"数字经济"的表述不断强化，释放大力发展数字经济的积极政策信号。在习近平总书记关于网络强国的重要思想指引下，我国数字经济顶层战略规划体系渐趋完备。《中华人民共和国国民经济和社会发展第十四个五年规划和2035年远景目标纲要》《"十四五"数字经济发展规划》《数字中国建设整体布局规划》相继出台，构成我国发展数字经济的顶层设计体系。

数字经济已成为我国以及世界各国的重要战略发展方向，也被视为经济增长的新引擎。

1.1.2 数字经济的概念

数字经济有一个广泛的相似概念"家族"。维基百科（Wikipedia）提出，数字经济时常与互联网经济（internet economy）、新经济（new economy）、网络经济（web economy）等概念表达相似或观念相同。

1. 数字经济的定义

（1）二十国集团的定义。二十国集团对数字经济的定义是："数字经济是指以使用数字化的知识和信息作为关键生产要素、以现代信息网络作为重要载体、以信息通信技术的有效使用作为效率提升和经济结构优化的重要推动力的一系列经济活动。"这一定义的外延很广，远远超出了狭义的信息产业。

（2）中国信息通信研究院的定义。中国信息通信研究院（CAICT）在《中国数字经济发展报告》中指出：数字经济是以数字化的知识和信息作为关键生产要素，以数字技术为核心驱动力量，以现代信息网络为重要载体，通过数字技术与实体经济深度融合，不断提高经济社会的数字化、网络化、智能化水平，加速重构经济发展与治理模式的新型经济形态。

（3）陈世清的定义。陈世清在他创立的对称经济学术语表中对数字经济的定义是：作为经济学概念的数字经济是人类通过大数据（数字化的知识与信息）的识别—选择—过滤—存储—使用，引导、实现资源的快速优化配置与再生，实现经济高质量发展的经济形态。

通过不断升级的网络基础设施与智能机等信息工具，以及互联网、云计算、区块链、物联网等信息技术，数字经济促使人类处理大数据的数量、质量和速度的能力不断增强，从而推动人类经济形态由工业经济向信息经济—知识经济—智慧经济形态转化，最终极大地降低社会交易成本，提高资源优化配置效率，提高产品、企业、产业附加值，推动社会生产力快速发展，同时为发展中国家后来居上实现超越性发展提供了技术基础。

数字经济也称智能经济，是工业4.0或后工业经济的本质特征，是信息经济—知识经济—智慧经济的核心要素。正是得益于数字经济提供的历史机遇，中国才得以在许多领域实现超越性发展。

2. "数字经济"概念中"数字"的含义

（1）数字技术。如大数据、云计算、人工智能、区块链、物联网、AR/VR等，将极大地提高生产力，扩大经济发展空间，产生新的经济形态，创造新的增量财富，同时也将推动传统产业转型升级，优化产业结构，从传统实体经济向新实体经济转型。

（2）数字即数据。特别是大数据，既是新的生产要素，又是新的消费品。

大数据作为新的生产要素，不仅能够提高其他生产要素（资本、劳动）的使用效率和质量，更重要的是，大数据将改变整个生产函数，即经济活动的组织方式，通过平台化的方式加速资源重组，提升全要素生产率，推动经济增长。

大数据作为消费品，数字所包含的信息、知识、数字内容、数字产品已经形成了非常大的市场，同时也成为新的财富载体，直播、短视频、数字音乐、新闻推送等产业极富创造力，且增长速度飞快。

3. 数字经济的三大定律与七大特征

梅特卡夫定律、摩尔定律和达维多定律是数字经济的三大定律。

（1）梅特卡夫定律。一个网络的价值等于该网络内节点数的平方，而且该网络的价值与联网的用户数的平方成正比。该定律意味着一个网络的用户数越多，整个网络和该网络内的每台计算机的价值也就越大。相应公式是网络的价值$V=KN^2$，其中K为价值系数，N为用户数，如图1.4所示。图中，网络的成本$C=PN$，其中P为成本系数，相应两条线相交处形成一个临界点。

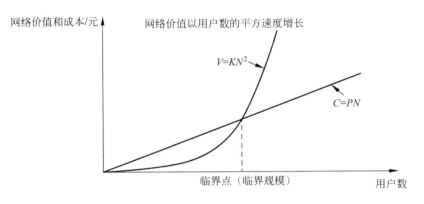

图1.4　梅特卡夫定律

（2）摩尔定律。集成电路上可容纳的晶体管数目约每隔18个月便会增加一倍，性能也将提升一倍。它揭示了信息技术进步的速度。

（3）达维多定律。进入市场的第一代产品能够自动获得50%的市场份额，所以任何企业在本产业中必须第一个淘汰自己的产品。实际上，达维多定律体现的是网络经济中的马太效应，即强者更强、弱者更弱的两极分化现象。

这三大定律决定了数字经济具有的七个特征。

（1）快捷性。首先，互联网突破了传统的国家和地区界限，被网络连为一体，使整个世界紧密联系起来，把地球变成为一个"村落"。其次，突破了时间的约束，使人们的信息传输、经济往来可以在更小的时间跨度上进行。最后，数字经济是一种速度型经济。现代信息网络可用光速传输信息，数字经济以接近于实时的速度收集、处理和应用信息，节奏大大加快。

（2）高渗透性。迅速发展的信息技术、网络技术具有极高的渗透性功能，使得信息服务业迅速地向第一、第二产业扩张，使三大产业之间的界限模糊，出现了第一、第二和第三产业相互融合的趋势。

（3）自我膨胀性。网络价值等于其节点数的平方，说明网络产生和带来的效益将随着网络用户的增加而呈指数形式增长。在数字经济中，由于人们的心理反应和行为惯性，在一定条件下，优势或劣势一旦出现并达到一定程度，就会导致不断加剧而自行强化，出现"强者更强，弱者更弱"的"赢家通吃"的垄断局面。

（4）边际效益递增性。边际效益递增性主要表现为：一是数字经济边际成本递减；二是数字经济具有累积增值性。

（5）外部经济性。网络的外部经济性是指每个用户从使用某产品中得到的效用与用户的总数量有关。用户人数越多，每个用户得到的效用就越高。

（6）可持续性。数字经济在很大程度上能有效杜绝传统工业生产对有形资源、能源的过度消耗造成的环境污染、生态恶化等危害，实现了社会经济的可持续发展。

（7）直接性。由于网络的发展，经济组织结构趋向扁平化，处于网络端点的生产者与消费者可直接联系，因此降低了传统的中间商层次存在的必要性，显著降低了交易成本，提高了经济效益。

1.1.3 数字经济的"四化"框架

数字经济具体包括数字产业化、产业数字化、数字化治理和数据价值化四部分，如图1.5所示，涉及生产力、生产关系和生产要素三方面。

视频讲解

生产要素	生产力	生产关系
数据价值化 数据采集 数据标准 数据确权 数据标注 数据定价 数据交易 数据流转 数据保护	数字产业化 电信 电子信息制造 软件和信息技术服务 互联网	数字化治理 多元治理
技术 资本 劳动 土地…	产业数字化 数字技术在农业中的边际贡献 数字技术在工业中的边际贡献 数字技术在服务业中的边际贡献	数字技术+治理 数字化公共服务

图1.5 数字经济的"四化"框架
（中国信息通信研究院，2020）

一是数字产业化，即信息通信产业，具体包括电信业、电子信息制造业、软件和信息技术服务业、互联网行业等。

二是产业数字化，即传统产业应用数字技术所带来的产出增加和效率提升部分，包括但不限于工业互联网、智能制造、车联网、平台经济等融合型新产业新模式新业态。习近平总书记强调："推动数字产业化，依靠信息技术创新驱动，不断催生新产业新业态新模式，用新动能推动新发展。"

三是数字化治理，包括但不限于多元治理，以"数字技术+治理"为典型特征的技管结合，以及数字化公共服务等。

四是数据价值化，包括但不限于数据采集、数据标准、数据确权、数据标注、数据定价、数据交易、数据流转、数据保护等。

1.2 数字化核心技术

1.2.1 5G技术

1. 5G的概念

第五代移动通信技术（5G或5G技术）是新一代蜂窝移动通信技术，也是继4G、3G、2G和1G系统之后的延伸（见图1.6）。5G的性能目标是高数据速率、减少延迟、节省能源、降低成本、提高系统容量和大规模设备连接。

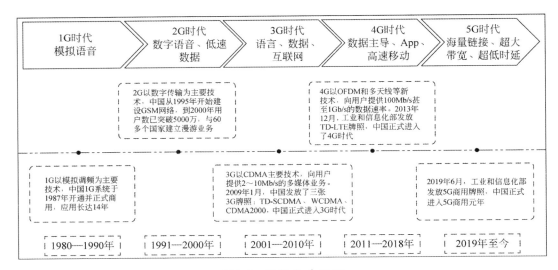

图1.6　通信发展历程

（中国信息通信研究院，2019）

5G移动网络与早期的2G、3G和4G移动网络一样。5G网络是数字蜂窝网络，在这种网络中，供应商覆盖的服务区域被划分为许多被称为蜂窝的小地理区域。表示声音和图像的模拟信号在手机中被数字化，由模数转换器转换并作为比特流传输。蜂窝中的所有5G无线设备通过无线电波与蜂窝中的本地天线阵和低功率自动收发器（发射机和接收机）进行通信。收发器从公共频率池分配频道，这些频道在地理上分离的蜂窝中可以重复使用。本地天线通过高带宽光纤或无线回程连接与电话网络和互联网连接。与现有的手机一样，当用户从一个蜂窝到另一个蜂窝时，他们的移动设备将自动"切换"到新蜂窝中的天线。

2. 5G的特性与应用场景

5G有三大特性：大带宽高速率、低时延高可靠和海量连接，如表1.1所示，5G关键特性对应的应用场景如图1.7所示。网络速度提升，用户体验与感受才会有较大的提高。5G速率较4G有全方位的提升，下行峰值速率可达20Gb/s，上行峰值速率可能超过10Gb/s。对网络速度要求很高的业务能在5G时代被推广，例如，云VR的呼声一直很高，但是目前4G速度不足以支撑云VR对视频传输和即时交互的要求，用户还需要依靠

表1.1　5G三大特性及其关键性能指标

三 大 特 性	关键性能指标
大带宽高速率eMBB（面向人）	用户体验速率：1Gb/s 峰值速率：上行10Gb/s，下行20Gb/s 流量密度：每平方米10Mb/s
低时延高可靠uRLLC（面向工业互联网）	空口时延：1ms 端到端时延：毫秒量级 可靠性：接近100%
海量连接mMTC（面向物联网）	连接数密度：每平方千米100万台 超低功耗，超低成本

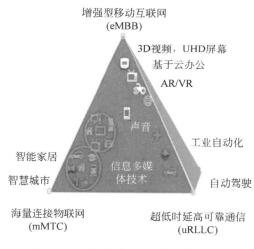

图1.7　5G关键特性对应的应用场景
（中国信息通信研究院，2019）

昂贵的本地设备进行处理。依托于5G的高速率，云VR将能够获得长足发展。5G支持单向空口时延最低1ms级别、高速移动场景下可靠性99.999%的连接。5G超低时延的特性可以支持敏感业务的调度，为车联网、工业控制、智能电网等垂直行业提供更安全、更可靠的网络连接，同时使自动驾驶、远程医疗等应用场景走向现实。5G网络每平方千米百万级的连接数使万物互联成为可能。5G网络面向的不仅仅是个人用户，还有企业用户和工业智能设备，5G将为C端和B端的用户或智能设备提供网络切片、边缘计算等服务。5G每平方千米百万级数量的连接能力和多种连接方式，拉近了万物的距离，实现了人与万物的智能互联。

3. 6G的概念与特点

6G即第六代移动通信技术，6G在峰值速率、时延、流量密度、连接数密度、移动性、频谱效率、定位能力等方面远优于5G，可为自动驾驶、医疗保健、智慧城市等应用场景提供更好的支持。国家"十四五"规划纲要和《"十四五"数字经济发展规划》明确提出，要前瞻布局6G网络技术的储备，要求加大6G技术研发支持力度，积极参与推动6G国际标准化工作。5G是当下，6G是未来，6G技术仍待进一步突破。

1.2.2　云计算

云计算（cloud computing）是分布式计算的一种，指的是通过网络"云"将巨大的数据计算处理程序分解成无数个小程序，然后通过多个服务器组成的系统处理和分析这些小程序得到结果，并返回给用户。云计算早期就是简单的分布式计算，解决任务分发并进行计算结果的合并。因而，云计算又称为网格计算。通过这项技术，可以在很短的时间（几秒）内完成对数以万计的数据的处理，从而达到强大的网络服务。

现阶段所说的云服务已经不单单是一种分布式计算，而是分布式计算、效用计算、负载均衡、并行计算、网络存储、热备份冗余和虚拟化等计算机技术混合演进并跃升的结果。

如图1.8所示，云计算在第一个十年里已经正式确立了它的地位。如今正处在一个全新的时代，数据呈现爆炸性增长，人类对计算的需求大大增加，并且希望随时随地获取，这将直接推动云计算成为数字经济时代的新型信息基础设施，并作为公共服务支撑下一波数字经济的发展，推动人类进入数字化时代。

随着云计算的不断发展，云计算的服务模式也在不断调整。IT基础设施被要求更大规模地扩展，既要满足更高的密度、更低的功耗和成本，又要有灵活、弹性、直观与深入的管理方式，并以标准化、通用化的形式将服务提供给客户，这将很大程度上解决传统计算的服务模式固化、资源整合能力不足、资源分配时间成本高、平台化效率低等问题。云计算发展至今，其特点主要呈现为以下五方面。

（1）虚拟化。云计算支持用户在任意位置、使用各种终端获取应用服务。

（2）规模化整合。云中的资源非常庞大，在一个公有云中可以有几十万台甚至上百万台服务器，在一个小型的私有云中也可以有几百台甚至上千台服务器。

（3）高可靠性。云计算使用了多副本容错技术和计算节点同构可互换等措施保障服务的高可靠性，使用云计算比使用本地计算机更加可靠。

（4）高可扩展性。云计算具有高效的运算能力，在原有服务器基础上增加云计算功能能够使计算速度迅速提高，最终实现动态扩展虚拟化的层次，达到对应用进行扩展的目的。

（5）按需服务。云计算是一个庞大的资源池，使用者可以根据需要进行购买。

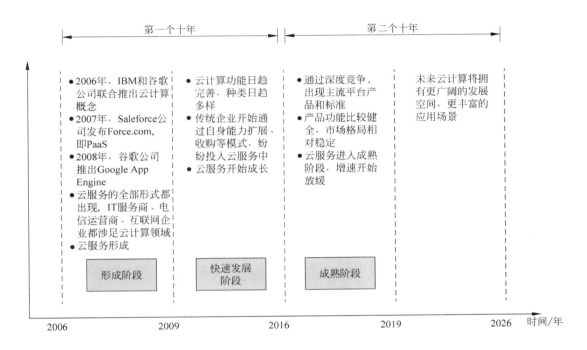

图1.8 云计算发展历程

（中国信息通信研究院，2019）

1.2.3 人工智能

人工智能（artificial intelligence，AI）作为计算机学科的一个重要分支，在当前被称为世界三大尖端技术之一。人工智能可以理解为用机器不断感知和模拟人类的思维过程，使机器达到甚至超越人类的智能。随着以深度学习为代表的技术的成熟，人工智能开始应用到数字经济的各个组成部分，促进产业内价值创造方式的智能化变革。

如图1.9所示，自诞生至今60多年的历史中，各行业的专家和学者进行了大量探索与实践，人工智能的发展也经历了多次起伏。人工智能最早于1956年夏天在美国达特茅斯学院的一个学术会议中被提出并获得肯定，这标志着人工智能科学正式诞生。20世纪60年代初，机器定理证明、跳棋程序等研究成果大大提高了人们对人工智能的关注度。但在随后的10年中，对人工智能过高的期待使得人们设立了许多不切实际的研发目标，例如用机器证明函数问题、依靠机器进行翻译等。这些挑战不出意外地相继落空，使人工智能的发展步入了低谷。到了20世纪70年代末期，专家系统的出现让人工智能成功地从理论研究走向了实际应用。专家系统通过模拟人类专家的知识和经验解决特定领域的问题，让人们开始在医疗、化学、地质等领域享受人工智能带来的好处。20世纪80年代到90年代，随着美国和日本立项支持人工智能研究，人工智能进入第二个发展高潮期。期间，与人工智能相关的数学模型取得了一系列重大突破，如著

名的多层神经网络、BP（back propagation，反向传播）算法等，使算法模型准确度和
专家系统获得了进一步优化。

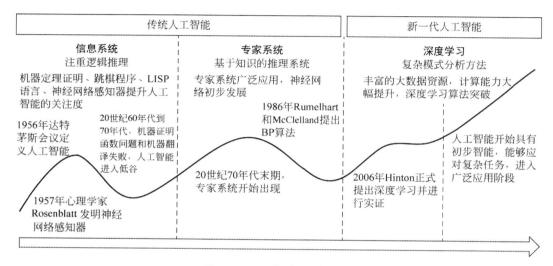

图1.9　人工智能发展历程
（中国信息通信研究院，2019）

在新一代信息技术的引领下，随着数据的快速积累、运算能力的大幅提升、算法
模型的持续演进以及行业应用的快速兴起，人工智能的发展环境发生了深刻变化，跨
媒体智能、群体智能、自主智能系统、混合型智能逐渐成为新的发展方向。

随着人工智能越来越多地被应用于内容创作，人工智能生成内容（artificial
intelligence generated content，AIGC）的概念悄然兴起。自2014年起，随着以生成式
对抗网络（generative adversarial network，GAN）为代表的深度学习算法的提出和迭代
更新，AIGC迎来了新时代。AIGC的兴起源于深度学习技术的快速突破和日益增长的
数字内容供给需求。AIGC将有望成为数字内容创新发展的新引擎，为数字经济发展注
入全新动能。一方面，AIGC能够以优于人类的制造能力和知识水平承担信息挖掘、素
材调用、复刻编辑等基础性机械劳动，从技术层面实现以低边际成本、高效率的方式
满足海量个性化需求；同时能够创新内容生产的流程和范式，为更具想象力的内容、
更加多样化的传播方式提供可能性，推动内容生产向更有创造力的方向发展。另一方
面，AIGC能够通过支持数字内容与其他产业的多维互动、融合渗透从而孕育新业态新
模式，打造经济发展新增长点，为千行百业发展提供新动能。此外，自2021年以来，
"元宇宙"呈现出超出想象的发展爆发力；作为数实融合的"终极"数字载体，元宇
宙将具备持续性、实时性、可创造性等特征，也将通过AIGC加速复刻物理世界、进行
无限内容创作，从而实现自发有机生长。

1.2.4 物联网

物联网（internet of things，IoT）是一种计算设备、机械、数字机器相互关联的系统，具备通用唯一识别码，并具有通过网络传输数据的能力，无须人与人或人与设备的交互。

物联网将现实世界数字化，应用范围十分广泛。物联网可拉近分散的数据，综合整理物与物的数字信息。物联网的应用领域主要包括以下方面：运输和物流、工业制造、健康医疗、智能环境（家庭、办公、工厂）、个人和社会领域等。

物联网为受各界瞩目的新兴领域，但安全性是物联网应用受到各界质疑的主要因素。大量传统设备在进行数字化改造时，几乎没有同步配置防护能力，影响了物联网的整体安全可靠性；同时由于物联网终端和应用的融合化、多样化，给物联网业务带来了更多的安全不确定性；不断增长的各类物联网互联设备为攻击者提供了巨大而广泛的网络攻击入口，导致物联网面临着大量的问题和挑战。这些都需要逐步完善相应的法律法规来约束。

在物联网领域，广泛被各国政府与机构引用的技术路线为顾问公司SRI Consulting描绘的物联网技术路线，其依据时间轴可分为四个阶段：供应链辅助、垂直市场应用、无所不在的定址和最后可以达到的The Physical Web（意思是让物联网上的每一个智能设备都以URL标识），如图1.10所示。

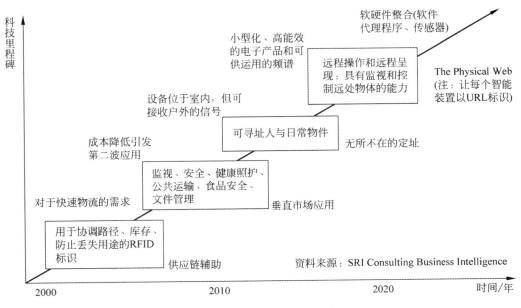

图1.10 物联网发展的技术

物联网的架构一般分为三层或四层。三层架构由底层至上层依序为"感测层""网络层""应用层"；四层架构由底层至上层依序为"感知设备层"（或称"感测层"）、"网络连接层"（或称"网络层"）、"平台工具层"与"应用服务层"。三层与四层架构的差异在于四层架构将三层架构中的"应用层"拆分成"平台工具层"与"应用服务层"，对于软件应用做更细致的区分。

从通信对象和过程看，物与物、人与物之间的信息交互是物联网的核心。物联网的基本特征可概括为整体感知、可靠传输和智能处理。

（1）整体感知。可以利用射频识别、二维码、智能传感器等感知设备感知获取物体的各类信息。

（2）可靠传输。通过对互联网、无线网络的融合，将物体的信息实时、准确地传送，以便信息交流和分享。

（3）智能处理。使用各种智能技术，对感知和传送到的数据和信息进行分析处理，实现监测与控制的智能化。

根据以上物联网的特征，结合信息科学的观点，围绕信息的流动过程，可以归纳物联网处理信息的功能如下。

（1）获取信息的功能。主要是信息的感知、识别。信息的感知是指对事物属性状态及其变化方式的知觉和敏感；信息的识别指能把所感受到的事物状态用一定方式表示出来。

（2）传送信息的功能。主要是信息发送、传输、接收等环节，最后把获取的事物状态信息及其变化的方式从时间（或空间）上的一点传送到另一点，这就是常说的通信过程。

（3）处理信息的功能。指信息的加工过程，利用已有的信息或感知的信息产生新的信息，实际是制定决策的过程。

（4）施效信息的功能。指信息最终发挥效用的过程，有很多表现形式，比较重要的是通过调节对象事物的状态及其变换方式，始终使对象处于预先设计的状态。

1.2.5　边缘计算

边缘计算（edge computing）是一种分散式运算的架构，将应用程序、数据资料与服务的运算，由网络中心节点移往网络逻辑上的边缘节点处理。边缘运算将原本完全由中心节点处理的大型服务加以分解，切割成更小与更容易管理的部分，分散到边缘节点处理。边缘节点更接近用户终端装置，可以加快数据资料的处理与传送速度，减少延迟。在这种架构下，数据资料的分析与知识的产生更接近于数据资料的来源，因此更适合处理大数据。

边缘计算处理数据中心有以下几点明显的优势。

（1）边缘计算可以实时或更快地进行数据处理和分析，让数据处理更靠近源，而不是外部数据中心或者云，可以缩短延迟时间。

（2）在成本预算上可以大大减轻经费预算。企业在本地设备上的数据管理解决方案所花费的成本大大低于云和数据中心网络。

（3）减少网络流量。随着物联网设备数量的增加，数据的生成继续以创纪录的速度增长。其结果是网络带宽变得更加有限，压倒了云，导致更大的数据瓶颈。

（4）提高应用程序效率。通过降低延迟级别，应用程序可以更高效、更快速地运行。

（5）个性化。通过边缘计算，可以持续学习，根据个人的需求调整模型，带来个性化互动体验。

还有一个特别重要的问题是安全和隐私保护。网络边缘数据涉及个人隐私，传统的云计算模式需要将这些隐私数据上传至云计算中心，这将增加泄露用户隐私数据的风险。在边缘计算中，身份认证协议的研究应借鉴现有方案的优势，同时结合边缘计算中分布式、移动性等特点，加强统一认证、跨域认证和切换认证技术的研究，以保障用户在不同信任域和异构网络环境下的数据和隐私安全。

目前，各个行业通过物联网技术实现数字化和智能化转型中所遇到的五大难题为：连接（connection）、实时（realtime）、数据优化（optimization）、智能（smart）、安全（security）。这五大难题简称CROSS。图1.11所示的边缘计算能解决这五大难题。

图1.11　边缘计算的五大难题

17

1.2.6　区块链

1. 区块链的概念与特性

区块链起源于比特币，2008年11月1日，一位自称中本聪（Satoshi Nakamoto）的人发表了《比特币：一种点对点的电子现金系统》一文，阐述了基于P2P网络技术、加密技术、时间戳技术、区块链技术等的电子现金系统的构架理念，这标志着比特币的诞生。两个月后理论步入实践，2009年1月3日，第一个序号为0的创世区块诞生。2009年1月9日，出现序号为1的区块，并与序号为0的创世区块相连接形成了链，这标志着区块链的诞生。区块链和比特币的关系如图1.12所示。

比特币是区块链的首个应用　　　　　　区块链是支撑比特币的底层技术

图1.12　区块链和比特币

区块链的概念可分为狭义和广义。从狭义上讲，区块链的本质是一种分布式记账同步更新账本技术，以去中心化和去信任化的方式，集体维护一个可靠数据库的技术方案。从广义上讲，区块链是一种革新和颠覆性的思维理念，去中介化，建立信任社会，实现共享。因此，区块链的主要特性包含以下三方面。

（1）去中心化。网络没有中心化的物理节点和管理机构，网络功能的维护依赖网络中所有具有维护功能的节点完成，各个节点的地位是平等的，一个节点甚至几个节点的损坏不会影响整个系统的运作，网络具备很强的健壮性。

（2）去中介信任。网络节点间数据传输是匿名的，而且节点之间不需要互相信任，整个系统通过公开、透明的数学算法运行。节点间彼此数据公开，彼此信任，没有办法欺骗其他节点。

（3）数据可靠。系统中每个节点都能获得一份完整"账本"的副本。除非能够同时控制整个系统中超过51%的节点，否则单个节点上对数据的修改是无效的，也无法影响其他节点上的数据内容。

2. 区块链的结构

区块链的结构由交易、区块和链三部分组成。

（1）交易（transaction）。一次操作，导致账本状态的一次改变，如添加一条记录。

（2）区块（block）。记录一段时间内发生的交易和状态结果，是对当前账本状态的一次共识。

（3）链（chain）。由一个个区块按照发生顺序串联而成，是整个状态变化的日志记录。

3. 区块链的分类

区块链包含三类，如图1.13所示。

公开节点
公开节点
公有链
授权节点
私有链
授权节点
公开节点
公开节点
联盟链

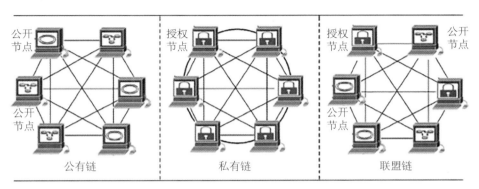

图1.13　区块链的分类

（1）公共区块链（简称公有链）。网络中的节点可任意接入，网络中数据读写权限不受限制，任何人都能参与共识过程。比特币属于典型的公有链。

（2）私有区块链（简称私有链）。网络中的节点被一个组织控制，写入权限仅限在一个组织内部，读取权限有限对外开放，如全球42家银行组建的区块链联盟R3 CEV就是私有链。

（3）联盟区块链（简称联盟链）。介于公有链和私有链之间，公开节点可以任意接入而授权节点则必须通过授权才可以接入的区块链。

4. 区块链的发展

区块链的发展经历了区块链1.0（可编程货币）、区块链2.0（可编程经济）和区块链3.0（可编程社会），如图1.14所示，其范畴和机制如表1.2所示。

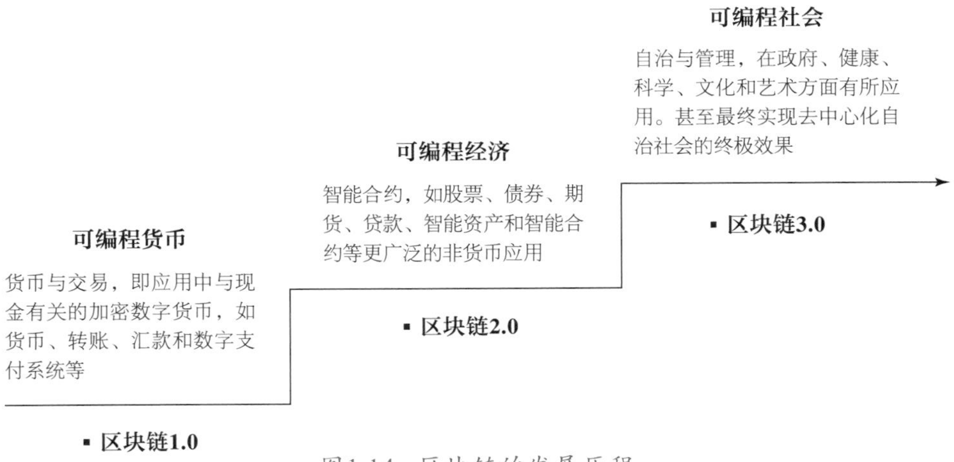

可编程社会
自治与管理，在政府、健康、科学、文化和艺术方面有所应用。甚至最终实现去中心化自治社会的终极效果
可编程经济
智能合约，如股票、债券、期货、贷款、智能资产和智能合约等更广泛的非货币应用
可编程货币
货币与交易，即应用中与现金有关的加密数字货币，如货币、转账、汇款和数字支付系统等
区块链3.0
区块链2.0
区块链1.0

图1.14　区块链的发展历程

表1.2　区块链范畴和机制

区块链范畴		机制	子机制/技术/原理	子机制/技术/原理的内涵
区块链 3.0	区块链 2.0 是合约	区块链 1.0是货币 与支付： 聚焦分布 式系统中 广义共识 与（算法 式）信任 机制	共享 机制	公开透明点对点链接	无须第三方中介、无须中心的点对点直接链接 与全网广播（有助于以货易货）
				分布式账本的一致性	全网只有一个总账本，各节点均有相同备份并 有相同的记账权利
			狭 义 共 识 机 制	工作量证明机制 （proof-of-work, POW）	是确保正确答案很难被获取但又很容易被验证 的哈希算法计算证明；各节点每次根据计算工 作量的大小抢夺唯一的记账权和比特币奖励
				最长链原理	只要诚实节点群控制过半（即超51%）计算能 力，最长链就是真实结果；节点可随时离开或 重入网络，最长链是离线期间所有交易证明
			奖 励 机 制	区块/代币奖励制度	赢者将区块记入链中并获一定比特币（其总量 呈S形分布且有限）
				交易费奖励制度	创建区块的赢者可获交易制造者提供的交易输 入与输出的差值
			狭 义 安 全 透 明 信 任 机 制	网络加密技术	公/私钥加密和数字签名对个人隐私信息进行 匿名加密保护
				透明技术	账号全网公开但户名匿藏，公钥全网公开但私 钥仅由用户保管
				时间戳溯源技术	依时间戳忠实记录每笔交易至首尾衔接区块链 中，各节点可查
				基于哈希算法的不可 篡改技术	忠实记录每笔交易；除非欺诈节点群控制过半 计算能力（也称为51%攻击），否则结果不可 能被篡改；随记录的变长篡改成本呈指数激增 而不值得
		合约将区 块链 1.0 拓展至金 融和市场 的全面应 用	狭 义 新 型 共 识 机 制	权益证明机制 （proof-of-stake, POS）	类似"股权证明"，以节点持有比特币的比例 和币龄来等比例地降低证明难度，以便加快速 度并激励用户持续供给解题计算力
				储量/可恢复性证明	需要存储大量数据被运算的解谜算法，以便存 储有价值的大文件
				混合机制	多种证明混合（如 POS+POW 的活动证明）以 应对矿池的负面效应
			智 能 合 约 契 约 机 制	可编程脚本技术	用一种特定描述性语言编写的可自主执行代码 （含可编程货币）
				多重签名技术	由签名的多方全体或部分同时签名或延时签名 以便生效的技术，两人同签可对应担保交易， 三人中任意两人同签可对应联名账户
				图灵完备技术	完善脚本而能计算图灵可计算 （Turing-computable）函数的技术

区块链范畴	机制	子机制/技术/原理	子机制/技术/原理的内涵
区块链3.0	共享机制	三式记账法（也即第一个狭义的公司治理创新）	在复式账基础上增加第三项，以便让需做检查的内外利益相关者及监管者根据不同权限即时访问账本（也即可审计、可搜索和可验证的分类账）
区块链3.0深化区块链2.0并同时向更广领域推广应用，例如政府、健康、科学、文学、文化和艺术领域	分层结构机制	侧链技术（解决必要的隐私问题）	与主链双向楔入满足个性化应用的侧链，在公有区块链外衍生私有区块链，如私有或半公开账本（其机密交易可以对交易的金额保密）
		闪电网络技术	解决比特币的交易规模、实时性和小额支付问题的微支付渠道
	自治机制	自主运作代理人技术（也即智能预言机）	可分析环境并有能力独立做决定（含收/支决定）的智能设备/系统，为物联网和分布式自治企业/组织的智能运作提供智能代理者
	协作机制	更正式声誉度机制	与代币衔接的声誉机制提升社会生产（如Linux商业生态系统）协同质量
		按量(次)计费机制	不涉产权而按（使用）量计费的去中心化的分享/共享协作经济，如中心化 Uber/Airbnb 对应去中心化版 Uber/Airbnb 将依智能激励更好协调节点用户
		产销者一体的机制	产销者一体的节点以更充分地互动/博弈而发展更协作的平台
		新范式/层次的云机制	点对点范式下与传统云并行的新层次上的政府公有云和私有应用云

区块链技术有助于促进数据共享、优化业务流程、降低运营成本、提升协同效率、建设可信体系，是支撑数字经济发展的战略性技术，对贯彻新发展理念、构建新发展格局、推动高质量发展具有重要作用。

1.2.7　大数据

数据作为新型生产要素，是数字化、网络化、智能化的基础，已快速融入生产、分配、流通、消费和社会服务管理等各个环节，深刻改变着生产方式、生活方式和社会治理方式。大数据是数据的集合，是围绕数据形成的一套技术体系，并衍生出了丰富的产业生态，成为释放数据价值的重要引擎。

经过多年技术和产业的发展，大数据领域内部逐渐细化，形成数据存储与计算、数据管理、数据流通、数据应用、数据安全五大核心领域，如图1.15所示。数据源通过数据存储与计算实现压缩存储和初步加工，通过数据管理提升质量，通过数据流通配置给其他相关主体，通过数据应用直接释放价值，并由数据安全技术进行全过程的安全保障。

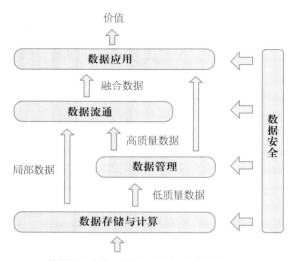

图1.15 大数据的五大核心领域

1.2.8 数据中台

数据中台已经成为企业数字化转型的基础技术平台，将在夯实数字底座、支持灵活应用方面发挥更大作用。

1. 数据中台提升企业数据能力

以数据中台构建企业转型技术体系。在信息化建设过程中，企业建设了多样性的系统，产生了多源异构数据，导致"数据孤岛""数据烟囱"，底层数据无法产生连接；缺乏标准的数据资产体系，数据价值得不到释放。数据中台构建了一套高效可靠的数据资产化体系和数据服务能力，促进企业敏捷式创新，如图1.16所示。

数据中台是在企业数字化转型过程中，对各业务单元的业务与数据的沉淀，构建包括数据技术、数据治理、数据运营等数据建设、管理与使用的体系，实现数据赋能。作为支持企业多业态、全渠道、全终端，同时连接财务、生产、供应链等各种后台系统的数据中台，会先一步成为企业数字化建设的核心。

2. 数据中台助力数据资产化

数据已经被公认为是企业最有价值的资产。企业不仅能利用数据做出更明智和有效的决策，还能以此提供更好的产品和服务、降低成本、控制风险、获得竞争优势。数据中台则为数据资产管理提供支撑，实现"业务数据化，数据业务化"。

数据中台在帮助企业实现数据资产化的过程中提供了丰富的功能，如图1.17所示。这些功能包括数据治理功能，如数据安全、数据标准、主数据管理、数据质量管理、数据标签管理、元数据管理等功能；数据存储功能，如数据资产门户、数据资产地图、数据资产管理等功能；数据处理功能，如离线计算、实时计算等功能。

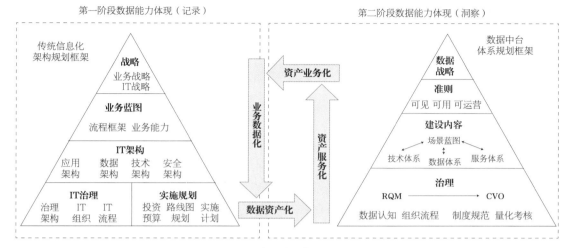

图1.16 数据中台提升企业数据能力
（中国信息通信研究院，2023）

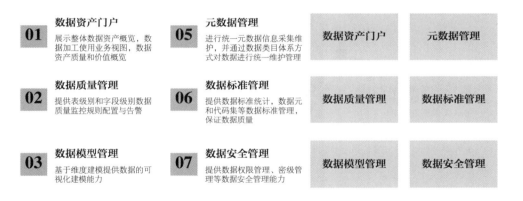

图1.17 数据中台助力数据资产化
（中国信息通信研究院，2023）

3. 数据中台帮助企业建立统一的数据服务体系

数据中台统一管理所有的数据API，通过数据服务将数据业务化，激活数据的业务价值，如图1.18所示。

4. 数据中台是数字化转型的技术基础

数据中台将企业的基础主数据、各系统业务数据、运营数据、用户行为数据、运维监控数据以及外部的互联网数据进行全域统一管理，通过数据集成、数据清洗、数据挖掘、数据服务等过程，为企业打造坚实的数据底座，形成企业的数据资产，如图1.19所示。通过业务数据化，数据资产化打破数据孤岛，降低使用数据服务的门槛，搭建技术与业务的沟通桥梁，推动数据与业务场景的融合，赋能业务创新发展。

服务类型多样化
支持通过数据表、资产标签快速构建数据服务API；支持一键部署算法模型、实验快速构建算法服务API

全链路管理
分布式部署，支持自动扩展、容错。能够承载大规模的API访问，提供高性能、高可靠的服务

安全防护机制
安全认证、IP黑白名单控制、授权审批机制、全方位监控预警等安全保护措施，保证API安全、稳定、可控

精细化流控策略
提供灵活自定义的流量控制策略，支持分钟、小时、天级别的流量控制，多维度限流选择（API调用频次、应用请求频次、用户请求频次等）

可视化监控预警
支持多维度服务监控，包括API调用情况、资源消耗和错误信息监控等，可视化展示帮助用户快速了解当前服务运行情况。同时支持自定义监控告警规则，及时发现潜在风险

服务高可用
分布式部署，支持自动扩展、容错，能够承载大规模的API访问，提供高性能、高可靠的服务

图1.18 数据中台帮助企业建立统一的数据服务体系
（中国信息通信研究院，2023）

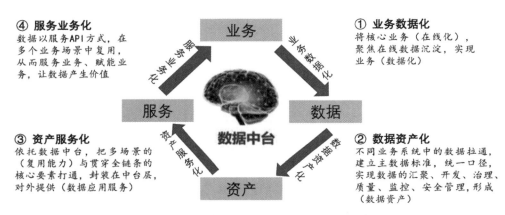

④ 服务业务化
数据以服务API方式，在多个业务场景中复用，从而服务业务、赋能业务，让数据产生价值

① 业务数据化
将核心业务（在线化），聚焦在线数据沉淀，实现业务（数据化）

③ 资产服务化
依托数据中台，把多场景的（复用能力）与贯穿全链条的核心要素打通，封装在中台层，对外提供（数据应用服务）

② 数据资产化
不同业务系统中的数据拉通，建立主数据标准，统一口径，实现数据的汇聚、开发、治理、质量、监控、安全管理，形成（数据资产）

图1.19 数据中台是数字化转型的技术基础
（中国信息通信研究院，2023）

1.3　产业数字化

1.3.1　产业数字化概况

视频讲解

　　产业数字化有多个称谓，有人称其为"需求侧的数字化和供给侧的数字化"，也有人称其为"消费互联网和产业互联网"。通俗地说，产业数字化就是数字与传统产业的结合，是应用互联网等技术对传统产业进行连接和重构（见图1.20）。

　　数字化技术可以实现农业生产要素的精准测量及精细管理，最终实现农业产业智能化。例如，大量的农业传感器可以通过5G的边缘计算特性进行实时的信息交互，获取土壤、作物、空气等农业基础信息，然后上传到云端大数据中心，通过AI系统和专家诊断，预测气候模式并提供定向施肥策略。这些实时的海量数据产生的决策分析将驱动并引导农民在合适的时间做出最优决策，提高农业生产效率以及农作物产量，最

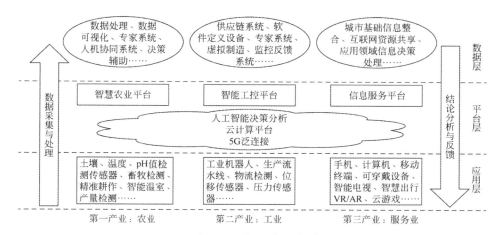

图1.20 传统产业数字化

终实现农业智能化。随着全球数字化进程的加速，智慧农业作为在农民数量不断减少情况下提高农业生产效率的关键举措正在变得越来越重要。

数字化技术将重构工业的生产模式，实现工业产业链中各要素的互联互通，加速工业产业数字化转型。5G实现产业链上各个价值要素的互联互通，高带宽、低时延的特性能够满足对工业领域实时性场景的需求，而连接产生的大量数据汇聚到云端，由云为工业应用提供多元算力，最后由AI平台对工业数据进行训练和推理。ICT（information and communication technology，信息与通信技术）融入工业产业发展中，可以实现工业互联的全流程信息感知和事件决策，直接驱动智能终端和智能机器人从工具向助理的角色转变，使工业产业摆脱以往"粗放、低效、高能耗"的生产模式，向着"高品质、高能效、智慧化"的方向发展。

数字化技术的融合渗透进一步释放了服务产业的爆发力。我国第三产业服务业涉及行业点多面广，在《国民经济行业分类》（GB/T 4754—2017）中，包括批发零售、交通运输、住宿餐饮、信息服务、金融、房地产等15个门类。"5G+云+AI"等数字技术可以变革各行各业的服务模式，例如，"5G+云+AI"赋能无人驾驶、智慧物流等应用场景，改变传统的交通运输方式。"5G+云+AI"改善AR/VR等新兴互动技术的体验，云游戏、VR更衣室等应用场景加速了媒体和娱乐业的变革。未来，"5G+云+AI"等数字技术将驱动服务产业更多的应用场景走向现实，释放更大的产业价值。

1.3.2 产业数字化场景

云计算、物联网、大数据、人工智能、区块链等新技术不断发展，正在影响和逐步改变人们的生产方式、生活习惯和思维模式，从衣食住行到文化健康，这些与人们生活密不可分的行业都已开始依托于数字技术发生改变，以数字化的方式解决发展中遇到的问题。加快产业数字化转型，已成为深化供给侧结构性改革、促进新旧动能转化、推动经济高质量发展的重要驱动力。因此，有必要积极拓展数字化输出的场景和模式，加快推进数字科技与传统产业的深度融合。

1. 智慧城市

城市建设和管理最核心的工作之一就是对于城市基本信息的获取和管理，对交通、能源、商业等重要公共领域的监控显得非常必要。虽然许多现代化都市已经将摄像头布置到了各个角落，但由于设备、技术等因素的限制，获取信息的质量并不理想，对于管理工作的帮助也非常有限。

智慧城市是运用信息和通信技术手段感测、分析、整合城市运行核心系统的各项关键信息，从而对包括民生、环保、公共安全、城市服务、工商业活动在内的各种需求做出智能响应，实现城市管理工作的智能化。图1.21所示的数字化消防监控应用中，摄像头设备收集的数据，将上传到云端供分析和处理，最终被应用于城市管理工作中。精准（多维度、高帧率、高解析度）的数据采集势必带来海量的数据流量，这就需要以5G为代表的巨大带宽的支持。而海量数据的处理工作由人工进行处理显然是不现实的。由AI负责处理工作，不仅能节省人力，还可以为城市管理者提供丰富的分析、预测支持，甚至实现部分管理工作的自动化。

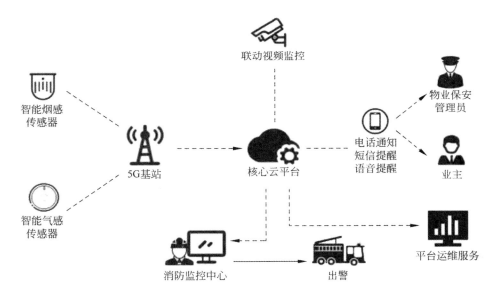

图1.21　数字化消防监控

2020年3月，习近平总书记在考察杭州城市大脑运营指挥中心时指出，运用大数据、云计算、区块链、人工智能等前沿技术推动城市管理手段、管理模式、管理理念创新，从数字化到智能化再到智慧化，让城市更聪明一些、更智慧一些，是推动城市治理体系和治理能力现代化的必由之路。推动城市治理体系和治理能力现代化，一方面要善于运用数字技术实现智能化，另一方面也要通过细心、耐心、巧心提升城市精细化管理水平，提升公众获得感、幸福感和安全感。

2. 智能制造

在过去一个世纪，制造业经历了大规模生产、精益生产、柔性生产等多个阶段。虽然机器人等自动化设备的出现一定程度上缓解了人工的压力，但随着市场多样化、个性化的牵引以及商业竞争的加剧，以人工管理和调整生产流程的方式已不足以应对迅速变化的市场。为了更好地迎合消费者的需求、处理各式各样的状况，制造业需要对生产流程进行更精细的控制。

智能制造融合了5G、云计算和AI等技术，通过更加灵活、高效的生产系统，能够将高质量的产品快速推向市场。5G网络能够帮助制造工厂实现多维度、细粒度的数据采集。一般来说，人力仅能做到以分钟为频率进行采集，而机器采集的频率则可以达到秒级甚至毫秒级。这些数据需要在协作机器人间不断交换、分析以同步和协作自动化流程（同步实时协作机器人要求小于1ms的网络延迟），并在云、端之间进行传输，这就需要依靠5G网络的低延迟特性实现。而负责总体控制的云计算平台通过承载AI应用，能够根据精准的数据，在大规模的生产中识别各种各样的状况，进而调整生产，达到人力所不能及的柔性。

海尔、华为等企业依靠5G和云计算等技术在工厂中实现了机器设备故障的远程诊断、远程排除、远程代码修改、远程维修指导等操作，既节省了维护成本，又实现了专家的技能复制，解决了技术专家紧缺的难题。

数字技术正深入各个行业的生产全流程，帮助企业实现规划、研发、生产、制造、销售以及对客户服务的全面智能化升级，加快推动互联网、大数据、人工智能和制造业深度融合，是推进产业数字化的主要突破点。

3. 智慧医疗

随着人口老龄化的明显加速，对医疗资源的需求愈发加剧。医疗行业受限于技术、地域等因素，在各地都呈现出明显的不足，而这一问题在未来将更加突出。要解决这一问题，除了要注重人才的培养外，还要提高医疗资源的使用效率。

智慧医疗将通过5G、云、AI等技术为医疗行业带来低延迟网络和智能化的应用，优化有限医疗资源的使用（见图1.22）。首先，通过5G网络，可以实现远程医疗活动。原本需要近距离接触的诊断（如内窥镜、超声波等），依靠10ms以内的延迟，可以在相距甚远的两地营造近似的体验，让偏远地区也能使用紧缺的医疗服务。其次，通过云计算平台对病历等数据进行统一整合，能够快速实现复用，不仅方便多地医生进行协作，也为AI辅助提供了训练资源。此外，将AI应用于辅助医疗，既能够解放部分医疗资源，又能够帮助医生更准确地进行医疗活动。

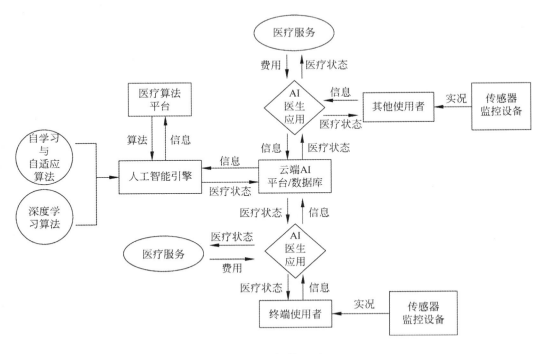

图1.22　智慧医疗

4. 智慧交通

交通行业与人们的生活息息相关。而随着人们出行需求的增加，无论是海运、陆运还是空运的负荷都在逐渐加重，安全问题日益突出，拥堵现象日益严重，大大影响了人们的出行体验。要解决这些问题，既需要关注人、车、船等微观要素的交互效率，又需要从宏观上进行整体规划。如图1.23所示，智慧交通通过对网络传输、整体规划和智能应用等方面的优化，能够明显改善交通出行质量。以5G技术为核心的基础网络能够覆盖整个出行流程场景，实现多维度数据的收集、传输和处理后信息的及时推送，为人们提供更全面的信息辅助；基于云计算的核心云平台能够对海量数据进行处理，从而对整体交通状况进行规划，更合理地分配海、陆、空路网资源；AI的智能应用则能够更高效地完成从前复杂的人工处理工作，大大提高了通行效率。

大兴国际机场通过5G全覆盖网络实现了登机口、行李转盘等机场服务信息以及出票、托运、登机等时间、状态信息的实时推送。而基于AI的人脸识别技术，旅客只需依靠人脸就能够快速完成从购票、值机、托运到安检、登机等各个出行流程。深圳机场则通过AI实现了主动式安防，安全隐患的数字化识别率提高到30%以上，提升了安全保障的能力。

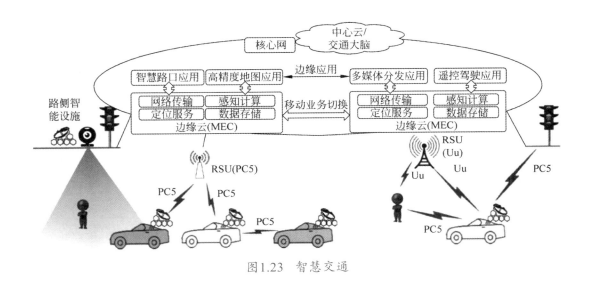

图1.23　智慧交通

1.3.3　数实融合

视频讲解

习近平总书记指出，要促进数字技术与实体经济深度融合，赋能传统产业转型升级，催生新产业新业态新模式，不断做强做优做大我国数字经济。自2021年以来，我国在顶层设计中不断强化数实融合的重要地位。《中华人民共和国国民经济和社会发展第十四个五年规划和2035年远景目标》强调，要"充分发挥海量数据和丰富应用场景优势，促进数字技术与实体经济深度融合，赋能传统产业转型升级，催生新产业新业态新模式，壮大经济发展新引擎"。

《"十四五"数字经济发展规划》准确把握新阶段的特征要求，以数实融合为主线，在政策设计上突破过去从三大产业角度推动数字化转型的传统范式，从企业、产业、集群和园区以及转型服务支撑生态四方面着力，推动传统产业更快、更有效、更均衡地实现数字化转型。

1.4　数字化运营管理

视频讲解

1.4.1　数字化运营管理的产生背景

制造业决定着一个国家的综合实力和国际竞争力，是我国经济命脉所系，是立国之本、强国之基。自18世纪中叶开启工业文明以来，世界强国的兴衰史和中华民族的奋斗史一再证明，没有强大的制造业，就没有国家和民族的强盛。打造具有国际竞争力的制造业是我国提升综合国力、保障国家安全、建设世界强国的必由之路。我国制造业持续快速发展，建成了门类齐全、独立完整的产业体系，有力推动工业化和现代化进程，显著增强综合国力，支撑世界大国地位。然而，与世界先进水平相比，中国制造业仍然大而不强，在自主创新能力、资源利用效率、产业结构水平、信息化程度、质量效益等方面差距明显，转型升级和跨越发展的任务紧迫而艰巨。党的二十大报告指出"推进新型工业化，加快建设制造强国、质量强国"。习近平总书记高度重视制造业发展，围绕制造强国建设发表了一系列重要论述，做出了一系列重大部署，为制造业高质量发展指明了前进方向、提供了根本遵循。

如图1.24所示，当今制造业面临着快速成长的市场、更短的产品生命周期以及持续不断的成本压力的挑战，为了应对这些挑战，需要在管理能力、速度和效率方面进行改进和提升。近年来，以物联网、大数据、人工智能和云计算为代表的数字化技术不断变革，基于数字化技术的平台组织不断演化，表现出与传统产业融合发展的趋势。企业资源调配也正从"应用流程驱动"转化为"数据驱动"，因此推动了企业运营的数字化、网络化与智能化。

制造业面临的挑战与需求

快速成长的市场
- 数字化，移动设备，各行业的革新
- 产品微型化，复杂化趋势/企业正在丧失传统优势

管理能力
- 对新技术和市场的适应能力
- 更加高效的流程实施与改进能力

更短的产品生命周期
- 不断增长的新产品研发创新频率
- 新技术的出现：物联网、云技术、3D打印、机器人

速度
- 更加快速灵活的产品研发和生产能力
- 更高的交付时间与质量要求，需要更强的风险管控力

持续不断的成本压力
- 劳动力成本不断增加
- 地区及全球环保法规与合规性的需求不断增加

效率
在产品制造的全过程中，从研发到生产的效率提高

图1.24 制造业面临的挑战与需求

1.4.2 数字化运营管理的内涵

数字化、网络化、智能化制造需求催生数字化运营管理。数字化运营管理是指通过数字化的方式将用户、企业内部管理链条和企业上下游价值链条完全贯通，以数据驱动业务流转和推进，形成数据驱动型的智慧运营方式和产业生态，并利用数字化技术驱动业务重构、驱动管理变革、重塑业务价值。

企业实现数字化业务体验的关键是要完成企业各个要素之间的数字化连接。企业各个要素之间不仅是一种串联关系，而且需要通过数字化形成各个要素之间的价值发挥，构建数字化的业务体系。

敏捷和创新是数字化业务能力的体现，5G、云计算、AI等数字化技术可以打破企

业以往的管理体制、管理模式和生产方式，支撑业务创新和敏捷迭代，重构数字化的业务体系和运营体系，带来全新的业务体验。如图1.25所示，以发送一张照片给远方的朋友为例，以往传统的模式是用照相机拍照，然后将胶卷在暗室里冲洗出来后交邮政部门寄送给收件人，整个过程复杂并且消耗大量资源，如果每个环节都尽可能加速，最终端到端流程可以在最短一天内完成；而数字化业务运营模式只需要通过手机摄像头拍摄，然后通过互联网传送给收件人。与传统模式相比，数字化业务运营模式不再只是快，整个"架构"被精简了，结果是流程可以随时触发，并且以多种不同方式完成，花费完全不同量级的微小成本。

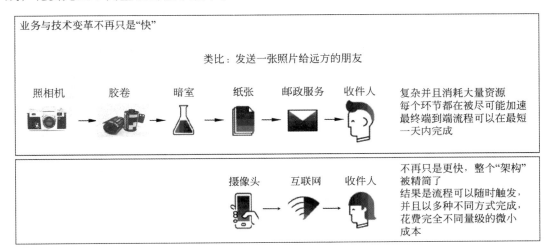

图1.25　传统运营与数字化运营流程比较

1.4.3　本书内容框架

从制造企业数字化转型战略—数字化运营系统的规划与设计—数字化运营的计划与控制-数字化运营的管理创新展开，全面系统地介绍数字化运营管理理论、方法与实践，探索企业从订单到交付完整价值链的数字化转型。内容的设计以"加快建设制造强国"为指导思想，以解决当前制造企业实际问题为导向，并有效融合迄今为止最先进的数字化技术与最前沿的管理艺术；分别从产品、生产、以及业务三方面实现全生命周期的数字化运营管理，具体设计如图1.26所示。

本书分四篇，共9章，具体内容如图1.27所示。

1. 第一篇：数字化助力企业转型升级

（1）第1章 数字化运营管理概述：内容包括数字经济的产生、概念、特点及框架，数字化核心技术，产业数字化，数字化运营管理的产生背景、内涵及本书的内容架构。

（2）第2章 企业数字化转型战略：内容包括企业数字化转型的趋势与挑战，数字化及其转型的相关术语，企业数字化转型战略规划、战略举措，数字化转型管理参

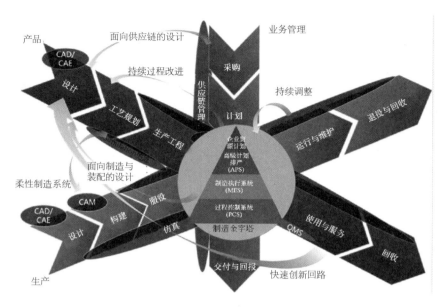

图1.26　三方面的数字化运营管理

图1.27　本书内容框架

考架构。

2. 第二篇：数字化运营系统的规划与设计

（1）第3章 数字化设计与制造：内容包括工业革命与制造变革、产品数字化开发、产品生命周期管理、数字化设计与制造技术。

（2）第4章 数字孪生与数字化工厂：内容包括数字孪生的产生与发展、概念与内涵、内容与架构，基于数字孪生的数字化工厂，数字化工厂的规划与设计，数字化工厂的核心架构以及数字化工厂下的生产数字孪生。

3. 第三篇：数字化运营的计划与控制

（1）第5章　企业资源计划：内容包括ERP概述、MRP及其运算逻辑、MPS及其运算逻辑、能力需求管理、ERP面临的困境和未来发展趋势。

（2）第6章　高级计划排产：内容包括APS概述、APS体系架构及系统功能模块、APS的逻辑、APS系统的算法、APS软件及未来发展趋势。

（3）第7章　从制造执行系统到制造运营管理：内容包括MES的基本概念、MES的功能模块及与其他系统的集成、MES规划与需求分析、制造运营管理、从MES的现状与发展看低代码MOM的发展。

4. 第四篇：数字化运营的管理创新

（1）第8章　工业互联网：内容包括工业互联网概述、工业互联网平台的体系架构及核心技术、工业互联网平台应用案例、工业互联网平台赋能产业链供应链、工业互联网平台运营模式、区块链赋能工业互联网。

（2）第9章　双碳背景下的数字化运营管理：内容包括数字技术赋能"双碳目标"管理、数字技术驱动的工业企业低碳绿色运营管理、工业互联网碳达峰碳中和园区、数字技术驱动的低碳供应链管理。

习题

一、判断题

1. "数字经济"一词最先是由尼葛洛庞蒂在《数字化生存》一书中提出。（　　　）

2. 数字经济中，"数字"的含义包含数字技术和数据。（　　　）

3. 数字经济包含数字产业化与产业数字化。（　　　）

4. 数字化能够实现农业生产要素的精准测量及精细管理，最终实现农业产业智能化。（　　　）

5. 企业实现数字化业务体验的关键是要完成企业各个要素之间的数字化打通与连接。（　　　）

6. 数字经济是以数字化的知识和信息为关键生产要素。（　　　）

7. 数字经济以数字技术创新为核心驱动力。（　　　）

8. 可持续性不属于数字经济的七大特征之一。（　　　）

9. 边缘计算也属于一种分布式计算：在网络边缘侧的智能网关上就近处理采集到的数据，而不需要将大量数据上传到远端的核心管理平台。（　　　）

10. 5G的性能目标是高数据速率、减少延迟、节省能源、降低成本、提高系统容量和大规模设备连接。（　　　）

11. 现阶段所说的云服务已经不单单是一种分布式计算，而是分布式计算、效用计算、负载均衡、并行计算、网络存储、热备份冗余和虚拟化等计算机技术混合演进并跃升的结果。（　　　）

12. 通俗地说，产业数字化就是数字和传统产业的结合，是应用互联网等技术对传统产业进行连接、重构。（　　　）

13. 从微观层面上看，"5G+云+AI"等数字技术是企业构建数字业务体验平台、政府服务模式创新的重要保障。（　　　）

14. 从宏观层面上看，"5G+云+AI"等数字技术将加速农业、工业、服务业三大产业供应链的智能化，将数字产品和服务的理念从最初的生产者传递到最终的用户。（　　　）

15. 数字化技术带来新体验、新模式、新产业，从微观层面看，构建数字化业务体验，推动企业生产方式变革，创新数字政务新模式，提高城市资源整合效能。（　　　）

16. 制造业面临的需求和挑战有快速成长的市场、更短的产品生命周期和持续不断的成本压力。（　　　）

17. 数字化运营管理是指通过数字化的方式将用户、企业内部管理链条和企业上下游价值链条完全贯通，以数据驱动业务流转和推进，形成数据驱动型的智慧运营方式和产业生态，并利用数字化技术驱动业务重构、驱动管理变革、重塑业务价值。（　　　）

18. 在数字经济时代，企业运营的所有要素可以通过企业自身或第三方服务，走向全领域、全流程、全方位的数字化运营与管理。（　　　）

19. 数实融合是指数字技术与实体经济深度融合，赋能传统产业转型升级，催生新产业新业态新模式。（　　　）

20. 广义上讲，区块链是一种革新和颠覆性的思维理念，去中介化，建立信任社会，实现共享的分布式基础架构与计算范式。（　　　）

二、单选题

1. 下面（　　　）不属于5G的三大特点之一。

A. 大带宽高速率　　　　　　　　　　B. 分布式计算

C. 低时延高可靠　　　　　　　　　　D. 海量连接

2. 以下（　　　）被称为"数字经济之父"。

A. 唐·塔普斯科特　　　　　　　　　B. 尼古拉斯·尼葛洛庞蒂

C. 曼纽尔·卡斯特尔　　　　　　　　D. 爱迪生

3. 以下选项中（　　　）不属于区块链的主要特性。

A. 去中心化　　　　　　　　　　　　B. 去中介信任

C. 低时延　　　　　　　　　　　　　D. 数据可靠

4. 达维多定律：进入市场的第一代产品能够自动获得（　　　）市场份额。

A. 50%　　　　　　　B. 40%　　　　　　　C. 30%　　　　　　　D. 20%

5. 以下（　　　）不是数字经济的特点。

A. 快捷性　　　　　　B. 高渗透性　　　　　C. 内部经济性　　　　D. 可持续性

6. 数据中台已经成为企业数字化转型的基础技术平台，将在夯实数字底座，支持灵活应用方面发挥更大作用，以下（　　　）不属于其作用。

A. 数据中台提升企业数据能力

B. 数据中台助力数据资产化

C. 数据中台帮助企业建立统一的数据服务体系

D. 数据中台是数字化转型的业务基础

7. 以下（　　　）不属于各个行业通过物联网技术实现数字化和智能化转型中的所遇到的五大难题。

A. 连接　　　　　　　B. 业务实时性　　　　C. 数据简化　　　　　D. 数据优化

8. 5G、云和 AI 等技术的碰撞和融合将为社会带来数字（　　　）效益。

A. 溢出　　　　　　　B. 压缩　　　　　　　C. 叠加　　　　　　　D. 孪生

9. 区块链的主要分类中没有（　　　）。

A. 公共区块链　　　　B. 私有区块链　　　　C. 联盟区块链　　　　D. 工业区块链

10. 中国制造以（　　　）为主攻方向。

A. 智能制造　　　　　B. 高端制造　　　　　C. 集约制造　　　　　D. 环保制造

三、多选题

1. 边缘计算的价值是（　　　）。

A. 实时　　　　　　　B. 连接　　　　　　　C. 数据优化　　　　　D. 安全

2. 科技界一般将信息化区分为（　　　）三个阶段。

A. 数字化　　　　　　B. 网络化　　　　　　C. 智能化　　　　　　D. 区块化

3. 数字经济的三大定律是（　　　）。

A. 梅特卡夫法则　　　B. 摩尔定律　　　　　C. 达维多定律　　　　D. 彼得原理

4. 以下（　　　）是数字化相关核心技术。

A. 5G　　　　　　　　B. 云计算　　　　　　C. 人工智能　　　　　D. 物联网

5. 区块链的狭义安全透明信任机制运用了（　　　）。

A. 网络加密技术　　　　　　　　　　　　　　B. 透明技术

C. 时间戳溯源技术　　　　　　　　　　　　　D. 基于哈希算法的技术

6. 数字经济具体包括以下（　　　）部分，它们分别涉及生产力、生产关系和生产要素三方面。

A. 数字产业化   B. 产业数字化   C. 数字化治理   D. 数据价值化

7.《"十四五"数字经济发展规划》准确把握新阶段的特征要求，以数实融合为主线，在政策设计上突破过去从三大产业角度推动数字化转型的传统范式，从（   ）以及转型服务支撑生态这几方面着力，推动传统产业更快、更有效、更均衡地实现数字化转型。

A. 企业   B. 产业   C. 园区   D. 集群

四、简答题

1. 什么是数字经济？数字经济将带来哪些变革？

2. 企业、消费者、政府以及整个社会该如何迎接数字经济的到来？

3. 云计算与边缘技术的区别与联系是什么？

4. 什么是数字产业化？什么是产业数字化？它们之间的关系是什么？

5. 数字化运营管理的内容包含哪些方面？

6. 数字技术的不断发展，正在影响和逐步改变人们的生产方式、生活习惯和思维模式。从衣食住行到文化健康，请举例说明是如何改变的，这种改变给人们带来什么好处。

第 2 章

企业数字化转型战略

随着数字技术的快速发展，数字化日益成为重组全球协同关系、改变全球竞争格局的关键力量。当下数字化转型是我国企业必须要面对和探索的战略转向。本章首先介绍企业为什么要进行数字化转型以及如何把握数字化转型的时机，然后逐步剖析数字化及其转型的相关术语，接着介绍企业数字化转型战略规划、战略举措，最后介绍数字化转型管理参考架构。

2.1 企业数字化转型趋势与挑战

视频讲解

当下，数字化转型已经渗入人们日常的衣食住行、工作生活、生产服务等方方面面。如智能夹克，将互联网技术充分运用到袖口中，在骑车过程中可通过轻拍袖口将蓝牙与手机相连，播放音乐，彻底将技术运用于无形之中。在汽车运用方面，不少企业已经将自动驾驶、新能源、数字技术等充分融入汽车中。此外，还有智能烹饪系统、自动叠衣机器人以及全自动铺路技术等，均是数字化转型的典型案例。

2.1.1 数字化转型的驱动力

1. 国家宏观政策层面

传统产业数字化转型是深化供给侧结构性改革的重要抓手。当前我国经济运行的矛盾主要集中在供给侧，直接表现就是产能大量过剩与有效供给不足，企业所提供的产品和服务不能有效满足消费者需求，生产活动的市场价值难以兑现，经济运行难以实现良性循环。具体到传统产业，主要表现为需求乏力、品牌效益不明显、竞争过度、产能过剩等问题日益突出。对此，需顺应消费升级趋势，以产品和服务数字化、智能化为导向推进传统产业转型升级，减少低端无效供给，培育发展新动能。数字化转型就是要充分发挥数字技术在传统产业发展中的赋能引领作用，通过推动产品的智能化、满足消费需求的个性化以及实现企业服务的在线化等，有效提升企业产品和服务的质量和效率，充分激发传统产业的新活力。

传统产业数字化转型是制造业高质量发展的重要途径。中华人民共和国成立以来，我国制造业发展取得了长足进步，但不少制造企业仍处于较低的发展水平，面临着人力、土地、技术等资源环境约束，综合成本持续上升。相关数据显示，一些传统产业通过实施智能制造试点示范项目，建设具有较高水平的数字化车间或智能工厂，有效提升了生产效率。数字化转型可将制造优势与网络化、智能化相叠加，有利于提高生产制造的灵活度与精细性，实现柔性化、绿色化、智能化生产，是转变我国制造业发展方式、推动制造业高质量发展的重要途径。

传统产业数字化转型是数字经济大力发展的重要支撑。2017年的政府工作报告提出"促进数字经济加快成长"；2019年的政府工作报告再次提及发展数字经济，要求"壮大数字经济"；2023年的政府工作报告指出要"大力发展数字经济"，加快传统产业和中小企业数字化转型，着力提升高端化、智能化、绿色化水平，提升常态化监管水平，支持平台经济发展。当前，我国数字经济发展进入快车道。

2. 微观企业层面

企业数字化转型的三个驱动力为经济形势、同行业竞争以及企业运营需要，如图2.1所示。

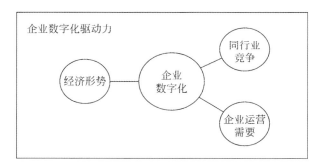

图2.1　数字化转型的驱动力

数字化转型的第一个驱动力是经济形势。首先，在数字经济发展迅速的同时，中国市场整体经济的增速已放缓。特别是当前逆全球化的贸易保护主义抬头，企业面对市场开拓、贸易壁垒、核心技术不足等诸多挑战。在经济环境压力越来越重的情况下，企业要应对消极因素的影响从而实现平稳的运营并追求长期的成长。因此，企业开始考虑通过数字化转型提升应对宏观困境的能力。其次是国家可持续发展战略对我国经济和社会发展的长远规划。党的十九大报告明确提出，要加快发展先进制造业，推动互联网、大数据、人工智能和实体经济深度融合。它要求企业在供给侧落实绿色节能、改进产品结构、实现技术创新。因此，企业必然要借助新兴技术手段，以合理的投入来满足监管的要求。

数字化转型的第二个驱动力是同行业竞争。企业管理者已经看到市场竞争不仅来源于同行业企业的升级和创新，也来自具有互联网基因的企业切入传统行业市场而形成的全新竞争压力。这类案例不胜枚举，例如微信作为最大的社交平台直接冲击了运营成熟且营收颇为巨大的短信业务，而微众银行的出现则代表着互联网企业直接切入了金融行业的传统市场并在小微贷领域不断攻城略地。

数字化转型的第三个驱动力是企业运营需要。从企业自身的运营来看，由于在数字经济发展的影响下客户的需求已经发生了显著变化，因此，企业需要从产品/服务的转型升级开始，全方位思考如何保证最大限度地满足客户需求并实现客户体验最大化。企业的成功还在于数字化生态系统的构建。借助数字化技术的应用，企业需要打造高效的平台以连接上下游企业和合作伙伴，使得内外部人员之间数据流转更加便利，为创新实践提供成本低、访问便利的资源池并提供丰富强大的数据分析支持。

2.1.2　传统产业数字化转型的趋势

传统产业数字化转型的目的是利用数字技术破解企业、产业发展中的难题，重新定义、设计产品和服务，实现业务的转型、创新和增长。从实践来看，强化价值创造、数据集成以及平台赋能已经成为传统产业数字化转型的重要趋势。

1. 从生产驱动到以消费者为中心的价值创造

相比于传统经济形态，数字经济的市场条件发生了较大变化，传统产业的价值链中以消费者需求为中心的价值创造逻辑日益显现。数字化不仅仅是优化企业生产的关键技术支撑，更是连接市场、满足消费者需求、更好地服务消费者的重要方式。一是利用互联网平台以及大数据等技术可以更好地了解消费者需求，并从单一的产品向"产品+服务"的方向升级，提供满足消费者多样化需求的全面解决方案；二是基于智能制造推动制造业变革，以柔性化生产有效满足消费者个性化需求；三是基于智能产品构建起全生命周期的服务体系，通过监测、整理和分析产品使用中的数据提高企业服务附加值；四是基于互联网社区、众创平台，鼓励消费者直接参与产品设计。基于数字化的价值创造，使企业价值链重构，成为既包含制造业价值链增值环节又包含服务业价值链增值环节的融合型产业价值链。

2. 从物理资产管理到数据资产管理

数字经济发展以数字化的信息和知识为核心生产要素。随着数据规模的不断扩大，加强数据资产管理成为数字化转型中企业的共识，越来越多的企业将数据纳入企业的资产管理中。一方面，数据资产的应用范围已经从传统的以企业内部应用为主，发展到支撑内部和服务外部并重，挖掘和释放数据价值、扩展数据应用和服务成为企业经营的重要内容；另一方面，企业也意识到并非所有数据都能成为资产，伴随着大量外部数据引入和内部数据的不断累积，数据规模扩大、数据质量不高、业务之间数据融合度低、数据应用不到位等都会产生大量的成本。因此，围绕数据的采集、筛选、加工、存储、应用等各环节进行规划，基于数据加工的全链条数据资产治理体系建设，提高数据资产价值，正在成为企业发展的重要任务，企业针对数据资产的管理也呈现出运营化发展趋势。

3. 从内部数字化到平台赋能的产业链协作

从实践来看，越来越多的互联网巨头企业以及重点行业中的骨干企业加大了在工业互联网上的投入。除了加快自身数字化外，这些企业通过平台建设将各自关于数字化实践的经验赋能中小企业，形成对上下游相关主体的支撑。据相关统计，目前我国工业互联网已经在航空、石化、钢铁、家电、服装、机械等多个行业得到了应用。这些平台汇聚共享了设计、生产、物流等制造资源，有效整合了产品设计、生产制造、设备管理、运营服务等数据资源，开展面向不同场景的应用创新，不断拓展行业价值空间，平台赋能中小企业数字化转型的效果初步显现，传统产业数字化转型整体进度加快。

2.1.3 企业数字化转型的重要性

制定企业数字化转型战略对于企业来说是非常重要的，它可以帮助企业适应数字化时代的竞争环境，提高竞争力，拓展新的商业机会，并增强内外部的协同和创新能力。

1. 适应数字化时代的竞争环境

随着数字化技术的快速发展，企业面临着新的竞争压力和市场机遇。制定数字化转型战略可以帮助企业适应这个新时代的竞争环境，抓住数字化带来的机遇并应对挑战。

2. 提高企业的竞争力

数字化转型可以帮助企业提高运营效率、降低成本、优化业务流程，并且提供更好的产品和服务。通过制定数字化转型战略，企业可以通过数字技术的应用来创造差异化竞争优势，提高企业的竞争力。

数字化转型助力制造企业赢得竞争优势体现在以下五方面。

（1）通过对采购、生产、库存、资金、质量、能耗、设备状态等业务数据的及时洞察，帮助企业对运营管理中的各类复杂问题能够不仅知其然，也知其所以然。

（2）通过对员工工作实绩的采集与分析，可以进一步激发员工的潜能。

（3）通过根据客户需求实现个性化定制，可以提升客户满意度。

（4）通过对营销数据的采集与分析，做到知己知彼，更好地服务客户。

（5）产品本身的数字化转型，实现数据采集、状态感知与远程控制，提高产品的附加值，增加服务收入。

只有推进数字化转型，制造企业才能应对日益复杂的合规性要求，尤其是对于医药、食品等民生行业，以及出口导向型企业，通过数字化转型实现整个生产过程的可追溯。

3. 拓展新的商业模式和市场机会

数字化转型不仅仅是将现有业务过程数字化，同时也为企业提供了探索新的商业模式和市场机会的可能性。通过数字化转型战略，企业可以开辟新的商业领域，创造新的产品和服务，并在数字化市场上获得更多的市场份额。

4. 增强内外部协同和创新能力

数字化转型不仅仅是技术上的改变，同时也需要改变企业的组织结构、流程和文化。制定数字化转型战略可以帮助企业建立内外部协同的机制，促进创新能力的提升，并且为员工提供更好的工作体验和发展机会。

2.1.4　企业数字化转型的难点和阻碍

数字化转型在企业推行时会面临一些具体的难点和阻碍，企业需要认真对待并解决这些问题，以确保数字化转型的顺利推行。

（1）文化和组织变革难，抵制变革。有些员工可能对变革持有消极态度，担心数字化转型会威胁到他们的工作或者不适应新的工作方式。这种抵制变革的情绪可能会成为推行数字化转型的一大障碍，需要通过沟通和教育来解决。数字化转型需要企业改变传统的工作方式和思维模式，这要求组织内部文化的转变。

（2）企业原有信息化较差，系统整合难。许多企业拥有大量的遗留系统和软件，这些系统可能无法与新的数字化解决方案无缝集成。解决这一问题可能需要进行系统改造和数据迁移，同时确保新旧系统正常运作。

（3）数据质量不高，对数据隐私安全投入大。数字化转型需要大量的数据支持，但企业可能面临数据质量不达标的问题。数字化转型意味着企业的数据和信息将更多地在线上存储和处理，这也增加了网络安全风险。企业需要加强网络安全策略，确保数据的安全和保密，以防止潜在的数据泄露和黑客攻击。

（4）缺乏数字化的战略制度和强有力的领导。数字化转型需要有明确的战略和愿景，并由领导层进行引领和决策。缺乏清晰的数字化转型战略和领导力可能导致推行困难。

（5）缺乏数字化人才。在数字化转型过程中，可能会遇到缺乏具备相关技能和经验的人才的问题。特别是在新兴技术领域，如人工智能、大数据分析等，企业需要积极寻找并培养这样的人才。

（6）法律和法规限制。在推行数字化转型过程中，企业需要遵守各项法律和法规要求，如个人数据、隐私保护、网络安全等，这可能带来一些限制和挑战。

（7）成本投入大，投资回报短期难看见。数字化转型需要大量的投资，包括技术设备、培训、人员等方面的成本。企业需要权衡成本与投资回报之间的关系，并制订合理的财务计划。

2.1.5　数据安全挑战与安全能力

1. 数据安全面临的挑战

1）大数据中的用户隐私保护

大量事实表明，数据未被妥善处理会对用户的隐私造成极大的侵害。

当前企业常常认为经过匿名处理后，信息不包含用户的标识符，就可以公开发布了。但事实上，仅通过匿名保护并不能很好地达到隐私保护目标。例如，AOL公司曾公布了匿名处理后的3个月内部分搜索历史，供人们分析使用，虽然个人相关的标识信息被精心处理过，但其中的某些记录项还是可以被准确地定位到具体的人。《纽约时报》随即公布了其识别出的1位用户：编号为4417749的用户是1位62岁的寡居妇人，家里养了3条狗，患有某种疾病等。

目前，用户数据的收集、存储、管理与使用等在规范与监管方面都不够完善，很多时候主要依靠企业的自律。

2）云环境下数据安全面临的挑战

（1）数据的加密处理。根据相关法规和标准，到3级的云中系统以及敏感数据都必须加密，但加密限制了数据操作（如检索、运算等）的高效执行，相关技术尚需进一步完善。

（2）数据隔离。多租户技术是PaaS云和SaaS云用到的关键技术。在基于多租户技术系统架构中，多个租户或用户的数据会存放在同一个存储介质上甚至同一数据表中。尽管云服务提供商会使用一些数据隔离技术（如数据标签和访问控制相结合）来防止对混合存储数据的非授权访问，但非授权访问通过程序漏洞仍然是可以实现的。如Google Docs曾经发生过不同用户之间文档的非授权交互访问。

（3）数据迁移。当云中的服务器"宕机"时，为了确保正在进行的服务能继续进行，需要将正在工作的进程迁移到其他服务器上。

（4）数据残留。数据残留是指数据删除后的残留形式。数据残留可能无意中透露敏感信息，所以即便是删除了数据的存储介质也不应该被释放到不受控制的环境，如扔到垃圾堆或者交给其他第三方。

2. 数据安全能力

关于构建企业的数据安全能力，需要组织从业务范围内数据全生命周期的角度出发，开展对数据安全的保障工作。国家标准《信息安全技术数据安全能力成熟度模型》给出了一个非常好的参考框架。它基于组织机构的数据生命周期，从组织建设、制度流程、技术工具以及人员能力四个能力维度，针对组织机构的数据安全保障能力进行分级评估。

数据生命周期安全：围绕数据生命周期，提炼出大数据环境下，以数据为中心，针对数据生命周期各阶段建立的相关数据安全过程域体系。

安全能力维度：明确组织机构在各数据安全领域所要具备的能力维度，明确为组织建设、制度流程、技术工具和人员能力四个关键能力的维度。

能力成熟度等级：基于统一的分级标准，细化组织机构在各数据安全过程域的五个级别的能力成熟度分级要求。

如图2.2所示，这个数据安全能力成熟度模型不仅可以用在组织对自身数据安全能力的评估上，同时，它也间接给出了组织建设数据安全能力的路线图，以及在数据生命周期的各个领域中保障数据安全的具体要求和实践，对企业有非常重要的借鉴意义。

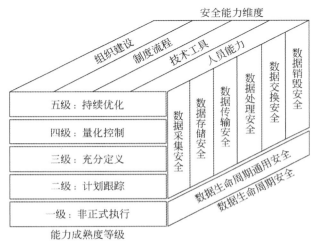

图2.2　数据安全成熟度模型

2.2　数字化及其转型的相关术语

视频讲解

何谓数字化？何谓数字化转型？信息数字化、业务数字化与数字化转型的本质区别与内在联系是什么？

根据高德纳（Gartner）咨询公司的定义，将模拟信息转换为数字形式就是数字化。数字化是一个长期的、不断演变的过程，它经历了从软件化到互联网化，到云化，再到智能化，进而成为"数智化"。数智化是数字化的高级阶段，在这个阶段，各种数字技术将进行充分融合，实现从量变到质变的飞跃。宏观上，数智化是通过新一代数字技术的深入运用，构建一个全感知、全连接、全场景、全智能的数字世界，进而优化再造物理世界的业务，对传统管理模式、业务模式、商业模式等进行创新和重塑。对于企业而言，数智化让企业具有状态感知、实时分析、科学决策、精准执行的能力。

2.2.1 信息数字化

信息数字化（digitization）是指将模拟信息转换为0和1表示的二进制代码，以便计算机可以存储、处理和传输这类信息。

按照Gartner公司的IT术语显示：信息数字化是模拟形式变成数字形式的过程。

信息数字化在如今的企业界广泛存在，例如，将手写的文本或用打字机打出的文本转换为数字格式；又如，将音乐从黑胶唱片（LP）转换为数字格式或将视频从磁带（VHS）转换为数字格式。

在信息化时代，因为技术手段有限，对于一个客户、一件商品、一条业务规则、一段业务处理流程方法，只能以数据的形式人为地录入下来，大量数据依靠关系数据库用表（实体）、字段（属性）把这所有的一切都变成了结构性文字描述。

因此，在企业环境中，信息数字化对于处理模拟信息和"基于纸张"的流程来说十分重要。但要注意的是，这仅仅是对信息的数字化，而非对流程进行数字化。因此，信息数字化是利用云计算、大数据、人工智能等技术把现实缤纷世界在计算机世界全息重建。现实世界什么样，就有能力把它在计算机的世界里存储成什么样。

2.2.2 业务数字化

业务数字化（digitalization）是基于IT技术提供一切所需要的支持，让业务和技术真正产生交互而诞生的。

按照Gartner的术语表，业务数字化是指利用数字技术改变商业模式，并提供创造收入和价值的新机会，是转向数字业务的过程。数字业务则是模糊数字世界和物理世界，以此创建新的业务设计。

如西门子、施耐德等跨国巨头，基于同一个底层的数据库，把所有的人、IT系统、自动化系统连通在一起，为现实工厂在虚拟世界里建立一个"数字化双胞胎"即"数字孪生"。

如海尔，通过对传统生产模式的颠覆与升级，打造按需设计、按需制造、按需配送的互联工厂体系，使整个制造过程实现高度的柔性，满足个性化定制的需求。

2.2.3 数字化转型

企业往往有一个常见的误区，会把某个应用或者业务的数字化称为一个数字化转型。然而，数字化（信息数字化或者业务数字化）与数字化转型（digital transformation）大不相同，数字化转型超越数字化，智能地链接人、物和业务。

CIO pages认为数字化转型是以客户为中心的对企业未来的重新构想，随后重新思考商业模式，重塑产品/服务组合，重组流程，重新构建平台技术，重新培训员工，并灌输新的文化以实现最终目标。因此，数字化转型并不是技术转型，它首先是业务转型，包括运营模式、人员、文化和流程等。数字化转型是指客户驱动的战略性业务转型，不仅需要实施数字技术，还需要牵涉各部门的组织变革。它需要根据人、投入产出、知识与能力、财务、企业文化是否能接受或适应转型等进行分析和考虑，对标行业标杆，制订每一个阶段的目标和终极目标。它更是一种思维方式的转型甚至是颠覆。

因此，数字化转型通常包括三方面。

（1）数字业务模型。企业以往数十年成功运行的业务模型（商业模型）已经被数字创新所摧毁，不再有效；企业如果不下决心"毁了自己"，在创造一个适应于数字时代的、可变的、数字业务模型时，将不知所措。这种业务模型一定是数据和技术强化的业务模型。

（2）数字运行模型。在数字化的条件下，重新定义企业的运行模型，清晰地描绘业务功能、流程与组织架构之间的关系，人、团队、各组成部门之间如何有效互动，从而实现企业的战略和最终目标。

（3）数字人才与技能。企业首先必须帮助其领导层进入数字时代；企业必须知道如何通过公司文化和激励措施来吸引、留住与数字时代相关的人才和开发相关技能；企业必须采用不同的组织架构、工作策略和方法，使机器人与按需分配（on-demand）的工人有效地合作并整合在业务流程之中。

2.3　企业数字化转型战略规划

战略（strategy）一词最早是军事方面的概念。战略的特征是发现智谋的纲领。在西方，strategy一词源于希腊语strategos，意为军事将领、地方行政长官。后来演变成军事术语，指军事将领指挥军队作战的谋略。

在中国，"战略"一词历史久远，"战"指战争，"略"指谋略。春秋时期孙武的《孙子兵法》被认为是中国最早对战略进行全局筹划的著作。

2.3.1　数字化转型战略制定步骤

如何制定企业的数字化转型战略，需要考虑以下几个步骤。

（1）识别数字化变革的机会。了解数字化变革对企业的潜在影响和机遇，包括市场需求的变化、技术创新的应用、业务流程的优化等方面。对行业进行分析，了解数字化转型的趋势和最佳实践。

（2）建立数字化愿景和目标。明确企业的数字化愿景和目标，包括实现的期望结果和战略目标。这可以是增加市场份额、提高生产效率、改善客户体验等。

（3）评估现有资源和能力。评估企业现有的技术、人员、流程和文化，以确定数字化转型所需的资源和能力的差距。识别现有的优势和劣势，为数字化转型做准备。

（4）制定数字化转型策略。针对企业的数字化目标和现有资源，制定具体的数字化转型策略。这可以包括开发新的数字化产品或服务，优化现有业务流程，改善内、外部协作和沟通等。

（5）组织和文化变革。数字化转型需要组织和文化上的变革。建立一个支持创新和学习的文化，培养数字化能力和技术技能。确保组织中的所有成员都理解和支持数字化转型战略。

（6）实施和监测。将数字化转型战略转化为具体的行动计划，并逐步实施。同时，建立监测和评估机制，以确保数字化转型的进展和效果。根据实际情况进行调整和优化。

（7）持续创新和改进。数字化转型是一个持续的过程。企业应该保持持续地创新和改进，不断适应和应对变化的市场和技术环境。关注行业趋势和竞争动向，灵活调整数字化转型战略。

（8）重视知识产权保护。数字化转型带来了更多的知识产权相关问题。保护企业的知识产权对于长久的竞争优势和创新能力至关重要。企业在数字化转型过程中，可以采取各种方法来加强知识产权保护，如版权注册、技术保护措施等。

总之，制定企业的数字化转型战略需要综合考虑企业目标、资源和市场环境。同时，要注重组织文化的变革和持续创新，以实现数字化转型的成功。

2.3.2　价值链中的数字化转型重点领域

在拥抱和实施数字化工作方面，大多数企业将精力集中在以下七方面。

（1）改善客户体验。增强客户体验是数字化的关键业务成果之一。

（2）降低成本结构并实现工作自动化。鉴于利润压力，人们坚定地依赖自动化，尤其是智能自动化来完成既定任务。

（3）对市场变化做出响应并更快地推出产品。许多数字原生代几乎每天都可以推出新举措和新产品，加快上市时间。

（4）促进数据驱动的决策。

（5）管理和最小化企业风险。降低企业风险并确保特许经营权继续蓬勃发展是数字化的另一个业务成果。

（6）网络完全和信息安全。随着业务转向具有各种访问渠道的在线范式，信息和网络完全至关重要。

（7）新的商业模式和新的收入机会。企业也在考虑如何重塑自己，例如考虑经济、社会和环境的可持续商业模式、ESG治理等，作为数字化转型工作的一部分。

2.3.3　数字化转型框架与路径

数字化转型是一项复杂的工作。公司需要创建和采用数字化转型框架，并根据其独特需求进行定制。数字化转型框架是对数字化从愿景到实现过程的关键阶段和高价值活动的概念性描述。典型的数字化转型框架可能包括指导原则、基本主题、顺序和迭代阶段、关键活动、推动因素、致残因素以及期望的业务成果。当然，并非所有框架都涵盖全部范围，也不是所有公司都从头开始。因此，数字化转型团队有责任定义数字化转型的范围和幅度，并将工作的本质封装在一个易于理解的框架中，图2.3所示为数字化转型框架示例。

图2.3 数字化转型框架示例（ciopages.com）

数字化转型路径是如何通过一系列项目、阶段、里程碑和发布来实现数字化转型愿景的指南针。图2.4所示是以能力为中心的数字化转型路径。数字业务能力是指企业在数字或物理领域使用底层价值流和流程所做的和能够做的事情，并由系统/应用程序实现。因此，数字业务能力是数字宇宙中的基本实体，公司需要一套这样的能力来完成其数字化目标。

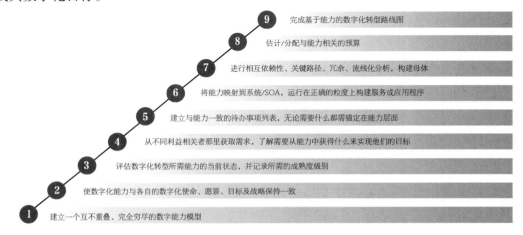

图2.4 以能力为中心的数字化转型路径
（http://www.ciopages.com/digital-transformation）

2.3.4　制造企业推进数字化转型战略规划

1. 面临的问题

（1）企业高层没有意识到数字化转型的必要性、紧迫性和复杂性，观念还停留在部署常用的IT系统上。数字化转型不是IT部门能够实现的，必须由企业的决策层引领，自顶向下推进。

（2）企业已经应用了诸多信息系统，但是孤岛纵横，基础数据不准确，编码体系不统一。

（3）不少企业更加重视产品线的自动化和少人化，但是设备联网和数据采集的基础差，车间没有真正实现可视化。

（4）制造业的各个细分行业差异很大，处在各个产业链中不同位置的企业个性化很强，数字化转型的突破口也各不相同，没有可以直接照搬的模板。

（5）制造企业组织、业务、产品和价值链的复杂性，为制造企业的数字化转型带来诸多挑战。

数字化转型并非单项技术的应用，不仅仅是一个技术命题，更是一个战略和管理命题。因此，制造企业需要深度剖析数字化转型的需求和突破口，建立明确的数字化转型路线。如果没有清晰的数字化转型战略，把各种时髦的互联网、物联网相关技术"囫囵吞枣"地应用，不仅起不到真正提升企业核心竞争力的效果，还有可能投资巨大收益甚小，甚至搬起石头砸了自己的脚。

2. 制造企业数字化转型规划四部曲

制造企业数字化转型规划四部曲如图2.5所示。

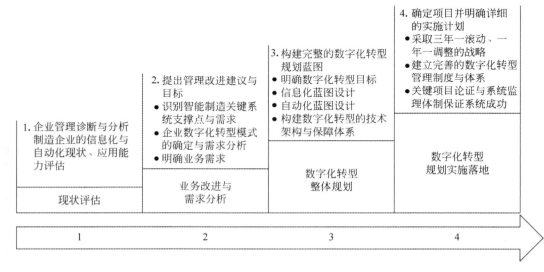

图2.5　企业数字化转型规划四部曲（e-works）

（1）现状评估。主要进行企业管理诊断与分析，特别是制造企业的信息化与自动化现状、应用能力评估。

（2）业务改进与需求分析。提出管理改进建议与目标，包含识别智能制造关键系统支撑点与需求和企业数字化转型模式的确定与需求分析，并明确业务需求。

（3）数字化转型整体规划。构建完整的数字化转型规划蓝图，首先要明确数字化转型目标，然后进行信息化和自动化蓝图设计，最后构建数字化转型的技术架构与保障体系。

（4）数字化转型规划实施落地。确定项目并明确详细的实施计划，采取三年一滚动、一年一调整的策略，还需建立完善的数字化转型管理制度与体系，以及关键项目论证与系统监理体制保证系统成功。

3. 制造企业数字化转型模式

以制造业企业为例，其业务范围呈现金字塔结构，如图2.6所示。最顶层是智能决策，强调实现决策模式创新；第二层是智能研发、智能管理、智能物流，强调实现运营模式创新；第三层是智能生产线、智能车间、智能工厂，强调实现生产模式创新；第四层是智能装备、智能产品、智能服务，强调实现产品服务创新；第五层是数据挖掘与分析服务、投资与融资服务，强调盈利模式创新。

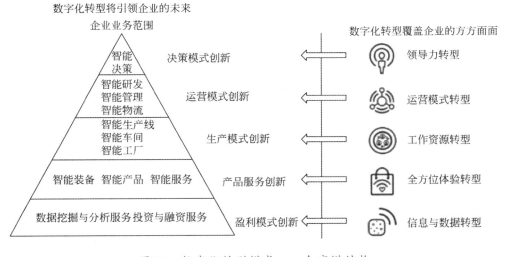

图2.6 数字化转型模式——金字塔结构

如图2.6所示，这五大创新分别对应数字化转型的五方面。一是领导力转型，数字化转型一定是业务转型，而业务转型则需要"一把手"的参与和决策。二是运营模式转型。三是工作资源转型，需要整合外部资源。四是全方位体验转型，需要满足用户的个性化需求，提升用户体验。五是信息与数据转型，信息与数据在未来将直接产生收入。

e-works将制造业数字化转型模式分为商业模式、研发模式、制造模式、服务模式、运营模式和决策模式六方面，如图2.7所示。

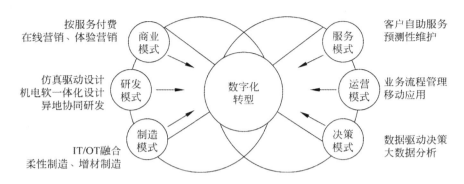

图2.7　制造业数字化转型模式（e-works）

视频讲解

2.4　企业数字化转型战略举措

1. 建立成为数字化原生企业的愿景

掌握数字经济的特征并把它们融入业务运营和企业文化的核心。如图2.8所示，数字化原生企业（DNE）具有能够高速扩展业务和创新、以客户为中心并充分武装员工、不断创新的同时能够承担风险、技术和数据是其生命线、能够实现更高效的运营、创造新的基于信息的收入来源、不断提升客户忠诚度等特点。数字经济具有三大特征：一是信息和如何使用信息是成功的关键；二是消费者参与和大规模是发展的基础；三是生态系统与核心知识产权同等重要。

图2.8　建立成为数字化原生企业的愿景

2. 用最新ICT探索改变企业传统的商业模式

2020年全球2000强企业中50%的企业大多数业务将取决于其创造数字化增强产

品、服务和体验的能力；中国1000强企业的50%也如此。技术与业务如何结合？如图2.9所示，可以从以下六个框架展开。

通过数字化扩展
产品和服务类别

创造新的数字化
产品和服务

用数字化创造新的
客户体验

用数字化产品替代
原有产品和服务

用数字化转移价值
主张

重组供应/分销链
或去中介化

图2.9　用ICT探索改变企业传统的商业模式

（1）通过数字化扩展产品和服务类别，如亚马逊智能音箱。

（2）用数字化产品替代原有产品和服务，如胶囊胃镜。

（3）创造新的数字化产品和服务。

（4）用数字化转移价值主张。

（5）用数字化创造新的客户体验。

（6）重组供应/分销链或去中介化。

3. 评估数字化转型的成熟度和绩效

根据全球数字化转型的情况可以将成熟度分为五个阶段：第一阶段是单点试验，是数字化入门者；第二阶段是局部推广，是数字化探索者；第三阶段是扩展复制，是数字化组织；第四阶段是运行管理，是数字化转型者；第五阶段是优化创新，是数字化颠覆者。

根据数字化转型面临的五大挑战，数字化原生企业该如何设置积分卡，进行量化评估？可以从总体数字化转型、领导力转型、全方位体验转型、信息与数据转型、运营模式转型、工作资源转型等维度展开，如图2.10所示。

（1）总体数字化转型可以分为产品服务创新率、客户价值主张、数据的资本化、流程服务有效性、工作和劳动力供给等。

（2）领导力转型可以分为数字化智商、产品服务创新率、生态系统建设、数字化风险承受能力、核心业务数字化转型份额等。

（3）全方位体验转型可以分为客户价值主张、客户的净推荐值、体验与个性化能力、单一的360°客户视图等。

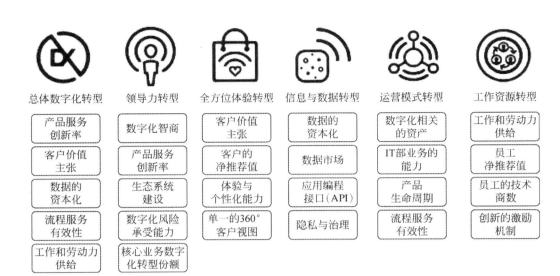

图2.10 DNE积分卡

（4）信息与数据转型可以分为数据的资本化、数据市场、应用编程接口（API）、隐私与治理等。

（5）运营模式转型可以分为数字化相关的资产、IT部业务的能力、产品生命周期、流程服务有效性等。

（6）工作资源转型可以分为工作和劳动力供给、员工净推荐值、员工的技术商数、创新的激励机制等。

通过这些评估，最后找到差距和未来的方向。

如何建立新的绩效考核指标？CEO（首席执行官）、CFO（首席财务官）比较关心财务KPI（关键绩效指标）、业务KPI、运营KPI三大指标，这三大指标与数字化转型的创新能力、客户关系、数据变现、业务运营、人力资源五方面相结合会呈现一些数字指标，这些指标可以作为企业未来转型的参考。

4. 选择所属行业数字化转型的应用场景

数字化转型与企业所有业务密切相关，在转型的过程中不可能做到面面俱到，需要有所侧重。以面向工程的制造业数字化转型框架为例，如图2.11所示，其数字化使命是创建体验优良的生态系统。围绕使命，提出了数字化供应链、智能制造、连接的客户与渠道、产品即平台（PaaP）四大战略，并在这四大战略下设定了长期项目和各自的落地用例。

5. 建立支持数字化转型的组织架构

从全球的发展角度来看，支持数字化转型的组织架构主要有四种类型，如图2.12所示。

数字化使命：创建体验优良的生态系统

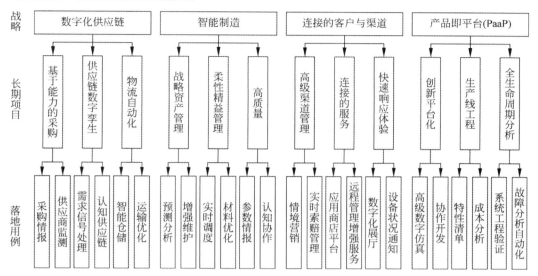

图2.11 面向工程的制造业数字化转型框架案例

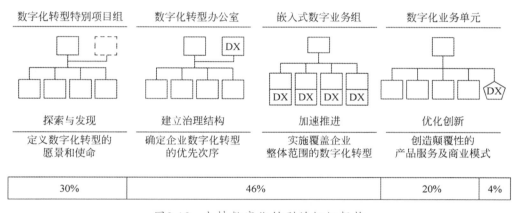

图2.12 支持数字化转型的组织架构

（1）数字化转型特别项目组，目标是探索与发现，然后定义数字化转型的愿景和使命。由董事会或CEO领导，与各部门之间是一种配合关系，这类型的组织架构适合刚开始进行数字化转型的企业。

（2）数字化转型办公室，目标是建立治理结构，同时确定企业数字化转型的优先次序。

（3）嵌入式数字业务组，目标是加速推进，实施覆盖企业整体范围的数字化转型。

（4）数字化业务单元，目标是优化创新，创造颠覆性的产品服务及商业模式。

对于IT部门，应该做好三个业务板块。

（1）将所有IT系统的运行维护工作做到位。

（2）跟踪新兴的信息技术，并与企业业务相结合，考虑优化不同的业务流程。

（3）组建一个支持业务创新的部门。

IT部门和业务部门看数字化转型的维度不同，IT部门主要考虑如何实现、可靠安全、系统升级、控制成本、维护治理、自建还是外包；业务部门更多考虑的是如何使业务更加快速敏捷、自动智能、超凡体验、促进销售、提高产力。IT部门和业务部门如何相互配合和理解至关重要，一方面，IT人员需要理解业务需求，同时业务部门也需要理解IT的部署情况。CXO（其中的X是一种代称，代表现代企业里的一种特定职务）、CIO（首席信息官）甚至IT经理经常需要将工作向董事会或者CEO汇报，汇报内容需要围绕一条主线展开，如图2.13所示，首先要明确目标是什么；其次是明确谁来领导；然后明确如何实施步骤；最后设置KPI指标。

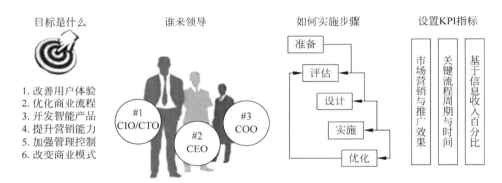

图2.13　组织架构的实施

6. 选择合适的技术、平台及合作伙伴

选择合适的技术、平台及合作伙伴，需要深入思考是否具有全球视野、技术实力、创新能力、行业经验等，如图2.14所示。

视频讲解

2.5　数字化转型管理参考架构

由全国信息化和工业化融合管理标准化技术委员会提出的《数字化转型管理 参考架构》（20221958-T-339），如图2.15所示，主要包括数字化转型的主要视角、过程方法、发展阶段与水平档次，系统阐释数字化转型的主要任务、过程联动方法和分步实施要求。

主要视角给出数字化转型的任务体系，包括发展战略、新型能力、系统性解决方案、治理体系和业务创新转型五个视角，明确数字化转型的主要任务，并给出任务间的关联关系。

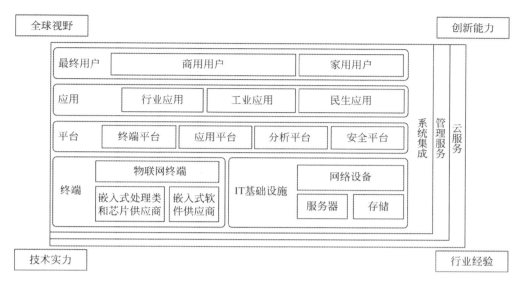

图2.14 选择合适的技术、平台及合作伙伴

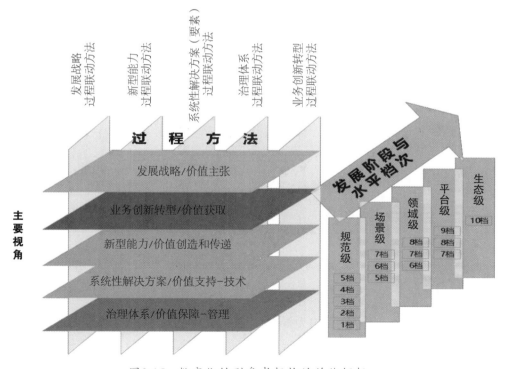

图2.15 数字化转型参考架构的总体框架

过程方法提出数字化转型的方法体系，针对数字化转型的五个视角，分别给出其对应过程联动方法，并构建相关方法之间的相互作用关系。

发展阶段明确数字化转型的路径体系，将数字化转型分为规范级、场景级、领域级、平台级、生态级五个发展阶段，以及对应的十个水平档次，并分别明确数字化转型五个视角在不同发展阶段与水平档次的主要实施要求。

2.5.1　主要视角

价值体系优化、创新和重构是数字化转型的根本任务，组织应从发展战略、新型能力、系统性解决方案、治理体系和业务创新转型五个视角出发，构建系统化、体系化的关联关系，系统有序推进数字化转型，创新价值创造、传递、支持、获取的路径和模式，如图2.16所示。

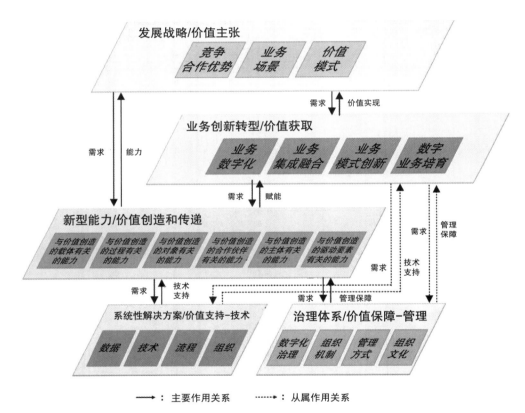

图2.16　以价值体系优化、创新和重构为根本任务的五个视角及其关联关系

以价值体系优化、创新和重构为根本任务的五个视角及各视角间的关联关系如下。

（1）发展战略提出价值主张。根据数字化转型的新形势、新趋势和新要求，发展战略视角提出新的价值主张。

（2）新型能力支持价值创造和价值传递。根据价值主张新要求，新型能力视角打造支持价值创造和传递的新型能力（体系）。

（3）系统性解决方案提供价值支持。系统性解决方案视角创新价值支持的要素实现体系，形成支持新型能力打造、推动业务创新转型的系统性解决方案。

（4）治理体系提供价值保障。治理体系视角变革价值保障的治理机制和管理模式，构建支持新型能力打造、推动业务创新转型的治理体系。

（5）业务创新转型实现价值获取。根据价值主张新要求，基于打造的新型能力（体系）、形成的系统性解决方案和构建的治理体系，业务创新转型视角形成支持最终价值获取的业务新模式和新业态。

其中，新型能力视角包括与价值创造的载体有关的能力、与价值创造的过程有关的能力、与价值创造的对象有关的能力、与价值创造的合作伙伴有关的能力、与价值创造的主体有关的能力、与价值创造的驱动要素有关的能力六个子视角，如图2.17所示。

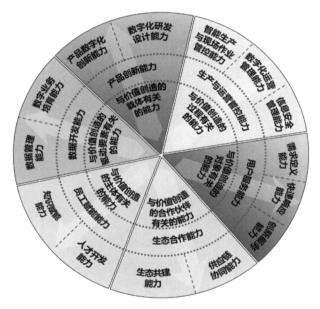

图2.17 新型能力的主要视角

组织应从动态感知与实时分析、敏捷响应与精准执行、自主决策与预测预警、快速迭代与学习优化等方面持续提升新型能力水平，提高理解、处理、化解、预防不确定性的本领。

组织应将新型能力建设作为贯穿数字化转型始终的核心路径，通过识别和策划新型能力（体系），持续建设、运行和改进新型能力，支持业务按需调用能力以快速响应市场需求变化，从而加速推进业务创新转型，获取可持续竞争合作优势。

2.5.2 过程方法

新型能力建设是数字化转型的核心路径，组织应按照价值体系优化、创新和重构的要求，识别和打造新型能力（体系），将新型能力建设贯穿数字化转型全过程，以新型能力建设全方位牵引转型活动，针对数字化转型的五个视角，系统化、体系化建立发展战略、新型能力、系统解决方案（要素）、治理体系和业务创新转型五个过程联动方法，并建立上述方法之间的相互作用关系，如图2.18所示。

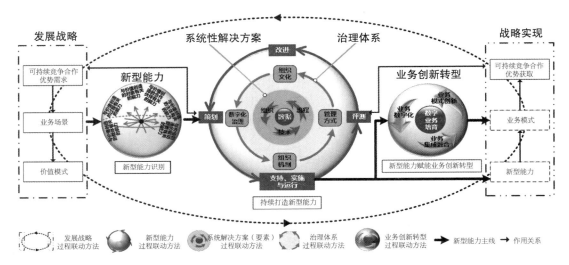

图2.18　以新型能力建设为核心路径的过程方法体系

2.5.3　发展阶段与水平档次

数字化转型共分为五个发展阶段，即规范级发展阶段、场景级发展阶段、领域级发展阶段、平台级发展阶段、生态级发展阶段。

数据是数字化转型的关键驱动要素，按照不同发展阶段组织，在以数据为核心的要素资源获取、开发和利用中所呈现出由局部到全局、由内到外、由浅到深、由封闭到开放的趋势和特征，数字化转型规范级、场景级、领域级、平台级、生态级五个发展阶段可以相对应分解为十个水平档次，如图2.19所示。

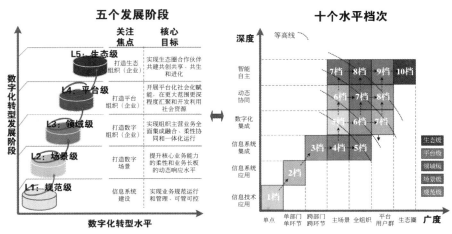

图2.19　以数据为关键驱动要素的数字化转型发展阶段与水平档次划分

按照数字化转型涉及的不同广度和不同深度，规范级、场景级、领域级、平台级、生态级五个发展阶段可进一步细分为十个水平档次，其关键特征如表2.1所示。

表2.1　数字化转型水平档次划分及其关键特征

发展阶段	水平档次及描述	关键特征	转型广度	转型深度
规范级	1档（规范级：初步辅助应用）	初步应用了信息技术手段或工具	单点	信息技术应用
	2档（规范级：单环节应用）	在单一部门或单一业务环节实现信息化规范管理与运行	单部门单环节	信息系统应用
	3档（规范级：跨部门跨环节集成应用）	实现跨部门且跨业务环节的业务信息化规范管理和集成	跨部门跨环节	信息系统集成
	4档（规范级：主场景集成应用）	至少在一个主营业务板块对应的主场景实现全部关键业务信息化规范管理和集成	主场景	信息系统集成
	5档（规范级：全企业集成应用）	实现全组织范围内全部关键业务信息化规范管理和集成	全组织	信息系统集成
场景级	5档（场景级：数字化集成）	至少在一个主营业务板块对应的业务主场景范围内，基本实现数字化条件下的全部关键数据集成和业务集成，实现资源（人、财、物）全局动态优化配置和关键业务数字化集成响应	主场景	数字化集成
	6档（场景级：动态协同）	至少在一个主营业务板块对应的业务主场景范围内，基于全部关键业务的数字化机理模型以及对全部关键业务人员的知识技能赋能（机器智能辅助），实现模型驱动的关键业务动态响应、动态协调联动和优化	主场景	动态协同
	7档（场景级：智能自主）	至少在一个主营业务板块对应的业务主场景范围内，基于覆盖主场景全部关键业务的数字孪生模型，实现关键业务的智能自主运行和协作	主场景	智能自主
领域级	6档（领域级：数字化集成）	在全组织范围内，基本实现数字化条件下的全部关键数据集成和业务集成，实现资源（人、财、物）全局动态优化配置和关键业务数字化集成响应	全组织	数字化集成

发展阶段	水平档次及描述	关 键 特 征	转型广度	转型深度
领域级	7档（领域级：动态协同）	在全组织范围内，基于全部关键业务的数字化机理模型以及对全部关键业务人员的知识技能赋能（机器智能辅助），实现模型驱动的全企业关键业务的一体化敏捷响应和动态优化	全组织	动态协同
	8档（领域级：智能自主）	在全组织范围内，基于覆盖全组织全部关键业务的数字孪生模型，实现全组织关键业务的智能自主运行和协作	全组织	智能自主
平台级	7档（平台级：数字化集成）	平台汇聚丰富的用户、供给、需求等社会化关键数据和资源，形成以服务广大平台用户为主的平台化社会化数据信息服务模式，实现社会资源的大范围数字化集成和动态优化配置以及平台服务的多样化、个性化集成响应	平台用户群	数字化集成
	8档（平台级：动态协同）	基于平台汇聚丰富的可服务外部用户的数字化模型化知识技能，形成以服务广大平台用户为主的平台化社会化知识技能赋能服务模式，实现知识技能大范围社会化按需供给，以及基于知识技能赋能的业务社会化动态协同	平台用户群	动态协同
	9档（平台级：智能自主）	基于平台汇聚丰富的可服务外部用户的平台级数字孪生模型，形成以服务广大平台用户为主的平台化社会化能力智能自主服务模式，实现基于平台能力的业务自组织自适应运行和智能自主协作	平台用户群	智能自主
生态级	10档（生态级：智能自主）	在生态圈范围内，基于智能按需采集的动态运行数据和实现自主运行、协作的智能化模型，实现生态圈合作伙伴共建共创共享数字能力和数字业务，实现共生和进化	生态圈	智能自主

习题

一、判断题

1. 数字化转型是技术转型。（　　　）

2. 可以从总体数字化转型、领导力转型、全方位体验转型、信息与数据转型、运营模式转型、工作资源转型六个维度展开数字化转型的成熟度和绩效评价。（　　　）

3. 数字化（信息数字化、业务数字化）与数字化转型是相同的概念。（　　　）

4. 传统产业数字化转型是制造业高质量发展的重要途径。（　　　）

5. 传统产业数字化转型是数字经济发展壮大的重要支撑。（　　　）

6. 中国消费者在需求端的各种全场景正在高度数字化，从购物、娱乐、旅游到本地生活等，这为企业探索需求端的数据智能创造了良好的条件。（　　　）

7. 企业首先必须帮助其领导层进入数字时代；企业必须知道如何通过企业文化和激励措施来吸引、留住和开发与数字时代相关的人才与技能。（　　　）

8. 只有推进数字化转型，制造企业才能应对日益复杂的合规性要求，尤其是对于医药、食品等民生行业，以及出口导向型企业，必须通过数字化转型，实现整个生产过程的可追溯。（　　　）

9. 数字企业了需要新的度量标准（KPI）来了解进度和引导投资。如果考核体系不变，企业很难实现数字化转型。（　　　）

10. 数字化转型不是IT部门能够实现的，必须由企业的决策层引领，自顶向下推进。（　　　）

11. 数据残留是指数据删除后的残留形式，数据残留可能无意中透露敏感信息，所以即便是删除了数据的存储介质也不应该被释放到不受控制的环境。（　　　）

12. IT部门和业务部门看数字化转型的维度不同，IT部门主要考虑如何使业务更加快速敏捷、自动智能、超凡体验、促进销售、提高产力。（　　　）

13. IT部门和业务部门看数字化转型的维度不同，业务部门更多考虑的是如何实现可靠安全、系统升级、控制成本、维护治理、自建还是外包。（　　　）

14. 数字化转型特别项目组，目标是探索与发现，然后定义数字化转型的远景和使命。由董事会或CEO领导，与各部门之间是一种领导关系。（　　　）

15. 嵌入式数字业务组，目标是加速推进，实施覆盖企业整体范围的数字化转型。（　　　）

16. 数字化业务单元，目标是优化创新，创造颠覆性的产品服务及商业模式。（　　　）

17. 数字化转型发展阶段的生态级关键特征是在生态圈范围内，基于智能按需采集的动态运行数据和实现自主运行、协作的智能化模型，实现生态圈合作伙伴共建共创共享数字能力和数字业务，实现共生和进化。（　　　）

18. 按照数字化转型管理参考架构，数字化转型分为规范级、场景级、领域级、平台级、生态级发展阶段。（　　　）

二、单选题

1. 数字化转型模式，以制造业企业为例，其业务范围呈现金字塔结构，最顶层是（　　　），强调实现（　　　）模式创新。

A. 智能决策　决策　　　　　　　　B. 智能制造　制造

C. 智能设计 设计　　　　　　　　　　　D. 智能平台 平台

2. 数字化转型管理参考架构中，数字化转型共分为五个发展阶段，其中第五个发展阶段是（　　　　）。

A. 即规范级发展阶段　　　　　　　　　B. 场景级发展阶段

C. 平台级发展阶段　　　　　　　　　　D. 生态级发展阶段

三、多选题

1. 云环境下数据安全面临的挑战有（　　　　）。

A. 数据的加密存储　　B. 数据隔离　　　　C. 数据迁移　　　　D. 数据残留

2. 数字化转型通常包括（　　　　）。

A. 数字业务模型　　　B. 数字运营模型　　C. 数字人才与技能　D. 数字客户

3. 企业数字化转型的驱动力有以下（　　　　）方面。

A. 国家宏观政策　　　B. 同行竞争　　　　C. 企业运营需要　　D. 经济形势

4. 在拥抱和实施数字化工作方面，大多数公司将精力集中在以下（　　　　）方面。

A. 改善客户体验　　　　　　　　　　　B. 降低成本

C. 促进数据驱动的决策　　　　　　　　D. 新的商业模式

5.《数字化转型管理参考架构》中新型能力视角包括（　　　　）。

A. 与价值创造的载体有关的能力

B. 与价值创造的过程有关的能力

C. 与价值创造的对象有关的能力

D. 与价值创造的竞争对手有关的能力

6. 数字化转型参考架构国标的总体框架，主要包括数字化转型的（　　　　），系统阐释数字化转型的主要任务、过程联动方法和分步实施要求。

A. 主要视角　　　　　B. 过程方法　　　　C. 发展阶段　　　　D. 水平档次

四、简答题

1. 企业为什么要进行数字化转型?该如何把握数字化转型的时机?

2. 什么是数字化？什么是数字化转型？信息数字化、业务数字化与数字化转型的区别和联系是什么？

3. 企业推进数字化转型组织面临的挑战有哪些？该如何应对？

4. 企业数字化转型的战略举措有哪些？

5. 企业数字化转型战略的制定步骤是什么？

6. 由全国信息化和工业化融合管理标准化技术委员会提出的《数字化转型管理 参考架构》中数字化转型的发展阶段及其关注焦点和核心目标是什么？对传统制造企业数字化转型有何启示？

第二篇

数字化运营的
规划与设计

第 3 章

数字化设计与制造

工业革命与制造变革驱动了数字化设计与智能制造的发展。本章首先介绍工业革命与制造变革，在介绍产品设计流程及成本关系的基础上，阐述产品数字化设计的过程以及产品数字化开发的三个阶段，然后介绍产品全生命周期管理（PLM）的概念、内涵、管理功能以及相关软件，最后是数字化设计与制造相关技术及其应用。

3.1 工业革命与制造变革

人类的文明史也是一部制造业的发展与进步史，如图3.1所示，从18世纪至今人类经历了四次工业革命，从工业1.0的机械化，到2.0的规模化，到3.0的自动化，再到4.0的智慧化，每一次工业革命都带来了制造业的变革。

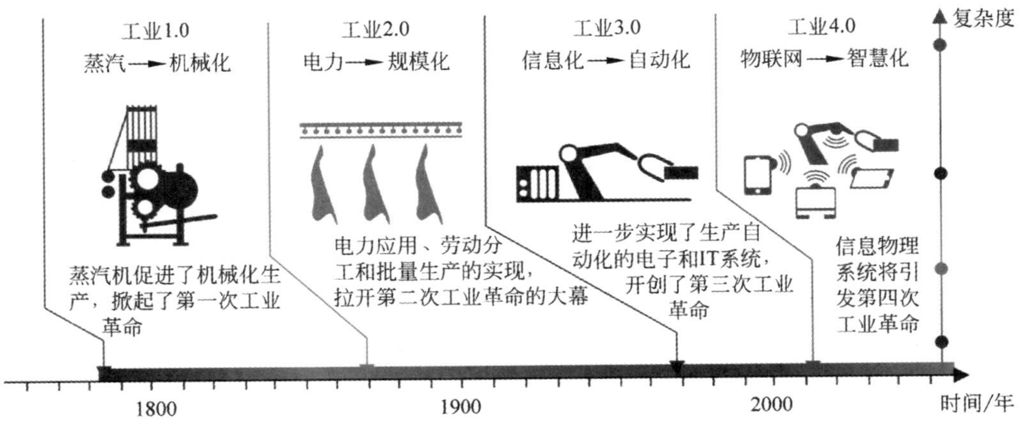

图3.1 工业革命的发展历程

3.1.1 工业革命的发展历程

1. 第一次工业革命

17世纪以后，资本主义开始在英、法等国萌芽，商品生产与流通开始成为社会关注的问题。随着煤、金属矿石需求量和开采量的不断增加，仅依靠人力和畜力已不能满足生产需求，动力开始成为生产中的瓶颈环节。为此，英国人开始将纺织、磨粉等工厂设在河边，利用水轮来驱动机械化工作。但是，水力驱动受到很多因素的制约，限制了它的使用。

18世纪初，英国工程师托马斯·纽科门（Thomas Newcomen，1663—1729）在前人工作的基础上发明了大气压力活塞式蒸汽机，用来抽取矿井中的积水。但是，这种蒸汽机存在消耗燃料多、热量浪费大、工作效率低、体积庞大和只能做简单的往复式线性运动等缺点。

18世纪60年代到80年代，英国工程师詹姆斯·瓦特（James Watt，以下简称瓦特，1736—1819）针对当时蒸汽机存在的问题和不足，持续对蒸汽机的原理、结构、材料和工艺等进行改良，先后发明了单动式蒸汽机、复式蒸汽机（也称万能蒸汽机）和高压蒸汽机。瓦特发明的蒸汽机耗煤量少，功效得到很大提高。蒸汽机通过煤的燃烧获得大小可控的动力，极大地促进了机器的普及和工厂生产，使工业技术出现飞跃式发展。

蒸汽机的发明解决了工业发展中的动力问题，从而根据需要建立工厂，不再受河流等自然条件的限制。蒸汽机的发明是第一次工业革命的重要标志，人类开始进入蒸汽时代。

由此导致深刻的社会变革，主要表现在：以机器生产逐步取代手工劳动，以大规模工厂化生产取代个体手工生产，由工厂手工业向机器大工业转变。高耸入云的烟囱、体积庞大的厂房以及隆隆轰鸣的机器，打破了人类长久以来的田园生活，这些国家开始从传统的农业社会向现代工业社会转变。

第一次工业革命不仅是生产方式和科技的革命，也是一场深刻的社会关系和生产组织变革。在自然经济和手工业生产方式中，人们主要凭经验管理生产。第一次工业革命之后，生产力得到解放，传统的管理方法已难以满足社会需要。

1776年，英国哲学家和经济学家亚当·斯密（Adam Smith，1723—1790）出版了《国富论》（*The Wealth of Nations*）一书。该书阐述了欧洲产业增长和商业发展的历史，提出了"劳动专业化分工"的概念，成为推动工业革命的重要力量。此外，该书还首次提出"市场经济是由'看不见的手'自行调节"的理论，奠定了资本主义自由经济的理论基础，成为现代经济学的开山之作，也使经济学成为一门独立的学科。与亚当·斯密同时代的学者大卫·李嘉图（David Ricardo，1772—1823）等对工厂制度、工资制度、利润理论的建立起到积极的推动作用。他们都是第一次工业革命中里程碑式的人物。

2. 第二次工业革命

机器对动力的需求是第一次工业革命的重要驱动力，其间的发明创造多来自经验丰富的工匠和技术人员，科学并未对工业进步产生太大影响。1870年前后，社会进步体现出两个重要趋势：一是科学开始影响工业；二是大批量生产技术不断得到改善并且在工业生产中得到应用。有关工业问题的研究不再仅仅是在发明者的作坊里，训练有素的科学家开始在装备着昂贵仪器和装置的实验室里对特定的问题进行系统研究。

第二次工业革命是指1870年至1914年的工业革命。其中，在西欧（包括英国、德国、法国和丹麦）和美国以及1870年后的日本，工业得到飞速发展。第二次工业革命紧跟着18世纪末的第一次工业革命，并且从英国向西欧和北美蔓延。第二次工业革命以电力的大规模应用为代表。

1866年，德国人西门子制成了发电机；到19世纪70年代，实际可用的发电机问世。电力开始用于带动机器，成为补充和取代以蒸汽机为动力的新能源。随后，电灯、电车、电影放映机相继问世，人类进入了"电气时代"。

科学技术应用于工业生产的另一项重大成就是内燃机的创新和使用。19世纪七八十年代，以煤气和汽油为燃料的内燃机相继诞生，19世纪90年代柴油机创制成功。内燃机的发明解决了交通工具的发动机问题。19世纪80年代德国人卡尔·弗里特立奇·本茨等人成功地制造出由内燃机驱动的汽车，内燃汽车、远洋轮船、飞机等也得到了迅速发展。内燃机的发明推动了石油开采业的发展和石油化工工业的生产。1870年，全世界生产大约80万吨石油，而1900年的年生产量猛增到了2000万吨石油。

科学技术的进步也带动了电信事业的发展。19世纪70年代美国人贝尔发明了电话，19世纪90年代意大利人马可尼试验无线电报取得了成功，这些都为迅速传递信息提供了方便。世界各国的经济、政治和文化联系进一步加强。

第二次工业革命期间，福特在汽车的生产方式、生产技术、企业运作管理和商业模式等方面取得成功，并在世界范围内掀起了大批量生产的产业革命。他为汽车产业和制造业的发展做出了巨大贡献，主要表现在以下几方面。

（1）简单化设计和标准化生产。福特认为，必须使汽车构造简单化。只有简单，汽车才可能轻便，才容易修理。此外，简单的设计易于大批量生产。福特还认为，当产量增大时，生产成本就会降低，汽车价格就可以更加低廉，才会有更多的人购买。福特还将惠特尼的零件标准化和互换性的生产方法用于汽车制造中，将T型轿车的主要零部件设计成统一规格，实现零件的标准化和总成互换。

（2）流水线生产方式。在福特之前，汽车制造（装配）均是在固定工位上完成的，由一个工人完成从原材料到整车的所有组装工作，作业效率低，生产周期长，生产组织困难。原始的组装技术根本无法满足大规模生产的需求，并导致汽车价格居高不下。为此，福特开始思考提高生产效率的方法。

福特在参观屠宰场时发现，整个屠宰过程可以由多名工人分工合作且每名工人只需进行最简单的操作就可以快速完成。于是，福特将这种具有连贯性和高效的流水作业方式运用到汽车制造中，由机械传送装置运送零件和工具，工人只需在各自工位上完成简单和规定的操作，从而极大地提高了汽车的生产效率。

1913年，世界上第一条刚性汽车装配线在福特公司诞生。在采用流水线生产方式后，每辆汽车底盘的装配时间从12小时减少到1.5小时，T型轿车的售价从1908年的850美元降到1916年的360美元，再到1929年的260美元。之后，福特公司连创世界汽车工业的生产纪录：1920年2月7日，每分钟生产一辆汽车；1925年10月30日，10秒生产一辆汽车。福特T型轿车因便宜、实用和易于操作，迅速占领了市场。

福特T型轿车是世界上第一种以大量通用零部件和大规模流水线装配作业方式生产的汽车。它首次实现了刚性流水生产，奠定了现代大规模生产的技术基础。福特也因此被称为现代"流水装配线之父"。

3. 第三次工业革命

第二次世界大战前后，出于战争的目的和国家之间经济竞争的需要，人类在核能、电子计算机、微电子、航空航天、生物工程等领域相继取得重大突破。它们在更广阔的领域和更深的层次上影响着社会的发展和人们的生活，市场需求呈现出新的变化，制造技术产生了新的飞跃。这是人类文明史上又一次根本性变革，人们将之称为第三次工业革命或信息革命。

20世纪70年代以后，集成电路（integrated circuit，IC）、个人计算机（personal computer，PC）、互联网（internet）、纳米技术（nanotechnology）以及知识经济（knowledge economy）等迅速崛起，人类开始进入信息社会（information society）。

信息化是第三次工业革命取得的标志性成果。集成电路、计算机软硬件、网络技术和各类自动化装备在制造业中得到广泛应用，极大地提高了制造与管理的效率，改变了制造业既有的技术体系与管理架构。2002年11月，中国共产党第十六次全国代表大会报告指出："实现工业化仍然是我国现代化进程中艰巨的历史性任务。信息化是我国加快实现工业化和现代化的必然选择。坚持以信息化带动工业化，以工业化促进信息化，走出一条科技含量高、经济效益好、资源消耗低、环境污染少、人力资源优势得到充分发挥的新型工业化路子。"

4. 第四次工业革命

工业革命深刻地改变了人类乃至地球的本来面貌。在工业化进程中，物质、能源和信息的关系日趋紧密，产品制造过程中的人财物、产供销、软硬件等要素的联系越来越密切，界限越来越模糊，社会变革过程中也不断提出新的技术与管理需求。

随着计算机、互联网、传感器、物联网等技术的成熟与普遍使用，人们开始通过各类终端设备实现信息的互联互通，实现虚拟与现实的有机融合，最终实现万物互联（internet of everything，IoE），给制造业带来了新的发展机遇与挑战。21世纪以来，从纳米技术到基因测序，从可再生能源到量子计算，从3D打印到工业机器人，从石墨烯到物联网，从无人驾驶到智能制造，人类在众多领域的研究工作中取得突破，横跨制造、材料、能源、信息、物理、生物、自动化等学科，具有多学科多专业交叉、科学与技术深度融合、产学研互动等特征，呈现出与前三次工业革命不同的特质，催生了新一轮的科技突破和产业变革。

3.1.2　工业4.0与智能制造

德国学术界和产业界认为，前三次工业革命的发生，分别源于蒸汽提供动力基础上的机械化、电力提供扩散基础上的规模化和信息化提供抽象基础上的自动化。

18世纪制造业引入的机械制造设备定义为工业1.0；20世纪初引入的电气化定义为2.0；始于20世纪60年代的生产工艺自动化定义为3.0；当前物联网等数智技术的引入和制造业服务化的深化迎来了以智能制造为主导的第四次工业革命，即"工业4.0"。

工业4.0（industry 4.0）的概念最早出现在德国，于2013年的汉诺威工业博览会上正式推出，其核心目的是提高德国工业的竞争力，在新一轮工业革命中占领先机。随后由德国政府列入《德国2020高技术战略》中确定的十大未来项目之一，后上升为德国的国家战略，旨在支持工业领域新一代革命性技术的研发与创新。德国"工业4.0"战略旨在通过充分利用信息通信技术和信息物理系统（cyber-physical systems，CPS）两者相结合的手段，推动制造业向智能化转型。"中国制造2025"与德国"工业4.0"的合作对接渊源已久。2015年5月，国务院正式印发《中国制造2025》，部署全面推进实施制造强国战略。工业4.0具有以下三方面的特征。

1. 万物互联

工业4.0通过传感器、智能面板、通信系统、终端设备等物联网系统，实现产品、设备、员工、厂商和客户等制造要素的互联互通，为人类展示出一幅全新的工业蓝图。通过将不同类型、不同功能的设备互联，形成智能化生产链；在不同生产链互联的基础上组建智能车间；不同智能车间互联，构建起智能化工厂；不同领域的智能化工厂互联，形成智能化生产制造系统。智能化生产链、智能化生产车间和智能化制造企业既是一个完整、独立的制造单元，又可以根据市场需求完美地匹配组合，以满足顾客的个性化需求。在网络化和智能化的世界里，互联网和物联网将渗透到制造业的所有环节，传统的产业链将被分工重组，既有的行业界限将变迁或消失，新的制造模式、技术方法和管理手段将会层出不穷。

2. 智能化

智能制造（intelligent manufacturing）建立在传感器、CPS和人工智能等技术的基础之上，旨在实现人、设备和产品间信息资源的互通与共享，实现产品设计、生产、管理和服务等环节的贯通融合。智能制造具有自我感知、自主判断、优化决策和自主执行等能力，可以实现从用户到产品的智能化。智能制造是一个庞大、复杂的系统工程，涉及与制造相关的所有环节，涵盖智能产品、智能装备、智能生产、智能管理、智能供应链和智能服务等内容，如图3.2所示。

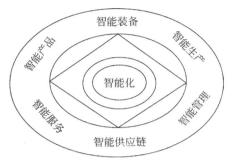

图3.2　智能制造的内涵

智能化制造企业通过智能产品、智能供应链等，利用大数据技术全面分析顾客的习惯、兴趣、爱好、身份、经济条件、生活状态等信息，快速捕捉、挖掘顾客的显性及隐性需求，利用智能装备和智能生产系统快速定制产品和服务，为顾客提供个性化精准服务。

随着工业4.0时代的到来，顾客个性化服务需求急剧增加，大规模生产、大批量销售模式将逐步被柔性化生产、个性化销售所代替，制造企业将向服务型企业转型，生产与服务将加速融合。

3. 集成创新

在"工业4.0"时代，制造企业要在激烈的竞争中脱颖而出，集成创新将是一条必由之路。集成是指企业在不同应用系统之间实现信息共享，并通过传感器、接收终端、控制系统等实现不同网络体系之间的互联与融合。

集成包括企业内部集成（网络化制造纵向集成）、企业外部集成（业务网络横向集成）、端到端集成（价值链端到端数字化集成）三个层面，如图3.3所示。企业内部集成是将企业内部各环节、层次、部门的信息无缝对接。企业内部集成主要体现在数据、硬件设备、应用系统和产品输出等方面，是智能生产和智能管理的前提与基础。数据和数据库集成是企业内部集成需要首先解决的问题。在此基础上，集成机床、工作站、流水线、计算机等硬件设备。企业外部集成是指跨越企业内部，扩展到不同企业之间的集成，实现大企业之间价值链和信息资源的整合共享，在合作伙伴之间建立

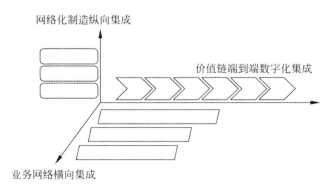

图3.3　工业4.0集成创新的三个层面

起动态联盟，提升产品研发、生产和物流效率，最大限度地满足顾客需求。端到端集成是指整个价值链上各环节的集成。通过整合不同企业的资源，实现产品从研发、设计、制造到销售、使用和维护等环节的无缝对接，实现供应商、制造商、销售商的无缝对接，利用智能化供应链实现统一的管理和服务。

3.1.3　工业5.0

近年来，全球经济发展面临下行压力，中国正以迅猛发展态势追赶世界老牌强国的步伐，世界各国重新认识到制造业在拉动经济增长、创造就业机会等方面的作用。欧洲在这种压力下于2021年1月提出了工业5.0发展概念，试图重振制造业并再次引领全球工业发展潮流。在欧盟这份《工业5.0：迈向持续、以人为本且富有韧性的欧洲工业》报告中提出，工业5.0源于工业4.0，但并非简单延续，而是更加注重社会和生态价值。其要求工业生产必须尊重和保护地球生态，将工人的利益置于生产过程的中心位置，进而使工业可以实现就业和增长以外的社会目标，成为社会稳定和繁荣的基石。

工业5.0概念重点关注三个关键词：工人福祉、可持续性和工业韧性。这与自工业1.0以来追求提高效率、改进质量和降低成本的以系统为本的制造有本质不同，距离德国早在2011年提出的工业4.0已经过去10年之久，工业5.0在欧洲社会被许多学者认为是下一个10年的制造业关键性变革方向。

相对于工业4.0的"数字化"（digitalization）转型趋势，工业5.0开始涉及欧洲工业转型（transforming）、生产流程加速（accelerating）和工人角色改变（changing）。这为全球制造业高端化、智能化、绿色化发展提供历史机遇，也让工业5.0概念呈现出更多落地可能性。

3.2　产品数字化开发

3.2.1　产品开发基本流程

视频讲解

数字化开发广泛应用具有深远意义，它不仅极大地解放了人的体力劳动，还有效地减轻了人的脑力劳动。它使得以直觉、经验、图样、手工计算、手工生产等为特征的产品传统开发模式逐渐淡出历史舞台。要准确理解产品数字化开发技术的功用和价值，就有必要了解产品开发的基本流程。产品开发通常源于对用户和市场需求的分析。总体上，从市场需求到最终产品要经历产品设计和产品制造两个过程，如图3.4所示。

设计过程（design process）始于对客户需求的分析和对未来市场变化的预测。在获取市场需求之后，还需要进一步收集与产品功能、结构、外观、材料、色彩、性能、配置、制造工艺、生产成本、预计售价、预期产量等相关的信息，了解相关行业发展和产品演化趋势、竞争对手和技术动态，在开展可行性分析与论证的基础上制订产品开发目标，拟定产品设计方案，设定产品预期功能，确定产品结构、配置及其性能参数，利用数字化设计软件建立零部件和产品的数字化模型，应用数字化仿真等工具完成产品结构、尺寸和性能的分析、评价与优化，提交完整的产品设计文档。

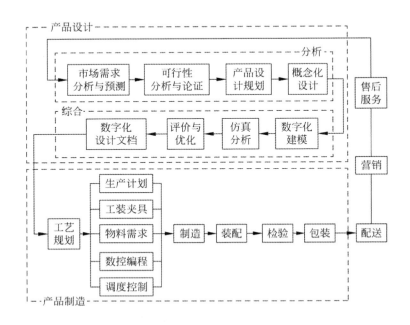

图3.4 产品开发的基本流程

制造过程（manufacturing process）始于产品的设计文档，需要根据零部件结构参数和性能要求，制订合理的制造工艺规划和生产计划，设计、制造或购买相关的加工装备和工装夹具，根据物料需求计划（materials requirement planning，MRP）采购原材料、毛坯或必要的成品零部件。以产品数字化设计模型为基础，根据制造工艺不同，开发模具、定制专用的加工设备、编制相应的数控加工程序，完成零部件的数字化制造和装配。在确保所制造产品的性能指标符合设计要求的基础上，对检验合格的产品进行包装，至此制造阶段的任务基本完成。

3.2.2 产品数字化设计过程

设计过程包括分析和综合两个阶段。

1. 分析

分析是早期的产品设计活动，主要任务是确定产品的工作原理、结构组成和基本配置，包括调研市场需求、收集产品的设计信息、完成产品的概念化设计等。分析阶段的重要结果是产品的概念化设计方案。概念化设计是设计人员对产品各种方案进行评估、分析、对比和综合评价的结果，据此勾勒出产品的初步布局和结构草图，定义各功能部件之间内在的联系和约束关系。当设计者完成产品构思后，就可以利用概念化设计软件和相关建模工具将设计思想表达出来。

  产品全生命周期成本主要包括设计成本、制造成本、运行成本和维护成本等。其中，制造成本由劳动力成本（占5%～15%）、材料成本（占50%～80%）和制造过程的运行成本（占15%～45%）等构成。研究表明，设计阶段的实际投入通常只占产品全生命周期成本的5%左右，但是它却决定了产品全生命周期成本的70%～80%。图3.5所示为产品全生命周期与成本之间的关系。因此，设计阶段在产品生命周期中扮演着重要角色。

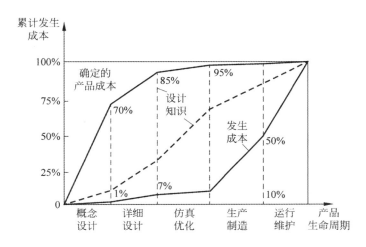

图3.5 产品全生命周期与成本之间的关系

  此外，上游设计阶段的失误（设计变更）对产品成本的影响会以逐级放大的形式向下游传播。美国波音公司的统计数据表明，这一逐级放大的比例系数甚至可以达到1∶10，如图3.6所示。显然，早期的设计决策是否正确是决定产品开发成功与否的关键因素之一。若因设计方案不合理使得产品的技术性能和经济性存在先天不足，而需要在制造过程中通过更换材料、修改制造工艺、加强成本控制等措施加以挽回，将会付出相当大的代价。因此，设计阶段是控制和降低产品成本的最好阶段。

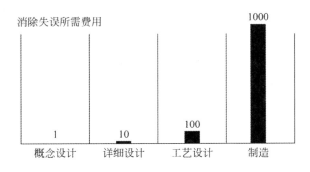

图3.6 设计变更与产品成本关系示意图

此时设计者有很大的自由度来修改、完善设计方案，以便实现产品全生命周期成本的最小化。数字化设计可以为此提供有效的技术支撑。此外，设计师水平对产品性能、成本具有决定性作用。要求设计师不仅要具备过硬的写产品设计、制造相关的专业知识，还应掌握必要的成本分析方法，以便准确评估产品成本，对设计方案做出科学的技术经济性评价，以达到优选设计方案、降低产品成本的目的。

2. 综合

综合是在分析的基础上，完成产品的详细设计、性能评价和结构参数优化，并形成完整的设计文档。其中，数字化建模是数字化设计的基础和核心内容。随着设计软件功能的完善，产品数字化建模的效率和模型质量越来越高。设计软件通常会提供颜色、网格、目标捕捉等造型辅助工具，提供各种图形变换和视图观察功能，提供渲染、材质、动画和曲面质量检测功能等。数字化模型为产品性能分析、评价和优化创造了条件。以产品数字化模型为基础，采用优化算法、有限元分析法（finite elements method，FEM）和其他分析工具，可以完成产品形状、结构和性能的分析、预测、评价与优化，并根据分析结果进一步修改和优化产品的数字化设计模型。

仿真分析和优化包括：①应力和强度分析，确定零件强度是否满足要求，产品是否具有足够的安全性和可靠性。②拓扑结构和尺寸优化，确定最佳的截面形状和尺寸，以达到减小体积、减轻重量和降低成本的目的。③装配体设计分析，检查各零件之间是否存在干涉现象，是否能顺利装配和拆卸，是否便于维护等。④动力学和运动学分析，检查产品运动学和动力学性能是否满足规定的要求。⑤制造工艺分析，分析产品及其零部件的制造工艺，确定最佳的制造方法。⑥技术经济性分析，分析产品的性能/价格比是否合理，分析产品的可回收性和再制造性等。

利用计算机仿真技术，可以在计算机中构建数字化的产品虚拟样机（virtual prototype，VP），并利用虚拟样机评价和优化产品的结构、尺寸及其性能，这就是虚拟现实（virtual reality，VR）技术。随着相关理论模型、技术和软件工具的不断完善，虚拟样机与实物样机（physical prototype）的性能和评估效果越来越接近，正在逐步取代传统的实物样机试验，这不仅可以有效地缩短产品开发周期，还有利于提高产品质量，降低开发成本。

此外，以已有产品的实物、影像、数据模型或数控加工程序等信息为基础，采用坐标测量设备、模型重构算法等技术可以获取已有产品的三维坐标数据和结构信息，借助于计算机辅助设计（computer aided design，CAD）软件的相关功能模块，在计算机中快速重建产品数字化模型。在此基础上，完成产品结构、尺寸、形状、制造工艺、材料或性能等方面的改进、完善和创新，在较短的时间里获得与原有产品结构和功能相似、相同甚至更优的产品，这就是逆向工程（reverse engineering，RE）技术。

综上所述，数字化设计就是以新产品设计为目标，以计算机软硬件技术为基础，以产品数字化信息为载体，支持产品建模、分析、性能预测、优化和设计文档生成等相关技术。因此，任何以计算机图形学和优化算法为理论基础、支持产品设计的计算机软硬件系统都可归入数字化设计技术的范畴。数字化设计技术群包括计算机图形学（computer graphics，CG）、计算机辅助设计（CAD）、计算机辅助工程（computer aided engineering，CAE）、逆向工程（RE）和虚拟样机等技术。

3.2.3 产品数字化开发的三个阶段

从产品开发的角度，设计过程与制造过程关系密切，两者之间存在密切的双向联系。例如，设计人员在设计产品时，需要考虑产品的制造问题，如零部件的制造工艺、加工的可行性与难易程度、生产成本等；同样地，在产品制造过程中也可能发现设计中存在的问题和不合理之处，需要返回给设计人员以便改进、优化设计方案。显然，只有将设计与制造有机地结合起来，才能获得最佳的开发效率和经济效益。数字化技术为两者的结合和融合提供了良好条件，也具有迫切的信息集成需求。一方面，只有与数字化制造技术结合，产品数字化设计模型的信息才能被充分利用；另一方面，只有以产品数字化设计模型为基础，才能充分体现数控加工和数字化制造的高效特征。

数字化制造技术是以产品制造中的工艺规划、过程控制为核心，以计算机为直接或间接工具来控制生产装备，实现产品数字化加工和生产的相关技术。其中，数控编程、数控机床及数控加工技术是数字化制造的基础，另外还包括成组技术（group technology，GT）、计算机辅助过程规划（computer aided process planning，CAPP）等技术。其中，数控加工是数字化制造中技术最成熟、应用最广泛的技术。它利用编程指令来控制数控机床，以全自动或人机交互方式完成车削、铣削、磨削、钻孔、镗孔、电火花加工、冲压、剪切、折弯等加工操作。

除设计和制造外，产品开发过程中还涉及订单管理、供应链管理（supply chain management，SCM）、产品数据管理（product data management，PDM）、库存管理、人力资源管理、财务管理、成本管理、设备管理、客户关系管理（customer relationship management，CRM）等众多管理环节。这些环节与产品开发密切关联，并且直接影响产品开发的效率和质量。在计算机和网络环境下，可以实现上述管理信息和管理方式的数字化，这就是数字化管理技术。数字化管理不仅有利于提高制造企业的管理效率和质量，也有利于降低管理成本和生产成本。典型的数字化管理系统包括PDM、产品全生命周期管理（product lifecycle management，PLM）、企业资源计划（enterprise resource planning，ERP）、CRM和SCM等。

数字化设计、数字化制造和数字化管理分别关注产品生命周期的不同阶段或环节。

视频讲解

3.3 产品全生命周期管理

3.3.1 PLM 的概念与内涵

数字化设计与制造的单元技术（如CAX、DFX等）已经在产品开发中得到广泛应用，而各种企业和产品管理模块（如SCM、PDM、CRM等）也受到人们的重视，它们从不同层面提升了企业的竞争能力。但是，如果各单元技术及管理模块相互独立，就会形成"自动化孤岛"和"信息孤岛"，使产品信息和企业资源难以发挥应有作用。单元技术和管理模块的集成、企业内部与合作伙伴之间的集成以及产品全生命周期信息的集成，成为人们关注的问题。

PLM产生于美国汽车公司（American Motors Corporation，AMC）。1985年，AMC希望找到一种可以加快开发过程的方法。时任产品工程和开发副总裁的弗朗索瓦·卡斯坦（Francois Castaing）后来回顾了当时的情况，他指出，为了降低成本，AMC最终采取了两项措施：一是采用CAD，这有助于加快产品研发；二是建了一个集中的数据库，存储所有的设计图和文档。效果是显而易见的，甚至在克莱斯勒收购AMC之后，这种方法推广到了全公司，促使克莱斯勒大幅降低了整体生产成本；据相关统计数据显示，克莱斯勒在20世纪90年代生产成本仅为同行业平均水平的一半。

1983年，罗克韦尔国际公司实现了PDM的初期理念，后来为B1B轰炸机设计提供了PLM系统，当时这个系统名为EDS（engineering data system）。

20世纪80年代中期，产品生命周期成为热点，国际标准化组织（ISO）设立了TC 184/SC 4工作组负责"工业数据"（industrial data）标准的制定工作。该工作组负责了多个标准的制定，包括13584、15531、15926、18629、18876、22745和8000等数据相关标准。其中涉及CAD数据交换标准（standard for exchange of product，STEP），这与ISO 13584关联比较大，该标准由美国商务部下属的NIST负责管理。

1984年，ISO启动产品生命周期系统标准研究工作之后，吸引了全球不少企业参与。ISO的工作早期放到设计和制造应用上，后来很明确聚焦CAD数据交换格式IGES（initial graphics exchange specification，初始图形数据交换规范），推动形成了STEP标准，成为ISO 10303标准体系核心部分。

1994年，ISO TC 184/SC 4发布了10303的部分标准。按照ISO 10303的定义，它是关于产品制造信息的计算机可读的表示和交换。

目前，对PLM还没有统一的定义，以下列举相关企业与机构的观点。

CIMdata的观点：PLM是一种企业信息化战略。它提供一整套业务解决方案，将企业内的人、过程和信息有效地集成起来，支持产品从概念设计到报废的全生命周期，支持与产品相关的协作研发、管理、分发和使用。

Aberdeen的观点：PLM是覆盖从产品产生到报废全生命周期的、开放式和互操作的整套应用方案和企业信息化环境，它需要有一个记录所有产品信息的、系统化的产品数据知识库。

Collaborative Visions的观点：PLM是一种商业IT战略。它专门解决与企业新产品开发和交付相关的重要问题，以实现产品创新的最优化，改善产品研发速度和敏捷性，增强产品客户化能力，以最大限度地满足客户的需求。企业PLM的组织和实施要围绕以下六种需求来构造。

（1）调整（alignment）。平衡企业在信息化建设的投入。

（2）协同（collaboration）。与业务伙伴交换见解、想法和知识。

（3）技术（technology）。获取新的技术以建立智力资产系统。

（4）创新（innovation）。开发客户驱动的创新产品。

（5）机会（opportunity）。致力于跨学科的集成，寻找产品新生命周期的机会。

（6）智力资产（intellectual property）。将产品知识作为企业的战略财富加以充分利用。

AMR的观点：PLM是一种技术管理战略，它将跨越不同业务流程和用户群的单点应用集成起来，并使用流程建模工具、可视化工具或其他协作技术整合已有的系统。AMR将PLM分为四部分。

（1）产品数据管理（PDM）。作为中心数据仓库保存着产品的所有信息，并提供企业与研发、生产相关的物料管理。

（2）协同产品设计（collaborative product design，CPD）。利用CAD/CAE/CAM及相关软件，技术人员以协同方式从事产品研发。

（3）产品资财管理（product portfolio management，PPM）。提供相关工具，为管理产品资财提供决策支持。

（4）客户需求管理（customer needs management，CNM）。获取销售数据和市场反馈，并将之集成到产品设计和研发过程中。

综上，PLM应该包括以下五方面。

（1）PLM是关于产品数据、信息和知识的。

（2）PLM关注产品整个生命周期，从最初开始到周期结束。

（3）PLM不仅是软件或过程，更是一种方法。

（4）PLM横跨职能的、地理的和组织的边界。

（5）PLM综合了行为（实践或方法）中的人、过程和技术三个要素。

因此，PLM是一个集成的、信息驱动的方法，它由人、过程/实践和技术组成，应用于从设计、制造、配置、维护、服务到最终处理的产品生命周期的所有方面，通过利用产品信息来减少整个企业乃至供应链中时间、能量和物质的浪费。

3.3.2　PLM 的管理功能

1. PLM的主要管理功能

PLM模型如图3.7所示。模型的中心是信息核心，其描述了产品生命周期中的所有产品数据和信息，被分散到不同的职能领域和阶段来使用。产品信息并不属于某一个职能领域，而是可用于所有的职能领域。

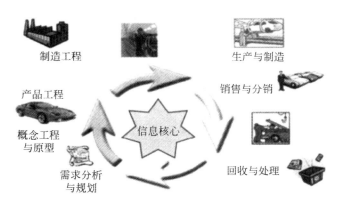

图3.7　PLM模型

图3.7中围绕在信息核心周围的是构成产品生命周期的各个职能领域，这些职能领域就是企业将产品周期分割成规划、设计、制造、支持和处理这五个重要阶段的依据。

（1）规划。该模型开始于需求分析与规划，这也是任何产品开发的初始步骤。产品必须实现的功能是什么？产品必须满足的需求是什么？这些需求被映射为设计规范。例如一个电动窗户的需求映射为设计规范：一块重x千克的玻璃必须能够在z时间内升降y次；在一些情况下，这些需求可以直接从购买产品的客户那里得到；在另一些情况下，需求将间接地从销售或决定客户购买特定功能产品的企业职能部门中得到。

（2）设计。上面提到的需求是从概念设计和原型制作开始实施的。由需求分析与规划得到的功能通常能用不同的方法来实现。此外，功能需求也可以用不同的方法进行组合以便用于实现功能的零件数量可以变化。每一个功能可能有它自己的零件，或者一些功能可以组合到单个零件中。此外，不同的技术可以用于实现相同的功能，例如，电力控制可以代替液压控制。

在这个阶段，开始考虑产品的美观。虽然"形状服从功能"是产品设计的基本原则，但差别很大的外形也可以实现相同的功能。汽车和消费品设计者花费大量的精力在设计上，对于相同的功能，设计出形状变化较大的最终产品。然而，设计师工作时，需要确认它们的概念和原型是否满足所有必要的功能需求和尽可能多地满足那些期望达到的功能。当需要折中时，就像他们一直做的那样，概念和原型设计师必须与设计规范开发者共享这些信息。

周期中的下一个步骤是产品工程，就是把这些功能设计和原型转变成准确的设计规范。正是产品工程这个角色在这一阶段完全地确定了产品。概念工程师设计出了产品的总体形状，产品工程师在获得了这个总的形状之后，完全地确定它们的细节。产品工程师必须确保所有不同零件可以装配在一起，形成一个集成的系统，并且这个系统是内在一致的。另外，产品工程师必须对零件和整个产品进行各种测试，如力学的和流体的分析，以确保产品确实能够满足需求。产品工程师还要把这些信息加入产品生命周期模型中。在这一阶段的最后，组成产品的零件在基于数学的模型或CAD规范中完全确定下来。

（3）制造。当产品完全确定之后，制造工程就要决定怎样制造出产品。必须对设计进行分析，开发工艺清单以确定要完成哪些工序以及按什么顺序去加工所要求的零件，然后必须将这些零件按照确定的顺序装配成一个完整的产品。

在大多数企业中，这将包括三个完全不同的阶段：试件制造、生产调整、批量生产。在试件制造时，有两种情况：在新的工厂中制造或者在已有的工厂中制造。

如果产品是在新的工厂中制造，那么设计阶段将变得更加复杂，因为不仅要设计产品，还要确定制造这个产品所用的工具。制造工程师或者选择满足这些规范的工具，或者向工具制造商发出询价单，要求他们提供制造满足这些规范的工具的报价单。

如果产品是在一个或几个已有的工厂中制造，任务也不会变得更简单。这类似于一个线性规划问题，制造工程师必须决定怎样利用工厂中已有的工具和设备制造零件。在一些情况下，如果一个设计不能用已有的设备制造出来，而另一个等价的设计却可以，这时就必须改变设计或改变工艺单。此外，如果多个工厂有着不同的设备配置或者系统清单，那么工程师的任务就是要确定哪个系统清单最适合零件和产品的制造。

在这个过程中，也许会有一些影响到设计的问题。其中上面已经提到过的就是等价设计问题，一个设计可以被制造出来而另一个却不能。另一个问题是设计出来的产品不能制造。有时候，这个问题十分严重，由于加工问题不能解决，因此必须返回到设计。另一些问题是出现在制造过程中的。最常见的问题是工件表面上钻有孔，而在设计中并没有这些孔，原因是制造小组需要钻出工艺孔以便安装一个螺栓或紧固件。这听起来好像是合理的，但是钻孔可能会改变这一表面的强度特性。因此不能完全依赖于分析，因为设计工程师并不知道它的存在。

生产与制造阶段是产品批量生产的阶段，经验曲线表明在此过程中需要大量的实验。生产与制造人员拿着产品计划和工艺清单，不断地修改和完善它们，以便能够使用最少的资源制造零部件和产品。

（4）支持。销售与分销部门能使用产品信息达到以下目的：①告诉买主和产品使用者有关产品的功能和设计规范。②保证产品的性能达到期望的设计规范。产品使用者需要通过产品信息了解怎样获得需要的功能（如按下按钮来调整座位）。在产品出现故障或者失效时，与产品制造商有关的或者独立的服务部门也需要产品信息来维护产品。

产品生命周期的这一部分也是产品信息一个潜在的丰富资源。产品在使用中实际运行情况如何是确定产品设计是否正确的最有用的信息。返修数据以及监控系统收集到的数据都是关于产品是否按期望执行其功能的重要信息。

（5）处理。产品生命周期的最后阶段是处理与回收，它结束了产品的整个生命周期。有关产品是如何设计的以及零部件是如何组装的信息对有效的回收与处理十分必要。有关产品是否能够回收的信息对以后的产品设计也是十分重要的。

在信息核心的基础上，这一循环随着产品的下一个版本再次开始。PLM模型显示了这一顺序过程，它反映了人们是怎样看待产品生命周期的。现实的情况有一点混乱。设计和制造职能通常需要反复迭代设计方案，使其成为一个既能满足功能需求又能以合理的成本被实际制造出来的解决方案。此领域的应用经验能够指出新产品和已有产品中需要被确定的主要问题。

然而，尽管存在这些问题，PLM模型还是一个很好的模型。它反映了产品生命周期中各个独立的阶段，这些阶段有相对的顺序，产品信息核心对于产品的有效开发和利用是必需的。产品信息需要在整个产品生命周期中开发和利用，而不被时间或职能领域分割。

2. PLM与PDM

如图3.8所示，PLM与PDM的区别与联系主要包含以下几方面。

图3.8　PLM与PDM的区别与联系

（1）PDM涉及从产品概念设计到样机试验阶段的产品数据信息的管理；PLM涵盖从产品规划、设计、制造、使用、报废乃至回收的全部过程，并向前延伸至CNM和SCM，向后延伸至客户关系管理（CRM），从而形成包括产品全生命周期所有信息的管理。

（2）PDM注重产品开发阶段的数据管理，PLM关注产品全生命周期内数据的管理。

（3）PDM侧重于企业内部和产品数据的管理，PLM则强调对支持产品全生命周期的企业内部以及跨越企业的资源信息的管理及利用。

（4）PDM是以文档为中心的研发流程管理，主要通过建立文档之间刚性的、单纯的连接来实现；PLM则力图实现多功能、多部门、多学科以及与供应商、销售商之间的协同工作，需要提供上下文关联式的、更具柔性的连接。

3. PLM与ERP

1）PLM与ERP的比较

关于PLM，一个自然的和常见的比较就是同企业信息化的另一个重要方法ERP的比较。如果有了ERP系统，是否还需要PLM？PLM和ERP是相互竞争的吗？PLM和ERP如何一起工作？

要比较ERP和PLM，首先就要先了解企业的结构。大部分现代企业都被分成几个职能部门，最通常的职能部门是设计和开发、工程、生产、销售和服务，以及处理和回收。除了划分成这些职能部门外，企业还可以划分成知识领域。知识领域是指那些具有共同主题的事物的不同知识范围。企业中最常见的知识领域是关于产品、客户、员工和供应商的知识。其中，产品知识涉及企业拥有的有关产品的所有信息：产品怎样设计、怎样制造以及需要具备什么功能等。客户知识涉及与客户有关的知识：客户的需求、他们的商务程序、决策方式。员工知识涉及员工的专业领域知识：员工的工作过程和其在某领域的专业知识。最后，供应商知识涉及供应商的专业知识：供应商能提供的产品、他们做生意的方式、工作质量、可靠性和其他相关知识。

如果对应知识领域来划分职能领域（见图3.9），就可以形成一个以职能领域为纵轴、知识领域为横轴的矩阵。定义的产品生命周期管理包含产品知识领域，贯穿所有的职能领域，如图3.9中竖条所示。产品生命周期管理由设计与开发阶段、工程阶段、生产阶段、销售与服务阶段和回收阶段中所涉及的所有产品信息组成。显然，PLM对应于产品知识领域，并且包含企业的所有职能领域。

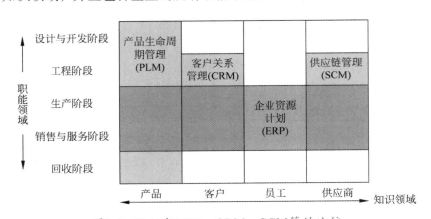

图3.9　PLM与ERP、CRM、SCM等的比较

ERP则相反，如图3.9中横条所示，ERP贯穿所有的知识领域：产品、客户、员工和供应商知识领域，但仅仅集中在生产、销售和服务职能领域上。ERP主要是基于业务的，它关注的是有关产品、客户、员工和供应商业务信息的获取，并跟踪这些信息以产生一个完整的订单，获得利益。

就这一点来说，ERP关注的职能领域较窄，但牵涉企业中较多的知识领域。它关注最终的结果，产生一个将产品或服务交付给客户的相关业务。然而，正如人们所看到的，ERP和PLM在生产、销售和服务领域中所涉及的信息有相互重叠的地方。由于ERP是横向的，因此它也与SCM、CRM相重叠。但是同样，CRM和SCM应用和系统涉及的知识领域比ERP系统深得多。

另一种研究PLM与ERP之间异同的方法是查看它们所涉及的信息粒度。图3.10显示了一个企业信息粒度增长的矩阵。

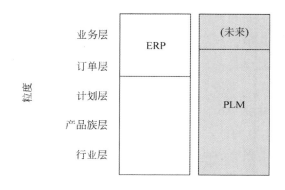

图3.10　PLM与ERP在粒度上的比较

信息粒度的最小层是业务，基于业务的系统只处理手上的特定业务。一个业务像一个事件一样开始和结束，然后在系统中处理。沿粒度增大方向，业务成为订单的一部分。对应于一个订单要处理和装载多个不同的业务。

信息粒度上的下一刻度是计划。计划是指对某一特定类型产品的所有产品的装运活动。这一类型的产品通常被称为型号，该型号有很多种的情况称为型号系列。因此，对于如有关某一汽车型号的计划可能要执行一年或几年。一个计划也可以专注于喷气式战斗机，就像洛克希德·马丁公司的联合攻击战斗机（JSF）计划。该计划不仅包括一个喷气式战斗机型号，还包括该机型用于空军和海军的改装型号。随着粒度的增加，向产品族移动。产品族是在定义上相似但在很多方面都不相同的产品。一个卡车族在生产线上可能不仅有若干不同的型号，而且在一个公共的平台上生产，这个平台有着不同的名称但属于同一产品族。最后是行业，基本上是具有共同技术的产品族向未来的延续。

正如从图3.10所看到的，ERP主要涉及的是业务和订单。一旦一个订单停止，ERP系统将处理与这个订单相关的业务，但绝对不会超出此订单的范围。另外，PLM的粒度涉及的是用于产品的订单，并且扩展到计划，甚至产品族和整个行业。此外，相信PLM未来的定义会延伸到单个业务，作为现成的（as-built）。在PLM中每个产品将被系列化或准系列化，以便对每一个产品的跟踪可以贯穿其整个生命周期，并且反映其变化。从图3.10可以看出PLM和ERP是相互补充的系统。

图3.11中，现有ERP借助计划材料表，逐渐涉及计划层/产品（型号）系列层和产品族层，但仍无法有效处理行业层次的战略管理。现有PLM主要涉及用于产品的订单并扩展至计划层/产品（型号）系列层和产品族层，但涉及行业层和业务层信息少。

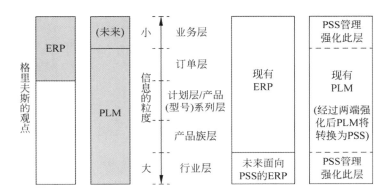

图3.11　面向产品服务系统的PLM与ERP比较

鉴于诸多与客户交互的服务具有不可存储性和不可分离性，融合服务的产品服务系统（product service system，PSS）管理必将强化业务层的信息处理。鉴于PSS管理中对战略生命周期和可持续发展的更多关注，未来PSS管理必将强化行业层信息处理。

对制造企业可持续发展的管理需求，必将引发对企业产品服务系统的信息化管理需求；相应未来面向企业产品服务系统管理的ERP需扩展至行业层，才能真正解决现有ERP管理缺乏管理可持续发展战略问题的能力。

2）PLM与ERP系统的集成

PLM系统是企业信息化系统和数字化转型的数据源头，企业资源规划（ERP）系统和制造执行系统（MES）是企业生产运营核心管理系统。PLM与ERP和MES的集成是提高企业整体业务协同效率和、仓储物流管理（WMS/WCS）、人事一体化管理系统（HR/OA/费控）、SRM系统、CRM系统、客户服务管理（MRO）系统的整合，以PLM系统为平台，统筹几大业务系统，有效管理管理企业的有形无形资产。

PLM系统可通过集成为用户ERP系统提供主物料、结构、设计变更和设计文档等信息和数据。可采用统一数据传递格式完成PLM和用户ERP之间的集成。提供统一数据传递格式将所管理的设计产品数据传递给ERP系统使用。还包括零部件表（bill of material, BOM）和变更信息等。PLM系统和用户ERP之间传递的主要数据如图3.12所示（以西门子公司为例）。

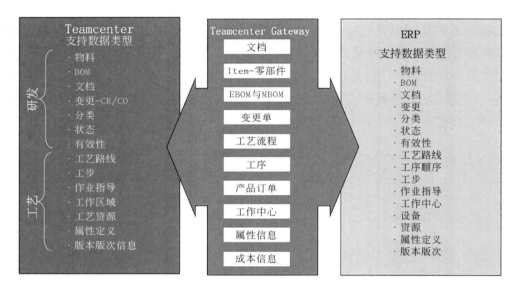

图3.12　PLM与ERP的数据集成

4. PLM与MES

PLM系统实现与MES的集成，支持将工艺信息传递至MES，如自动推送产品物料清单、产品工序清单、工艺变更数据、SOP、工艺参数等信息，为MES提供现场作业的准确指导标准，如图3.13所示。

PLM系统传递给MES的数据主要有BOM信息、工艺规程、材料和产品标准。

（1）BOM信息。在工艺设计系统中完成的设计BOM需要通过通用数据网关传输进入MES用于装配作业和配料，BOM清单包括的关键数据包括物料名称、物料代号、规格型号和BOM版本对应的装配物料的名称、代号、规格和数量及装配工位等，通过通用网关提供的数据对应功能，可实现各关键字段之间的对应逻辑关系建立，实现BOM数据的核对和传递，并在MES中完成确认。

（2）工艺规程。通过通用网关实现工艺设计系统中各类工艺规程信息在MES的传递和管理等，传递的工艺规程信息包括版本号、工序号、工序名称、工序逻辑、工序物料、单台数量、设备编号、设备名称、工装具编号、工装具名称等，MES将基于此工艺规程文件完成生产执行。

（3）材料。通过接口将材料基础信息传输到MES，实现材料号、名称、规格、类型等信息在MES中的对应，提供材料出库使用依据。

（4）产品标准。通过接口将产品标准等信息导入MES，实现技术要求、技术参数、公差等信息在MES中的使用指导加工。

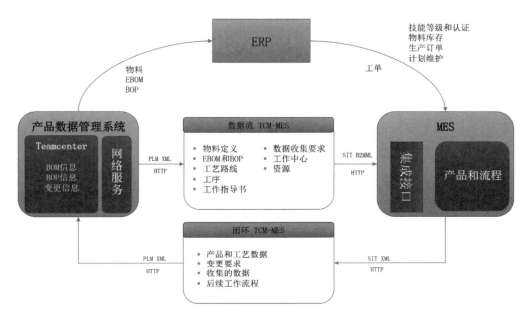

图3.13　PLM与ERP和MES的集成

3.3.3　PLM 软件介绍

当前，总体上来说，比较常用的PLM软件可以分为以下两种类型。

1. 以PDM为中心的PLM

以数字化开发及PDM软件为核心，并集成部分ERP功能的PLM软件有Teamcenter和CATIA等。PDM系统以BOM作为产品管理的中心，对设计信息进行一元化的管理；最近，不仅是与产品设计相关的信息，与设计产品制造方法的工厂设计相关的信息也能够进行一元化管理，从着手设计直到开始量产为止的所有必要信息都可以进行一元化管理，如图3.14所示。这类软件具有强大的产品数字化开发和产品数据管理能力，是以设计现场的业务效率化为目的、以产品开发为导向的PLM产品。以PDM为中心的PLM主要在以飞机和汽车、家电产品为代表的装配制造行业中应用。

2. 以ERP为中心的PLM

以ERP软件为核心，通过增加协同工作功能的PLM软件有SAP、Baan和Oracle等公司的产品。以ERP为中心的PLM以实现经营信息的"可视化"为目的，旨在实现贯穿产品整个生命周期的信息管理。这类软件以资源管理和组织计划为基础，注重制造业的流程配置，能灵活运用ERP的优势，将产品信息和成本信息紧密相连。因此，能够将计划管理及设备管理、销售及保养服务的信息与商品（产品）开发过程关联起来，轻松获取产品开发的投资情况及整个生命周期的收支情况等经营管理层所必需的信息，如图3.15所示。以ERP为中心的PLM主要在石油化学产业、制药及食品、日用品产业中应用。

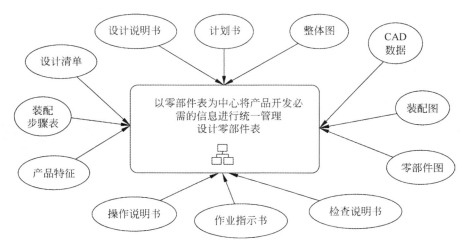

图3.14　以PDM为中心的PLM

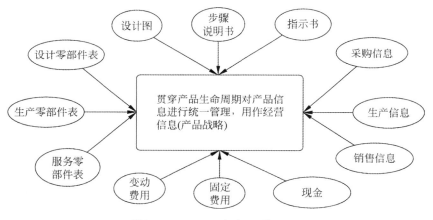

图3.15　以ERP为中心的PLM

3.4　数字化设计与制造技术

3.4.1　数字化设计技术

视频讲解

数字化设计是数字化技术与产品设计相互融合的产物，其中，数字化是将产品设计的相关信息以二进制、数字的方式加以表达和呈现，其输出是产品的数字化模型。

产品造型也称产品建模，它已经以数字化方法在计算机中表达产品的形状、属性及其相互关系，在计算机中模拟产品的特定状态，以产品的数字化模型信息为基础，可以完成结构优化设计、运动学和动力学分析、装配和干涉检查、数控加工程序编程等。

1. 计算机辅助设计

AutoCAD（autodesk computer aided design）是计算机辅助设计软件提供商Autodesk（欧特克）公司的产品，AutoCAD是一款自动计算机辅助设计软件，该软件作为CAD工业的旗舰产品，用于二维绘图、设计文档和基本三维设计，广泛应用于电子、机械、建筑、航空等行业。AutoCAD的主要功能有以下几方面。

1）绘制与编辑图形

AutoCAD的"绘图"菜单中包含有丰富的绘图命令，使用它们可以绘制直线、构造线、多线段、圆、矩形、多边形、椭圆等基本图形，也可以将绘制的图形进行填充形成面域，再加上"修改"菜单中的相关命令，便可以绘制出多种二维图形。

对于一些二维图，通过拉伸、设置标高和厚度等操作就可以轻松转换为三维图形。使用"绘制""建模"命令中的子命令，用户可以很方便地绘制圆柱体、球体、长方体等基本实体以及三维网格、旋转网格等曲面模型。同样再结合"修改"菜单中的相关命令，还可以绘制出多种复杂的三维图形。

2）标注图形尺寸

尺寸标注是向图形中添加测量注释的过程，是整个绘图过程中不可缺少的一步。AutoCAD的"标注"菜单中包含了一套完整的尺寸标准和编辑命令，使用它们可以在图形的各个方向上创建各种类型的标注，也可以快速地创建符合行业或项目标准的标注。

标注显示了对象的测量值，对象之间的距离、角度或者特征与制定原点的距离。在AutoCAD中提供了线性、半径和角度三种基本的标注类型，可以进行水平、垂直、对齐、旋转、坐标、基线或连续等标注。此外，还可以进行引线标注、公差标注，以及自定义粗糙度标注。标注的对象可以是二维图形或三维图形。

3）输出与打印图形

AutoCAD不仅允许将所绘图形以不同样式通过绘图仪或打印机输出，还能够将不同格式的图形导入AutoCAD或将AutoCAD图形以其他格式输出。因此，当图形绘制完成之后可以使用多种方法将其输出。例如，可以将图形打印在图纸上，或创建文件以供其他应用程序使用。

4）其他功能

（1）具备缩放、平移等动态观察功能，并具有透视、投影、轴测、着色等多种图形显示方式。

（2）提供栅格、正交、极轴、对象捕捉及追踪等多种辅助工具，保证精确绘图。

（3）提供图块及属性等功能，便于制作图形数据库，大大提高绘图效率。

（4）利用参数化设计功能，约束图形几何特性和尺寸大小。

（5）利用测量工具，可以查询图形的长度、面积、体积、力学等特性。

（6）提供了样板图技术、CAD标准、设计中心、外部参照、光栅图像、链接与嵌入、电子传递等功能，以规范和协调设计，并共享AutoCAD图形数据。

（7）提供多种软件的接口，可方便地将设计数据和图形在多个软件中共享，进一步发挥各个软件的特点和优势。

（8）具备强大的用户定制功能。用户可以方便地将图形界面、快捷键、工具选项板、简化命令、菜单、工具栏、填充图案、线型等改造得更易于使用。

（9）具有良好的二次开发性。AutoCAD提供多种方式，以使用户按照自己的思路去解决实际问题；AutoCAD开放的平台使用户可以用AutoLISP、ARX、VBA、.NET等语言开发适合特定行业使用的CAD产品。

2. 虚拟样机

早在1985年美国麻省理工学院（MIT）就开始进行虚拟环境的正规研究，建立了一种虚拟环境下的对象运动跟踪动态系统。而机械工程中的虚拟样机技术又称为机械系统动态仿真技术，是20世纪80年代随着计算机技术发展而迅速发展起来的一项计算机辅助工程（CAE）技术，从国内外对虚拟样机技术的研究可以看出，虚拟样机技术没有一确切的概念，不同应用领域中虚拟样机的定义也不尽相同。

在建模和仿真领域比较通用的关于虚拟样机的概念是美国国防部建模和仿真办公室（DMSO）的定义。DMSO将虚拟样机定义为对一个与物理原型具有功能相似的系统或者子系统模型进行的基于计算机的仿真，而虚拟样机则是使用虚拟样机来代替物理样机，对候选设计方案的某一方面的特性进行仿真测试和评估的过程。工程师在计算机上建立样机模型，对模型进行各种动态性能分析，然后改进样机设计方案，用数字化形式代替传统的实物样机试验。

运用虚拟样机技术，不仅可以减少产品研发成本，明显提高产品质量，提升产品的系统性能，获得更优化和创新的产品，同时，也有助于企业做出前瞻性的决策，实现产品总体优化，进而赢得市场和用户。图3.16所示为基于虚拟样机的汽车数字化开发。

3. 基于模型的产品定义

20世纪90年代之后，基于模型的产品定义（model-based definition，MBD）成为数字化设计领域的前沿研究课题。MBD的核心是产品三维几何模型，除此之外，与产品相关的尺寸、公差、材料、工艺、属性、注释等信息都附着在三维模型中。MBD改变了原来用三维实体模型描述产品几何形状，用二维工程图样定义尺寸、公差和工艺信息的传统产品数字化定义方法，彻底摒弃了以工程图样为主、以三维实体模型为辅

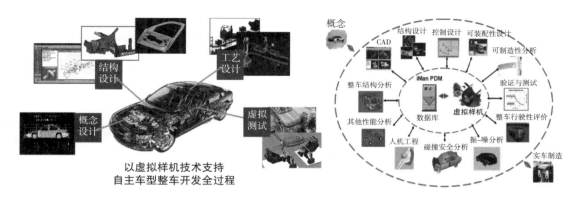

图3.16 基于虚拟样机的汽车数字化开发

的产品制造流程。三维模型成为生产制造过程中的唯一依据，实现了设计、工艺、制造、装配、检测等流程的高度集成，开创了数字化设计与制造的新纪元。

单一数据库是MBD技术的基础，它有助于消除传统模式中三维模型与二维图样之间可能存在的信息冲突，提高了信息传递的效率和质量。此外，以MBD为基础，可以建立涵盖产品全生命周期以及整个企业和供应链体系的集成化、协作化的开发环境，有效缩短产品研发周期，提高设计质量和生产率。

美国波音公司在波音787客机的研制过程中全面采用MBD技术，将设计信息和产品制造信息（product manufacturing information，PMI）定义到三维数字化模型中，彻底摒弃二维图样，以三维标注模型为制造依据，开创了大型、复杂机电产品数字化设计与制造的崭新模式。之后，众多企业开始将PMI三维标注模型作为单一数据源，贯穿产品研发的各个环节，推动三维模型在产品研制各阶段的应用，优化企业的业务流程。

2009年12月25日，我国自行研制、具有自主知识产权的大型喷气式客机C919机头工程样机在上海交付，标志着国产大型客机的研制工作取得重要的阶段性成果。该机头工程样机在研制过程中采用先进的材料和制造工艺，全面应用MBD技术，通过全三维数字化设计和模块化管理，实现了产品全关联设计，仅用半年时间就完成了样机的设计与制造。

全三维、无纸化是基于MBD产品数字化开发模式的核心所在，它是对以"三维模型+二维图样"为特征的传统数字化开发模式的根本性变革。其影响不仅涉及产品设计方面，还涵盖工艺规划、产品制造和检测等业务环节。它给供应商和合作伙伴带来了新的体验，也提出了新的要求。MBD技术的出现对产品开发模式产生了深远影响，主要体现在以下五方面。

1）产品设计

MBD三维模型涵盖产品研制和生产过程中的相关信息，包括几何模型、公差、尺寸、材料、工艺、属性、注释等。通过对三维模型信息的管理，可以有效地提高作业质量和效率。MBD模型不仅反映产品的几何形状和功能需求，还包含产品的加工工艺和制造信息，可以实现产品设计、工艺规划和生产制造的并行与协同。此外，以MBD模型为基础，由基于二维图样的审核转变为基于三维模型的审校、批阅和进度跟踪，改变了传统的设计方案审核模式。

2）工艺规划

传统的工艺规划是基于二维文档的、卡片式的工艺设计方式。以MBD三维模型为基础，工艺规划转变为三维可视化工序模型，实现了工艺数据来源、工序模型、工装设计、工艺编制、工艺仿真、工艺结果、工艺输出和工序执行的三维可视化。

3）产品制造

以产品三维数字化模型为基础，利用数控编程软件和数控机床，由三维模型直接驱动完成数控作业，传统的二维图样被现场的终端和显示器所取代，图3.17所示为基于三维模型的制造工序创建示例。

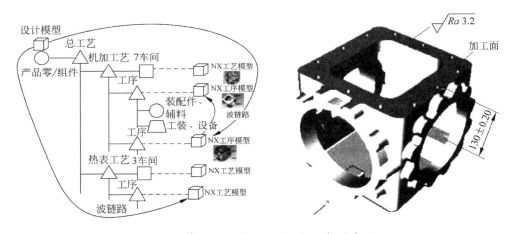

图3.17　基于三维模型的制造工序创建示例

4）质量检测

传统的基于图样的检验转变为基于三维模型的检验。此外，数控加工和自动化检测设备的广泛使用，有效地减少了质量检验工作量，提高了检测效率。

5）标准化和协同作业

以MBD相关标准为基础，可以构建全流程三维数字化产品研发环境，实现企业内部以及企业与合作伙伴、供应商、顾客之间的三维可视化沟通和协同。

MBD将设计、制造、检验和管理的三维信息有机融合，是业界普遍认同的先进数字化设计与制造技术。它解决了传统数字化设计、产品开发和企业管理中存在的技术瓶颈，是产品数字化定义方式上的一次革命。需要指出的是，MBD的实施是一项长期、复杂和艰巨的系统工程，涉及企业信息化平台建设、标准规范制定、管理模式变革、人才培养和储备等众多方面，不是一朝一夕就能够实现的。

1997年1月，美国机械工程师协会（ASME）提出开发《数字产品定义数据实践》标准的设想，随后ASME Y14.41—2003、ISO 16792和GB/T 24734—2009等标准给出了MBD的基本准则和框架，但是并没有规定操作层面的内容。在工程应用中，MBD的实现离不开具体的产品数据管理系统和软件工具，西门子、PTC、Dassault等数字化软件公司将该标准应用于各自的商业化软件系统中。如西门子工业软件公司的Teamcenter+NX是一个基于MBD技术的信息化平台，它主要包括MBD三维设计系统、MBD三维工艺系统、MBD标准检验系统等部分，在众多行业和企业中得到应用。

3.4.2 基于模型的系统工程

1. 什么是MBSE

系统工程（system engineer）是为了很好地实现系统的目的，对系统的组成要素、组织结构、信息流、控制机构等进行分析研究的科学方法。它集成了所有学科和专业团队，形成结构化的开发过程：从工程概念到产品再到运营，考虑所有客户的业务和技术需求，提供一个满足用户需求高质量和安全的产品。

系统工程侧重于在开发早期定义客户的需求和所需的功能，并记录所有需求，然后进行设计综合和系统验证，是一个以客户需求为导向的正向开发过程，以寻求系统有很好的解决方案。如图3.18所示，传统设计方式中，系统方案设计阶段多数通过撰写方案设计文档来对系统进行定义。

图3.18 传统设计中文档记录模式

基于模型的系统工程（model-based system engineer，MBSE）将系统工程传统的文本格式转向了图形化的系统建模语言，形成"以模型为主，文档为辅"的系统架构方案。

MBSE通过系统架构方案的模型化，能实现与周边人、机对接，从而完成需求高效准确地传递。MBSE与传统系统工程不同，它强调中央系统模型。该模型描述了捕捉的系统需求以及描述这些需求的设计决策。如图3.19所示，MBSE用数字化建模代替写文档进行系统方案设计，把设计文档中描述系统结构、功能、性能、规格需求的名词、动词、形容词、参数全部转换为数字化模型表达。

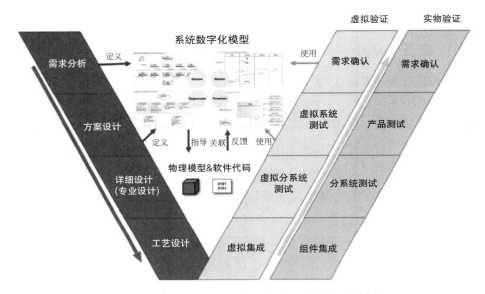

图3.19　基于MBSE的系统数字化模型记录模式

以下例子展示从文档转换到数字化模型的直观理解。

（1）名词（描述系统结构）基于文本的设计："该系统由发动机、通信系统、控制系统、生命保障系统等子系统构成"。MBSE中对名词的数字化模型表达示例如图3.20所示。

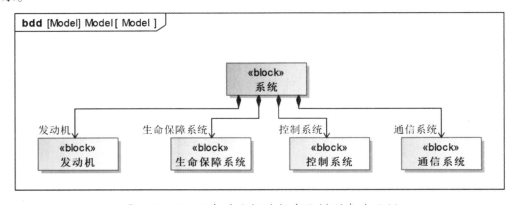

图3.20　MBSE中对名词的数字化模型表达示例

（2）动词（描述系统行为）基于文本的设计："系统的启动过程为：首先启动发动机，然后依次检查控制系统、生命保障系统、通信系统状态，如果一切正常，则进入工作状态；如果发现异常，则由操作人员进行故障排查。"MBSE中对动词的数字化模型表达示例如图3.21所示。

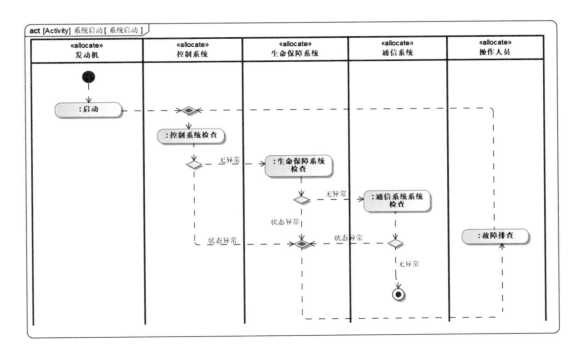

图3.21　MBSE中对动词的数字化模型表达示例

（3）参数（对系统规格、系统性能等的定量描述）基于文本的系统设计："需求A：系统总质量不能超过100kg。"MBSE中参数的数字化模型表达示例如图3.22所示。

（4）形容词（需要被量化）：形容词是文档中的特殊产物，在模型中不存在对应内容。

原因在于形容词是模糊描述，无法明确表达，也意味着无法准确验证。因此，理论上，在系统设计和需求规格描述中，不应该使用形容词，否则可能导致如图3.23中的后果。

2．为什么要做MBSE

在当前航空、航天、汽车等行业，对工业产品易用性、舒适性、安全性等方面要求的提高，导致当前工业产品电气化、智能化程度越来越高，产品复杂度的量级不断跃升。

基于文本的系统设计方式存在天然局限，导致其越来越难以应对当前的复杂产品

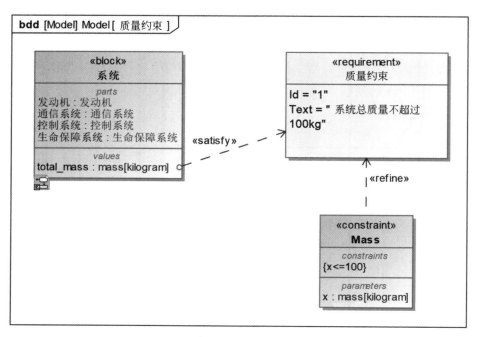

图3.22 MBSE中参数的数字化模型表达示例

形容词的代价

量化描述后

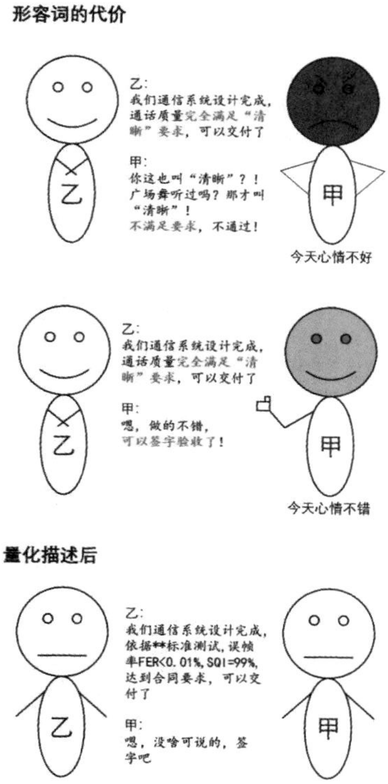

图3.23 MBSE中形容词的数字化模型表达示例

设计挑战，例如：①基于自然语言描述的设计文档一致性差，沟通效率低且容易出现歧义；②自然语言容易引入形容词等模糊描述，很难保证准确性；③文本描述的设计元素之间无法实现追溯分析，当出现设计变更时很难对变更影响进行准确评估；④基于文本的设计方案无法进行前期仿真验证；⑤设计方案无法与详细设计阶段的数字化模型（如CAD）关联。

而MBSE技术的出现为应对这些问题提供了有效的应对手段。本节分别从几个系统设计活动——需求分析与验证、系统设计、系统验证来具体分析MBSE到底可以为企业带来哪些价值，如表3.1所示。

表3.1 MBSE各业务阶段的功能点及价值

业务阶段	功 能 点	价 值
需求分析与验证	需求分类描述：通过不同类型元素将需求区别描述，如功能需求、性能需求、接口需求等，并在模型中 约束不同类型需求在设计中的实现方式 （如功能需求需要被一个功能设计满足、性能需求需要有参数进行量化描述与验证、接口需求需要结构设计上存在一个接口等）	保证质量：避免需求的错误处理或遗漏，保证设计需求100%准确实现
	需求量化描述与 自动验证：通过数学公式对量化的需求进行描述，并将系统设计结果自动导入约束公式进行验证	提高效率：（1）提高设计过程中需求验证工作的效率；（2）提高产品验收工作效率，避免需求的模糊描述造成项目验收"扯皮"
	需求追溯：模型中包含了每一条需求从需求分解、分配、设计实现到测试验证的完整追溯	保证质量
	需求库重用	提高效率
系统设计	保证 设计语言一致性，避免自然语言带来的理解歧义	提高效率
	设计可追溯	保证质量
	与 周边数字化工具集成，如可靠性分析、质量管理	提高效率
	设计变更影响分析，对于复杂系统设计过程优势更加明显	提高效率与保证质量
	基于模型的 文档自动生成	提高效率
	系统数字化模型可在衍生 项目中复用	提高效率
系统验证	系统级仿真分析：系统数字化模型可以支撑系统级仿真分析，精确评估系统设计方案合理性	保证质量

注：方框代表文本无法实现而MBSE能够实现的功能，下画线代表MBSE相对文本的优势功能。

3. 怎么做MBSE

MBSE是建模的形式化应用，以支持系统需求、设计、分析、验证和确认活动，始于概念设计阶段，并持续到整个开发和生命周期后期阶段。MBSE中的模型通常指原理图模型，一般包括需求模型、功能模型和架构模型等，这些模型从不同视角描述同一个系统，并贯穿全生命周期，其基本思想是使用形式化的标准模型协助相关系统工程从业人员进行系统工程实践。MBSE是系统设计工作通过数字化设计手段的实现，因此在工作流程上与传统系统工程并无太大差异，仍然分为需求分析、系统设计、系统验证、需求确认四个步骤。

（1）需求分析。实现需求条目化分类，并对特殊需求（性能需求）进行量化描述，如图3.24和图3.25所示。

图3.24　需求类型示例

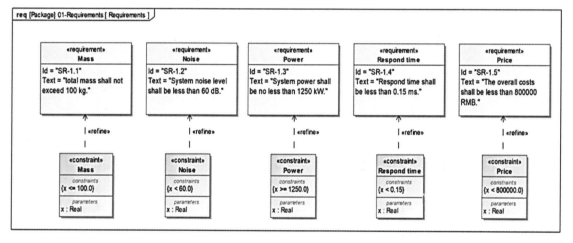

图3.25　需求量化描述

（2）系统设计。依照特定的系统设计逻辑方法，完成系统功能、结构设计，以及参数化表征，并将设计内容与需求进行关联，确保追溯关系完整，如图3.26所示。

（3）系统验证。基于数字化系统设计模型进行系统仿真，根据设计需求进行系统验证工作，如图3.27所示。

（4）需求确认。将设计参数值与量化的需求约束进行验证，如图3.28所示。

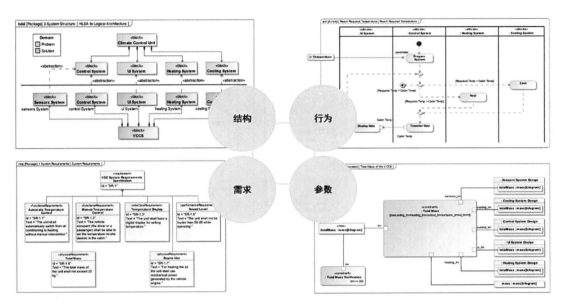

图3.26 系统设计

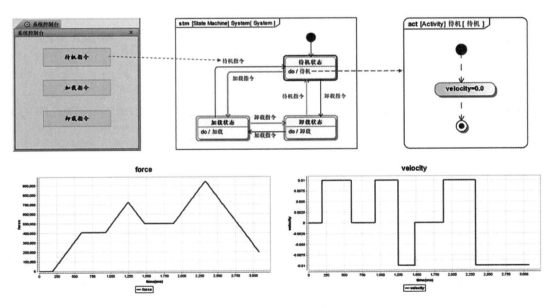

图3.27 系统模型仿真验证

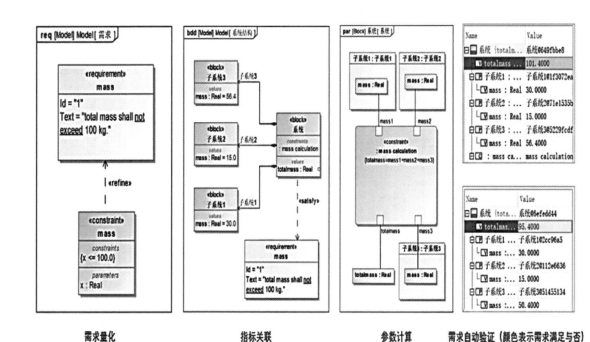

图3.28　需求确认

当前MBSE领域主流的系统设计语言是OMG维护和发布的SysML（System Modeling Language），该语言基于UML发展而来，并专门针对系统设计领域特点进行了扩展。

目前国内工程领域主要的MBSE工具为NoMagic公司（2018年加入达索）MagicDraw和IBM Rhapsody，其他如Sparx Systems的Enterprise Architecture、达索CATIA RFLP、Siemens PLM、ANSYS Scade等也有部分应用。MBSE建模工具的选择需要考虑因素很多，需要根据不同企业具体情况具体分析。

3.4.3　数字化制造技术

1. 数字化制造概述

视频讲解

随着科学技术发展和市场竞争的加剧，顾客对制造企业提出了更为苛刻的要求，主要表现在产品的高质量、高可靠性、高柔性、短交货期和低价格等方面。为此，制造企业需要采用先进的加工装备、制造工艺和管理方法，其中加工装备、制造工艺和生产过程数字化成为重要的发展趋势。以数字控制（numerical control，NC）技术和可编程序逻辑控制器（programmable logic controller，PLC）为基础，基于计算机软硬件、信息技术和网络技术，建立全数字化产品生产环境，成为制造企业的必然选择。实际上，数字化已经成为先进制造技术的核心内容和重要载体。

数字化制造是制造技术与信息技术有机融合、相互集成的产物，它是对传统制造技术的拓展、突破和创新。可以从以下三个层面来理解数字化制造。

（1）数字化制造是以产品数字化设计为基础的制造。以产品数字化模型为基础，通过对产品结构的仿真分析实现设计方案的优化，在此基础上完成产品制造工艺的制定、制造过程的管控、产品装配、质量检测、制造成本测算与控制等生产过程的数字化。

（2）数字化制造是以控制为中心的制造。数字化信息是数字化制造的主线，它贯穿于制造的全部过程中。数字化制造以数字化信息的获取、存储、组织和控制为抓手，完成对加工过程中物料、设备、人员以及生产组织的控制。在开展加工过程仿真的基础上，实现企业生产组织、计划、调度、控制、决策等制造过程的优化。

（3）数字化制造是基于数字化管理的制造。要真正体现数字化制造的潜在效益和效率，必须实现市场需求、研究开发、产品设计、工程制造、销售、服务、维护等环节相关信息的高度集成，以数字化方式高效管理产品开发、供应链、客户关系和企业资源计划等业务流程。因此，只有建立功能完善的数字化管理系统，才有可能实现数字化制造的内在价值。与传统的制造技术相比，数字化制造更加重视制造与管理的结合，追求制造过程组织和管理的合理化、简化和优化，由此形成精益生产（lean production，LP）、并行工程（concurrent engineering，CE）、企业业务流程重组（business process reengineering，BPR）、敏捷制造、智能制造等新的生产组织方式。

数字化制造的核心技术包括计算机辅助工艺规划（computer aided process planning，CAPP）技术、成组技术（group technology, GT）、数控加工技术和增材制造技术等。

2. CAPP技术

计算机和信息技术的发展使得利用计算机辅助编制工艺规划成为可能，由此产生了CAPP技术。CAPP是指利用计算机来制订零件加工工艺的方法和过程，通过向计算机输入被加工零件的几何信息（如形状、尺寸、精度等）、工艺信息（如材料、热处理、生产批量等）、加工条件和加工要求等，由计算机自动输出经过优化的工艺路线和工序内容等。计算机在工艺规划中的辅助作用主要体现在交互处理、数值计算、图形处理、逻辑决策、数据存储与管理、流程优化等方面。采用CAPP系统代替传统的工艺设计方法具有重要意义，主要表现在以下四方面。

（1）它将工艺设计人员从烦琐的、重复性的劳动中解放出来，使其能够将更多的精力放在新工艺的开发和工艺优化上，从根本上改变了工艺设计依赖于个人经验的状况，有利于提高工艺设计的质量。

（2）有助于缩短工艺设计周期，加快产品开发速度。

（3）有利于总结和传承工艺设计人员的经验，逐步形成典型零件的标准工艺库，实现工艺设计的优化和标准化。

（4）CAPP是产品数字化造型和数控加工之间的桥梁，有助于将产品数字化设计的结果快速应用于生产制造，发挥数控编程和数控加工技术的优势，实现数字化设计与数字化制造环节的信息集成。

随着数字化设计与制造技术不断向系统化、集成化方向发展，CAPP的内涵不断扩展，先后出现了狭义的CAPP和广义的CAPP。狭义的CAPP是指利用计算机辅助编制工艺规划的过程；广义的CAPP是指在数字化设计与制造集成系统中，利用计算机实现生产计划和作业计划的优化，它是产品制造过程、制造资源计划（manufacturing resources planning，MRPⅡ）和企业资源计划的重要组成部分。CAPP与数字化设计、数字化制造等子系统之间的关系如图3.29所示。

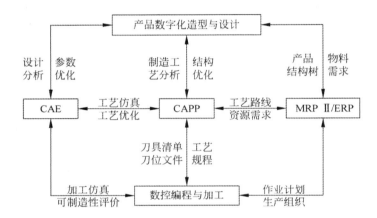

图3.29　CAPP与数字化设计、数字化制造等子系统之间的关系

随着产品数字化技术的发展，CAPP在产品数字化开发和企业信息化中的作用越来越显著。在集成化环境下，CAPP与企业信息系统各模块之间存在如下信息交互。

（1）CAPP从数字化设计系统中获取零件的几何信息、材料信息和工艺信息等，作为CAPP系统的原始输入，同时向数字化设计系统反馈产品结构工艺性的评价信息。

（2）CAPP向数控加工系统提供零件加工所需的设备、工装、切削参数、装夹参数以及反映零件切削过程的刀具轨迹文件，并接收数控系统反馈的工艺修改意见。

（3）CAPP向工装设计系统提供工艺规程文件和工装设计任务书。

（4）CAPP向制造自动化系统（manufacturing automation system，MAS）提供各种工艺规程文件和夹具、刀具等信息，并接收由MAS反馈的刀具使用报告和工艺修改意见。

（5）CAPP向计算机辅助工程分析（CAE）系统提供工序、设备、工装、检测等工艺数据，并接收CAE系统的分析和反馈信息，用以修改工艺规程。

（6）CAPP向管理信息系统（management information system，MIS）、MRPⅡ和ERP系统提供工艺路线、设备、工装、工时、材料定额等信息，接收MES、MRPⅡ和

ERP系统发出的技术准备计划、原材料库存、刀夹量具状况、设备变更等信息，还能与PDM系统、PLM系统无缝集成。

3. 基于模型的工艺规划

在MBD环境下，制造工艺信息建立在产品三维模型的基础上，并存储于三维模型中，与产品的三维几何信息密切关联。利用MBD技术，在PLM和协同设计环境下，工艺设计人员可以在设计部门发放的三维模型基础上开展工艺设计，建立三维制造工艺规程。具体步骤如下：设计工程师完成产品设计，并将设计结果保存到PLM系统中；工艺设计师从PLM系统获取设计部门发放的三维模型，完成工艺设计，并将工艺设计文件保存到PLM系统中；制造执行系统（manufacturing execution system，MES）和生产现场从PLM系统获取工艺规程文件，安排生产。

基于MBD环境的三维工艺设计流程包括毛坯模型设计、工序设计、工序模型生成与标注、三维工艺发布四个环节，如图3.30所示。

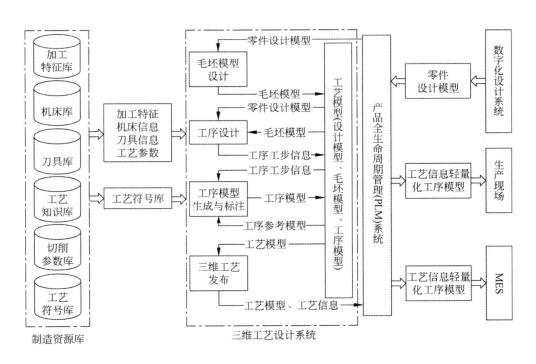

图3.30　基于MBD环境的三维工艺设计流程

通常，将在MBD环境下的工艺规划设计称为基于模型的工艺规划（model-based process planning，MBP）。MBP是基于模型的定义技术在工艺设计中的应用，它将与工艺设计相关的各类信息定义在三维产品模型中，包括产品制造信息（如尺寸公差、几何公差、表面粗糙度、注释、装夹定位基准等）和工艺设计信息（如工艺基本信息、工序信息、工步信息等）。根据工艺规划对象的不同，MBP包括两方面内容：基于模型的零件加工工艺规划和基于模型的装配工艺规划。

3.4.4　基于模型的企业

基于模型的企业（model-based enterprise，MBE）建立在MBD技术的基础上，它的核心思想是基于产品数字化模型来定义、执行、控制和管理企业的所有业务流程，采用建模与仿真技术彻底改造、无缝集成产品设计、制造、技术支持和售后服务等全部环节，利用科学的仿真和分析工具在产品生命周期的每个阶段做出最佳决策，大幅度减少产品研发、制造和售后服务的时间与成本。MBE是多种先进设计、仿真分析与制造方法的集中体现，代表产品开发和制造企业的未来。

1. MBE的组成与效益

MBE主要由基于模型的工程（model-based engineering，MBe）、基于模型的制造（model-based manufacturing，MBm）和基于模型的维护（model-based sustainment，MBs）三部分组成，并形成一个有机整体。

1）基于模型的工程

MBe将三维数字化模型作为工程项目开发的基础，涵盖需求分析、设计、制造和验证等产品全生命周期。MBe是MBD的核心，MBe数据一经创建将被后续各业务环节重复利用。MBe的核心是将产品三维模型打造成下游生产活动所需信息的最佳载体，使相关团队和部门将三维模型作为产品信息表达、传递的唯一途径。基于MBe的产品研制可以将质量保障部门纳入技术体系中，并与产品设计、制造形成具有信息反馈功能的封闭环。上述特点有助于缩短产品开发周期，降低研制成本，减少开发中反复修改的现象。

2）基于模型的制造

MBm用于虚拟制造环境下制造工艺规划的设计、优化和管理。MBm交付的成果包括三维零件制造工艺、三维装配工艺、数控加工工艺、三维电子作业指导等。在某些情况下，上述工作可以在产品设计结束之前完成。此外，MBm允许在实物加工之前开展制造和装配过程仿真。在此基础上，制造工程师可以向设计工程师提供反馈和修改意见，以便形成具有更好可制造性的设计方案。

3）基于模型的维护

产品设计和制造过程中的数字化模型与仿真结果可以用于产品的维护保障阶段，为用户、维护人员等提供模型和相关数据。此外，产品在工程实际中的使用情况和维护、维修、故障数据也可以用于评估产品设计和工艺方案，并反馈给产品设计和工艺环节，以便改进和优化产品设计。

MBE的效益体现在概念设计、详细设计、设计验证、制造和维护等各个环节，主要表现在：①有利于降低设计方案的返工和变更的概率，缩短产品交付周期；②有利于整合、简化设计和制造流程，降低研发和生产成本；③有利于减少制订生产计划所需要的时间，减少生产和订单延误的风险；④有助于提高设计质量，减少产品缺陷；⑤有利于改善与产品利益相关方的合作、协同，提高备件采购效率，降低运作成本；⑥有利于改进作业指导书和技术出版物的质量；⑦有利于提高维修质量，降低产品的维修和维护成本，缩短维修时间。

总体上，MBE仍然是发展中的技术和管理方法。理想的MBE具有如下特征：①产品研发和企业管理流程完全基于产品三维模型；②不存在二维工程图；③有完全连接的扩展企业；④模型数据、元数据（metadata）等可以为整个扩展企业访问和使用；⑤具有完全自动化的技术数据包（technical data package，TDP）；⑥具有有效的产品全生命周期数字化管理工具。

2. 西门子工业软件公司MBE解决方案

西门子工业软件公司将自动化技术、控制技术和工业软件无缝集成，提供具有系统性的MBE软硬件解决方案，涵盖从产品设计、生产到服务的全价值链各环节，实现了虚拟世界与实物世界的有机衔接，为数字化企业提供了有效的技术支撑。图3.31所示为西门子MBE解决方案的整体架构。

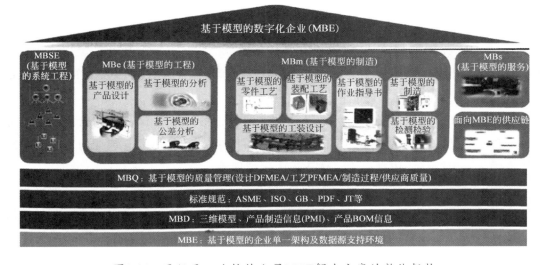

图3.31　西门子工业软件公司MBE解决方案的整体架构

西门子工业软件公司在产品数字化软硬件系统研发、企业并购等方面投入巨额资金，不断扩充与MBE相关的产品线、增强产品功能、完善解决方案。该公司在工业自动化领域具有软硬件集成的强大技术能力，拥有完整的PLM解决方案。此外，该公司还积极参与MBD技术开发和标准制定，开展验证性项目实践。目前，该公司已形成以

NX软件为MBD定义工具、以Tecnomatix软件为基础的数字化制造、以LMS等软件为基础的仿真和虚拟试验、以Teamcenter为平台的MBE解决方案，帮助制造企业构建了完整的MBE系统。图3.32所示为该公司MBE软件模块组成。西门子工业软件公司MBE主要软件模块的功能如下。

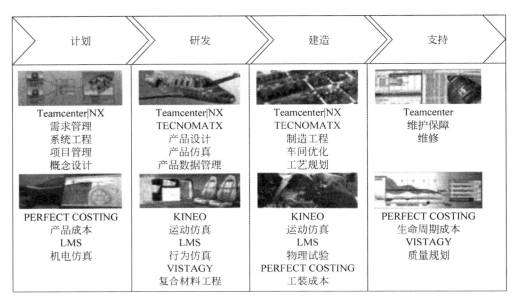

图3.32　西门子MBE软件模块组成

（1）NX CAD/CAE/CAM一体化工具，涵盖概念设计、数字化产品定义、数字化仿真分析、评审分析、验证、多学科优化仿真分析等环节。NX提供完整的MBD模型定义（含PMI）、浏览和交互功能。

（2）Tecnomatix基于MBD的数字化制造解决方案，涵盖工艺BOM管理、工艺分工、零件工艺规划装配工艺规划运动仿真、公差仿真、人机仿真、装配仿真、工厂规划仿真优化、生产路线仿真优化、MES集成化管理等功能。

（3）Teamcenter全生命周期管理平台，涵盖智能决策、投资组合、多项目组合管理、需求管理、系统工程、多学科优化仿真分析、数字样机、可视化协同、异地协同、BOM全生命周期管理、维护保障管理、企业知识管理等功能。Teamcenter可用于保证MBD模型及其相关数据的有效配置和管理，以及MBE企业内部和供应链之间的有效流通。

（4）LMS仿真和试验解决方案，将三维功能仿真、试验系统、智能仿真系统、工程咨询服务等业务有机结合，专注于系统动力学、声音品质、舒适性、耐久性、安全性、能量管理、燃油经济性和排放、流体系统、机电系统仿真等专项性能的开发和研究。

该公司提供的MBE模块包括基于模型的系统工程、基于模型的产品设计、基于模型的分析应用、基于模型的机电一体系统工程、基于模型的全生命周期质量管理、基于模型的工装设计、基于模型的零件工艺、基于模型的装配工艺、基于模型的质量检测、基于模型的作业指导书、基于模型的制造执行、基于模型的实物样机测试、基于模型的MBE供应链管理、基于模型的MBE数字化服务管理、复杂产品构型管理、基于MBD的标准和规范等。

西门子工业软件公司MBE解决方案以系统工程思想为指导，贯穿从需求分析、设计、工艺、制造、试验到服务和维护的全生命周期过程，各阶段形成的数字化信息可以定义到以MBD模型为核心的技术数据包中，上游的技术数据包可以被下游直接重用，从而形成全面的MBE解决方案体系。

习题

一、判断题

1. 工业4.0的核心是智能制造。（　　　）

2. PLM是PDM系统中的一个子集。（　　　）

3. 智能制造通过工况在线感知（看）、智能决策与控制（想）、装备自律执行（做）的闭环过程，以提升装备性能、增强自适应能力，是高品质制造的必然选择。（　　　）

4. 智能装备的特点包括将专家的知识和经验融入感知、决策、执行等制造活动中，赋予产品制造在线学习和知识进化能力。（　　　）

5. 当前物联网的引入和制造业服务化的深化迎来了以智能制造为主导的第四次工业革命，即"工业4.0"。（　　　）

6. 端到端价值链的数字化整合是实现智能制造云的愿景，用户只要提供需求，就可以获得所需的产品。（　　　）

7. 设计阶段的实际投入通常只占产品全生命周期成本的5%左右，但是它却决定了产品全生命周期成本的70%~80%。（　　　）

8. 设计阶段是控制和降低产品成本的最好阶段。此时设计者有很大的自由度来修改、完善设计方案，以便实现产品全生命周期成本的最小化。（　　　）

9. 数字化管理有利于提高制造企业的管理效率和质量，但在一定程度上会提高管理成本和生产成本。（　　　）

10. 如果各单元技术及管理模块相互独立，就会形成"自动化孤岛"和"信息孤岛"，使产品信息和企业资源难以发挥应有的作用。（　　　）

11. PDM是以文档为中心的研发流程管理，主要通过建立文档之间刚性的、单纯的连接来实现。（　　　）

12. 数字化技术体系包括产品表达数字化、制造装备数字化、制造工艺数字化和制造系统数字化。（　　　）

13. MBSE是用数字化建模代替写文档进行系统方案设计，把设计文档中描述系统结构、功能、性能、规格需求全部转化为数字化模型表达。（　　　）

14. 工业5.0源于工业4.0，但是更加注重社会和生态价值。其要求工业生产必须尊重和保护地球生态，将工人的利益置于生产过程的中心位置，进而使工业可以实现就业和增长以外的社会目标，成为社会稳定和繁荣的基石。（　　　）

二、单选题

1.（　　　）不属于工业4.0的特征。

A. 互联　　　　　　　B. 规模化　　　　　C. 数据　　　　　　D. 创新

2.（　　　）不属于增材制造技术。

A. 3D打印　　　　　　B. 快速成型RP　　　C. 分层制造　　　　D. 并行工程

3. 基于MBD环境的三维工艺设计流程不包括以下环节（　　　）。

A. 毛坯模型设计　　　　　　　　　　　B. 工序设计、工序模型生成与标注

C. 三维工艺发布 C2M　　　　　　　　D. 装配工艺规划

4. PLM侧重于无形资产的管理，以（　　　）为核心。

A. 企业的产品　　　B. 企业的信息资源　　C. 产品的协同开发　　D. 产品创新

5.（　　　）不属于MBSE能更好实现的功能。

A. 需求量化描述与自动验证　　　　　B. 基于模型的文档自动生成

C. 无法实现追溯分析　　　　　　　　D. 系统级仿真分析

三、多选题

1. 产品数字化开发包含（　　　）。

A. 数字化产品　　　B. 数字化设计　　　C. 数字化制造　　　D. 数字化管理

2. 下面（　　　）属于增材制造技术。

A. 3D打印　　　　　B. RP　　　　　　　C. DDM　　　　　　D. 分层制造

3. 以下属于工业4.0的特征的是（　　　）。

A. 互联　　　　　　B. 绿色　　　　　　C. 集成　　　　　　D. 数据

4. 推动PLM发展的主要因素有（　　　）。

A. 网络及信息技术的支持　　　　　　B. 全球化的市场竞争

C. 用户个性化需求　　　　　　　　　D. 产品生产成本

5. MBSE的工作流程包含以下（　　　）步骤。

A. 需求分析　　　　　　B. 系统设计　　　　　　C. 系统验证　　　　　　D. 需求确认

6. 工业5.0概念重点关注以下（　　　）关键词。

A. 工人福祉　　　　　　B. 可持续性　　　　　　C. 工业弹性　　　　　　D. 工业效率

7. 西门子MBE主要由以下（　　　）组成，并形成一个有机整体。

A. 基于模型的工程（MBe）　　　　　　　B. 基于模型的制造（MBm）

C. 基于模型的维护（MBs）　　　　　　　D. 基于模型的销售（MBsale）

四、简答题

1. 工业革命的发展历程及各阶段的特点是什么？

2. 工业4.0与智能制造的关系是什么？

3. 产品生命周期与产品成本之间的关系？

4. 什么是PLM？PLM的功能有哪些？

5. 数字化设计技术的发展历程是什么？未来的发展方向是什么？

6. 什么是MBD？MBD技术的出现对产品开发模式会产生哪些深远的影响？

7. MBE有哪几个组成部分？MBE带来的效益体现在哪些方面？

第 4 章

数字孪生与数字化工厂

数字孪生也就是数字化双胞胎，在科幻作品《三体》和《钢铁侠》中，以及在神舟十六号载人飞船、天宫一号中得到广泛应用。数字孪生在航天、船舶、飞机、医疗、智慧城市等领域得到更多应用，大幅度减少人类的脑力和体力劳动强度，显著提高生产安全性和效率。本章首先介绍数字孪生的产生与发展、概念与内涵、内容与架构以及平台与应用；然后介绍基于数字孪生的数字化工厂，以及数字化工厂的推进与建设、数字化工厂的核心架构；最后介绍数字化工厂下的生产数字孪生。

4.1 数字孪生的产生与发展

视频讲解

4.1.1 数字孪生的产生

数字孪生的基本思想最初由迈克尔·格里夫斯（Michael Grieves）教授于2003年在美国密歇根大学的产品全生命周期管理课程上提出，并被定义为三维模型，包括物理空间、虚拟空间及二者间的连接，如图4.1所示。

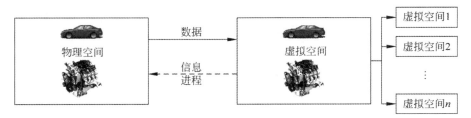

图4.1 数字孪生模型

迈克尔·格里夫斯在2003—2005年将这一概念模型称为"镜像空间模型"，在2006—2010年将其称为"信息镜像模型"。

2011年，迈克尔·格里夫斯与美国宇航局约翰·维克斯（John Vickers）合著的《几乎完美：通过PLM推动创新和精益产品》一书中正式将其命名为数字孪生。但是，该概念和模型在2003年提出时并没有引起国内外学者们的重视，主要有以下原因。

（1）当时在生产过程中收集产品相关信息的技术手段有限，大多采用人工方式和基于纸质文件，尤其是难以实现生产数据的在线实时采集。

（2）物理产品的数字化描述尚不成熟，相关的软硬件无法支持在虚拟空间中精确定义和描述实体产品的相关属性和行为。

（3）当时的计算机性能和算法难以实现对大数据的实时处理，移动通信技术也不够成熟，虚实之间的数据实时传输难以实现。

由于通用电气、西门子等公司的推广，数字孪生技术近年来在工业制造领域同样发展迅速。

通用电气公司基于Predix平台构建资产、系统、集群级的数字孪生，生产商和运营商可以分别利用数字孪生来表征资产的全生命周期，以便更好地了解、预测和优化每个资产的性能。

西门子与宾特利软件公司携手推出PlantSight数字孪生模型云服务，PlantSight是一个数字化解决方案，能够帮助客户提升工厂的运营效率。PlantSight提供最新的运营时数字孪生模型，能够在物理现实与工程数据之间实现同步，为所有运营工厂内跨不同数据源的一致性数字组件打造了一个全面的数字环境。借此，工厂运营方能够获取高度可信的高质量信息，从而可以随时启动运营并提高可靠性。

著名的IT行业咨询研究公司Gartner从2016年到2018年连续三年把数字孪生列为未来十大战略技术趋势之一（图4.2所示为2017年）。2018年，Gartner认为数字孪生处于期望膨胀期顶峰，在未来5年将产生破坏性创新，如图4.3所示。Gartner认为数字孪生包括元数据、处境、事件数据和分析方法，是事物或系统的多元软件模型，依靠传感器以及其他数据来理解其处境，回应变化，提高运营，增加价值。

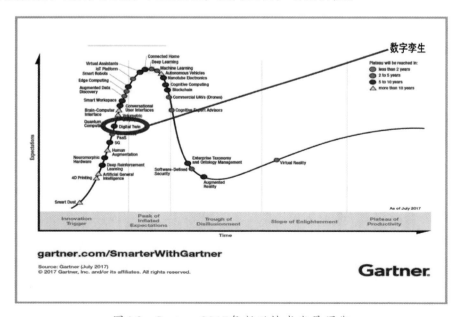

图4.2　Gartner 2017年新兴技术发展周期

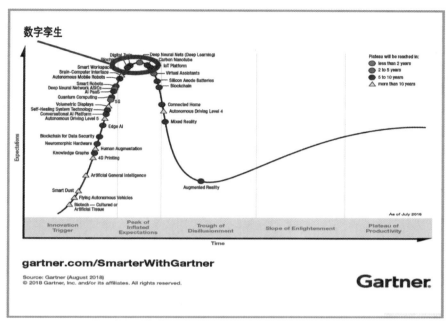

图4.3　Gartner 2018年新兴技术发展周期

4.1.2　数字孪生的发展历程

确切地说，数字孪生的发展历经技术积累、概念提出、应用萌芽、快速发展四个阶段，如图4.4所示。

图4.4　数字孪生的发展历程

从宏观看，数字孪生不仅是一项通用使能技术，也将是数字社会人类认识和改造世界的方法论；从中观看，数字孪生将成为支撑社会治理和产业数字化转型的发展范式；从微观看，数字孪生落地的关键是"数据+模型"，亟待分领域、分行业编制数字孪生模型全景图谱。

视频讲解

4.2 数字孪生的概念与内涵

4.2.1 数字孪生的定义

至今，数字孪生还未形成统一的定义，现将部分国内外相关研究机构和学者对数字孪生的定义列举如下。

1. 国外研究机构

德勤：数字孪生是以数字化的形式对某一物理实体过去和目前的行为或流程进行动态呈现。

埃森哲：数字孪生是指物理产品在虚拟空间中的数字模型，包含了从产品构思到产品退市全生命周期的产品信息。

美国国防采办大学：数字孪生是充分利用物理模型、传感器更新、运行历史等数据，集成多学科、多物理量、多尺度、多概率的仿真过程，在虚拟空间中完成映射，从而反映相对应的实体装备的全生命周期过程。

密歇根大学：数字孪生是基于传感器所建立的某一物理实体的数字化模型，可模拟显示世界中的具体事物。

2. 国内行业专家、学者

宁振波：数字孪生是将物理对象以数字化方式在虚拟空间呈现，模拟其在现实环境中的行为特征。

赵敏：数字孪生是指在数字虚拟空间中所构建的虚拟事物，与物理实体空间中的实体事物所对应的、在形态和举止上都相像的虚实精确映射关系。

林诗万：数字孪生是实体或逻辑对象在数字空间的全生命周期的动态复制体，可基于丰富的历史和实时数据、先进的算法模型实现对对象状态和行为高保真度的数字化表征、模拟试验和预测。

陶飞：数字孪生以数字化的方式建立物理实体的多维、多时空尺度、多学科、多物理量的动态虚拟模型来仿真和刻画物理实体在真实环境中的属性、行为、规则等。

综上，如图4.5所示，数字孪生是实现物理空间在赛博空间交互映射的通用使能技术。数字孪生是综合运用感知、计算、建模等信息技术，通过软件定义，对物理空间进行描述、诊断、预测、决策，进而实现物理空间与赛博空间的交互映射。

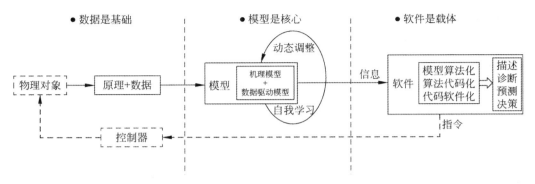

图4.5 数字孪生的定义
（赛迪，数字孪生白皮书，2019）

4.2.2 数字孪生的内涵

当前越来越多的学者和企业关注数字孪生并对其开展研究与实践，但从不同的角度出发，对数字孪生的理解存在着不同的认识。本节从不同维度出发，对数字孪生的当前认识进行总结与分析后，对数字孪生的理想特征进行探讨，如表4.1所示。

表4.1 数字孪生的不同维度理想特征（陶飞等，2020）

序号	部分认识	理想特征	维度
1	① 数字孪生是三维模型 ② 数字孪生是物理实体的复制 ③ 数字孪生是虚拟样机	多：多维（几何、物理、行为、规则）、多时空、多尺度 动：动态、演化、交互 高：高保真、高可靠、高精度	模型
2	① 数字孪生是数据/大数据 ② 数字孪生是PLM ③ 数字孪生是数字主线 ④ 数字孪生是数据影子	全：全要素/全业务/全流程/全生命周期 融：虚实融、多源融、异构融 时：更新实时、交互实时、响应及时	数据
3	① 数字孪生是物联网平台 ② 数字孪生是工业互联网平台	双：双向连接、双向交互、双向驱动 跨：跨协议、跨接口、跨平台	连接
4	① 数字孪生是仿真 ② 数字孪生是虚拟验证 ③ 数字孪生是可视化	双驱动：模型驱动+数据驱动 多功能：仿真验证、可视化、管控、预测、优化控制等	服务/功能
5	① 数字孪生是纯数字化表达或虚体 ② 数字孪生与实体无关	异：模型因对象而异、数据因特征而异、服务/功能因需求而异	物理

1. 模型维度

有一类观点认为数字孪生是三维模型，是物理实体的复制，或是虚拟样机。这些认识从模型需求与功能的角度，重点关注了数字孪生的模型维度。综合现有文献分析，理想的数字孪生模型涉及几何模型、物理模型、行为模型、规则模型等多维、多时空、多尺度模型，且期望数字孪生模型具有高保真、高可靠、高精度的特征，进而能真实刻画物理世界。此外，有别于传统模型，数字孪生模型还强调虚实之间的交互，能实时更新与动态演化，从而实现对物理世界的动态真实映射。

2. 数据维度

迈克尔·格里夫斯教授曾在美国密歇根大学产品全生命周期管理课程中提出了与数字孪生相关的概念，因而有一种观点认为数字孪生就是PLM。与此类似，还有人认为数字孪生是数据／大数据，是数字主线（digital thread），或是数字影子（digital shadow）。这些认识侧重了数字孪生在产品全生命周期数据管理、数据分析与挖掘、数据集成与融合等方面的价值。数据是数字孪生的核心驱动力，数字孪生数据不仅包括贯穿产品全生命周期的全要素/全流程/全业务的相关数据，还强调数据的融合，如信息物理虚实融合、多源融合、异构融合等。此外，数字孪生在数据维度还应具备实时动态更新、实时交互、及时响应等特征。

3. 连接维度

有一类观点认为数字孪生是物联网平台或工业互联网平台，这类认识侧重从物理世界到虚拟世界的感知接入、可靠传输、智能服务。从满足信息物理全面连接映射与实时交互的角度和需求出发，理想的数字孪生不仅要支持跨接口、跨协议、跨平台的互联互通，还强调数字孪生不同维度（物理实体、虚拟实体、孪生数据、服务／应用）间的双向连接、双向交互、双向驱动，且强调实时性，从而形成信息物理闭环系统。

4. 服务/功能维度

有一类观点认为数字孪生是仿真，是虚拟验证，或是可视化，这类认识主要从功能需求的角度，对数字孪生可支持的部分功能/服务进行了解读。目前，数字孪生已在不同行业不同领域得到应用，基于模型和数据双驱动，数字孪生不仅在仿真、虚拟验证和可视化等方面体现其应用价值，还可针对不同的对象和需求，在产品设计、运行监测、能耗优化、智能管控、故障预测与诊断、设备健康管理、循环与再利用等方面提供相应的功能与服务。由此可见，数字孪生的服务/功能呈现多元化。

5. 物理维度

有一类观点认为数字孪生仅是物理实体的数字化表达或虚体，其概念范畴不包括物理实体。实践与应用表明，物理实体对象是数字孪生的重要组成部分，数字孪生的模型、数据、功能/服务与物理实体对象是密不可分的。数字孪生模型因物理实体对象而异，数据因物理实体特征而异，功能/服务因物理实体需求而异。此外，信息物理交互是数字孪生区别于其他概念的重要特征之一，若数字孪生概念范畴不包括物理实体，则交互缺乏对象。

综上所述，当前对数字孪生存在多种不同认识和理解，目前尚未形成统一共识的定义，但物理实体、虚拟模型、数据、连接、服务是数字孪生的核心要素。不同阶段（如产品的不同阶段）的数字孪生呈现出不同的特点，对数字孪生的认识与实践离不开具体对象、具体应用与具体需求。从应用和解决实际需求的角度出发，实际应用过程中不一定要求所建立的数字孪生具备所有理想特征，能满足用户的具体需要即可。

4.2.3　数字孪生的五维模型

为适应数字孪生研究与应用的新趋势与新需求，促进数字孪生发展，北京航空航天大学陶飞研究团队提出了一个通用的参考架构——数字孪生五维模型，使数字孪生在更多领域得到研究和推广应用，如图4.6所示。

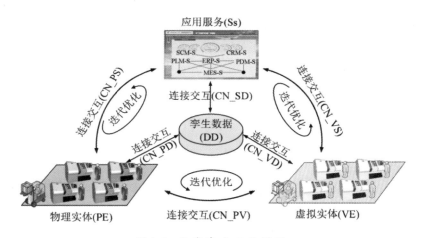

图4.6　数字孪生五维模型

数字孪生五维模型为：

$$M_{\mathrm{DT}} = \left(\mathrm{PE,VE,Ss,DD,CN}\right)$$

（1）物理实体（PE）。PE是客观存在的，指一类具备状态感知能力、可交互的物理实体、系统或物理活动过程，通常由各种部件、子系统组成，并具有独立完成至少一种任务的能力。

（2）虚拟实体（VE）。包括几何模型（Gv）、物理模型（Pv）、行为模型（Bv）及规则模型（Rv）。四类模型通过组装、集成与融合，能从多维度、多领域和多时空尺度对PE进行描述与刻画。

（3）孪生数据（DD）。DD是物理实体、虚拟实体、应用服务的相关数据、领域知识，以及通过数据融合产生的衍生数据的集合，集成融合了信息数据与物理数据，满足信息空间与物理空间的一致性与同步性需求。

（4）连接交互（CN）。CN是实现物理实体、虚拟实体、应用服务及孪生数据之间的互联交互，将其连接成为一个整体，从而支持虚实融合。

（5）应用服务（Ss）。以应用软件或APP的形式为不同领域、不同层次用户和不同业务提供应用服务，从而降低数字孪生应用实践中对用户专业能力与知识的要求，实现便捷的按需使用。

数字孪生驱动服务和数字孪生即服务可改进传统的产品服务，不仅给用户带来更好的体验，也为企业提供了有价值的见解和系统的思考。如图4.7所示，对于用户来说，在产品销售之前，即可通过产品数字孪生体验产品的真实使用感受。数字孪生驱动的仿真服务可以模拟产品的各种真实功能，为不同的用户切换不同的应用场景。产品介绍、咨询和体验服务都可以通过产品数字孪生来完成。产品数字孪生在交易时可以交付给客户。产品销售后，产品数字孪生一方面可以示教用户操作产品；另一方面可以实时监控产品运行状态、预测产品性能和寿命，及诊断产品故障。数字孪生赋予产品服务个性化、时效性和智能化。对于企业来说，在多维模型和融合数据的驱动下，数字孪生可以帮助企业优化流程，提高效率。数字孪生使企业能够将产品变成一个动态的、连接的和协作的平台，能够持续地感受到客户的需求，并可以根据不同的场景为客户提供更好的产品和服务。

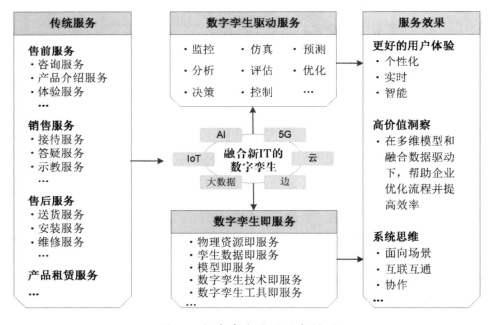

图4.7　数字孪生应用服务模型

4.3 数字孪生的内容与架构

4.3.1 数字孪生的内容

如图4.8所示,数字孪生涵盖五方面内容。

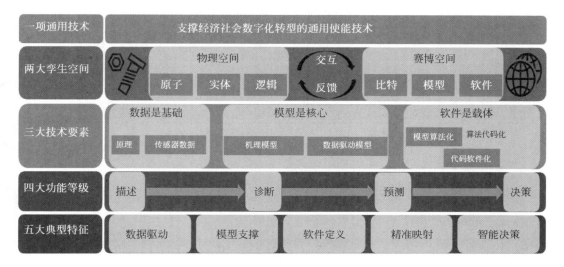

图4.8 数字孪生的内容

(赛迪,数字孪生白皮书,2019)

(1)一项通用技术:支撑经济社会数字化转型的通用使能技术。

(2)两大孪生空间:物理空间和赛博空间。

(3)三大技术要素:数据是基础,模型是核心,软件是载体。

(4)四大功能等级:描述、诊断、预测、决策。

(5)五大典型特征:数据驱动、模型支撑、软件定义、精准映射、智能决策。

数字孪生的本质是在比特的汪洋中重构原子的运行轨道,以数据的流动实现物理世界的资源优化。数字孪生的核心是面向物理实体和逻辑对象建立机理模型或数据驱动模型,形成物理空间在赛博空间的虚实交互。数字孪生的关键是将模型代码化、标准化,以软件的形式动态模拟或监测物理空间的真实状态、行为和规则;通过感知、建模、软件等技术,实现物理空间在赛博空间的全面呈现、精准表达和动态监测。未来数字孪生将融合人工智能等技术,实现物理空间和赛博空间的虚实互动、辅助决策和持续优化。

4.3.2 数字孪生的架构

数字孪生的架构包含技术层和应用层,技术层架构分为物理层、数据层、模型层和功能层,如图4.9所示,本节主要从应用视角、功能视角和部署视角解析数字孪生架构。

图4.9 数字孪生的架构

1. 应用视角

数字孪生的应用场景主要包括智能工厂、车联网、智慧城市、智慧建筑和智慧医疗等场景，如图4.10所示。

数字孪生应用场景	智能工厂	车联网	智慧城市	智慧建筑	智慧医疗
核心价值	·实现产品迭代式创新 ·实现生产制造全过程数字化管理 ·开展设备预测性维护	·驾驶辅助 ·部分自动驾驶 ·有条件自动驾驶 ·高度自动驾驶 ·完全自动驾驶	·绘制"城市画像" ·实现城市规划"一张图" ·实现城市难题"一眼明" ·实现城市治理"一盘棋"	·打造虚拟建筑 ·施工优化 ·智慧家居	·人体运行机理模型仿真 ·医疗设备远程管理 ·加快科研创新向临床实践的转化

图4.10 数字孪生的应用场景

例如，荷兰第二大城市鹿特丹计划利用该市的数字孪生系统，来改善基础设施维护、能源效率、道路和水上交通，以及帮助消防员在紧急情况下出行任务等。

2. 功能视角

数字孪生的功能视角主要是从描述、诊断、预测、决策四个能力等级展开，如图4.11所示。

3. 部署视角

数字孪生的部署视角分为设想、确定方案、试运行、产业化、效果后评价五个阶段，如图4.12所示。

4.3.3 数字孪生平台

1. 数字孪生平台能力

作为构建和运行数字孪生业务应用的基础，数字孪生平台集成了多种技术的工具

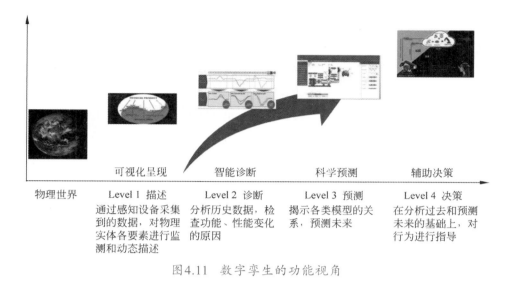

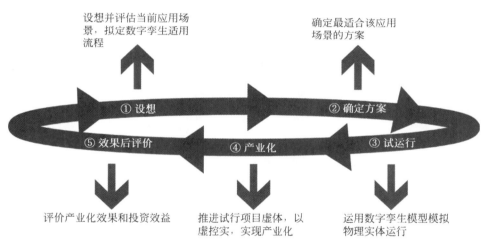

图4.11　数字孪生的功能视角

图4.12　数字孪生的部署视角

和套件，向上可以为各类应用开发提供服务接口，向下可以连接各类物理对象，有效降低数字孪生技术的开发成本和开发周期。

　　数字孪生并不是单一的数字化技术，而是在多种使能技术迅速发展和交叉融合的基础上，通过构建物理实体所对应的数字孪生模型，并对数字孪生模型进行可视化、调试、体验、分析与优化，从而提升物理实体性能和运行绩效的综合性技术策略，是企业推进数字化转型的核心战略举措之一。数字孪生平台是指利用多种关键使能技术，将现实世界中的实体、过程或系统以数字化的形式进行建模和虚实映射，支持现实世界与虚拟世界实时与同步的平台。数字孪生平台的定位应该是企业级的，是企业构建和运行业务应用的基础，企业在使用数字孪生平台的相关应用时，无须考虑支持数字孪生应用的底层技术。

北京航空航天大学陶飞研究团队联合山东大学、东南大学、西安交通大学、东华大学、北京工业大学、武汉科技大学等国内知名高校以及企业，共同提出并设计了一个数字孪生工业软件平台的参考架构——makeTwin，综合考虑了软件平台的开放性、兼容性、互操作性、可用性和可扩展性，以服务于学术研究人员、开发人员和企业等对象。在核心功能设计上，makeTwin基于数字孪生工业软件的七大需求定义了十大功能、基本工作流程和核心功能交互等机制。它可以实现包括数字孪生模型创建与集成、孪生数据处理器、算法生成适配器、数实IoT连接器、虚实交互配置器、孪生仿真求解器、多维可视化工具、孪生基础库、场景应用模板集、孪生应用部署器十大功能。

结合学术界的研究和制造企业的应用实践，e-works认为，数字孪生平台应当具备如图4.13所示的能力。

图4.13　数字孪生平台能力构成

（1）建模与集成能力。数字孪生平台应当具备基本的建模和集成能力，例如把工业运营场景中的设备、产品和环境等作为建模对象构建数字化模型，并梳理数据，融入工业算法，形成模型数据和计算集成一体的数字孪生模型，以便后续在不同数字孪生应用场景中使用，实现工业知识的共享与重用。

（2）虚实融合。数字孪生最基本的特征就是虚实融合。通过对物理实体构建数字孪生模型，实现虚拟模型和物理实体的双向映射。用户借助平台可实现虚实交互同步及反馈控制需求，包括动作行为配置、状态同步配置、规则配置、数模关联配置和虚实一致性验证等。

（3）接入物联网数据。支持通过传感器和其他数据采集设备，收集物理实体或系统的实时数据，如位置、状态、温度、压力、振动等。

（4）数据接口。提供数据接口，可以接入各类CAD、BIM和工厂设计软件的二维工程图和三维模型数据、通过逆向工程产生的三维点云数据、仿真结果数据，以及各类管理软件中产生的与产品运营或工厂运营有关的数据，例如设备综合效率、产品合格率、能耗、环境参数等数据。

（5）可视化。通过对多源、异构数据进行可视化，有助于数据的理解与展示，进而实现数据的可视化交互。可视化与信息图形、信息可视化、科学可视化以及统计图形等技术密切相关。

（6）支持业务扩展。例如，根据企业的业务特点，实现诸如产品研发、监控、生产管理、辅助决策等各类系统的集成。

需要强调的是，数字孪生平台不仅要关注应用最终呈现出来的逼真程度和可视化效果，还要高度重视解决实际问题，包括已有数据的接入和实时分析、结合已有数据和机理预测指导优化业务等。因此，无论数字孪生平台怎样演化，最基本的要求就是要能够实现虚实融合，连接各种传感器和物联网数据，实现实时的孪生数据展现。

2. 国内外主流数字孪生平台

目前，国际知名的数字孪生平台包括Altair 的ONE TOTAL TWIN、Ansys的Twin Builder、AVEVA的AVEVA Process Simulation、AWS的IoT TwinMaker、IBM 的Digital Twin Exchange、Microsoft 的Azure Digital Twins、Maplesoft 的MapleSim、SAP 的SAP Predictive Asset Insights、PTC的ThingWorx+Vuforia、Siemens的MindSphere+Mendix、Unity 的Unity Manufacturing Toolkit等，如表4.2所示。这些数字孪生平台不仅支持有关设备、流程和系统的历史数据，还能实时接收来自各种传感器和物联网数据的持续更新。此外，这些平台还支持人工智能、机器学习、数据分析等技术对未来数据的分析和预测。

表4.2　国际知名数字孪生平台及产品定位和核心技术

平　　台	产 品 定 位	核 心 技 术
Altair: ONE TOTAL TWIN	用于产品全生命周期的数字孪生平台	仿真、高性能计算、人工智能、数据分析和物联网等技术
Ansys: Twin Builder	面向工业的系统级多物理域数字孪生平台	ROM 高精度降阶模型，系统模拟仿真，基于仿真的部署到IoT平台的数字孪生落地应用
AVEVA: AVEVA Process Simulation	面向流程行业的工艺数字孪生平台	流程模拟，兼顾稳态、动态、水力学、优化计算，基于现代标准的响应式直观界面，实时数据库接口，架构开放等
AWS: IoT TwinMaker	数字孪生 PaaS 服务平台	数据连接、知识图谱创建、模型生成、场景编辑等
IBM: Digital Twin Exchange	面向资产密集型行业的数字孪生资源平台	AI、IoT、数字孪生体、云计算等

平　　台	产　品　定　位	核　心　技　术
Maplesoft: MapleSim	面向机器层级的数字孪生虚拟调试	符号和数值求解器、基于方程的自定义建模元件、多体技术、单位管理、客户化分析、可视化等
Microsoft: Azure Digital Twins	数字孪生 PaaS 服务平台	空间智能图谱，数字孪生对象建模、计算、API 等
PTC: ThingWorx+Vuforia	工业物联网平台和增强现实平台	数据采集、大数据分析、VR/AR 等
SAP: SAP Predictive Asset Insights	面向工程领域的数字孪生解决方案	机器学习、数字孪生技术
Siemens: MindSphere+Mendix	工业物联网平台和低代码开发平台	人工智能、高级分析、可视化开发、云原生、多端体验、数据集成、流程自动化等
Unity: Unity Manufacturing Toolkit	智能制造数字孪生工具包	交互式 3D、多用户协作、人工智能、机器学习等

受益于数字孪生应用需求大爆发，近年来国内数字孪生平台发展迅速。主流的具有代表性的数字孪生平台包括安世亚太的工业数字孪生产品平台、华龙讯达的木星数字孪生平台、卡奥斯的D³OS、力控科技的ForceCon-DTwin、摩尔元数的Wis3D、神州龙空间技术的LongMap数字孪生云平台、腾讯的数字孪生云、同元软控的MWORKS.TwinSim、优锘科技的ThingStudio、子虔科技的X-Fusion等，如表4.3所示。

表4.3　国内数字孪生平台及产品定位和核心技术

平　台　名　称	产　品　定　位	核　心　技　术
安世亚太：工业数字孪生产品平台	面向工业的数字孪生平台	知识图谱、可视化引擎、数据交互框架、数字线程、建模与仿真等
华龙讯达：木星数字孪生平台	面向工业企业的数字孪生平台	仿真过程数据管理、边缘计算、工业PC的自动化、系统集成等
卡奥斯：D³OS	工业数字孪生	物联网、大数据、人工智能、仿真等
力控科技：ForceCon-DTwin	面向企业的数字孪生平台	虚拟仿真、物联网等
摩尔元数：Wis3D	三维可视化开发平台	WebGL、3D 加速渲染等
神州龙空间技术：LongMap数字孪生云平台	面向智慧城市应用	GIS、BIM、CIM等

续表

平台名称	产品定位	核心技术
腾讯：数字孪生云	开放的数字孪生底座	游戏科技、云计算/云渲染、人工智能和音视频传输技术
同元软控：MWORKS.TwinSim（复杂装备数字孪生平台）	复杂装备行业	高保真机理模型构建技术、机理-数据融合建模技术、高效高精度行为仿真技术、虚实精准映射技术、孪生体全生命周期管理技术、仿真驱动的沉浸式体验技术
优锘科技：ThingStudio	一站式数字孪生开发平台	数字孪生引擎 ThingJS
子虔科技：X-Fusion	企业统一数据引擎	实现异构数据协同的技术

3. 卡奥斯的D³OS数字孪生平台

卡奥斯的D³OS数字孪生平台为工业企业提供基于数字孪生、大数据和人工智能的"产品+服务"端到端解决方案（见图4.14）。以数字底座为基础，实现了从设备物联到数据智能的全方位数据采集和实时数据分析，并通过高质量数据治理，深入挖掘数据价值。该平台通过深度融合人工智能技术，提供虚实映射、以虚优实的能力，实现更加智能化、个性化和定制化的工业生产。

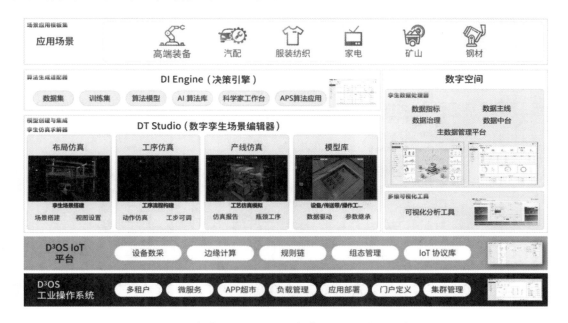

图4.14 卡奥斯的D³OS数字孪生平台总体框架图

1）D³OS数字孪生平台具备的特点

（1）"产品+服务"端到端解决方案。

（2）全域数据整合，实时数据处理，高效产业链协同。

（3）快速场景搭建，高精度影视级渲染，1∶1还原物理世界。

（4）孪生仿真，优化工厂布局、物流动线和工序工步等。

（5）智能决策，优化生产制造计划，降低成本，柔性调度。

2）平台应用情况

（1）家电。以D³OS为核心基座，由孪生场景融合仿真与智能排产，提供数字化工厂全生命周期优化方案，包括：工厂施工建设阶段的数字化存档；工厂产线扩展、变动时的工序仿真调优；解决柔性作业车间的调度问题，最大限度地利用产能资源；改善生产线设计和进度表，模拟制造过程。

（2）汽配。基于D³OS决策引擎，开发汽配行业的APS算法应用，提供精确到分钟级、工序级、设备级的排产计划，帮助客户降低成本、提高效率。

（3）矿山。搭建煤矿火灾预警数字孪生平台，对全矿井火灾灾害监控、预警及处置等场景进行数字化映射、智慧化模拟，实现智慧矿山安全规范全要素数字化管理。

视频讲解

4.4 数字化工厂

4.4.1 基于数字孪生的数字化工厂

制造企业的数字孪生通常包含如图4.15所示的产品数字孪生、生产数字孪生、设备数字孪生三部分。

图4.15 基于数字孪生的数字化工厂

1. 数字化设计：数字孪生+产品创新

产品数字孪生通过模拟物理对象在各种场景下的性能，可避免多个原型的重复开发，最小化开发总时间。因此，制造商可以在虚拟环境中调整参数，在产品上线之前测试和验证产品的功能、安全性和质量，如图4.16所示。达索、PTC、波音等公司综合运用数字孪生技术打造产品设计数字孪生体，在赛博空间进行体系化仿真，实现反馈式设计、迭代式创新和持续性优化。目前，在汽车、轮船、航空航天、精密装备制造等领域已普遍开展原型设计、工艺设计、工程设计、数字样机等形式的数字化设计实践。

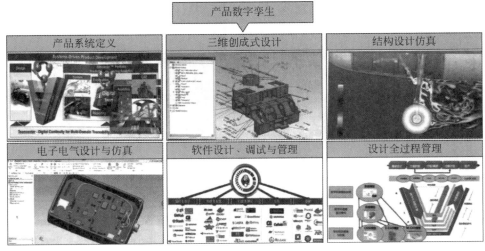

图4.16　产品数字孪生

例如，罗尔斯·罗伊斯公司在使用数字孪生风扇叶片制造超级喷气发动机之后，发动机的燃油消耗效率提高了25%。英国铁路网的数字孪生是为了实现设计过程的自动化而建立的，大幅节省了现场人工测量的成本和时间。新加坡利用数字孪生技术研究新的智能建筑如何在现有基础设施上进行建设规划和安装等；另外，还利用数字孪生分析哪些建筑是安装太阳能电池板和积累能量的最佳选择。

2. 虚拟工厂：数字孪生+生产制造全过程管理

生产数字孪生也被称为虚拟调试，如图4.17所示，它主要用于车间的数字化和全自动化作业。西门子、ABB等国外公司及华龙迅达、东方国信、石化盈科等国内公司，在赛博空间打造映射物理空间的虚拟车间、数字工厂，推动物理实体与数字虚体之间数据双向动态交互，根据赛博空间的变化及时调整生产工艺、优化生产参数，提高生产效率。例如，英国石油公司的数字孪生系统APEX是一个模拟监视系统，能将生产系统的优化时间从几小时缩短到20分钟。

什么是虚拟调试？随着制造过程的工艺复杂度和自动化水平的提高，人们不可能坚持传统的预调试模式。虚拟调试是指通过虚拟技术创建出物理制造环境的数字复制品，以用于测试和验证产品设计的合理性。

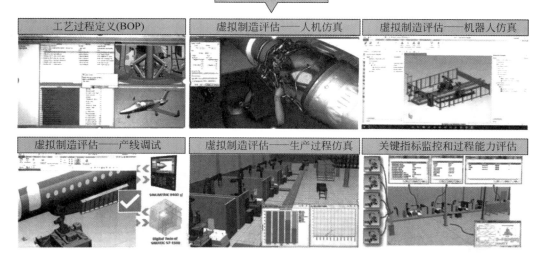

图4.17　生产数字孪生

　　简单地说，虚拟调试是通过工厂、车间、制造机器的模型，模拟运行整个或部分生产流程，并在生产线投产前对重要功能和性能进行测试。它能够检测和消除设计缺陷，例如PLCs代码中的缺陷（bug），并提前解决一系列技术上的问题。调查显示，经过虚拟调试后的生产线一开机就有较高的质量，因此实际调试的时间可以减少75%。

　　虚拟调试的其他优势有六点。

　　（1）加快现场调试和生产线建设。

　　（2）最小化设备故障、碰撞和停机的风险。

　　（3）简化传统的软件测试流程——工厂验收测试和现场验收测试。

　　（4）优化复杂生产线生产周期。

　　（5）减少原型浪费和节省更多昂贵的材料。

　　（6）越早发现缺陷，解决缺陷的成本越低。

　　3. 设备预测性维护：数字孪生+设备管理

　　设备数字孪生也经常被称为绩效数字孪生，主要通过收集产品、机器和整个生产线的运行数据，以模拟和预测性能故障、能耗峰值及停机风险，如图4.18所示。

　　通用电器（GE）、空客等公司开发设备数字孪生体并与物理实体同步交付，实现了设备全生命周期数字化管理，同时依托现场数据采集与数字孪生体分析，提供产品故障分析、寿命预测、远程管理等增值服务，提升用户体验，降低运维成本，强化企业核心竞争力。设备数字孪生架构如图4.19所示。例如，通用电气公司通过利用数字孪生体监控风力涡轮机的性能，监督风电场的运作和生产。压缩机制造商Kaeser通过使用数字孪生来预测什么时候可能发生故障，从而最小化停机时间。

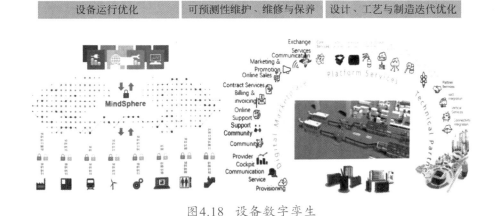

图4.18 设备数字孪生

| 应用层 | 设备检测 | 异常报警 | 寿命预测 | 维修规划 | 备份管理 |
| | 健康评估 | 故障定位 | 故障预警 | 远程调度 | 增值服务 |

| 模型层 | 状态监测模型 | 远程诊断模型 | 故障预测模型 | 健康管理模型 | 学习提升模型 |

| 数据层 | 几何数据 | 功能数据 | 现场设备数据 | 现场环境数据 |
| | 物理数据 | 工艺数据 | 历史状态数据 | 历史维护数据 |

图4.19 设备数字孪生架构
（赛迪，数字孪生白皮书）

基于数字孪生的数字化工厂在产品设计、制造和运行维修阶段分别表现为产品数字孪生体、生产工艺流程数字孪生体和设备数字孪生体，帮助企业在实际投入生产前既能在虚拟环境中优化、仿真和测试产品性能，又能在生产过程中同步优化整个企业制造工艺流程，最终实现高效的柔性生产和快速创新上市，锻造企业持久竞争力。

4. 数字孪生与智能制造的关系

从各国的先进制造业国家发展战略演变角度来看，无论是美国从"去工业化"到"再工业化"，到"以软带硬"的"工业互联网"战略，再到美国国家先进制造战略计划；德国从机械化、电气化、信息化，到"以硬带软"的"工业4.0"的制造业创新发展战略；还是中国从"信息化带动工业化，工业化促进信息化"，到两化融合和两化深度融合，再到"中国制造2025"的"融合演进"的制造强国发展战略，都期望通过信息物理融合来实现智能制造。综上可知，智能制造是当前世界制造业的共同发展趋势。而如何实现制造信息世界和物理世界的互联互通与集成共融，是迈向智能制造的瓶颈之一。

数字孪生是实现信息物理融合的有效手段。一方面，数字孪生能够支持制造的物理世界与信息世界之间的虚实映射与双向交互，从而形成"数据感知—实时分析—智能决策—精准执行"实时智能闭环；另一方面，数字孪生能够将运行状态、环境变化、突发扰动等物理实况数据与仿真预测、统计分析、领域知识等信息空间数据进行全面交互与深度融合，从而增强制造的物理世界与信息世界的同步性与一致性。

视频讲解

4.4.2　数字化工厂推进与建设路径

制造技术的发展需求和趋势变化导致制造业核心竞争力发生深刻变化，由数字化技术支撑的智能制造已成为制造行业不可或缺的核心竞争力。

数字化工厂的推进与建设路径分为三个阶段，即数字化、互联化和智能化，如图4.20所示。

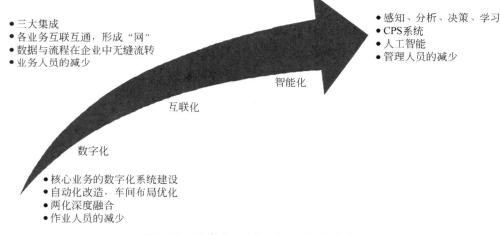

- 三大集成
- 各业务互联互通，形成"网"
- 数据与流程在企业中无缝流转
- 业务人员的减少

- 感知、分析、决策、学习
- CPS系统
- 人工智能
- 管理人员的减少

智能化

互联化

数字化

- 核心业务的数字化系统建设
- 自动化改造，车间布局优化
- 两化深度融合
- 作业人员的减少

图4.20　数字化工厂的推进与建设路径

（1）数字化阶段的推进重点：自动化改造（机器人、自动化产线、自动化质检等）、信息化系统的覆盖（ERP、MES、APS、SRM等）、产品的数字化（传感、监测、人机交互），以及信息化与业务的深度融合。

（2）互联化阶段的推进重点：自动化与信息化的链接、多个系统的集成（MES与ERP、CRM与ERP等）、业务链条的打通与集成（OTD、产品全生命周期等）。

（3）智能化阶段的推进重点：基于深度学习的人工智能应用和形成业务闭环与知识重用。

智慧工厂是现代工厂数智化发展的新阶段。它在数字化工厂的基础上，利用物联网的技术和设备监控技术加强信息管理和服务。例如，清楚地掌握产销流程，提高生产过程的可控性、减少生产线上人工的干预、即时正确地采集生产线数据，以及合理地编排生产计划与生产进度。此外，它还能加上绿色智能的手段和智能系统等新兴技术，构建一个高效节能、绿色环保、环境舒适的人性化工厂。它也是"智慧地球"理念在制造业的实际应用的结果。

智慧工厂的发展是智能工业发展的新方向。它的特征在制造生产上体现为五点

（1）系统具有自主能力。可采集与理解外界及自身的信息，并以之分析判断及规划自身行为。

（2）整体可视技术的实践。结合信号处理、推理预测、仿真及多媒体技术，将实境扩增展示现实生活中的设计与制造过程。

（3）协调、重组及扩充特性。系统中各组可依据工作任务，自行组成最佳系统结构。

（4）自我学习及维护能力。透过系统自我学习功能，在制造过程中落实资料库补充、更新及自动执行故障诊断，并具备对故障排除与维护或通知对的系统执行的能力。

（5）人机共存的系统。人机之间具备互相协调合作关系，各自在不同层次之间相辅相成。

4.4.3　数字化工厂的核心架构

在中国制造从制造大国向制造强国转型过程中，因为历史遗留原因，不少制造企业信息化建设相对比较落后，工厂制造过程中还均以纸质流转卡、手工报表的方式来管理工厂车间。但随着制造数字化转型、制造生态链的分工细化，传统的生产模式遇到极大的挑战和痛点，多品种小批量的快速、透明生产诉求倒逼制造企业的工厂数字化转型。

完整的数字化工厂包含产品全生命周期的数字化、生产全生命周期的数字化以及业务管理全生命周期的数字化，三者重叠的核心部分为制造金字塔结构。如图4.21所示，该金字塔结构分为四层，其中最高一层是企业资源计划（ERP），第二层是高级计划排产（APS），第三层是制造执行系统（MES），第四层是过程控制系统（PCS）。

以西门子公司为例，介绍其数字化工厂的核心架构。如图4.22所示，数字化工厂核心即ERP（企业资源计划）、PLM（产品生命周期管理）、MOM（制造运营管理）、WMS（仓储管理系统）、DCS（分布式控制系统）五大系统的全面集成，并以MOM（制造运营管理）中的APS为中枢核心，形成智能制造创新平台。图4.23所示为数字化工厂五大核心系统集成，通过五大系统深度集成，明确定义系统业务边界。

1. PLM

PLM通过对企业知识型资产的管理，实现对产品的数据管理、项目管理、变更管理、协同管理、标准化管理、安全管理等，为制造企业提供了一个可伸缩的研发管理

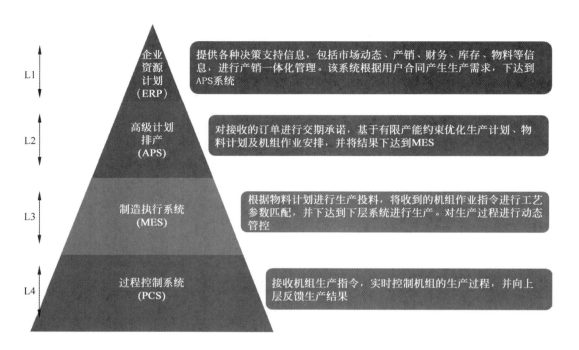

图4.21　制造金字塔

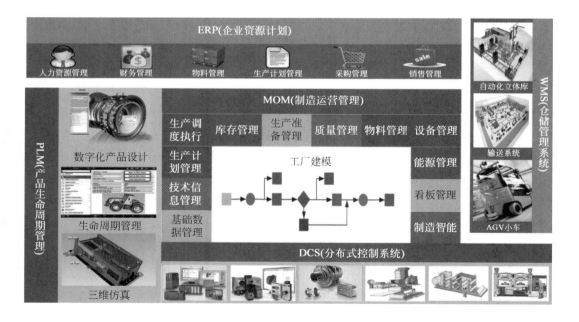

图4.22　西门子公司数字化工厂核心架构

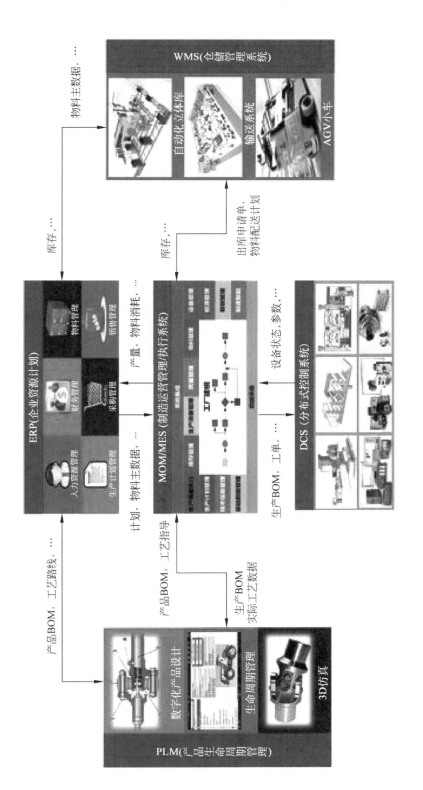

图 4.23　数字化工厂五大核心系统集成

平台。

（1）与ERP集成：PLM将PBOM（产品BOM或计划物料清单）和工艺路线传给ERP，ERP根据零件的标准成本、建议成本、现行成本等基础数据，结合加工中心和成本中心，自动生成CBOM(Costing Bill of Material，成本测算BOM)。

（2）与MOM集成：PLM将MBOM（生产BOM或制造物料清单）、SOP（标准作业流程）传给MOM，指导MOM生产管理。

当产品发生设计变更时，会将变更数据实时同步到ERP、MOM系统。

2. ERP

ERP将企业的三大流（物流、资金流、信息流）进行全面一体化管理。特别提一下，ERP不要过多管理制造端，只需以报工方式，保存制造端的生产结果，用于财务成本核算。

（1）与PLM集成：PLM将PBOM和工艺路线传给ERP，ERP根据零件的标准成本、建议成本、现行成本等基础数据，结合加工中心和成本中心，自动生成CBOM。

（2）与MOM集成：将生产基础数据（物料、销售订单）传给MOM。APS将分解后的制造工单回传给ERP，MES将生产数量、物料消耗数量按照一定周期回传给ERP。

（3）与WMS集成：实时同步物料基础数据、仓库基础数据、库存数量。

3. WMS

WMS通过入库业务、出库业务、仓库调拨、库存调拨和虚仓管理等功能，对批次管理、物料对应、库存盘点、质检管理、虚仓管理和即时库存管理等功能进行综合运用，从而有效控制并跟踪仓库业务的物流和成本管理全过程。

（1）与ERP集成：实时同步物料基础数据、仓库基础数据、库存数量。

（2）与MOM集成：当车间接料时，WMS实时将物料批次信息传给MES，绑定接料工位。当成品入库时，MES实时将物料批次信息传给WMS，绑定仓库和储位。

4. DCS

与MOM集成：MES将工单下达到机台设备，对设备、模具、刀具、人员防错，指导设备生产。DCS将设备状态、工艺参数数据（温度、压力、扭矩等）回传给MES，与生产工单关联，用于生产追溯。

5. MOM

从以上五大系统集成来看，MOM是一体化集成方案中的核心，是连接其他四大系统的中枢。在西门子公司数字化工厂解决方案中，MOM产品组合如图4.24所示，包含以下四个系统。

（1）APS：高级计划排产，如PREACTOR。

（2）MES：制造执行系统，如SIMATIC IT、CAMSTAR。

（3）QMS：质量管理系统，如IBS。

（4）SCADA：数据采集与监控系统，如WinCC。

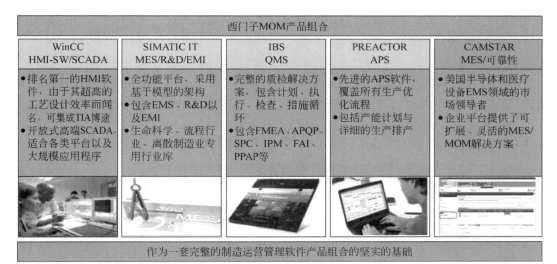

图4.24　MOM产品组合

西门子公司通过APS、MES、QMS无缝深度集成，打造数字化工厂制造运营端一体化解决方案，为制造企业树立智能化制造运营流程，实现企业的高效、透明运营管理。

4.5　数字化工厂下的生产数字孪生

视频讲解

在生产数字孪生的系统中，主要包含制造产品、制造工艺、制造工厂这三方面要素进行物理与虚拟的对应。

（1）制造产品。制造产品包含原材料、采购件、过程件/在制品、半成品、成品等被加工制造对象（物料）实物以及虚拟表达。制造产品的虚拟表达更多是对产品变形/组合过程及制造特性的表达。

（2）制造工艺。制造工艺包含产品制造过程中所采用的各种工艺过程（机加/钣金/焊接/喷涂、装配/维修/调试、热表/锻铸/特种加工等）的完整表达。制造工艺在企业中是无形、非实物的智力资产，制造工艺的虚拟表达更多是工艺知识的全数字/结构化表达。

（3）制造工厂。制造工厂包含制造企业车间现场的所有生产设备、设施、仪器、工装等生产资源的实物及虚拟表达。虚拟工厂不只是工厂外形的表达，更多的是工厂的工作逻辑、生产逻辑、运行状态的全面表达。

MBD技术的发展使得制造产品、制造工艺、制造工厂的数字化虚拟表达的技术日益成熟；数字化工厂的发展使得生产制造系统实物硬件更加数字化；实物更加易于数字化虚拟表达而且易于与数字化虚体进行交互。由真实和虚拟的"制造产品、制造工艺、制造工厂"组成的生产制造系统的数字孪生，开展虚拟生产和真实生产，以及相互指导与反馈优化，以提高数字化工厂的制造产能、效率和质量。

在数字孪生发展的初期阶段，实物和虚拟的世界往往只是镜像或相互参考印证的关系。随着各种产品及生产制造设备/仪器的数字化、智能化发展，实物和虚拟的产品/工艺/工厂之间的相互关联更加实时连接甚至直接相互作用，可以说是闭环的数字孪生。西门子在传统的全集成自动化（TIA）的技术基础上，进一步拓展物联网技术的发展，把西门子开环的产品/生产/运维数字孪生逐步打造成闭环的数字孪生（=虚拟模型×物理资产数据×虚实互连），如图4.25所示。

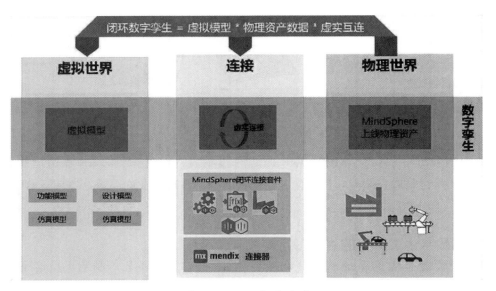

图4.25 闭环数字孪生

本节从开环和闭环两个层级来阐述生产数字孪生。开环数字孪生中重点阐述生产数字孪生体（digital twins，即虚体部分）的应用与能力，即单独考虑基于生产数字孪生体的仿真分析技术；闭环数字孪生更多讲述虚实结合之后的数字孪生（digital twin，即虚实联合体）的应用与能力，即基于物联网软硬结合后的相关技术。最后是整个制造企业基于虚实工厂对客户直连制造生产模式的支撑。

4.5.1 生产数字孪生体

在多数制造企业内，对于生产制造系统的管理与使用还是采用传统的方式，不透明、不精细、不优化，具体表现如下。

（1）生产系统不透明。通过传统的表格方式管理资产清单，仅仅记录数量与价值；对于资产真正实体形态、工作位置、加工能力说明、工作或维修的状态等都不清楚，而且随着工厂的调整，不下现场根本不知道工厂的状态。

（2）生产产能不自知。对于工厂的产能只是模糊的概念，新增产能时只能大概估计；提升产能只能通过"大干几百天"或加班加点，而不是消除产能瓶颈或任务合理化。

（3）生产布局不优化。习惯性按功能区摆放，通过一张类似办公桌的布局图来确定设备布局。没有综合考虑工艺流、物流、生产节拍等因素。

（4）工艺脱离车间现场。工艺员设计工艺时，难以全然明晰由设备/工装等组成复杂生产现场环境对工艺过程的影响。过度关注给工人编制工艺规程卡，而缺乏保障工艺一次正确性的能力。

（5）机器人还不是柔性设备。企业购买机器人时购买了厂商提供的PLC程序，日后不能根据生产任务调整等优化或改变PLC程序，使其成为一台固化的自动化设备。

（6）工人只是高度柔性的"设备"。工作现场缺乏人性化考虑，对工作强度、工作舒适度等方面缺少分析和优化。

基于生产数字孪生体的仿真分析技术，可以很大程度上解决上述制造企业面临的问题。

1. 工厂三维建模与可视化

如今有些企业在采购生产设备时，要求设备供应商同时提供一套带三维模型的数字化设备，不仅只是三维造型，还包含能力参数说明手册等相关内容。现在生产线集成商在给企业提供交钥匙工程，也会提供一套数字化的生产线，让企业后续可持续使用。

业界生产线设计/工厂建模工具已经成熟，例如西门子的NX Line Designer，能够利用丰富可扩充的生产线资源库，基于参数化的快速设计方法定制生产线。它不仅能实现生产线的三维可视化，还能关联展示相关信息；同时三维模型可输出工程图纸，用于生产线的生产制造。

采用点云技术实现历史资产快速三维可视化：除了自己从零开始为每个厂房新建模型外，也可以为现有的工厂进行快速扫描建模，用于工厂的整体直接可视，还可以为未来生产线逐步调整优化过程中逐步建模提供背景；在NX Line Designer中可以实现新建的三维模型和点云扫描模型组合在一起；随着工厂的持续优化改造，这些点云的模型逐步被新三维模型取代，如图4.26所示。

工厂三维模型实现了全球资产的数字化管理，让任何人在任何地点查看企业工厂境况；另外这些模型可以直接为工厂仿真/工艺仿真提供模型基础，也是生产数字孪生的基础；甚至可以基于工业物联网或生产现场系统集成获取实时数据，实现全球分布式工厂的实时信息触手可及，实时巡视；通过静态描述与实时动态相结合，全方位、多层次实现生产制造系统的透明化，如图4.27所示。

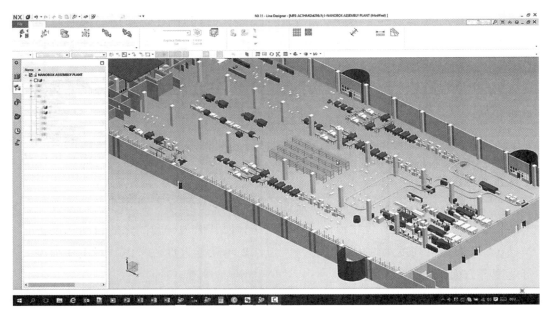

图4.26　西门子工厂三维模型构建

图4.27　西门子工厂生产制造系统的可视化展现

例如，福特汽车与西门子开展合作，已经开始为全球诸多工厂建立数字化模型，并通过与MOM集成，以及逐步采用IoT技术把生产设备信息放到MindSphere平台管理分析，并最终集成到Intosite平台中进行展现。Intosite就是类似Google earth的对全球工厂进行可视化展现的工具。

总之，工厂三维建模与可视化技术可以很大程度上解决"生产系统不透明"问题。

2. 工厂价值流分析与仿真验证

数字化工厂不是简单的用自动化和数字化设备仪器取代原有生产硬件，而是追求更加精益的高效柔性制造工厂。在数字化工厂策划筹建时，就必须在数字化的环境里进行全面分析和验证。数字化工厂仿真工具（例如：西门子的Plant Simulation）能够低成本帮助企业实现这一目标，如图4.28所示。

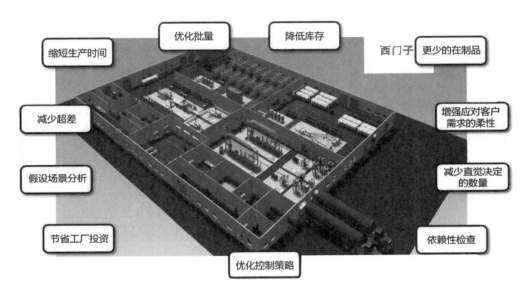

图4.28 数字化工厂仿真的作用

（1）价值流分析。可以帮助制造企业进行精益价值流分析，绘制当前价值流图，站在企业的层面，对信息流、实物流进行分析，发现产品全价值链增值过程中潜在的、对客户不增值的浪费活动，并制定策略，进行改进，形成全新的价值流图。价值流分析不仅对现有工厂进行基于产能或交货准确率策略进行优化，同时也可对新工厂导入新产品进行决策辅助，选择总体价值最大化的产品组合进行生产。

（2）产能优化。工厂仿真工具能够对生产资源进行对象量化管理（例如每台资源量化的产能信息），对产品工艺进行的逻辑量化表达（先后顺序/工时/人员/设备/资源要求等），结合相应的控制策略实现工厂的虚拟运行（周期可长可短，可快可慢），因此可快速知晓产能与产能瓶颈，并且通过优化生产工艺组合或调整产能瓶颈，最终满足产能需求或实现产能提升。

仿真优化时，可考虑众多生产因素进行优化组合来提升产能，这些因素包括人员要求和配备；生产线节拍和利用率生产能力；工作时间和换班模式；瓶颈、系统故障；布局安排、计划和先后顺序。这涉及制造企业生产控制策略、处理原则的设定，如产能优先、交货准确率优先等。

对于复杂的组合，工厂仿真工具提供多种优化能力：试验设计(experimental design)、遗传算法（genetic algorithm）、特征值分析（factor analysis）、神经网络（neural network）。通过这些优化策略主动寻找最优的组合方案。

（3）物流与产线布局优化。工厂仿真工具不仅分析关键设备产能需求、计算重要资源（工装/托盘/AGV小车/仓储货格）的具体数量需求，同时按照具体的工艺流和工厂布局进行虚拟运行，可对车间内/工厂内全面物流系统及产线布局进行校核优化，通过调整产线或物流布局，可减少物流不均衡、瓶颈、浪费等情况；甚至通过合理物流和布局，来达到产能最大或精益等目标。

结合工厂的三维模型，还可对各种资源的干涉性和通过性进行优化。这不仅仅考虑静态下的空间干涉，还包括移动设备在运动状态下或带门设备的开关状态下的干涉性和通过性。

（4）降本绿色。通过带有成本信息和能耗信息的工厂的虚拟运行，能够快速计算出产品/生产成本（折旧+原材料+生产+停机+……），甚至能计算出工厂能耗信息，为工厂的精益成本控制和绿色节能运行提供决策支持。

总之，工厂仿真验证技术可以很大程度上解决"生产产能不自知"和"生产布局不优化"问题。

3. 工艺仿真与验证

基于MBD的结构化工艺，以工艺清单（bill of process，BOP）为核心，有效组织三维产品模型、工厂模型、资源模型等，为工艺的仿真与验证提供的三维仿真环境与结构化工序信息的基础。工艺的仿真与验证工具让工艺员处在完全雷同生产现场境况的虚拟环境中进行工艺的设计思考和试错、验证调整，就像已经经过了多次的试制生产一样，出来就是满足现场需求的一次正确性的工艺。

以装配工艺为例，工艺的仿真与验证工具（例如西门子Process Simulation）在虚拟环境中对装配过程进行验证，例如是否会发生干涉，以及工装在动态使用过程中对装配过程的影响，从而确定最优的装配顺序和工装的使用方法。甚至在复杂的装配环境中，自主地给工艺员推荐最优可行的安装路径。这种仿真对于越复杂的产品、越复杂的生产环境收益越大。

同时可基于仿真验证后的最优装配工艺，形成可视的视频、交互式作业指导书，甚至结合AR进行应用，让操作工人更准确地理解工艺，更正确地执行工艺，提高生产效率与质量。图4.29所示为西门子装配工艺仿真。

总之，工艺仿真与验证技术可以最大限度地解决"工艺脱离车间现场"问题。

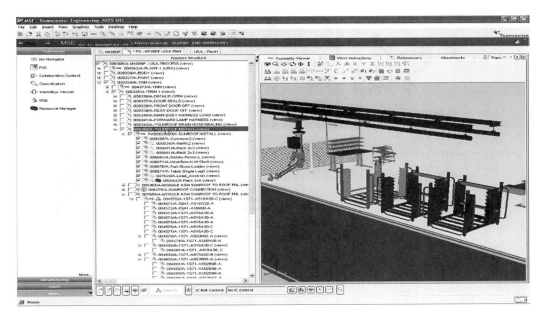

图4.29 西门子装配工艺仿真

4. 机器人编程与虚拟调试

在数字化工厂环境，多品种切换或者新品种的引入都要对机器人的PLC程序进行切换、调整、优化。机器人仿真与虚拟调试工具（例如西门子PS Robot，这里的PS是Process Simulation）能够快速满足这一需求，使机器人真正成为高柔性自动化装备。

机器人仿真与虚拟调试工具不仅仅是简单的离线编程，更重要的是面对复杂工况、多机器人协作甚至在人机协作环境下能够保障机器人和人的安全；同时能够自动识别工件曲面，优化机器人的最优工作姿势、能耗节省等相关因素。

机器人仿真与虚拟调试工具对含机器人协作或生产系统进行虚拟调试，可以在虚拟环境下提前进行全方位的调试，验证机械操作顺序，校核PLC控制代码、机器人控制程序和HMI（Human Machine Interface，人机界面）、测试安全互锁装置，执行系统诊断测试等，在硬件还没有到位之前就能得到正确的PLC、控制策略等。最终提升机器人协作效率和减少生产系统的调试准备时间，确保一次正确性。图4.30所示为西门子机器人仿真与虚拟调试。

总之，机器人编程与虚拟调试技术可以最终消除"机器人还不是柔性设备"问题。

5. 人因工程分析

数字化工厂中的工人是最为珍贵的高度柔性的"设备"，必须让工人能持续、稳定、健康地工作。如何设计工艺、如何设计工位、清晰知晓工人的劳动强度等非常关键。结合工艺和工位下进行人因工程分析，能够有效解决这一问题。

西门子PS Human就能提供一个三维的环境来对工人在操作过程中的身体状态进行

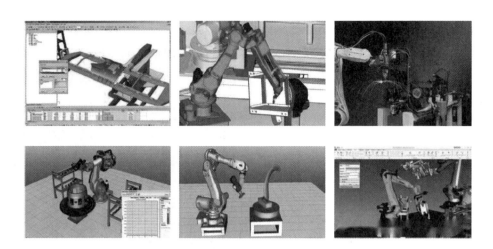

图4.30 西门子机器人仿真与虚拟调试

合理分析（结合人机交互性评估，对工位的布局、人机交互可行性进行模拟，人体的操作姿态，人体受力，人体的可视、可达性进行评估，从而对产品、资源（设备、工装、工具等）、人体三者之间的协同进行全面模拟），分析当前工位设计与工艺方法的人因效果；通过优化工艺方法（可操作性/可达性等）或工位布局/工装结构等优化设计，确保更加高效、安全、健康地工作，如图4.31所示。

Process Simulation 人因工程仿真功能

· 可达性分析
· 可见性分析
· 可维修分析
· 舒适度分析
· 力量评估
· 能量消耗分析
· 疲劳强度分析
· 工作姿态分析

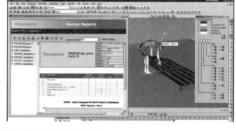

图4.31 西门子人因工程仿真

西门子PS Human具有最为丰富和标准的人体模型库，同时可与各种运动捕获设备相结合来快速定义人的操作运动，提高整个仿真分析的效率。

人因工程分析在工艺调整优化、工位布局优化等方面具备相当大的助益。

总之，人因工程分析技术完全消除"工人只是高度柔性的'设备'"问题。

4.5.2 闭环的生产数字孪生

1. 基于工厂实际数据的仿真验证

图4.32展示了从二维到三维再到闭环数字孪生仿真验证的比较。闭环数字孪生能够按a 厂实际订单驱动模型运行，并动态展示工厂特性。本书以西门子构建的"基于工厂实际数据的仿真验证"场景，来验证其业务价值和可行性。

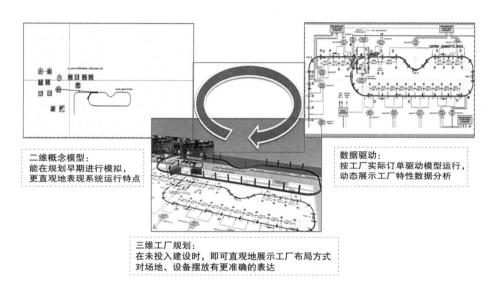

图4.32　从二维到三维再到闭环数字孪生仿真验证的比较

主体场景是通过物联网边缘端，把关注的众多数据实时上传到工业物联网平台（MindSphere）上，然后把这些数据传递到Plant Simulation中进行分析验证，支撑决策再作用到实际工厂中。

基于上述场景，可以执行下述业务增值活动。

（1）基于物联网的实时数据，在虚拟工厂中，实时显现工厂的运作状态；这个运作状态是数据驱动的实际状态，不是视频或图片。

（2）虚拟工厂中有工厂的实时数据，可以更加准确地进行未来生产的预测或业务优化处理或紧急查单等情况的最正确处理。

（3）可以在虚拟工厂模拟回放一段时间内的历史数据，可对生产现场进行历史回放，有利于找出生产问题的根本原因，而不是通过问题现场进行猜测或询问。

总之，基于MindSphere云平台实时/历史数据，导入Plant Simulation进行仿真，对实时/历史业务复现与分析，针对关键历史事件对数字化孪生体进行优化校准，挖掘更多行业数据价值。

2. 基于物联网的生产闭环控制

基于物联网技术把生产现场的数据反馈到三维的工厂模型中，可以进行基于虚拟工厂的生产系统巡检，实现各车间生产管理人员的高效安全生产巡检。同时结合物联网数据和AR技术，实现基于三维增强现实进行生产巡检、巡查数据，包括订单数据、工艺数据、环境数据、设备运行数据、预警数据、故障数据、责任人数据等。

基于物联网的实时数据构建生产数字孪生，结合各种预测式维修、人工智能、远程控制、AR等先进技术，还可以在更多的场景发挥巨大价值。下面举几个实例。

第一个实例是基于物联网状态监测与效率/质量数据结合分析，沉淀经验：分析质量或效率最佳的物联网获取机床工作状态信息，总结经验；反之总结教训。结合AI的深度学习和设备实时自动控制，实现设备自主调整工作状态参数达到最佳效果。例如某汽车企业采用机器视觉，监测生产线上的每一个钣金产品，然后把数据上传到MindSphere平台上通过AI进行品质分析，获取到产品品质最好时的生产线各种参数状态，最后实时调整和监控生产线，使其始终处于最佳的工作状态。这里有三个关键点。

（1）采用物联网技术，对机床设备的运行状态进行监控，通过相关模型进行故障预测与预警。

（2）设置维修阈值条件，对达到该阈值的设备执行标准的维修程序。

（3）通过人工智能自动调整设备工作状态。

第二个实例是某企业采用物联网技术，对工厂共用工具/资源的位置和状态进行监控，采用移动客户端工业APP进行展示与查找，能大大节省复杂工厂环境下工人查找物料的时间，同时在材料下料车间中对余料进行寻找和再次优化利用（例如板料优化排布利用/棒料综合使用）。

第三个实例是传统污水处理行业的数字化转型之路：利用物联网技术，实现关键设备（鼓风机）的稳定运行、远程诊断和复位；基于AR/VR的设备进行远程设备维修和指导；根据阶梯电价动态调整关键设备工艺参数，在保证出水质量的前提下节省能耗；通过海量运营数据的学习，挖掘隐藏在数据背后的工艺参数"密码"。

4.5.3 基于数字孪生工厂的用户直连制造

用户直连制造（customer to manufacturer，C2M）模式是指用户直连制造商，即消费者直达工厂，强调的是制造业与消费者的衔接。这是众多制造企业追求的模式：企业与用户紧密地连接，企业准确地把握需求与订单，用户清楚地知道自己个性化产品的状态。西门子按照C2M思想，综合运用西门子各种数字化技术，尤其是数字孪生技术，搭建了一个类似九宫格的孪生工厂（实际工厂通过几个PLC等进行简化模拟），模拟C2M场景的运行。

图4.33为基于孪生工厂之上运行的数字化系统，实现从用户查看商品、定制订单到

企业接收订单后一系列业务活动的执行，直至客户接收商品后的点评闭环过程。

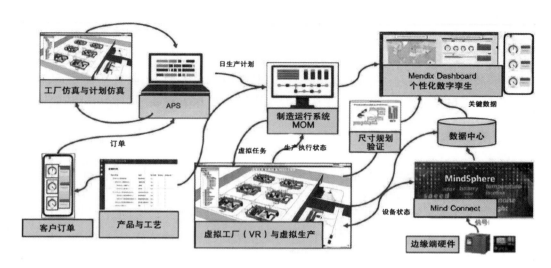

图4.33　基于孪生工厂之上运行的数字化系统

下面是几个关键过程的运行解释。

（1）在APP中查看与下订单。用户在移动端的APP查看商品，并根据自己个性需求进行适当的定制，下订单。

（2）零件与工艺准备。如果是定制产品，工程师需要基于订单定制需求在PLM环境进行产品设计与生产工艺准备。

（3）MES中接收订单与APS优化排产。订单进入企业后在APS系统中进行自动计划安排，为了更精确地确保订单及时交付，可结合采用工厂仿真技术对产能进行合理验证，最终给予用户最为精准的订单执行计划信息。

（4）在虚拟/实物工厂中进行订单的执行。计划确认后直接由MOM系统组织生产。在本环境中，订单可在虚拟工厂中执行，也可在实物工厂中执行。其中，虚拟工厂和实物工厂通过物联网技术把诸多信息进行完全同步。虚拟工厂和实物工厂联合生产的模式既可以首先采用虚拟工厂进行验证优化和生产预测，也可以基于实物工厂生产数据的回放验证，找出实际工厂的问题根源等。

（5）优化工厂作业订单组合。如果在虚拟工厂中执行，可以利用虚拟工厂仿真优化技术，更好地优化作业任务组合，实现工厂效率最高，所有订单准时交付。

（6）工厂与MES订单生产信息实时沟通。无论是虚拟工厂还是实物工厂，都会实时与MES保持双向沟通，确保订单的准时执行。

（7）在MES中检查订单状态。在MES中，全面检查和记录虚拟和实物工厂的订单执行状态。

（8）紧急订单。对于紧急订单，可以先在虚拟工厂进行快速执行，得到最佳策略后，再到实物工厂进行。

（9）在APP中查看订单状态与反馈。用户通过移动APP，随时查看订单执行和交付情况，进行及时反馈。

基于孪生工厂技术，不仅实现用户直连制造，提高用户的极致体验感，同时实现基于虚实工厂的联合制造，实现双保险的安全生产，提高生产的透明度和可预期性。

习题

一、判断题

1. 数字孪生是在尼葛洛庞蒂的《数字化生存》一书中正式命名的。（　　　）

2. 数字孪生是实现物理空间在赛博空间交互映射的通用使能技术。（　　　）

3. 数字化工厂包含产品设计、生产规划与生产执行的数字化。（　　　）

4. 数字化工厂里的MES主要考虑计划与排产问题。（　　　）

5. Michael Grieves 在2003—2005年将数字孪生概念模型称为"信息镜像模型"。（　　　）

6. 数字孪生将成为支撑社会治理和产业数字化转型的发展范式。（　　　）

7. 数字孪生的功能视角包括五个能力等级，部署视角包括四个阶段。（　　　）

8. 数字孪生五维模型包括物理实体、模拟实体、孪生数据、连接交互、应用服务。（　　　）

9. 数字化工厂和物理工厂的业务之间进行的是双向的信息交流。（　　　）

10. ERP不属于数字化工厂核心系统。（　　　）

11. 数字孪生并不是一种单一的数字化技术，而是在多种使能技术迅速发展和交叉融合基础上，通过构建物理实体所对应的数字孪生模型，并对数字孪生模型进行可视化、调试、体验、分析与优化，从而提升物理实体性能和运行绩效的综合性技术策略，是企业推进数字化转型的核心战略举措之一。（　　　）

12. 数字孪生平台不仅要关注应用最终呈现出来的逼真程度和可视化效果，还应该高度重视解决实际问题，包括已有数据的接入和实时分析，结合已有数据和机理预测指导优化业务等。（　　　）

13. 智慧工厂是要建设一个高效节能的、绿色环保的、环境舒适的人性化工厂。（　　　）

14. 闭环数字孪生中重点阐述生产数字孪生体（即虚体部分）的应用与能力，即单独考虑基于生产数字孪生体的仿真分析技术。（　　　）

15. 基于数字孪生的C2M，是综合运用各种数字化技术实现用户直连制造商，即消费者直达工厂，强调的是制造业与消费者的衔接。（　　　）

二、单选题

1. 以下（　　　）不属于制造企业全数字化生命周期迭代优化数字孪生。

A. 产品数字孪生　　　　　　　　　　　B. 城市数字孪生

C. 生产数字孪生　　　　　　　　　　　D. 设备数字孪生

2. 以下（　　　）不属于数字化工厂内部的核心系统。

A. ERP　　　　　　B. PLM　　　　　　C. 现场控制系统　　　D. SCM

3. 首次提出数字孪生思想的是（　　　）。

A. Michael Grieves　　B. 美国军方　　　C. 洛克希德·马丁　　D. NASA

4. 不属于数字孪生中三大技术要素的是（　　　）。

A. 数据　　　　　　B. 决策　　　　　　C. 模型　　　　　　D. 软件

5. 数字化工厂的建设阶段不包括（　　　）。

A. 数字化　　　　　B. 互联化　　　　　C. 智能化　　　　　D. 绿色化

6. 数字孪生是将物理对象以数字化方式在虚拟空间呈现，下列（　　　）不属于生产数字孪生系统中需考虑的要素。

A. 制造产品　　　　B. 制造工艺　　　　C. 制造工厂　　　　D. 产品销售

三、多选题

1. 从功能视角，数字孪生包括的能力等级有（　　　）。

A. 描述　　　　　　B. 诊断　　　　　　C. 预测　　　　　　D. 决策

2. 以数字孪生体框架为核心的工业互联网PaaS系统包括（　　　）。

A. 应用平台　　　　B. 数字孪生空间　　C. 模型平台　　　　D. 数据平台

3. 数字孪生的典型特征有（　　　）。

A. 数据驱动　　　　B. 模型支撑　　　　C. 软件定义　　　　D. 精准映射

E. 智能决策

4. 数字孪生在数据方面的理想特征中的"全"包括（　　　）。

A. 全要素　　　　　B. 全业务　　　　　C. 全流程　　　　　D. 全生命周期

5. 制造技术的发展趋势是（　　　）。

A. 个性化　　　　　B. 定制化　　　　　C. 机械化　　　　　D. 绿色化

6. 下面属于数字化工厂推进的难点问题的是（　　　）。

A. 管理流程标准化　　　　　　　　　　B. 自动化基础薄弱

C. 集成成为最大的障碍　　　　　　　　D. 标准化与数据质量较差

7. 虚拟调试的作用有（   ）。

A. 检测和消除设计缺陷

B. 加快现场调试和生产线建设

C. 最小化设备故障、碰撞和停机的风险

D. 简化工厂验收测试和现场验收测试

8. 制造企业的数字孪生通常包含（   ）。

A. 产品数字孪生　B. 生产数字孪生　　　　C. 绩效数字孪生　　　　D. 客户数字孪生

9. 数字化工厂制造金字塔结构包含（   ）。

A. 企业资源计划（ERP）　　　　　　　　B. 高级计划排产（APS）

C. 制造执行系统（MES）　　　　　　　　D. 过程控制系统（PCS）

四、简答题

1. 什么是数字孪生？数字孪生有什么作用？

2. 数字孪生的发展经历了哪几个阶段？

3. 数字孪生的内容与特征是什么？

4. 数字化工厂的核心架构是什么？

5. 数字化工厂推进的建设路径是什么？

6. 智慧工厂与数字化工厂有什么区别与联系？

7. 什么是闭环生产数字孪生？闭环生产数字孪生的作用和价值有哪些？

第三篇

数字化运营的计划与控制

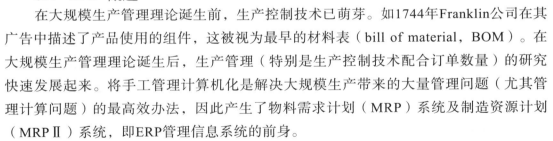

第 5 章
企业资源计划

计划与控制是制造业运营管理的核心内容，在数字化转型过程中，企业资源计划（ERP）系统发挥了重要的作用。作为一种综合性的管理软件，它将企业的各个业务领域进行整合，并利用信息技术的手段让企业的各个部门之间实现数据的共享和沟通，提高了企业内部协作的效率，帮助企业更好地管理和控制业务流程，从而使企业提高效率、降低成本、增加竞争力。本章首先介绍ERP的概念与作用，以及ERP系统的功能模块及其集成；然后详细介绍MRP及其运算逻辑、MPS及其运算逻辑、能力需求管理；最后分析ERP面临的困境以及未来发展趋势。

5.1 ERP 概述

视频讲解

在大规模生产管理理论诞生前，生产控制技术已萌芽。如1744年Franklin公司在其广告中描述了产品使用的组件，这被视为最早的材料表（bill of material，BOM）。在大规模生产管理理论诞生后，生产管理（特别是生产控制技术配合订单数量）的研究快速发展起来。将手工管理计算机化是解决大规模生产带来的大量管理问题（尤其管理计算问题）的最高效办法，因此产生了物料需求计划（MRP）系统及制造资源计划（MRP Ⅱ）系统，即ERP管理信息系统的前身。

随着MRP Ⅱ系统在加工装配式生产企业的成功，面向其他类型制造系统的MRP Ⅱ系统也不断被开发出来。因为MRP Ⅱ系统具有强大且较为通用的价值管理能力，所以它成为制造业公认的标准管理系统。在各类MRP Ⅱ系统发展的基础上，ERP概念于1990年由美国Gartner公司在《ERP：下一代MRP Ⅱ的远景设想》研究报告中被首次提出。

5.1.1 ERP 的概念与作用

1. 什么是ERP

ERP有多重含义。一方面，对于企业管理者来说，ERP的重点是计划，ERP是一套全面的、用于支持企业制订与当前业务计划和控制一致的经营策略的软件；另一方面，对于信息技术人员来说，ERP是一套整合了财务、生产、物流、销售、市场、人力和其他方面的应用程序的软件系统。ERP的整合通过全部功能和数据处理应用共享同一个数据库实现。

ERP涵盖了企业各部门的计划整合。或许，更重要的是ERP涵盖了企业各部门的业务执行的整合。数字经济时代，企业更关注的是企业内部的统一规划和执行，这正是ERP解决的问题。

ERP要求企业各部门在各项业务上保持一致的定义，即各部门在处理业务时应当使用一套通用的定义，如需求、缺货、原材料库存、成品库存等信息的定义必须保持一致，以方便各个环节的顺利交接和信息的共享。这是ERP的基本条件。

2. ERP系统的作用

ERP通过删除冗余流程、精简流程、提高信息准确率、提高企业对客户需求响应的灵敏度来提升企业绩效。企业利用ERP系统，能够实现数据和流程的整合，从而提高效率。

ERP的首要目标便是对货物经过各个流程的事务进行处理。ERP的事务处理能力是指对业务数据信息的上传和追踪。例如，当企业从供方购买一件物品时，一系列的活动就会发生。这些活动包括询价、接受报价、货物递送、库存、付款。

ERP的次要目标是决策支持。例如，在购买物品时，ERP系统会针对要购买的物品提供相应的库存、再订购点、订单数量、供应商、物流提供商、仓库位置等信息，而且会根据判断逻辑再次优化结果。

5.1.2 ERP 系统的功能模块及其集成

1. ERP系统的功能模块

ERP系统一般由多个功能导向的高度整合的模块构建而成。系统所有的模块都采用一个公用的实时更新的数据库。不同提供商提供的ERP系统有些差别，但通常都关注财务、生产和物流、销售和市场以及人力资源管理的功能。

1）财务

随着企业规模的壮大，各个部门的决策权也各有侧重，随之而来的复杂烦琐的财务数据对于许多企业来说是一个非常棘手的问题。ERP系统为财务数据的获取、通用的定义、流程、账户对账提供了平台。ERP系统的真正价值在于从事务源头处自动获取会计经济信息。例如，来自客户的实际订单不但用于生产部门制定产量要求，当货物寄出时，该信息还能更新应收账款信息，如图5.1所示。

2）生产和物流

生产和物流是整个系统中比重最大也是最复杂的环节，其业务流程与数据流程如图5.2与图5.3所示，其主要应用有以下几个部分。

销售与运营计划：促进一系列计划工作的协调进行，包括市场计划、财务计划、

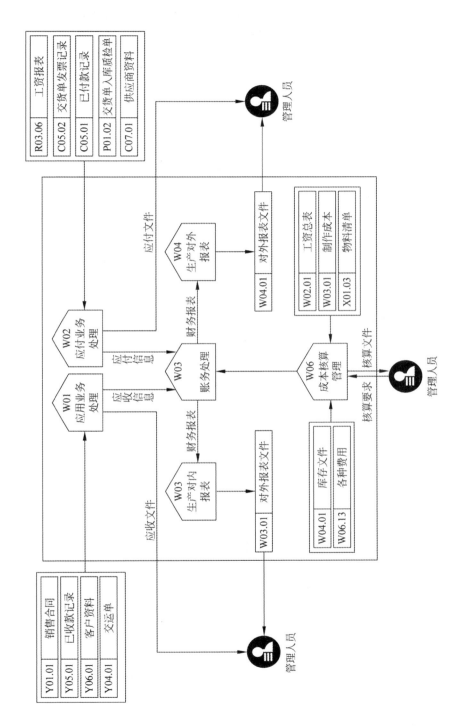

图5.1 ERP系统财务模块业务流程

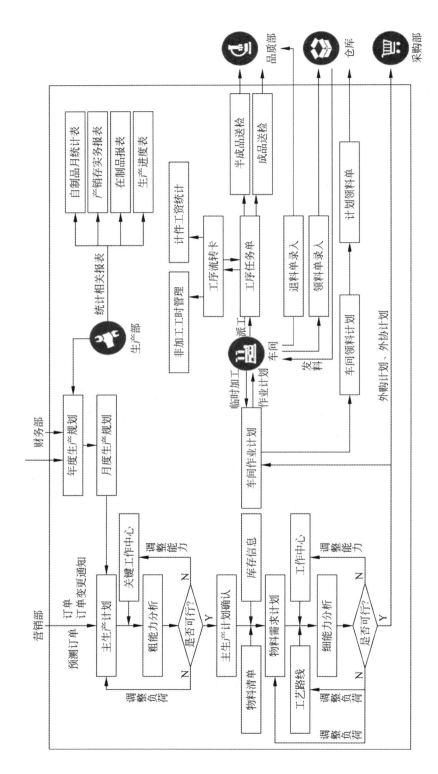

图 5.2 ERP 系统生产模块业务流程

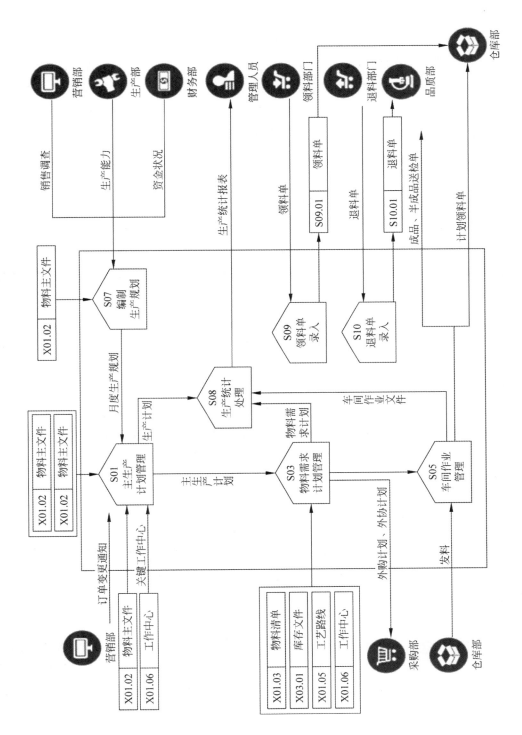

图 5.3 ERP 系统生产模块数据流程

运营计划以及人力资源计划。

生产计划和控制：本部分既涵盖离散制造又包括流程制造。系统提供重复生产和定制生产两种模式。大部分ERP系统涵盖生产的全部事务，包括产能、物料需求计划、准时生产制、成本计算、材料加工清单以及数据库维护。

物料管理：这一部分内容主要包括供应链中的原材料购买、供应商评价、发票管理等环节，同时也包括通过库存与仓储管理来提高物料的有效管理。

质量管理：本部分针对质量控制和保证工作。

3）销售和市场

这部分支持包括客户管理、销售订单管理、预测、信用检查管理、分销与出口控制、出货与运输管理及票据与折扣处理，如图5.4所示。这些模块在全球范围内运用已十分普遍，便于企业处理全球范围内的销售业务。例如，如果企业在上海收到了一份订单，但在当地产品缺货，那么企业很可能从其他分部的仓储调货，将这些货品集中配送至上海客户手里。

4）人力资源管理

如图5.5所示，这部分系统支持员工的管理、排班、薪酬、招聘、培训等工作。常用的功能包括工资管理、员工奖惩管理、人事管理和培训管理等。

5）个性化模块

除了以上标准模块外，许多企业会增加一些特别的、针对企业特殊需求的、个性化的附加模块。这些模块可能是根据不同的行业定制的，如化工或石化企业、天然气公司、医院或银行等。这些模块可以支持特别的决策支持功能，如关键资源的最优配置。

即使ERP系统本身具有非常多的功能模块，但由于各个企业的性质和情况的不同，因此附加模块也是非常必要的。每个企业提供独特的产品或服务以保持市场竞争力。这种独特性需要有针对性的附加功能加以支持。这些附件可能是从软件提供商处购买，也可能是公司定制开发的。个性化模块也广泛用于协调企业其与上游供应商、下游客户的关系。

2. ERP系统功能模块的集成

如前所述，各个软件模块构成了ERP系统的核心，该核心能够高效处理各种商业事务，为企业运营各种必需的活动提供支持。各个模块使用共同的集成数据库，处理企业的各种事务；集成数据库的主要价值在于在流程中数据信息不需要重复录入，这

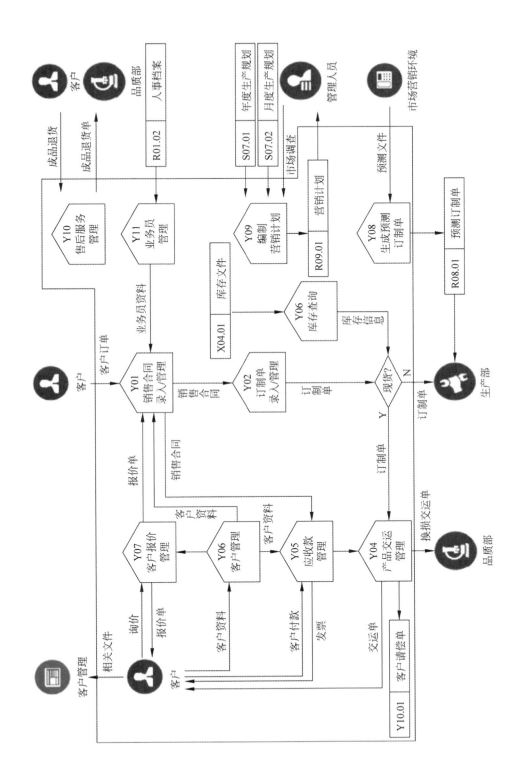

图 5.4 ERP 系统中销售模块数据流程

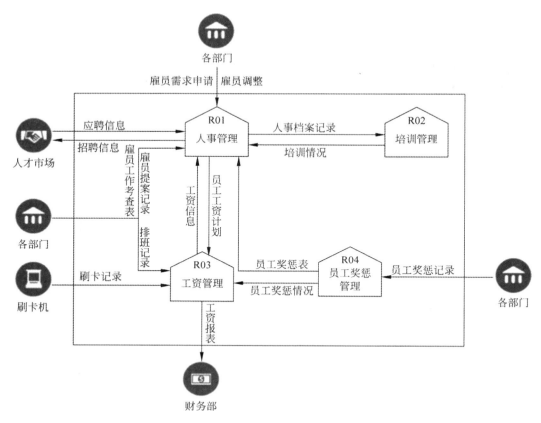

图5.5　ERP系统中人力资源管理模块数据流程

样减少了工作量和差错的出现。图5.6所示为从订单接收到交付的各功能模块无缝集成的全数字化运营流程。注：从客户那里过来的是订单，企业编制的是订制单。

营销部根据市场预测结果编制预测订制单，发到生产部要求生产，根据客户订单编制订制单，如果有现货，营销部开交运单通知仓库发货，客户支付货款。如果没有现货，营销部将订制单发到生产部，生产部收到订制单和预测订制单，编制主生产计划。

生产部根据订制单、预测订制单、技术文件、设备动力、物料清单、库存信息等，综合分析，编制出在何时加工何种物料，再根据主生产计划、物料清单编制出物料需求计划，物料需求计划分外购、外协计划、自制计划、领料计划。生产部将外购、外协计划发到采购部，将自制计划发到车间，将领料计划发到仓库。

采购部收到外购、外协计划，选择供应商，组织采购。供应商将物料送达，采购部开交货单通知品质部质检。

品质部收到交货质检通知后，安排人员进行质检，检验完毕开单通知仓库入库。仓库收到质检通知后，将物料验收入库。

车间根据领料计划开单到仓库领料，仓库按单发料，车间半成品、成品加工完

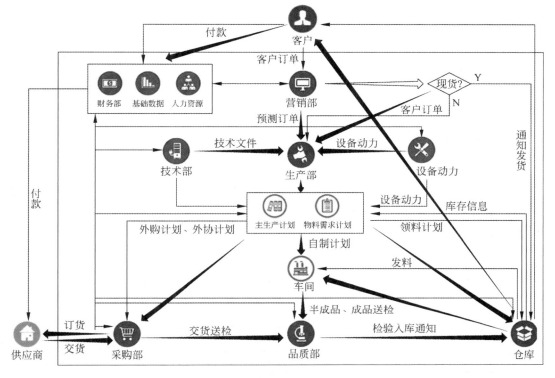

图5.6 从订单接收到交付的各功能模块无缝集成的全数字化运营流程

成后，开单通知品质部质检。品质部收到半成品、成品送检通知后，安排人员进行质检，检验完毕开单通知仓库入库。仓库根据质检单入库。营销部根据订制单开交运单；仓库根据交运单出库。客户付款，财务开出发票。

5.2 MRP 及其运算逻辑

5.2.1 MRP 的基础信息

1. MRP的主要输入信息

MRP是将主生产计划（master production schedule，MPS）中完成品的需求转换为零部件和原材料的需求，因此，MPS是其最直接的输入信息。其他输入资料主要有独立需求、材料主文件、材料表、库存状态、工厂日历等各种信息。

1）MPS

MPS是完成品的计划表，描述一个特定完成品的生产时间和生产数量。依据MPS，MRP得以计算在完成品需求之下的所有零部件和原材料的需要量。

2）独立需求

虽然MRP是由处理相关需求发展而来的，但由于某些MRP处理的下阶物料可能

视频讲解

除具有相关需求外，还有部分独立需求，此时MRP应该可以合并处理。例如，某汽车集团下属的发动机厂，其发动机除主要用于配套汽车之外，可能还有一小部分作为售后服务性质的零件提供给4S店和特约维修点等。此部分发动机是用于满足独立需求，应纳入毛需求中一并处理。特别注意，此独立需求也是分时段（包含逾期）的输入信息。

3）材料主文件

产品中的每一项材料的属性都必须记录在材料主文件（item master，IM）中，如件号、批量法则、批量大小、前置时间、安全库存、良品率等都是MRP所需资料。

（1）件号（item number）。物料的唯一识别码，即材料主文件的主关键字。

（2）批量法则（lot sizing rule，LSR）。为达到某种目标函数（如最低总成本）而设置的订单数量计算标准，即决定订单数量的规则及程序。本节中将以"最小订购量法则"和"定量批量法则"为例。

（3）批量大小（lot size，LS）。应用某些批量法则时生产、采购一批物料的基准/平均数量。在最小订购量法则中，LS即为最小订购量。

（4）前置时间或提前期（lead time，LT）。进行一个生产或采购作业所需的时间。特别需要指出的是，对生产而言，该前置时间是针对LS的提前期，即LT=排队时间+准备时间+加工时间+等待时间+传送时间。其中，加工时间=LS×单件加工时间。而对采购而言，该前置时间是从确认订购需求到取得材料或产品的时间，包括准备订单、签核、通知、制作、运输、收货、检验等时间。

（5）安全库存（safety stock，SS）。为应对需求或供给波动希望保持的最低库存。

（6）良品率（yield）。生产某一物料时，其良品数量与投入数量的比值。某材料的良品率表示该材料在制程中生产出良品的成功概率。

4）材料表

材料表（BOM）也称为物料清单，描述一个父件和其多个直接子件间的关系。一个产品的材料结构则由多个相关BOM构成，称为产品结构（product structure）。BOM及产品结构以阶层的方式描述组成一个产品的材料。合理方式是只建立单阶BOM，多阶BOM通过单阶BOM层层关联得出。单阶BOM中的几个主要属性，如父件件号、子件件号、单位用量、损耗率等，都是MRP所需资料。

（1）单位用量（quantity-per，QP）。生产一个单位父件所需消耗的子件数量。

（2）损耗率（scrap rate）。一个子件在制造某个父件的过程中，变成不良品的概率。同一子件用来生产不同父件时可能有不同的损耗率，因此定义在BOM中。如相同铁棒加工为圆轴时，因工艺简单而损耗率小；加工为方轴时，因工艺复杂导致损耗率较大。类似地，超市中方形脸盆贵于相同规格的圆形脸盆也是因为前者在吹塑工艺中损耗率更大，进而成本更高。特别注意，损耗率和良品率实质都是指损耗情况，若考查损耗时有明确的父件与子件关系，则应在该父件的BOM中设置该子件的损耗率；若未指明物料的损耗是发生在某特定父件的生产过程中，则应在该物料自身的IM中设置良品率。

5）库存状态

库存状态（inventory status）是指材料的在库量、在途量和保留量。在MRP计算过程中，通过BOM展开算出任意一个材料的需求时，所得到的是总需求，当该材料有库存时，该总需求并非真正的需求；将总需求减掉库存才会得到净需求。因为物料需求计划是分期间的规划方法，因此在库量、在途量和保留量都需要考虑。

（1）在库量（on hand inventory，OH）。执行MRP时正在仓库中的库存量。

（2）在途量（scheduled receipts，SR）或（on order inventory，OO）。在未来某一时间将会取得的量，又称为"已开订单量"或"已订未交量"，是一种未来的库存，在交货当期的期末视为可用量。当上次MRP运行后，计划员参照其建议发出实际生产或采购指令，指令中某物料的收料情况将作为输入信息出现在下次MRP的相应SR栏目中，即对某期将要达到的库存，必须记录其收料日期及数量。

（3）保留量（allocated inventory，AL）。用来表示已被指定用于某个已发出的制令单、外包单或调拨单，预定从仓库领出但实际尚未领出的数量。虽然OH中包括该保留量，但AL不能再用于其他用途，故在执行某次MRP时应该将其从可用量中去除。

6）工厂日历

工厂日历（shop calendar）是用于生产与库存管理的日历，它将工作天数编以连续序号，以便排产时只考虑工作日。MRP采用分期规划方式，它将连续的时间分成不连续的区段单位，称为时段（time bucket）。时段长度依照行业特性而定，通常为周或日，如编号周历（numbered-week calendar）、编号日历（numbered-day calendar）。编号周历以00～99循环使用；编号日历以000～999循环使用。在MRP系统中，一般以日为系统内部计算的时段长度，报表中则以周为期长（period length）呈现。计划期间（planning horizon）是MPS或MRP所涵盖的总时间，至少包括所有完成品所需的采购、制造等的累计提前期，其长短与行业相关，依实际确定。

以上是MRP处理逻辑中所涉及的主要输入信息，为正确加工这些信息以产生所需要的MRP输出，下面引进国际通用的七个关键变量，标准MRP报表即为此七栏式报表。

2. MRP处理逻辑的七个关键变量

1）毛需求/总需求

MRP中由一个或多个直接上阶物料（父件）引发的依赖需求（相关需求）以及该物料本身可能另有的独立需求的总和称为该物料的毛需求/总需求（gross requirement，GR）。

2）在途量

在途量是在未来某期期末将会取得的量，即一种未来的库存，在交货期期末视为可用量。

3）预计在库量

预计在库量（projected on hand，POH）是指在某期还未考虑是否有计划订单收料补充的情况下，该期的期末预计在库量。MRP程序利用POH这个中间变量决定在某期是否有净需求。

4）净需求

所拥有的库存数量不足以满足需求时，就会产生净需求（net requirement，NR）。更精确地说，在MRP逻辑中，若预计在库量小于安全库存，考虑良品率后的差额即为NR。

5）计划订单收料

如果某物料某期有净需求，就需要通过生产或采购来补充。计划订单收料（planned order receipts，PORC）是指依据一定批量法则对净需求进行调整后在某期期末计划补充到位的物料数量。这个量在生产或采购订单发出前是PORC，发出后变为SR，收料后即转为OH。

6）预计可用量

预计可用量（projected available balance，PAB）是指在预计某期期末PORC正常接收的情况下该期期末预计的在库量，即某期原有的POH加上该期可能的PORC之和。如果生产和采购供应都按照计划正常运作，该值才是某物料某期别预计的真正期末库存。

7）计划订单发出

由于准备完成一个订单需要一定的时间（即某作业的前置时间），为按时补充某物料，需将该物料某期PORC向前推移一个提前期，从而得出该物料相应期别的计划订单发出（planned order releases，POR）。父件的POR会通过BOM展开为其所有子件的总需求（GR）。

此外，还有一个逾期量，既涉及MRP输入又涉及MRP运算，需重点说明。

3. 逾期量

MRP定期被执行，每次执行后即会产生新的物料需求文档，同时计划期间所涵盖的时段往后平移一期，例如上次MRP的计划期间涵盖1～12期，下次MRP涵盖的计划期间实际为2～13期，此即为"滚动式排产"（rolling scheduling）。执行MRP时，上一期未被冲销的数量会被"滚入"逾期的时段里，称为逾期量。有三个关键变量（GR、SR和POR）涉及逾期量问题。

1）GR的逾期量

GR的逾期量可以有两种来源。若来源于独立需求部分，则属于操作层的反馈信息，应直接输入。此种情况表示生产效率差，客户需求无法被满足。因为当客户订单出货时，该订单会从客户订单文件中剔除或注明为已出货；若交期已过而仍然有顾客订单需要满足，则该数量就会进入毛需求的逾期时段。如果来源于相关需求部分，则属于逻辑运算的第一步，应由父件POR计算得出子件逾期GR。如某物料某一直接父件在其MRP计算结果中POR（逾期）出现正值，则该POR（逾期）引发此子件物料的相关需求通过MRP逻辑第一步的运算大多也将进入GR（逾期）。

2）SR的逾期量

由于SR都属于输入信息，其逾期量也不例外。SR的逾期量表示供应商供货延迟或车间生产延迟，管理者必须加紧督促。MRP处理时假定该逾期量能在当期（第1期）补足，若确定不能在当期补足，则应依实际情况修改订单的未来交期。

3）POR的逾期量

POR的计算属于MRP逻辑运算最后一步，其逾期量也不例外，只是计算式有所不同。这种情况表示MRP建议采购或制造的发单日期已过，可用时间少于预定的前置时间，管理者若不迅速发单、紧急采购或加班赶工，订单交期大多注定要延误。

4. 最低阶码

为确定计算先后顺序，系统将自动根据BOM计算各物料的最低阶码（low level code，LLC）。一个最终产品的组成结构中，最顶层或最上阶材料的最低阶码定为0，其下各个零部件依序定为1，2，…，N阶。一个材料可能出现在一个最终产品的不同阶次或多个产品的多个阶次中，系统是以该材料在所有产品结构中出现的最低的阶次码定为其最低阶码，并以此决定其在MRP系统中运算的先后次序。

例5.1　产品A由B、C和D制成，B由E与F制成，C由D与H制成，D由E制成，则A、B、C、D、E、F、H最低阶码依次为0、1、1、2、3、2、2，如图5.7所示。

例5.2　产品A由B、C和D制成，B由E与F制成。产品K由E、C和D制成，则A、B、C、D、E、F、K的最低阶码依次为0、1、1、1、2、2、0，如图5.8所示。

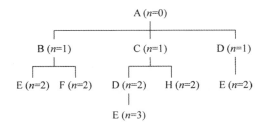

图5.7　单一产品LLC案例

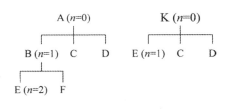

图5.8　多个产品LLC案例

5.2.2　MRP 逻辑

1. MRP基本工作逻辑流程

MRP基本工作逻辑流程如图5.9所示。

视频讲解

161

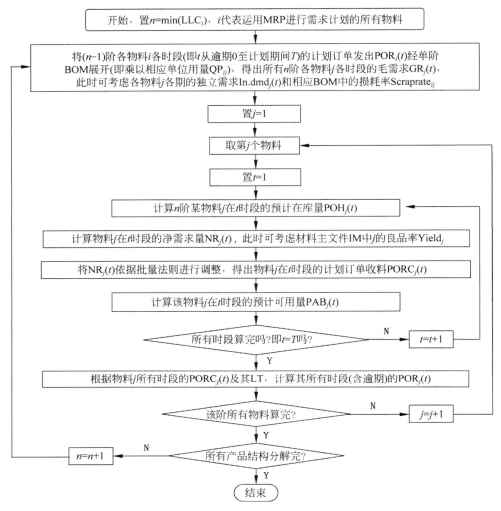

图5.9 MRP基本工作逻辑流程

2. MRP基本运算逻辑

针对上述MRP基本工作逻辑流程，以下是相应基本运算逻辑，即各步骤的详细计算公式。计算过程中超出计划期间（简写为T）的数值都无须考虑。

1）GR的运算逻辑

$$
\mathrm{GR}_j(t) = \begin{cases}
\displaystyle\sum_{i=1}^{m} \frac{\mathrm{POR}_i(0) \times \mathrm{QP}_{ij}}{1 - \mathrm{Scraprate}_{ij}} + \mathrm{In.dmd}_j(0) & t=0 \\[3ex]
\displaystyle\sum_{i=1}^{m} \frac{\mathrm{POR}_i(1) \times \mathrm{QP}_{ij}}{1 - \mathrm{Scraprate}_{ij}} + \mathrm{In.dmd}_j(1) + \mathrm{GR}_j(0) & t=1 \\[3ex]
\displaystyle\sum_{i=1}^{m} \frac{\mathrm{POR}_i(t) \times \mathrm{QP}_{ij}}{1 - \mathrm{Scraprate}_{ij}} + \mathrm{In.dmd}_j(t) & 2 \leqslant t \leqslant T
\end{cases}
\tag{5.1}
$$

式中：$GR_j(t)$——子件j在t时段的毛需求；

m——子件j的所有直接单阶父件i的总个数；

$POR_i(t)$——父件i在t时段的计划订单发出；

QP_{ij}——子件j组成父件i时的单位用量；

$Scraprate_{ij}$——子件j组成i时的损耗率；

$In.dmd_j(t)$——物料j在t时段的独立需求。

注：若独立需求的客户订单交货日已过仍未完全满足，则欠交量记录为$In.dmd_j(0)$。

2）SR的来源

$SR_j(t)$为物料j在t时段的在途量，其数据由系统记录档案直接给出。对应$t=0$的逾期量$SR_j(0)$是"应到未到量"，即制令单或订购单不良执行情况的反馈结果；而对应$t\geq1$的$SR_j(t)$则为排定在未来t时段将会取得的"已订未交量"。

3）POH的运算逻辑

$$POH_j(t)=\begin{cases} OH_j+SR_j(1)+SR_j(0)-AL_j-GR_j(1) & t=1 \\ PAB_j(t-1)+SR_j(t)-GR_j(t) & 2\leq t\leq T \end{cases} \qquad (5.2)$$

式中：$POH_j(t)$——物料j在t时段的预计在库量；

OH_j——物料j的当前在库量；

AL_j——物料j当前的保留量；

$PAB_j(t)$——物料j在t时段的预计可用量。

4）NR的运算逻辑

$$NR_j(t)=IF\left\{POH_j(t)\geq SS_j, 0, \frac{SS_j-POH_j(t)}{Yield_j}\right\} \qquad 1\leq t\leq T \qquad (5.3)$$

式中：$NR_j(t)$——物料j在t时段的净需求；

SS_j——物料j的安全库存；

$Yield_j$——物料j的良品率。

5）PORC的运算逻辑

$$PORC_j(t)=F(NR_j(t), LSR) \qquad 1\leq t\leq T \qquad (5.4)$$

式中：$PORC_j(t)$——物料j在t时段的计划订单收料；

LSR——批量法则（lot size rule）的集合；

$F(NR_j(t), LSR)$——由$NR_j(t)$和LSR决定的函数（具体形式主要取决于LSR）。

对最小订购量法，即一旦有净需求，订购量最少应为某基准量LS。

$$PORC_j(t)=IF(NR_j(t)>0, MAX\{NR_j(t), LS_j\}, 0) \qquad 1\leq t\leq T \qquad (5.5)$$

对定量批量法，即一旦有净需求，订购量始终为某基准量LS的整数倍。

$$\text{PORC}_j(t) = \text{IF}(\text{NR}_j(t) > 0, \text{CEILING}(\text{NR}_j(t), \text{LS}_j), 0) \qquad 1 \leq t \leq T \qquad (5.6)$$

式中：CEILING(x, y)——向上取整函数，即将x向上舍入为最接近的基数y的倍数。

6）PAB的运算逻辑

$$\text{PAB}_j(t) = \text{POH}_j(t) + \text{PORC}_j(t) \qquad 1 \leq t \leq T \qquad (5.7)$$

式中：PAB$_j(t)$——物料j在t时段的预计可用量。

7）POR的运算逻辑

$$\text{POR}_j(t) = \begin{cases} \sum_{k=1}^{\text{LT}_j} \text{PORC}_j(k) & t=0 \\ \text{PORC}_j(t + \text{LT}_j) & 1 \leq t \leq T - \text{LT}_j \\ 0 & T - \text{LT}_j < t \leq T \end{cases} \qquad (5.8)$$

式中：POR$_j(t)$——物料j在t时段的计划订单发出；

LT$_j$——物料j的提前期。

5.2.3　MRP 基本逻辑模型的 Excel 仿真案例分析

视频讲解

1. 假设条件

本案例中，工厂日历的时段长度与前置时间的单位相同，都设为周。计划期间至少涵盖MPS物料X和Y所需的制造和采购的累计提前期，假设X和Y自身的提前期都为一周，则由后面材料主文件和材料表资料可得最大累计提前期的计算结果为6周，这里取计划期间T为9周。

2. 已知条件

已知条件参见表5.1～表5.6。

表5.1　主生产计划MPS物料X和Y的POR数据（节选自MPS报表）

时段	0	1	2	3	4	5	6	7	8	9
X	0	200	0	100	0	200	0	100	0	200
Y	0	200	150	100	100	100	100	100	100	100

表5.2　MRP物料自有的独立需求（含逾期）

时段	0	1	2	3	4	5	6	7	8	9
B	20	20	0	10	10	0	10	10	0	10
C	0	10	0	10	0	10	0	10	0	10

表5.3　材料主文件中各MRP物料的基本属性

件号	前置时间	安全库存	批量法则LSR	批量大小	良品率
A	2周	10	最小订购量法	500	100%
B	1周	10	最小订购量法	300	95%
C	2周	20	定量批量法	600	90%
D	1周	20	定量批量法	500	100%
E	2周	30	定量批量法	500	100%

表5.4　材料表BOM中的基本属性

父件件号	子件件号	序号	单位用量QP_{ij}	损耗率$Scraprate_{ij}$
X	A	10	1	3%
X	B	20	2	5%
Y	A	10	2	5%
Y	C	20	2	6%
B	C	10	1	3%
B	D	20	1	0%
C	E	10	0.5	10%

表5.5　在途量SR信息（含逾期）

时段	0	1	2	3～9
A	0	500	0	0
B	100	300	0	0
C	0	600	0	0
D	0	500	0	0
E	0	500	0	0

表5.6　在库量OH和保留量AL信息

	在库量OH	保留量AL
A	300	200
B	250	200
C	300	0
D	400	300
E	300	0

3.计算

（1）LLC的计算。根据BOM，系统将自动计算每一件号的最低阶码，通常MPS物料的最低阶码定为0，故X和Y的LLC为0，而MRP物料A、B、C、D、E的最低阶码LLC分别对应为1、1、2、2、3。由此可知，对于运用MRP进行需求计划的物料，初始的$n=MIN(LLC_i)=1$。

（2）案例MRP基本工作逻辑流程的解析。对照MRP基本工作逻辑流程，其计算步骤解析如下：①首先计算第一阶MRP物料A和B全部期别的毛需求。②随机选取A或B，此处假设选A，按照POH(t)→NR(t)→PORC(t)→PAB(t)的顺序依次计算第1～9期数据。③一次性计算A所有期别的POR数据。至此A计算完毕。④选取B，同样按照POH(t)→NR(t)→PORC(t)→PAB(t)的顺序依次计算第1～9期数据。⑤一次性计算B所有期别的POR数据。至此第一阶MRP物料的计算全部结束。⑥开始下阶（此时为第二阶）MRP物料的MRP计算，并以此类推直至所有MRP物料计算完毕。

（3）模拟结果。此案例MRP基本逻辑的Excel模拟结果如图5.10所示。

（4）案例MRP基本运算逻辑的Excel模拟公式解析。此处主要以MRP物料A的计算为例讲解MRP基本运算逻辑的Excel模拟公式输入，读者可参照这些公式自己上机模拟。注意，逻辑相同的公式可通过复制公式功能来简化公式的输入量，其中，绝对引用有\$符号，相对引用没有\$符号。

特别需要注意的是，本书的大多案例都是先在Excel电子表格中进行模拟计算，然后将结果直接复制至书中。由于在固定宽度表格中，Excel正负值、小数位显示差异及四舍五入显示等原因，可能导致书稿显示结果与手工计算结果稍有差异，这些完全是正常合理的，不要误以为是计算失误。

① B13=B2×\$B7/(1-\$B8)+B3×\$D7/(1-\$D8)+B12。

② C13=C2×\$B7/(1-\$B8)+C3×\$D7/(1-\$D8)+C12+B13。

③ D13=D2×\$B7/(1-\$B8)+D3×\$D7/(1-\$D8)+D12。

④ E13～K13复制D13公式，即鼠标位于D13右下角变成实心十字形时往右拖。

⑤ B24=B2×\$C7/(1-\$C8)+B23；C24=C2×\$C7/(1-\$C8)+C23+B24。

⑥ D24=D2×\$C7/(1-\$C8)+D23；E24～K24可复制D24公式。

⑦ C15=C10+C14+B14-E10-C13；C17=IF(C15>=\$G10, 0, (\$G10-C15)/\$I10)。

⑧ C18=IF(C17>0, MAX(C17, \$K10), 0)；C16=C15+C18。

⑨ D15=C16+D14-D13；D17=IF(D15≥\$G10, 0, (\$G10-D15)/\$I10)。

⑩ D18=IF(D17>0, MAX(D17, \$K10), 0)；D16=D15+D18。

⑪ E15～K18矩阵分行地轮流复制第二期相应栏目的对应公式；或者一次性选中D15～K15单元格并当鼠标变成实心的十字形时往右拖，以便复制第二期所有公式。

⑫ B19=C18+D18；C19=E18；D19～I19复制C19公式。

⑬ J19=K19=0；若表格K列后所有列都没有数据，也可以直接将C19公式复制给D19～K19，这样J19和K19将导入默认无数据的L18和M18，结果同样是0。

在上述物料A的MRP计算全部完成后，可类似完成物料B的MRP计算。在第一阶的物料算完后，可从第二阶所有子件的毛需求开始重复上述步骤，需注意批量法则所致

C13 ▼ fx =C2*$B7/(1-$B8)+C3*$D7/(1-$D8)+C12+B13

	A	B	C	D	E	F	G	H	I	J	K
1	时段	0	1	2	3	4	5	6	7	8	9
2	产品X的POR	0	200	0	100	0	200	0	100	0	200
3	产品Y的POR	0	200	150	100	100	100	100	100	100	100
4											
5	父件件号	X	X	Y	Y	B	B	C			
6	子件件号	A	B	A	C	C	D	E			
7	单位用量	1	2	2	2	1	1	0.5			
8	损耗率	0.03	0.05	0.05	0.06	0.03	0	0.1			
9											
10	A (LT=2)	OH=	300	AL=	200	SS=	10	Yield=	100%	LS=	500
11	Periods	0	1	2	3	4	5	6	7	8	9
12	In. Dmd.	0	0	0	0	0	0	0	0	0	
13	GR	0	627.24	315.79	313.62	210.53	416.71	210.53	313.62	210.53	416.71
14	SR	0	500	0	0	0	0	0	0	0	
15	POH		-27.24	156.97	-156.6	132.83	-283.9	5.5887	191.97	-18.56	64.731
16	PAB		472.76	156.97	343.35	132.83	216.12	505.59	191.97	481.44	64.731
17	NR		37.238	0	166.65	0	293.88	4.4113	0	28.557	0
18	PORC		500	0	500	0	500	500	0	500	0
19	POR	500	0	500	0	500	500	0	500	0	

C26 ▼ fx =C21+C25+B25-E21-C24

	A	B	C	D	E	F	G	H	I	J	K
20											
21	B (LT=1)	OH=	250	AL=	200	SS=	10	Yield=	95%	LS=	300
22	Periods	0	1	2	3	4	5	6	7	8	9
23	In. Dmd.	20	20	0	10	10	0	10	10	0	10
24	GR	20	461.05	0	220.53	10	421.05	10	220.53	0	431.05
25	SR	100	300	0	0	0	0	0	0	0	0
26	POH		-11.05	288.95	68.421	58.421	-362.6	19.612	-200.9	99.086	-332
27	PAB		288.95	288.95	68.421	58.421	29.612	19.612	99.086	99.086	27.998
28	NR		22.161	0	0	0	392.24	0	222.01	0	359.97
29	PORC		300	0	0	0	392.24	0	300	0	359.97
30	POR	300	0	0	392.24	0	300	0	359.97	0	

C39 ▼ fx =IF(C37>=$G32, 0, ($G32-C37)/$I32)

	A	B	C	D	E	F	G	H	I	J	K
31											
32	C (LT=2)	OH=	300	AL=	0	SS=	20	Yield=	90%	LS=	600
33	Periods	0	1	2	3	4	5	6	7	8	9
34	In. Dmd.	0	10	0	10	0	10	0	10	0	10
35	GR	309.28	744.81	319.15	222.77	617.14	222.77	522.04	222.77	583.86	222.77
36	SR	0	600	0	0	0	0	0	0	0	0
37	POH		155.19	-164	213.27	-403.9	-26.63	51.324	-171.4	-155.3	221.93
38	PAB		155.19	436.04	213.27	196.13	573.37	51.324	428.56	444.69	221.93
39	NR		0	204.4	0	470.96	51.813	0	212.71	194.78	0
40	PORC		0	600	0	600	600	0	600	600	0
41	POR	600	0	600	600	0	600	600	0	0	

C51 ▼ fx =IF(C50>0, CEILING(C50, $K43), 0)

	A	B	C	D	E	F	G	H	I	J	K
42											
43	D (LT=1)	OH=	400	AL=	300	SS=	20	Yield=	100%	LS=	500
44	Periods	0	1	2	3	4	5	6	7	8	9
45	In. Dmd.	0	0	0	0	0	0	0	0	0	0
46	GR	300	300	0	0	392.24	0	300	0	359.97	0
47	SR	0	500	0	0	0	0	0	0	0	0
48	POH		300	300	300	-92.24	407.76	107.76	107.76	-252.2	247.79
49	PAB		300	300	300	407.76	407.76	107.76	107.76	247.79	247.79
50	NR		0	0	0	112.24	0	0	0	272.21	0
51	PORC		0	0	0	500	0	0	0	500	0
52	POR	0	0	500	0	0	0	500	0	0	

B63 ▼ fx =C62+D62

	A	B	C	D	E	F	G	H	I	J	K
53											
54	E (LT=2)	OH=	300	AL=	0	SS=	30	Yield=	100%	LS=	500
55	Periods	0	1	2	3	4	5	6	7	8	9
56	In. Dmd.	0	0	0	0	0	0	0	0	0	0
57	GR	333.33	333.33	333.33	333.33	0	333.33	333.33	0	0	0
58	SR	0	500	0	0	0	0	0	0	0	0
59	POH		466.67	133.33	-200	300	-33.33	133.33	133.33	133.33	133.33
60	PAB		466.67	133.33	300	300	466.67	133.33	133.33	133.33	133.33
61	NR		0	0	230	0	63.333	0	0	0	0
62	PORC		0	0	500	0	500	0	0	0	0
63	POR	0	500	0	500	0	0	0	0	0	

图5.10 MRP基本逻辑的Excel模拟结果

PORC变化和提前期所致POR变化。如物料C因采用定量批量法，故单元格C40的PORC公式为C40=IF(C39>0, CEILING(C39, $K32), 0)；又如B物料LT为1，故B30=C29。

视频讲解

5.3 MPS 及其运算逻辑

5.3.1 MPS 概述

1. 分期间订购点法

MPS是在考虑生产规划、预测、待交订单、关键材料、关键产能以及管理目标和政策的基础上，决定完成品（或模块/部件）的生产排产及可答应量的程序，应用的是分期间订购点法。

分期间订购点法（time phased order point，TPOP）是一种处理独立需求性质产品库存补充的方法，它将未来时间分割成等分时段，并依各期具体需求来规划补充订单。与同样是处理独立需求的再订购点法（Re-Order Point, ROP）相比，TPOP更为优越。原因有三点。①TPOP将时间分割成许多时段，可考虑未来各期别的需求数量，并针对需求计划组织适当的生产补充订单，而ROP则只能考虑平均需求量；②类似于MRP的TPOP可根据未来需求的变化重作计划，可确保计划跟踪变化，而ROP无法滚动编制计划以及时应对需求变化；③有些材料同时有独立需求和相关需求，TPOP可将这两种需求结合在一起处理，而ROP只适合处理独立需求。

此外，还需区分TPOP与MRP。事实上，TPOP逻辑与MRP逻辑绝大部分是类似的，但两者的主要区别是TPOP主要处理独立需求，而MRP主要处理相关需求。TPOP处理的各物料的GR来自该物料自身的预测与订单，属独立需求来源；而MRP处理的各物料的GR来自高阶父件POR的BOM展开，属相关需求来源。与MRP有时能在GR中处理自身独立需求一样，TPOP有时也能在GR中处理相关需求。但不能因为这个就将TPOP与MRP混为一谈。能处理相关需求的TPOP属多阶MPS计划范畴。

既然MPS应用的是TPOP程序，那么MPS是如何从产品自身的预测与订单中得出GR值的呢？这涉及以下MPS相关时间概念。

2. MPS相关时间概念

产品从计划、采购、投入到产出需要经历一个时间段，即存在提前期。而对计划的下达和修改会受到这个时间的约束，并且随着时间的推移，各个时间点对计划的影响力各有不同，因此，闭环式MRP系统引入时区与时界概念。

（1）时区。时区是一段时间包含的跨度。一般将整个计划期间分为以下三个时区：①时区1是产品总装加工提前期的时间跨度，即指从产品投入加工开始到产品装配加工完工的时间跨度；②时区2是产品的累计提前期内超过时区1之外的时间跨度，其中累计提前期为采购提前期与加工提前期之和，所以时区2对应采购提前期；③时区3是整个计划期间T内超过时区2之外的时间跨度。

（2）时栅或时界。时栅或时界对应一时刻点。一般整个计划期间有需求时栅与计划时栅。需求时栅（demand time fence，DTF）是介于当前日期与计划时栅间的一个时刻点，通常设于时区1与时区2的交界点或其附近。在DTF之前包含确认的客户订单，除非经仔细分析和上级核准，MPS计划才能更改。计划时栅（planning time fence，PTF）又称计划确认时界（firm PTF，FPTF），是介于DTF和计划末时刻间的一个时刻点，常设于时区2与时区3的交界点或附近。在DTF至PTF间包含实际及预测的订单，在PTF之后只取订单预测。以上几个变量关系如图5.11所示。

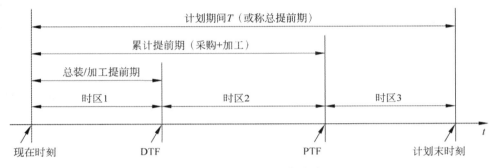

图5.11 时区与时界关系

在现在时刻，MPS计划员一般不再接受交货日期在DTF之前的客户订单，因为时间太紧迫，交货日期减当前日期所得剩余加工时间小于正常生产所需时间。然而，计划员一般可接受交货日期在DTF之后的订单，因为此时的时间还比较充裕，剩余加工时间大于正常生产所需时间，若原料还有库存或进行采购，可安排计划生产去满足订单。实际业务中，为避免过早预付订单采购资金，大部分客户不会过早提交订单。所以，某次计划时，计划员对DTF之后各期别的预测通常比已接收的订单总量更能准确反映DTF之后各期别的真实需求。当然，也可能因为需求高涨导致在计划时交货日期在DTF至PTF之间的订单总量已经超过原有预测。所以，对DTF至PTF之间各期别，GR取预测与实际订单总量的较大值。而对PTF之后各期别，即使需求高涨，一般也不太可能在计划时订单总量就已超过预测。即使超过预测，也可在后续计划中，等其期别移入DTF至PTF之间时再取订单总量这一较大值。所以，对PTF之后的各期别，GR只取预测。以上分析可总结为：①在MPS系统中DTF之前各期别的GR只取已确定客户订单总量，因为现在已无法按时完成要求DTF之前交货的新接订单（除非有可答应量）；②DTF至PTF之间各期别GR取预测与实际订单总量的较大值，若预测超过订单总量则表示可能尚有订单未到，若订单总量超过预测则表示预测偏低，可以按时完成订单总量；③PTF之后各期别GR只取预测，因为订单总量不太可能超过预测。

除现在时刻角度外，计划员还可考察随着时间推移客户订单对预测的影响。此时，时间推移过程也是实际客户订单逐渐取代或冲销预测数量的过程。

3. 可答应量

可答应量（available to promise，ATP）是企业库存及计划生产量中未被承诺的部分，通常显示在MPS报表中，以支持业务员让他们能合理地向顾客承诺订单的数量和交期。它仅出现在第一期以及所有"有MPS的期别"。"有MPS的期别"指某期至少出现一个大于0的在途量，固定计划订单（Firm Planned Order，FPO）状态的计划订单收料或计划订单收料的期别。MPS的计算如式（5.9）所示。ATP的初始计算如式（5.10）所示，相关已承诺量的计算如式（5.11）所示。注意，实际MPS报表中MPS的含义依软件设计思路不同可能有所不同，计划员需关注所用软件中MPS到底由SR、FPO之PORC和PORC如何组合而成。

$$\text{MPS}(t)=\text{SR}(t)+\text{FPO之PORC}(t)+\text{PORC}(t) \qquad 1\leqslant t\leqslant T \qquad (5.9)$$

$$\text{ATP}(t)=\begin{cases} \text{OH}+\text{SR}(0)+\text{MPS}(1)\text{-逾期、第1期和其后连续无MPS各期的总承诺} & t=1 \\ \text{IF(MPS}(t)>0，\text{MPS}(t)\text{-当期和其后连续无MPS各期总承诺，空)} & 2\leqslant t\leqslant T \end{cases}$$
$$(5.10)$$

$$\text{已承诺量}(t)=\begin{cases} \text{客户订单}(0)+\text{调出}(0)+\text{上阶计划订单展开量}(0) & t=0 \\ \text{客户订单}(1)+\text{调出}(1)+\text{上阶计划订单展开量}(1)+\text{AL} & t=1 \\ \text{客户订单}(t)+\text{调出}(t)+\text{上阶计划订单展开量}(t) & 2\leqslant t\leqslant T \end{cases}$$
$$(5.11)$$

注意，已承诺量中的上阶计划订单展开量或AL是针对非最终完成品但仍是MPS项目的物料/组件/模块（属于双阶或多阶MPS计划范畴）。另外，以上只是ATP的初始计算公式，其后还有负数调整问题。若第一期之后某期ATP$(t)(t\geqslant 2)$计算为负，通常扣前面最近期ATP$(t-n)(n>0)$直到该期ATP(t)上升为0，即通常用前面的"已有"去满足后面的"已承诺"。若前面一个ATP$(t-n)$不够扣，再往前扣ATP$(t-m)(m>n)$；以此类推。若扣到第一期ATP(1)还不够，则第一期的ATP(1)保留为负，此时其他涉及"扣"调整的ATP(t)必定为0；而这种情况表明业务员已超量承诺订单，但也可能是主计划员计划不当。

5.3.2 MPS/ATP 案例

视频讲解

假设有两个MPS物料X和Y，其独立需求的来源是客户的订货及销售预测。需求时栅DTF是第4期末，计划时栅PFT是第10期末。首先运用DTF/PTF确定GR，再运用TPOP程序计算POH、NR、PORC、PAB和POR数据（其算法与MRP逻辑中的相应算法相同），最后运用公式（5.9）、公式（5.10）计算MPS与ATP（见表5.7）。

在上述案例中，已承诺量仅为客户订单。对X：ATP$(1)=55+0+0-0-19-20-15=1$；

ATP(4)=40-25-12=3；ATP(6)=40-18=22；ATP(7)=40-14-16=10；ATP(9)=40-20=20；ATP(10)=40-20-15=5；ATP(12)=40-15=25。读者可参照公式自行计算Y的ATP。由此可见，ATP出现在第1期和那些排有MPS的期间，而ATP的数量表示销售人员还可答应客户的从这次到下次排有MPS期别之间的订单总量。在计算PORC时，必须使PAB高于安全库存SS。但在计算ATP时并不考虑SS，任何库存都可答应销售给客户。

若现在突然接到客户订单采购30个X且在第7期交货。因交货处于DTF与PTF之间，可以接受订单，故将第7期毛需求增至44，新的MPS结果如表5.8所示。注意，表5.7中X第8期无MPS而第9期有MPS；但在表5.8中，因第7期订单增至44个，导致第8期生成MPS并取消原第9期MPS。初始ATP计算过程如下：ATP(1)=55+0+0-19-20-15=1；ATP(4)=40-25-12=3；ATP(6)=40-18=22；ATP(7)=40-44=-4；ATP(8)=40-16-20=4；ATP(10)=40-20-15=5；ATP(12)=40-15=25。因为ATP(7)出现负数需要往前调整，所以ATP(7)上升为0，而ATP(6)减少4个变成18（=22-4），如此形成表5.8中调整后的ATP最终结果。

表5.7　MPS物料X和Y的MPS与ATP

时段	0	1	2	3	4	5	6	7	8	9	10	11	12
X(LT=1)	OH=	55	SS=	0	LSR=	FOQ	LS=	40	DTF=	4	PTF=	10	
预测	0	18	21	17	17	15	15	29	28	25	25	20	20
客户订单	0	19	20	15	25	12	18	14	16	20	20	15	15
GR	0	19	20	15	25	15	18	29	28	25	25	20	20
SR	0	0											
POH		36	16	1	-24	1	-17	-6	6	-19	-4	16	-4
PAB		36	16	1	16	1	23	34	6	21	36	16	36
NR		0	0	0	24	0	17	6	0	19	4	0	4
PORC		0	0	0	40	0	40	40	0	40	40	0	40
POR	0	0	0	40	0	40	40	0	40	40	0	40	0
MPS		0	0	0	40	0	40	40	0	40	40	0	40
ATP		1			3		22	10		20	5		25
Y(LT=1)	OH=	10	SS=	5	LSR=	FOQ	LS=	20	DTF=	4	PTF=	10	
预测	0	20	20	20	20	15	15	15	15	20	25	15	30
客户订单	0	30	20	20	15	11	8	0	20	5	5	20	0

时段	0	1	2	3	4	5	6	7	8	9	10	11	12
GR	0	30	20	20	15	15	15	15	20	20	25	15	30
SR	0	0											
POH		−20	−15	−15	−10	−5	0	5	−15	−15	−20	−10	−20
PAB		5	5	5	10	15	20	5	5	5	5	10	5
NR		25	20	20	15	10	5	0	20	20	25	15	25
PORC		25	20	20	20	20	20	0	20	20	25	20	25
POR	25	20	20	20	20	20	0	20	20	25	20	25	0
MPS		25	20	20	20	20	20	0	20	20	25	20	25
ATP		5	0	0	5	9	12		0	15	20	0	25

表5.8　MPS物料X的ATP经负数调整后的MPS报表

时段	0	1	2	3	4	5	6	7	8	9	10	11	12
X(LT=1)	OH=	55	SS=	0	LSR=	FOQ	LS=	40	DTF=	4	PTF=	10	
预测	0	18	21	17	17	15	15	29	28	25	25	20	20
客户订单	0	19	20	15	25	12	18	44	16	20	20	15	15
GR	0	19	20	15	25	15	18	44	28	25	25	20	20
SR	0	0											
POH		36	16	1	−24	1	−17	−21	−9	6	−19	1	−19
PAB		36	16	1	16	1	23	19	31	6	21	1	21
NR		0	0	0	24	0	17	21	9	0	19	0	19
PORC		0	0	0	40	0	40	40	40	0	40	0	40
POR	0	0	0	40	0	40	40	40	0	40	0	40	0
MPS		0	0	0	40	0	40	40	40	0	40	0	40
ATP		1			3		18	0	4		5		25

以上ATP的负数调整由人工完成，而实际ERP软件可以自动实现负数的调整。

5.3.3　MPS/ATP 软件案例解析

图5.12～图5.16是MPS/ATP软件案例解析。其中，用QAD公司ERP软件的该案例

与前文所述MPS和ATP基本原理稍有不同：QAD的ERP软件中"预测"指发货预测，虽然订单会冲销发货预测，但未被冲销的发货预测通过"预测消耗重计算"功能计算出的"净预测"始终纳入毛需求GR，无论什么时区（见图5.14和图5.15）。另外应注意，①这两张图中时段为"周"，一周内订单会合并；②"主日程"对应MPS数据；③"可供货量"对应ATP数据；④"生产预测"指相关需求所致的"上阶计划订单展开量"，这对应多阶MPS计划。

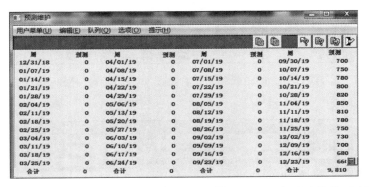

图5.12　QAD公司ERP软件中MPS物料02-0010的预测维护示例

订单	销往	序	订货量	短缺量	UM	到期日	地点
S0010037	1001000	1	600.0	600.0	EA	10/02/19	train
S0010038	10010003	1	50.0	50.0	EA	10/04/19	train
S0010039	10010004	1	500.0	500.0	EA	10/07/19	train
S0010040	10010001	1	280.0	280.0	EA	10/15/19	train
S0010041	1012000	1	760.0	760.0	EA	10/23/19	train
S0010042	1003000	1	700.0	700.0	EA	10/30/19	train
S0010043	1012000	1	500.0	500.0	EA	10/31/19	train
S0010044	10010004	1	250.0	250.0	EA	10/31/19	train
S0010045	10010004	1	100.0	100.0	EA	11/06/19	train
S0010046	1003000	1	300.0	300.0	EA	11/18/19	train
S0010047	1001000	1	150.0	150.0	EA	11/26/19	train
S0010048	01000000	1	100.0	100.0	EA	12/03/19	train

图5.13　QAD公司ERP软件中MPS物料02-0010的订单查询结果

ERASER REFILL PACK

Wk	起始日	预测	销售量	非正常需求	生产预测	净预测
40	09/30/19	700	650	0	0	50
41	10/07/19	750	780	0	0	0
42	10/14/19	780	760	0	0	20
43	10/21/19	800	700	0	0	100
44	10/28/19	820	750	0	0	70
45	11/04/19	850	100	0	0	750
46	11/11/19	810	0	0	0	810
47	11/18/19	780	300	0	0	480
48	11/25/19	750	150	0	0	600
49	12/02/19	730	100	0	0	630
50	12/09/19	700	0	0	0	700
51	12/16/19	680	0	0	0	680
52	12/23/19	660	0	0	0	660
	合计	9,810	4,290			5,550

图5.14　QAD公司ERP软件中"预测消耗重计算"后的预测查询结果

主生产日程汇总查询

零件号：02-0010　　ERASER REFILL PACK　　需要MRP：N
地点：train　　制造提前期：3　　计划订单：Y　　采/制：M
库存量：2, 100.0　　EA
采购提前期：0　　订货量：0
最小订量：100
订货原则：POQ　　安全库存量：100　　合格率：100.00%　　最大订量：0
订货周期：7　　安全期：0　　时界：0　　订单倍数：0

	过去 09/28/19	09/29/19 10/05/19	10/06/19 10/12/19	10/13/19 10/19/19	10/20/19 10/26/19	10/27/19 11/02/19	11/03/19 11/09/19
生产预测	0	0	0	0	0	0	0
预测	0	50	0	20	100	70	750
客户订单	0	650	780	760	700	750	100
总需求量	0	0	0	0	0	0	0
主日程	0	0	0	360	770	1500	910
预计库存量	2100	1400	620	200	170	850	910
可供货量	270	0	0	0	70	750	810

	过去 11/09/19	11/10/19 11/16/19	11/17/19 11/23/19	11/24/19 11/30/19	12/01/19 12/07/19	12/08/19 12/14/19	12/15/19 12/21/19
生产预测	0	0	0	0	0	0	0
预测	990	810	480	600	630	700	680
客户订单	3740	0	300	150	100	0	0
总需求量	0	0	0	0	0	0	0
主日程	3540	0	780	750	730	700	680
预计库存量	910	100	100	100	100	100	100
可供货量	1900	0	480	600	630	700	680

图5.15　QAD公司ERP软件中MPS物料02-0010的MPS和ATP结果

主生产日程明细查询

零件号：02-0010　　库存量：2, 100.0　　地点：train
ERASER REFILL PACK　　UM：EA　　采/制：M
采购员/计划员：　　订货原则：POQ　　最小订量：100
制造提前期：3
主生产计划：Y　　订货周期：7　　最大订量：0
采购提前期：0
需要 MRP：N
时界：0　　订单倍数：0
检验提前期：0
计划订单：Y　　安全期：0　　订货量：0　　检验：N
发放原则：Y　　安全库存量：100
合格率：100.00%　　累计提前期：7

到期日	总需求量	主生产排程	预计库存量	计划订货量	详述
			2, 100		开始有效
09/30/19	50		2, 050		预测
10/02/19	600		1, 450		客户订：S0010037 项：1
10/04/19	50		1, 400		客户订：S0010038 项：1
10/07/19	500		900		客户订：S0010039 项：1
10/09/19	280		620		客户订：S0010040 项：1
10/14/19	20		600		预测
10/15/19	760		-160		客户订：S0010041 项：1
10/15/19			200	360	工单：09160005 标志：494 下达日期 10/10/19
10/21/19	100		100		预测
10/23/19	700		-600		客户订：S0010042 项：1
10/23/19			170	770	工单：09160006 标志：495 下达日期 10/18/19
10/28/19	70		100		预测
10/30/19	500		-400		客户订：S0010043 项：1

到期日	总需求量	主生产排程	预计库存量	计划订货量	详述
10/30/19			1, 100	1, 500	工单：09160007 标志：496 下达日期 10/25/19
10/31/19	250		850		客户订：S0010044 项：1
11/04/19	750		100		预测
11/06/19	100		0		客户订：S0010045 项：1
11/06/19			910	910	工单：09160008 标志：497 下达日期 11/01/19
11/11/19	810		100		预测
11/18/19	480		-380		预测
11/18/19	300		-680		客户订：S0010046 项：1
11/18/19			100	780	工单：09160009 标志：498 下达日期 11/13/19
11/25/19	600		-500		预测
11/25/19			250	750	工单：09160010 标志：499 下达日期 11/20/19
11/26/19	150		100		客户订：S0010047 项：1

到期日	总需求量	主生产排程	预计库存量	计划订货量	详述
12/02/19	630		-530		预测
12/02/19			200	730	工单：09160011 标志：500 下达日期 11/27/19
12/03/19	100		100		客户订：S0010048 项：1
12/09/19	700		-600		预测
12/09/19			100	700	工单：09160012 标志：501 下达日期 12/04/19
12/16/19	680		-580		预测
12/16/19			100	680	工单：09160013 标志：502 下达日期 12/11/19
12/23/19	660		-560		预测
12/23/19			100	660	工单：09160014 标志：503 下达日期 12/18/19

列表完毕

图5.16　物料02-0010在“主生产日程明细查询”中的结果

图5.15中第一排的ATP数据分析如下：ATP(7)=910-100=810；ATP(6)=1500-750=750；ATP(5)=770-700=70；ATP(4)=360-760=-400；ATP(1)=2100-650-

780=670；第4期ATP经负数调整后变为0，而调整后的ATP(1)=670-400=270。注意，该软件中即使某期MPS为0，也显示其ATP结果为0（肯定为0或计算出负数后调整为0）。

在QAD之ERP软件的材料主文件IM中，有一个"时界"属性与需求时栅DTF类似，需阐明其使用方法。首先，在"净预测"始终纳入毛需求GR情况下，可以保证在需求时栅DTF与计划时栅PTF之间始终取得订单或预测的最大值，并在通常远期订单少于远期预测（即有"净预测"）的情况下保证在计划时栅PTF之后仅取预测。其次，如果全由ERP系统自动掌控MPS，需将IM中MPS物料的"主生产计划"属性设为"Y"，"计划订单"属性设为"Y"，"订货原则"设为任何非空属性且不设"时界"值，MRP程序将自动更新其MPS。再次，如果全由计划员掌控MPS（即手工维护每张MPS加工单），需将IM中MPS物料的"主生产计划"属性设为"Y"，"计划订单"属性设为"N"，"订货原则"设为任何非空属性且未设"时界"值，MRP程序将只自动给出MPS物料的行动信息。最后，如果是计算机辅助计划员运作MPS，需将IM中MPS物料的"主生产计划"属性设为"Y"，"计划订单"属性设为"Y"，"订货原则"设为任何非空属性且设置"时界"非零值（至少等于该MPS物料的累计提前期），此时MRP程序运算后只自动准确更新时界之后的MPS结果（见图5.17），并对时界范围内本应需要的PORC/POR给出相关的"行动报告"建议（见图5.18）。由图5.18可知，图5.17中PORC(10/28)=360本应调整至PORC(10/15)=360，而PORC(10/28)=770本应调整至PORC(10/23)，相应两批POR也要提前。因此，在计算机辅助计划员运作MPS情况下需要以下步骤：①对MPS物料运行"选择式MRP"；②根据"行动报告"手工调整MPS；③若有必要可以再次对MPS物料运行"选择式MRP"；④对相关的MRP物料运行"选择式MRP"。在以上第②步中，可通过手工调整"时界"内的预测数量来消减"时界"内实际已无必要的"净预测"，并通过"预测消耗重计算"确认"时界"内"净预测"删除，实现需求时栅DTF之前只取订单的MPS原理。

图5.17　设置"时界"后MPS物料02-0010在MRP明细查询中的部分结果

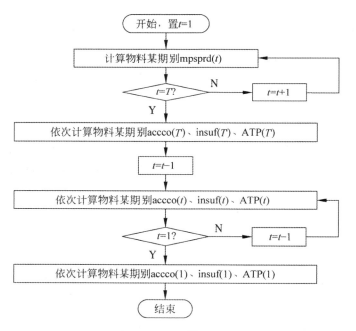

图5.18　MPS物料02-0010在"时界"内应采取的"行动报告"信息

5.3.4　ATP算法解析

为自动实现ATP初始计算后可能出现由后往前的调整，其流程如图5.19所示。为实现"无MPS期别"的顾客订单由前期MPS处理，设定mpsprd(t)标志区分该期有无MPS；设定accco(t)累积后期连续"无MPS期别"的订单；设定insuf(t)体现需要往前减的ATP负值。设置这些中间变量后，就可通过公式（5.12）～公式（5.15）实现ATP计算及负数的自动调整，其中ABS(x)是绝对值函数。

图5.19　ATP算法流程

$$\text{mpsprd}(t)= \text{IF}(\text{MPS}(t)=0,0,1) \quad 1\leqslant t\leqslant T \tag{5.12}$$

$$\text{accco}(t)=\begin{cases} \text{CO}(0)+\text{CO}(1)+\text{accco}(2)\times \text{ABS}(\text{mpsprd}(2)-1)+\text{insuf}(2) & t=1 \\ \text{CO}(t)+\text{accco}(t+1)\times \text{ABS}(\text{mpsprd}(t+1)-1)+\text{insuf}(t+1) & 2\leqslant t\leqslant T\text{-}1 \\ \text{CO}(T) & t=T \end{cases} \tag{5.13}$$

$$
\text{insuf}(t)=
\begin{cases}
\text{IF(mpsprd(1)=0, 0, max(accco(1)-MPS(0)-MPS(1)-OH, 0))} & t=1 \\
\text{IF(mpsprd}(t)\text{=0, 0, max(accco}(t)\text{-MPS}(t)\text{, 0))} & 2\leqslant t\leqslant T
\end{cases}
\tag{5.14}
$$

$$
\text{ATP}(t)=
\begin{cases}
\text{OH+MPS(0)+MPS(1)-accco(1)} & t=1 \\
\text{IF(mpsprd}(t)\text{=0," ", IF(insuf}(t)\text{=0, MPS}(t)\text{-accco}(t)\text{, 0))} & 2\leqslant t\leqslant T
\end{cases}
\tag{5.15}
$$

注：双引号中间空一格是Excel里面单元格最后置空效果的标准写法。

以下通过表5.9所示的简单案例讲解ATP计算与负数调整的自动实现。案例中只需列出顾客订单（customer order，CO）与MPS作为已知条件。读者参照表5.9中下标括号内代表计算顺序的数字就可很好理解以上算法流程与相应公式。

表5.9　ATP算法解析案例（下标括号内数字代表计算顺序）

	0	1	2	3	4	5	6	7	8	9	10	11	12
CO	0	19	20	15	25	12	18	44	16	20	20	15	15
MPS	0	0	0	0	40	0	40	40	40	0	40	0	40
mpsprd		$0_{(1)}$	$0_{(2)}$	$0_{(3)}$	$1_{(4)}$	$0_{(5)}$	$1_{(6)}$	$1_{(7)}$	$1_{(8)}$	$0_{(9)}$	$1_{(10)}$	$0_{(11)}$	$1_{(12)}$
accco		$54_{(46)}$	$35_{(43)}$	$15_{(40)}$	$37_{(37)}$	$12_{(34)}$	$22_{(31)}$	$44_{(28)}$	$36_{(25)}$	$20_{(22)}$	$35_{(19)}$	$15_{(16)}$	$15_{(13)}$
insuf		$0_{(47)}$	$0_{(44)}$	$0_{(41)}$	$0_{(38)}$	$0_{(35)}$	$0_{(32)}$	$4_{(29)}$	$0_{(26)}$	$0_{(23)}$	$0_{(20)}$	$0_{(17)}$	$0_{(14)}$
ATP		$1_{(48)}$	$_{(45)}$	$_{(42)}$	$3_{(39)}$	$_{(36)}$	$18_{(33)}$	$0_{(30)}$	$4_{(27)}$	$_{(24)}$	$5_{(21)}$	$_{(18)}$	$25_{(15)}$

5.4　能力需求管理

5.4.1　能力需求管理概述

视频讲解

能力需求管理主要是将各级生产计划转换为相应的能力需求计划，然后估计可用能力并确定应采取措施以协调能力需求即负荷（load）和可用能力（capacity）之间的关系。负荷与能力经常被混淆。负荷是一个工作中心在某特定时段所完成或计划要完成的工作量；能力则是一个工作中心在某个特定时段可处理的工作量。能力描述一个资源生产某产品的能力；而负荷则指出要完成某个已下达或已计划的订单所需的资源量。一个工作中心在某个特定时段的总负荷为这段时间内需要完成的所有已下达及已计划订单所需的总工时。

图5.20是负荷与能力关系示意图。其中，槽内的水量是在制品（work-in-process，WIP）库存量，水的输入速率是负荷，而水的最大输出速率则是能力。水槽的输出速率，即能力，通常可以调整，以使得即使负荷有所浮动，在制品库存仍然能够保持稳定。

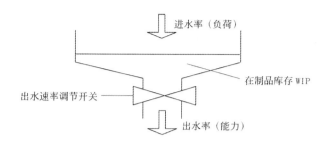

图5.20　负荷与能力关系示意图

1. 工作中心

工作中心（work center，WC）是各种生产能力单元的统称，属于计划与控制范畴，而不属于固定资产或设备管理范畴，如图5.21所示。

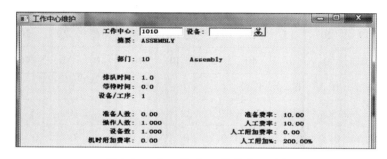

图5.21　"工作中心维护"示例

设置工作中心是一项细致的工作，要充分考虑设置的原则使其能起到以下四方面的作用：①作为平衡负荷与能力的基本单元，是运行和分析能力计划的计算对象；②作为车间作业分配任务和编制详细作业进度的基本单元；③作为车间作业计划完成情况的数据采集点，也可作为准时制生产（just in time，JIT）反冲的控制点；④作为计算加工成本的基本单元。

2. 工作中心有关能力与负荷相关数据的概念与计算

工作中心的基本数据有工作中心代码、名称及所属车间部门代码。而其能力数据则是能力需求计划的基础。工作中心文件记录了各种定额能力数据，如单台额定标准输出（如200零件/小时）或其倒数单件额定工时（如0.05小时/单件）；还有可用机器数、每日班次、每班操作人员数、每班小时数、工作中心利用率、工作中心效率等。另外，车间日历文件中记录了每周工作天数。

1）利用率

利用率是指机器实际开动时间与计划工作时间之比，是一个统计平均值，通常小于100%，参见公式（5.16）。

利用率=（实际工作小时数/计划工作小时数）×100%　　　　　　　　　（5.16）

2）效率

效率说明实际消耗台时/工时与标准台时/工时的差异，可大于100%。其计算公式有两种形式，分别参见公式（5.17）和公式（5.18）。

效率=（单件产品的额定加工时间/单件产品的实际加工时间）×100%　　（5.17）

效率=（单位时间内的实际生产量/单位时间内的额定生产量）×100%　　（5.18）

3）工作中心的额定能力

工作中心的额定能力含设备额定能力和人员额定能力两类，分别参见公式（5.19）和公式（5.20）。对一个工作中心来说，其额定能力取哪一种取决于约束能力的是设备还是人员。

WC的设备（额定）能力=设备数量×设备工作时间×设备利用率×效率　　（5.19）

WC的人员（额定）能力=人员数量×人员工作时间×人员利用率×效率　　（5.20）

4）工作中心的负荷

负荷是指设备或人员为完成生产计划所需要的工作量，分别参见公式（5.21）和公式（5.22）。

计划所需人员负荷=计划产量×单位产品额定工时　　　　　　　　　　　（5.21）

计划所需设备负荷=计划产量×单位产品额定台时　　　　　　　　　　　（5.22）

5）负荷率

负荷率是指生产负荷与生产能力的比率，其计算结果可大于100%，参见公式（5.23）。

负荷率=（负荷/能力）×100%　　　　　　　　　　　　　　　　　　　　（5.23）

3. 工艺流程

工艺流程/途程表（routing）是对制造某特定物料的方法的详细描述，包含需要执行的作业顺序、作业名称、使用的工作中心、每个工作中心所需的机器、机器或工作中心准备作业时间（setup time）与加工时间（run time）的标准值、人力配置和每次加工的产出量等，参见图5.22。注意，QAD公司该版本的ERP软件中未设计"每回合输出量属性"，图5.22中的"平行加工件数"是考虑前后工序可能有重叠而应用"平行顺序移动法"所致的平行加工件数。

4. 资源清单/资源表与资源负荷表

资源清单/资源表（bill of resource，BOR）是制造一单位某产品或产品族所需关键资源的能力列表。继续考虑资源需求之冲销时间因素的可称为产品负荷表。人力表（bill of labor，BOL）也是一种资源表，其资源就是人力。工作中心文件类似于材料主文件；资源表、产品负荷表和人力表类似于材料表。QAD公司ERP软件中后三类表统一维护在"零件资源清单维护"或"产品类资源清单维护"中，参见图5.23。

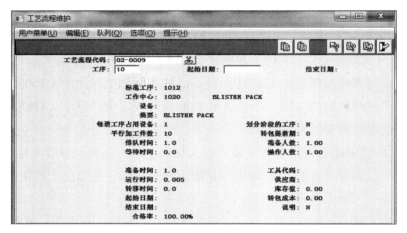

图5.22　QAD公司ERP软件中"工艺流程维护"示例

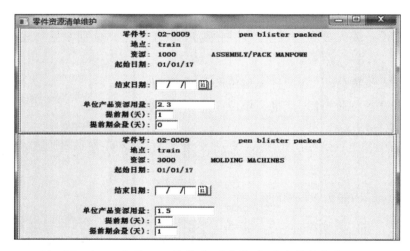

图5.23　QAD公司ERP软件中"零件资源清单维护"示例

资源负荷表记录一个特定时段内某材料的计划生产量对某资源造成的负荷，常用于预测材料计划变动对关键资源负荷及总体排产的影响。资源表说明制造一单位的某材料所需的资源负荷；资源负荷表说明某材料某些计划生产量在相应期别的资源负荷需求（见图5.24）。

5. 负荷与能力的平衡

优先次序定义了工作在时序上的相对重要性，即工作完成的先后顺序。在MRP报表中的POR、PORC和SR是优先次序计划。MPS是完成品的SR和PORC的综合，因此也是优先次序计划。优先次序计划决定何时需要何种资源、数量多少，即决定对资源的负荷。只有当能力大于负荷时，优先次序计划才可行。对应生产规划（PP），有资源

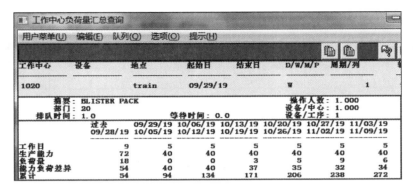

图5.24　QAD公司ERP软件中"工作中心负荷量汇总查询"示例

需求规划（resource requirement planning，RRP）；对应主生产计划（MPS），有粗能力需求计划（rough cut capacity planning，RCCP）；对应物料需求计划（MRP），有能力需求计划（capacity requirement planning，CRP）。

5.4.2　RCCP 及其运算逻辑

视频讲解

RCCP从主生产计划换算出对关键资源的需求，以便检查可用资源是否足以供应MPS。此关键资源可以是关键工作中心的人力或设备工时、关键原材料或零部件。对关键资源的需求需要与计划能力或验证能力相平衡，使MPS合乎实际。RCCP程序类似于RRP；但RRP考查产品族而RCCP考查产品，并且有时RCCP会考虑冲销时间因素。编制RCCP有三种方法：资源表法、产品负荷表法和总体能力法。

1. 单个产品RCCP案例

1）案例已知条件

已知产品A的产品结构如图5.25所示，相关BOM如表5.10所示。其中，H、I、G、D是外购件，不在能力计算范围内（若外购件因受市场供应能力或供应商生产能力限制而成为关键资源时，需在RCCP中考虑）。产品A的工艺路线资料如表5.11所示，所需各物料的标准批量数据节选自材料主文件，如表5.12所示，而产品A的MPS数据如表5.13所示。

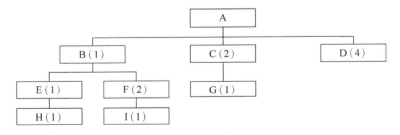

图5.25　产品A的产品结构

表5.10　产品A的相关BOM

父　件	A			B		C	E	F
子件	B	C	D	E	F	G	H	I
QP	1	2	4	1	2	1	1	1

表5.11　产品A的相关工艺路线资料（含A的子件）

件　号	作业编号	工作中心	准备时间	加工时间	人力	每回合输出量
A	10	WC5	0.2	0.1	1	1
B	20	WC4	0.4	0.1	1	1
C	30（先）	WC2	0.6	0.2	1	1
C	40（后）	WC3	0.6	0.1	1	1
E	50（先）	WC1	0.8	0.1	1	1
E	60（后）	WC2	0.8	0.2	1	1
F	70	WC1	1.0	0.1	1	1

表5.12　各物料的标准批量（节选自材料主文件）

物　　料	A	B	C	E	F
标准批量	20	40	60	80	100

表5.13　产品A的MPS数据

期　别	0	1	2	3	4	5
A的MPS	0	20	20	30	30	40

　　在讲解三种求解RCCP方法之前，都需要先求解各作业的单位总时间，即在某工作中心的某个作业处理一个单位物料的标准总工时。它其实是物料单件准备时间与单件加工时间之和。因为工艺路线中的准备作业时间是针对整个加工批量，并且加工时间是针对每回合输出量，所以单位总时间的计算式如公式（5.24）所示。

　　单位总时间=准备作业时间/标准批量+加工时间/每回合输出量　　　　　（5.24）

　　根据表5.11和表5.12的数据，并利用公式（5.24）计算各作业单位总时间（见表5.14）。

　　2）资源表法（能力清单法）的案例求解

　　BOR是描述制造一单位特定产品或产品族所需的关键资源列表，其父件是指产品或与产品紧密关联的工艺流程代码，子件是指作为关键资源的工作中心，而单位用量

表5.14 各作业的单位总时间

件　号	A	B	C	C	E	E	F
作业号	10	20	30(先)	40(后)	50(先)	60(后)	70
工作中心	WC5	WC4	WC2	WC3	WC1	WC2	WC1
单位总时间	$T_{A\text{-}WC5}=0.11$	$T_{B\text{-}WC4}=0.11$	$T_{C\text{-}WC2}=0.21$	$T_{C\text{-}WC3}=0.11$	$T_{E\text{-}WC1}=0.11$	$T_{E\text{-}WC2}=0.21$	$T_{F\text{-}WC1}=0.11$

是指生产一单位产品占用该工作中心的总工时，此处以TP（time-per）表示。用BOR进行粗能力需求计划的方法称为资源表法，有时也称能力清单法。

BOR由BOM和各作业单位总时间计算得出。表5.11中，生产A过程中有E的头道作业50和F的作业70需要占用工作中心WC1，则生产单个A需占用WC1的总工时$TP_{A\text{-}WC1}=QP_{AB} \times QP_{BE} \times T_{E\text{-}WC1}+QP_{AB} \times QP_{BF} \times T_{F\text{-}WC1}=1 \times 1 \times 0.11+1 \times 2 \times 0.11=0.33$。读者可对照表5.15中BOR的汇总结果试算其他数据。将表5.15资源表数据乘以表5.13的MPS数据，就可得到表5.16所示的粗能力需求（即负荷），如$0.33 \times 20=6.6$。

表5.15 产品A的资源表BOR

父件（即产品）	A				
子件（此处即工作中心）	WC1	WC2	WC3	WC4	WC5
单位用量TP（单位: 工时）	0.33	0.63	0.22	0.11	0.11

表5.16 由资源表法计算的粗能力需求（负荷）

工作中心	逾期	第1期	第2期	第3期	第4期	第5期	总计
WC1	0	6.6	6.6	9.9	9.9	13.2	46.2
WC2	0	12.6	12.6	18.9	18.9	25.2	88.2
WC3	0	4.4	4.4	6.6	6.6	8.8	30.8
WC4	0	2.2	2.2	3.3	3.3	4.4	15.4
WC5	0	2.2	2.2	3.3	3.3	4.4	15.4
总计	0	28	28	42	42	56	196

3）产品负荷表法（分时间周期的能力清单法）的案例求解

上述资源表法没有反映制造提前期，故不能很好地体现能力需求的时间属性。而产品负荷表法则在考虑物料制造提前期基础上（即进一步考虑资源需求的冲销时间因素）形成能力需求计划，故又称为分时间周期的能力清单法。其中，冲销时间最早出现在BOM中，代表一个子件在父件开始生产之前或之后需要准备到位，若子件是提前需要到位的，则冲销时间（offset time，OT）取负值；若子件是可以推迟到位的，则OT取正值。OT本质代表一种错位的时间关系，这种时间错位关系不局限于父体物料与子体物料之间的需求衔接关系。

此处，假设物料A、B、F的LT值为1期，C和E的LT值为2期，可以绘制冲销时间坐标轴上的工序横道图，如图5.26所示。

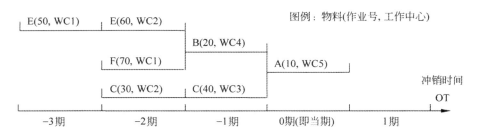

图5.26 产品A在冲销时间坐标轴上的工序横道图

特别注意，在冲销时间坐标轴上的工序横道图中，A的生产作业所对应的OT等于0。分析如下：假设在产品A的MPS中第3期有一个计划生产量50，由于前文曾指出"MRP系统的期别都是指该期的期末"，故此计划意味着第3期期末需要产出50个A；又因为产品A的提前期LT=1期，所以从第3期期初开始进行A的生产可以恰好在第3期末完工交货；这也就意味着恰恰是第3期占用生产A所需的资源，由此，占用生产A所需资源的期别与MPS中需安排生产的期别是一致的。故在冲销时间坐标轴上的工序横道图中，A的生产作业所对应的冲销时间OT应为0。然后，根据A的产品结构可以接着在冲销时间坐标轴上倒着往前画出其子件系列的作业，相应冲销时间取负值。

以下考虑冲销时间影响。对WC1，占用时间分别是提前3期的E的头道作业50和提前2期的F的作业70，所以对WC1的单位用量TP计算需区分不同冲销时间，即TP(A-WC1, OT= -3)=$QP_{AB} \times QP_{BE} \times T_{E-WC1}$=1 × 1 × 0.11=0.11和TP(A-WC1, OT= -2) =$QP_{AB} \times QP_{BF} \times T_{F-WC1}$=1 × 2 × 0.11=0.22。但对WC2，E的后道作业60和C的头道作业30占用时间相对A出产日期而言都是提前2期，所以对WC2的单位用量TP的计算可合并考虑纳入同一冲销时间段，相应TP(A-WC2, OT=-2)=$QP_{AB} \times QP_{BE} \times T_{E-WC2}+QP_{AC} \times T_{C-WC2}$=0.63。汇总结果如表5.17所示。

表5.17 产品A的产品负荷表

父件（即产品）	A					
子件（此处即工作中心）	WC1	WC1	WC2	WC3	WC4	WC5
单位用量TP（单位: 工时）	0.11	0.22	0.63	0.22	0.11	0.11
冲销时间	-3	-2	-2	-1	-1	0

同样，在求解粗能力需求（即负荷）时需考虑OT因素。此处以WC1负荷计算为例（与考虑OT的GR计算相似），如表5.18所示。负荷汇总结果如表5.19所示。

表5.18　对WC1的粗能力需求（即负荷）计算过程示意

	逾　　期	第1期	第2期	第3期	第4期	第5期
A的MPS	0	20	20	30	30	40
TP(A-WC1, OT=-3)	$20 \times 0.11 + 20 \times 0.11 + 30 \times 0.11$	30×0.11	40×0.11			
TP(A-WC1, OT=-2)	$20 \times 0.22 + 20 \times 0.22$	30×0.22	30×0.22	40×0.22		
总计	16.5	9.9	11.0	8.8		

表5.19　由产品负荷表法计算的粗能力需求（负荷）

工作中心	逾期	第1期	第2期	第3期	第4期	第5期	总计
WC1	16.5	9.9	11.0	8.8			46.2
WC2	25.2	18.9	18.9	25.2			88.2
WC3	4.4	4.4	6.6	6.6	8.8		30.8
WC4	2.2	2.2	3.3	3.3	4.4		15.4
WC5		2.2	2.2	3.3	3.3	4.4	15.4
总计	48.3	37.6	42.0	47.2	16.5	4.4	196

4）总体资源法

总体资源法是将所有关键资源视为总体资源。此例将WC1、WC2与WC3视为总体资源。另外还需补充一信息作为已知条件：由统计数据可知WC1、WC2及WC3的负荷占总负荷百分比分别为30%、60%与10%。通过将资源表中的单位用量对应各产品分别求和即得各产品对总体资源的资源表（见表5.20）。

表5.20　产品X和产品Y对总体资源的资源表

父件（即产品）	X	Y
子件（此处即工作中心）	总体资源	总体资源
单位用量TP（单位: 工时）	$1.05 = 0.05 + 0.8 + 0.2$	$1.85 = 1.3 + 0.55 + 0$

利用表5.20、MPS（见表5.21）以及分配比例可计算总体资源法的粗能力需求，如表5.22所示。

表5.21 产品X和Y的主生产计划

期别	0	1	2	3	4	5	6	7	8
产品X	0	30	30	30	40	40	40	32	32
产品Y	0	20	20	20	15	15	15	25	25

表5.22 利用总体资源法计算的粗能力需求（负荷）

期别	0	1	2	3	4	5	6	7	8
WC1	0	20.55	20.55	20.55	20.925	20.925	20.925	23.955	23.955
WC2	0	41.10	41.10	41.10	41.850	41.850	41.850	47.910	47.910
WC3	0	6.85	6.85	6.85	6.975	6.975	6.975	7.985	7.985

5）三种方法小结

事实上，无论利用资源表法还是利用产品负荷表法展开MPS计算各关键资源的负荷量，其计算过程都与MRP中GR的计算过程非常类似，正如两者文件结构都与BOM相似一样。两者计算粗能力需求的程序实际也只有一个，只是输入文件稍有差异。总体资源法与这两者的细微差别在于它还需补充各关键资源的负荷分配比率数据并依此数据进行负荷分配。总体上来说，依照总体资源法、资源表法以及产品负荷表法的顺序，粗能力需求计划的精确度越来越高。注意，以上对RCCP的讲解是将BOM结构全部展开以考虑所有工作中心的能力需求。而实际作业中RCCP只针对关键资源，如关键工作中心或关键材料，此时系统如何实现只对关键工作中心进行RCCP运作呢？接下来就讨论该问题。

2. 关键材料与关键作业

闭环式MRP系统首先会将材料表和工艺流程/途程表合并为材料途程表。其中，方形部分是材料表，圆形部分是途程表；方形中的符号是件号，圆形中的符号是作业代号；带斜线的方形代表关键材料，带斜线的圆形代表关键作业（即该作业设备是关键约束）；参见图5.27。

在图5.27中，P和Q是关键材料，1和10是关键作业，系统对MPS物料A做规划时，必须先找出关键材料表和关键途程表。除用户自行定义的关键材料外，途程表中包含关键作业的材料也自动纳入关键材料途程表中（D和G即是如此，参见图5.28）。系统将进一步分解关键材料途程表，以便得到关键材料表和关键途程表（见图5.29和图5.30）。

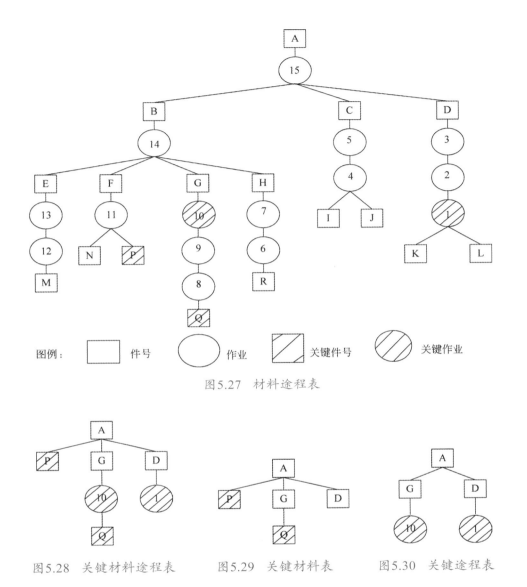

图例：　□ 件号　　○ 作业　　▨ 关键件号　　⬭ 关键作业

图5.27　材料途程表

图5.28　关键材料途程表　　　图5.29　关键材料表　　　图5.30　关键途程表

注意，在绘制关键途程表相应的工序横道图时，需要将中间非关键物料相应LT值或非关键作业持续的时间进行冲销。例如，由A展开至关键作业10时，需将中间B的LT进行冲销；由A展开至关键作业1时，需将D的作业2和作业3的持续时间冲销。其原因很容易从图5.31中的转换得到领悟。

同理，对关键材料也需要考虑冲销时间因素。例如，对父件为A、子件直接为P的关键材料表，其冲销值应为中间物料B与F的LT之和；对父件为A、子件为G的关键材料表，其冲销值应为中间物料B的LT。此处对关键材料表中父件为A、子件为D的记录无须设置冲销时间值。上例中若父件为A、子件直接为Q，则其冲销值应为中间物料B与G

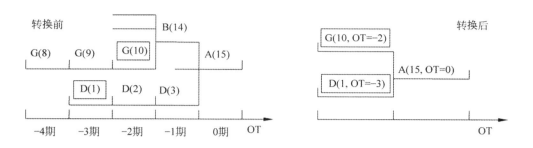

图5.31　完整材料途程表转换为关键途程表的工序横道图

的LT之和。

在得出关键材料表与关键途程表后，再运用前文介绍的三种方法运作RCCP。

3. RCCP的编制、调整与评估

RCCP通常是对生产中所需的关键资源进行需求计算和分析，基础是资源表或产品负荷表，编制的主要步骤如下：①定义关键资源；②在主生产计划中为每个产品族指定代表产品；③分析该产品BOM中零部件分别占用何种关键资源；④确定单位产品对关键资源的资源表或者产品负荷表；⑤确定每个关键资源的实际能力和最大能力；⑥依据资源表或者产品负荷表将MPS计划产量转换为所需总负荷；⑦负荷与能力不匹配时，进行适当调整。相关的调整方法如表5.23所示。RCCP调整后再评估MPS，若负荷与能力基本平衡则批准MPS；若仍不平衡，主计划员应进一步调整力求使其平衡，此时除调整能力外还可改变负荷（见表5.24）。

表5.23　RCCP能力调整方法

物 料 短 缺			劳 动 力 短 缺				设 备 短 缺				
增加采购	采用替代物料	减少总生产量	加班	雇用临时工人	外协或者分包	减少总生产量	重新将计划安排到有可用资源期别	购买新的设备	现有设备升级改造	外协或者分包	采用其他工艺	减少总生产量	重新将计划安排到有可用资源期别

表5.24　RCCP与MPS平衡调整措施

改变预计负荷量					改变能力供给				
订单拆零	拖延订单	终止订单	重新安排订单	改变产品组合	加急	申请加班	雇用临时工	外协或分包	改变生产工艺

5.4.3　CRP及其运算逻辑

CRP也称细能力需求计划，是计算完成计划所需人力及设备的详细负荷的程序，

视频讲解

它输入MRP中自制品之计划订单收料PORC及在途量SR资料，利用工艺路线中的标准工时等资料，计算出每一个工作中心在每一期的工时需求。特别注意，SR是预计的某期期末完工数量，在未完工前可能对某些设备还有一些剩余能力需求，需要在相应期别中去满足。CRP的编制思路是按倒序排产方式，从订单交货日期开始，倒排工序计划，即考虑移动时间（是指加工完毕后的等待时间和从该工序到存放点或下一道工序的传送时间之和）、加工时间、准备时间和等待加工的排队时间来确定工艺路线上各工序的开工时间。

1. CRP的编制与调整

CRP的编制方法具体有两种：按LT（即依平均批量）分配能力需求计算CRP或依实际批量分配能力需求计算CRP。

CRP的编制步骤如下：①根据工艺路线和工作中心文件综合每道工序资料；②根据MRP计算每道工序在每个工作中心上的负荷；③确定每道工序的交货日期和开工日期；④依实际批量计算每个工作中心的负荷；⑤产生每个工作中心的负荷图或负荷报告。

CRP与MRP间的平衡属于微调，而微调能力与负荷的方法也是从略微增加能力以适应负荷或略微减少负荷以适应能力两方面入手的（参见表5.25）。

表5.25　CRP与MRP的平衡调整措施

减轻负荷方法			增加能力措施			
集批生产从而减少准备时间	取消、重排订单或者修改订单数据	并行作业，即将顺序移动改为平行移动或者平行顺序移动	安排加班或者分包	提高工作的效率和利用率	增加工人或者提高技术水平	采用替代工艺，将超负荷工作中心上任务安排到能力富余的替代工作中心

2. CRP的软件案例解析

图5.32～图5.35是QAD公司ERP编制CRP的案例结果解析用图。图5.32和图5.33是工作中心1020上CRP求解的周汇总和日汇总负荷；图5.34是工作中心1020上由02-0010所致的CRP求解的详细负荷结果；图5.35是产品02-0010工艺路线中第一道标准工序1012信息。

结合图5.34中的"短缺量"代表的PORC计划量和图5.35中的"准备时间"和"运行时间"，可应用CRP（尤其一次批量准备时间对应多种加工数量的CRP计算思路）计算相应工作中心上的负荷。如负荷$2.8=1+360×0.005$；负荷$4.9≈1+770×0.005=4.85$；负荷$8.5=1+1500×0.005$；负荷$5.6≈1+910×0.005=5.55$；负荷$4.9≈1+780×0.005$；负荷$4.8≈1+750×0.005=4.75$；负荷$4.7≈1+730×0.005=4.65$；负荷$4.5=1+700×0.005$；负荷$4.4=1+680×0.005$。注意，图5.32中的"负荷量"3、5、9、6、5、5、5、5、4等是

工作中心负荷量汇总查询

工作中心	设备	地点	起始日	结束日	D/W/M/P	周期/列
1020		train	09/29/19		W	1

摘要: BLISTER PACK　　操作人数: 1.000
部门: 20　　设备/中心: 1.000
排队时间: 1.0　　等待时间: 0.0　　设备/工序: 1

| 过去 | 09/29/19 | 10/06/19 | 10/13/19 | 10/20/19 | 10/27/19 | 11/03/19 |
09/28/19	10/05/19	10/12/19	10/19/19	10/26/19	11/02/19	11/09/19
工作日	7	5	5	5	5	5	5
生产能力	56	40	40	40	40	40	40
负荷量	35	0	0	3	5	9	6
能力负荷差异	21	40	40	37	35	32	34
累计	21	61	101	138	173	205	239

| 过去 | 11/10/19 | 11/17/19 | 11/24/19 | 12/01/19 | 12/08/19 | 12/15/19 |
11/09/19	11/16/19	11/23/19	11/30/19	12/07/19	12/14/19	12/21/19
工作日	37	5	5	5	5	5	5
生产能力	296	40	40	40	40	40	40
负荷量	57	0	5	5	5	4	4
能力负荷差异	239	40	35	35	35	36	36
累计	239	279	314	350	385	421	456

图5.32 工作中心1020上CRP求解的周汇总负荷结果

工作中心负荷量汇总查询

工作中心	设备	地点	起始日	结束日	D/W/M/P	周期/列
1020		train	09/29/19		D	1

摘要: BLISTER PACK　　操作人数: 1.000
部门: 20　　设备/中心: 1.000
排队时间: 1.0　　等待时间: 0.0　　设备/工序: 1

| 过去 | 10/11/19 | 10/12/19 | 10/13/19 | 10/14/19 | 10/15/19 | 10/16/19 |
10/10/19	10/11/19	10/13/19	10/14/19	10/15/19	10/16/19
工作日	16	1	0	0	1	1	1
生产能力	128	8	0	0	8	8	8
负荷量	35	8	0	0	0	5	8
能力负荷差异	93	8	0	0	8	5	8
累计	93	101	101	101	109	114	122

| 过去 | 10/23/19 | 10/24/19 | 10/25/19 | 10/26/19 | 10/27/19 | 10/28/19 |
10/22/19						
工作日	24	1	1	1	0	0	1
生产能力	192	8	8	8	0	0	8
负荷量	38	5	0	0	0	0	0
能力负荷差异	154	3	8	8	0	0	8
累计	154	157	165	173	173	173	181

| 过去 | 10/29/19 | 10/30/19 | 10/31/19 | 11/01/19 | 11/02/19 | 11/03/19 |
10/28/19						
工作日	28	1	1	1	1	0	0
生产能力	224	8	8	8	8	0	0
负荷量	43	9	8	0	8	0	0
能力负荷差异	181	-1	0	8	0	0	0
累计	181	181	189	197	205	205	205

图5.33 工作中心1020上CRP求解的日汇总负荷部分结果

工作中心负荷量明细查询

用户菜单(U)　编辑(E)　队列(Q)　选项(O)　提示(H)

工作中心	设备
1020	BLISTER PACK

工作中心: 1020　　BLISTER PACK
设备:
部门: 20　　设备/工序: 1　　排队时间: 1.0
Packaging　　设备/中心: 1.000　　等待时间: 0.0　　操作人数: 1.000

加工单	标志	状态	工序	状态	起始日	负荷时间	短缺量
09160005	494	P	10		10/15/19	2.8	360
02-0010							
09160006	495	P	10		10/23/19	4.9	770
02-0010							
09160007	496	P	10		10/29/19	8.5	1,500
02-0010							
09160008	497	P	10		11/06/19	5.6	910
02-0010							
09160009	498	P	10		11/18/19	4.9	780
02-0010							

加工单	标志	状态	工序	状态	起始日	负荷时间	短缺量
09160010	499	P	10		11/25/19	4.8	750
02-0010							
09160011	500	P	10		12/02/19	4.7	730
02-0010							
09160012	501	P	10		12/09/19	4.5	700
02-0010							
09190001	545	P	10		12/16/19	4.4	680
02-0010							
09190002	546	P	10		12/23/19	4.3	660
02-0010							

图5.34 工作中心1020上由02-0010所致的CRP求解的详细负荷结果

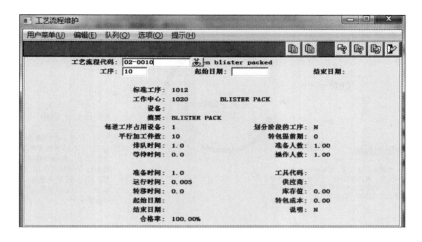

图5.35　产品02-0010的工艺路线中第一道标准工序1012信息

图5.33中结果2.8、4.9、8.5、5.6、4.9、4.8、4.7、4.5、4.4等的四舍五入结果。

5.5　ERP 面临的困境和未来发展趋势

视频讲解

5.5.1　ERP 面临的困境

ERP作为企业信息化的骨干系统发挥了重要作用。在业务发生变化时，很多需求都在核心 ERP中加入了各种业务逻辑，这些业务逻辑是频繁变动的差异型功能，甚至是一些创新型的功能，导致了ERP的稳定业务与差异层、创新层高度耦合，无法改动和维护，系统越来越庞大，成了"牵一发而动全身"、无法灵活修改的"巨石"系统，很难适应创新场景的敏捷化需求。

困境一：产品设计理念的局限性。以企业管理为核心，以功能优先为设计理念，以稳定性为主，重上线和轻运营的运营理念不能满足数字化时代以用户体验为中心、以协同作业为核心的数字化需求，无法实现业务变化快速感知、及时响应、持续优化的全生命周期管理的运营要求。

困境二：部署架构的局限性。成本昂贵、效率低下、安全性不高等特点给企业在转型过程中加大了阻力。企业对ERP的业务依赖和近五年内ERP的分布架构正在逐渐洗牌，市场对SaaS化等这种轻量级的应用部署将继续加深。

困境三：技术架构上无法拓展以支撑企业灵活的需求变化及敏捷迭代。传统ERP在技术架构及产品能力上面临着新技术的挑战，市场需要更灵活、易拓展、更前瞻的新技术架构。

企业核心系统通过新技术激活已经成为不可逆的趋势，典型表现为三个趋势，即ERP中台化趋势、ERP云化趋势、ERP场景化趋势，如图5.36所示。

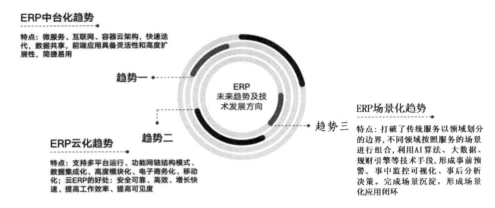

图5.36　ERP发展趋势（中国信息通信研究院）

5.5.2　ERP 的未来发展趋势

1. 中台化趋势

从"ERP时代"步入"中台时代"，中台诞生的目的是调和前端轻盈快速变化和后端笨重的矛盾，是为了解决企业信息化架构构建的高效合理的问题，也为ERP减负提供了基础。业务耦合、数据量大、资源有限、外部接口多、用户体验差等是ERP减负的最底层原因。从其本质上讲，ERP减负是聚焦客户价值、在架构上的深度变革。中台的搭建会使ERP腾出资源来专注自己的业务管理。

2. 云化趋势

从技术角度来看，ERP云化的核心是云原生。ERP不仅要采用SaaS的服务方式，对于大部分中国企业来说，ERP也要提供PaaS服务，以便于企业可以进行特性化需求调整，如进行二次开发等。传统ERP与SaaS ERP各方面异同比较如表5.26所示。未来将有更多企业从传统的本地部署许可证模式转向公有云模式，云ERP需求将会成为绝对主流。

表5.26　传统ERP与SaaS ERP各方面异同比较

差异点	传统ERP	SaaS ERP
实施周期	系统部署周期长（2～6周）	在线申请，无须调试，一键部署
系统运维	成本较高，需有专业运维团队来保障	无运维成本：云ERP能够提供7×24小时技术支持
系统扩容	成本高，周期长：需重新采购服务器，部署系统	成本低，周期短：15分钟可快速完成系统扩容，无须重新部署
系统访问	本地访问，性能一般	随时随地访问，更高可用性：多线BGP网络接入，智能网络负载均衡

差异点	传统ERP	SaaS ERP
数据安全	需要考虑完整的数据安全、容灾、备份机制	数据安全性能更高：实时热备，数据多重冷备，异地数据中心远程灾备
系统安全	普通安全级别	重视系统安全：服务器双重网络保护，防火墙+服务器集群单独VLAN隔离等

3. 场景化趋势

在5G、大数据新技术应用的推动下，ERP需要逐步满足全场景的企业管理需求，尤其对于生产型企业，从可视化生产到智能决策支持，对于提升生产企业ERP产品的可用性非常重要。以企业价值和用户体验作为双驱动因素，对场景建设和运营进行持续的打磨，基于价值导向和用户反馈，不断驱动优化和创新。

以生产计划+工序维度查询某一时段的计划数量、下达数量、完成数据、待完成数量，进行可视化展示，帮助车间排产人员分析对应工序产线的负荷，依据提供的数据来智能决策后续生产进入的计划安排，减少人工干预。不同行业企业的场景逐渐多样化，传统的企业管理边界会被进一步打破，对ERP产品的场景化应用需求更为凸显。

5.5.3 云原生 ERP

云原生，顾名思义"为云而生"。云原生是基于分布部署和统一运管的分布式云，以容器、微服务、DevOps等技术为基础建立的一套云技术产品体系。它不是一个产品，而是一种构建和运行应用程序的方法，是一套技术体系和方法论，是当前新技术、新的研发流程、敏捷团队文化的最佳实践集合，以提供极致的用户体验、稳定可靠的用户服务。

云原生ERP是在新一代云技术、数字化技术的加持下，为客户提供极致体验的ERP服务。与传统ERP相比，云原生ERP并不是简单地将ERP从本地服务器搬到了"云上"，而是将ERP的所有应用和功能进行"云化"处理，形成SaaS服务，为用户提供更便宜、更敏捷、更高效、更稳定、更智能的数字化服务。

（1）更便宜。传统ERP是企业购买的，云原生ERP是企业租赁的。因此在ERP前期的投入上，云原生ERP价格优势明显。

（2）更敏捷。传统ERP是本地部署的，需要安装客户端软件才能访问，安装过程还需要考虑环境的适配的问题。云原生ERP是只要有网就能随时随地进行访问，使得业务处理、数据查询更加灵活、敏捷。

（3）更高效。传统ERP安装部署、升级都需要专业的人员操作，每一次升级和打补丁都需要全面跑测，需要耗费大量时间及人工成本。云原生ERP是"零部署、零维护、无痛升级"，厂商统一维护和升级，整个过程对用户来说是无感的。

（4）更稳定。传统ERP一般是按照CPU进行授权的，硬件资源不足、并发量过大的情况下会引起系统的性能问题，严重情况下造成系统宕机。云原生ERP是由一个个运行在"云上"的"微服务"构成的，具有分布式架构和弹性扩容等特点，提高了系统的稳定性。

（5）更智能。传统ERP"重流程、轻数据"，业务过程是由流程驱动的。云原生ERP也关注流程，但在每个流程环节都增加了分析数据查询能力，系统通过历史数据的分析给出业务的决策参考，让业务变得更加智能。例如，做物料采购计划的流程中，都能够实时查询物料的库存情况，帮助业务制订合理的采购计划。

云原生ERP也有它的缺陷，具体如下。

（1）云原生ERP的"租赁服务"方式虽然价格便宜，但是传统上人们总认为租别人的不如自己拥有，例如房子。对SaaS服务来说，很多企业除了"拥有权"的情怀外，还有对数据安全方面的担忧。因此，大多数大中企业往往都会选择私有云部署。

（2）云原生ERP的"零部署、免维护"虽然便捷，但是个性化定制的能力较差，而传统ERP可以根据客户的需求进行各种定制和改装。因此，对于一些大型的、业务复杂的企业依然会倾向于选择私有云部署。

5.5.4 ERP 与数据中台的融合

随着企业业务的发展和管理的需要，企业对ERP的要求越来越高，尤其是互联网的快速普及，导致原来静态、标准化的业务流程已经不足以支撑企业的快速响应。ERP这样的以流程为核心的组织形式也转向平台化的组织形式。

传统ERP无法应对日常交易处理数据量的爆炸式增长，无法为管理者提供更及时的经营决策数据。数据中台具有强大的计算能力和分析功能，可以从ERP系统及其他各个业务系统中获取数据，然后进行统一数据打通，统一建模，统一计算，对外提供统一数据应用。ERP与数据中台的数据处理和计算能力进行融合，将是ERP在数字化时代进行技术升级、摆脱数据困境的有效途径。

数据中台消除ERP数据处理瓶颈，数据中台与ERP的融合后将为ERP系统提供了海量数据处理能力和数据处理的及时性；在制造业和零售快消行业等随着数字化进程深入、数据量激增的行业具有很大的价值。

制造企业在材料成本核算中存在严重不足，包括不合理使用材料造成严重浪费、材料严重堆积、占用大量流动资金、管理成本增加、材料账务核算不够规范、材料核算数据量大、时效性要求高等问题。数据中台提供材料成本核算模型，规范财务人员材料成本核算的标准和流程，提供海量数据存储、编排、计算能力，突破传统应用开发平台的大数据处理能力瓶颈，可以轻松完成十万级材料成本核算，核算数据可以支持成本明细数据追溯、查询，实现预算、预测、实际数据的对比分析，分析、查询数据可以秒级响应。

数据中台为ERP提供更实时的数据决策能力；数据中台通过分布式计算技术对海量数据进行采集、计算、存储、加工且进行统一标准和口径，再进行存储，形成企业数据资产层，进而为企业提供高效服务。对于企业生产、运营、客户溯源、供应商维护、外部公共数据等不同维度的数据，数据中台都可以通过不同的功能实现海量数据的打通、共享。由于不同的业务场景需要不同规模的计算能力来处理海量数据，数据中台的建设帮助业务人员根据应用需求随时调度计算能力。

数据中台中具有丰富的数据集成工具、数据分析工具、数据挖掘工具、数据清洗工具。数据中台与ERP系统进行融合，通过数据中台与ERP集成可以帮助收集、处理和分析企业在财务、采购、销售、人力、生产、库存等一系列生产活动中产生的结构化和非结构化数据。释放原本由ERP承载的数据运算与报表工作，使用数据中台的算力，为企业决策层及员工提供及时和准确的日常工作与经营决策的数据。实现企业数据的及时准确共享，提高企业用户在使用ERP进行管理的实时性和前瞻调整。

习题

一、判断题

1. 最终产品A由B、C制成，B由E与F制成，另一最终产品D由C和E制成，则各产品A、B、C、D、E、F的最低阶码依次为0、1、1、0、1、2。（　　　）

2. 最终MPS报表中仅首期的ATP(1)可能为负值，该负值表明业务员已超量承诺定单或计划不当。（　　　）

3. 能力表示一个资源在某个特定时段可以处理的工作量，而负荷则指出要完成某个已发出或已排定的订单所需的资源量。（　　　）

4. 工作中心是各种生产能力单元的统称，属于计划与控制范畴，也属于固定资产或设备管理范畴。（　　　）

5. 工作中心的利用率可以大于100%，而效率不能大于100%。（　　　）

6. 应用资源表法计算粗能力需求计划时未清晰考虑制造提前期因素，即零部件等中间子件的制造所占用设备的时间与产品出产的MPS计划之间的时间间隔因素。（　　　）

7. 在应用产品负荷表法计算粗能力需求计划所绘制的工序横道图中，指示冲销时间的"1期""0期""−1期"等写在每个时段的中间而非区分相邻时段的时刻点上，是因为冲销时间表达的是两个考虑因素之间在时间上的错位关系。（　　　）

8. 能力需求计划CRP的编制思路是按倒序排产方式，从订单交货日期开始，倒排

工序计划，即考虑排队时间、加工时间、准备时间和移动时间来确定工艺路线上各工序的开工时间。（　　　）

9. 在应用实际批量法分析能力需求计划时因实际批量大于平均批量，将导致工序提前期大于物料提前期。（　　　）

10. 依据实际批量计算得到的工序开始时间到工序结束时间之差称为工序提前期，它与MRP的物料提前期LT并非完全一致。（　　　）

11. 对应生产规划（PP）的有资源需求规划（RRP），对应主生产计划（MPS）的有粗能力需求计划（RCCP），对应物料需求计划（MRP）的有能力需求计划（CRP）。（　　　）

12. 库存状态仅有在库量和在途量两种。（　　　）

13. 毛需求（GR）的逾期量有独立需求和相关需求两种来源。（　　　）

14. 主生产计划MPS和资源需求规划RRP相平衡。（　　　）

15. 在需求时栅DTF和计划时栅PTF之间包含了实际以及预测的订货，而在PTF之后则只有预测的客户订单。（　　　）

16. 云原生ERP是将ERP的所有应用和功能进行"云化"处理，形成SaaS服务，为用户提供更便宜、更敏捷、更高效、更稳定、更智能的数字化服务。（　　　）

二、单选题

1. 以下（　　　）属性实质是"在途量"。

A. 总需求量　　　　　B. 计划收货量　　　　　C. 预计库存量　　　　　D. 计划订货量

2. 在MRP运算逻辑中，第t期起POH(t)的计算结果等于（　　　）加上第t期的在途量SR(t)并再减去第t期毛需求GR(t)。

A. NR(t)　　　　　B. POH(t-1)　　　　　C. PAB(t)　　　　　D. PAB(t-1)

3. 与关键路径法不同，物料需求计划（MRP）在倒排计划时，只是规定了（　　　）的完工日期和开工日期，而把松弛时间放在每道工序开始（　　　）。

A. 最早　之前　　　B. 最早　之后　　　C. 最晚　之前　　　D. 最晚　之后

4. 下列（　　　）属性实质对应"保留量"。

A. 库存量　　　　　B. 需求量　　　　　C. 订单数量　　　　　D. 备料量

5. ATP自动计算算法中，mpsprd(t)的作用是（　　　）。

A. 累积后期连续"无MPS期别"的订单　　　　B. 标志区分该期有无MPS

C. 体现需要往前扣的ATP负值　　　　　　　　D. 体现需要往前减的ATP负值

三、多选题

1. 分期间订购点法TPOP可以处理的毛需求GR的来源包括（　　　）。

A. 产品的预测 　　　　　　　　　　　　B. 产品的订单

C. 属MPS对象的部件/模块的订单 　　　　D. 属MPS对象的部件/模块的预测

2. 可答应量ATP自动计算的算法中在计算MPS物料的标志位mpsprd(t)之后，需要判断时间t是否等于最后一期T以便展开后续运作，这是因为（　　　）。

A. ATP负数调整是从后往前做调整

B. ATP负数调整是从前往后做调整

C. 需要递增地计算至最后一期的mpsprd(t)

D. 后续需先计算最后一期而非第一期的accco、insuf和ATP

3. 设置工作中心是一项细致的工作，要充分考虑设置的原则使其能起到以下作用（　　　）。

A. 作为平衡负荷与能力的基本单元，是运行和分析能力计划的计算对象

B. 作为车间作业分配任务和编制详细作业进度的基本单元

C. 作为车间作业计划完成情况的数据采集点，也可作为JIT反冲的控制点

D. 作为计算加工成本的基本单元

4. 下面（　　　）属于展开MRP逻辑计算的主要输入信息。

A. MPS 　　　　　　B. 材料主文件 　　　　C. BOM 　　　　D. 库存状态

5. 涉及逾期量的三个关键变量是（　　　）。

A. PAB 　　　　　　B. GR 　　　　　　　C. SR 　　　　　D. POR

6. ERP的未来发展趋势包含（　　　）。

A. 中台化趋势 　　　B. 云化趋势 　　　　C. 场景化趋势 　　D. 软件化

四、简答题

1. 企业管理者与信息技术人员分别是怎么理解ERP的？ERP的作用是什么？

2. 什么是MRP？如何理解MRP的基本原理示意图？

3. 什么是MPS？MPS中可答应量ATP的计算原理是什么？

4. 什么是能力需求管理？能力需求管理的作用是什么？

5. 比较分析传统ERP与SaaS ERP的异同，并阐明数智时代下ERP的发展趋势。

五、计算题

1. 运用最小订购量法填写表5.27，最小订购量MIN为600。

表5.27　静态批量法计算

C（提前期为2期）	在库量	500	安全库存	100	保留量	360	良品率	100%	批量法则	最小订购量法	最小订购量600
期别	0	1	2	3	4	5	6	7	8	9	10
独立需求	0	10	20	20	10	30	10	10	20	10	10
毛需求	300	1190	480	1180	370	1190	370	1170	380	370	370
在途量	0	1200	0								
预计在库量	—										
预计可用量	—										
净需求	—										
计划订单收料	—										
计划订单发出											

2. 主生产计划案例：产品A独立需求资料如表5.28所示，需求时栅DTF和计划时栅PTF分别为第4、10期末。计算完成表5.29与表5.30（要求ATP过程）。

表5.28　最终产品A的独立需求资料

期别	0	1	2	3	4	5	6	7	8	9	10	11	12
预测FC	0	50	55	60	65	62	55	50	46	43	46	48	50
订单CO	0	52	53	58	66	65	57	48	37	30	22	18	9

表5.29　产品A 的TPOP

期别	0	1	2	3	4	5	6	7	8	9	10	11	12
A（提前期为1期）	在库量	30	安全库存	2	批量法则	定量批量	批量大小	50	需求时栅	4	计划时栅	10	
毛需求													
在途量	0	50	0	0	0	0	0	0	0	0	0	0	0
预计在库量	✕												
预计可用量	✕												
净需求	✕												

期　别	0	1	2	3	4	5	6	7	8	9	10	11	12
计划订单收料	✕												
计划订单发出													

表5.30　产品A的MPS与ATP

期别	0	1	2	3	4	5	6	7	8	9	10	11	12
预测FC	0	50	55	60	65	62	55	50	46	43	46	48	50
订单CO	0	52	53	58	66	65	57	48	37	30	22	18	9
MPS													
ATP													

3. 最终产品X和Y的BOM如表5.31所示，各物料LT值（单位：周）分别为：X=1、Y=1、A=2、B=2、C=1、D=1。简要工艺路线资料如表5.32所示，X和Y的MPS计划如表5.33所示。计算资源表或产品负荷表并填入表5.34中，要有过程。再根据MPS并依据资源表法或产品负荷表法编制粗能力需求计划并填入表5.35中，只要结果。

表5.31　最终产品X和Y的BOM

父　件	X	X	Y	Y	C
子　件	A	B	B	C	D
单位用量	2	1	1	2	2

表5.32　工艺路线资料

件　号	X	Y	A	A	B	B	C	D
作业编号	10	20	30（先）	40（后）	50（先）	60（后）	80	90
工作中心	WC1	WC1	WC3	WC2	WC2	WC3	WC3	WC2
单件总时间	0.1	0.2	0.2	0.1	0.2	0.1	0.2	0.1

表5.33　A的MPS

期　别	DUE	1	2	3	4	5
X	0	0	0	20	20	20
Y	0	0	0	30	30	30

表5.34　资源表或产品负荷表

父　件							
子件（工作中心）							
单位用量（工时）							
冲销时间							

表5.35　资源表法或产品负荷表法编制的粗能力需求计划

工作中心	逾期	1	2	3	4	5
WC1						
WC2						
WC3						

第 6 章

高级计划排产

CEO在面对糟糕的履约情况时，经常质问供应链总监和CIO："别谈那些时髦的名词了，你就告诉我，面对每月上千个不同品种、每周每天几百个不同交期的订单与客户的紧急插单，几十道工序，几千种物料供应、不断积压的物料库存……我们生产计划指挥部怎么处理？"

为什么生产计划排产如此之难呢？原因太多，举例如下：

· 多品种少批量的生产，混合排产难度大。

· 无法如期交货，太多"救火式"加班。

· 订单需要太多的跟催。

· 生产优先顺序频繁改变，原定计划无法执行。

· 库存不断增加，却常常缺关键物料。

· 生产周期太长，提前期无限膨胀。

· 生产部门往往成为市场表现不佳的替罪羊。

……

以上原因可简单概括为以下三方面：

（1）相互冲突的生产计划与排产的目标。

① 满足客户交货期与生产成本之间的矛盾。

② 产能最大化与浪费最小化之间的矛盾。

③ 库存成本最小化与客户需求的矛盾。

④ 批量采购与库存最小化之间的矛盾。

（2）复杂多约束的生产现场。

① 复杂的工艺路径对各种设备的特殊需求各不相同。

② 有限的生产设备、物料、库存、人员的约束。

③ 小批量多品种的生产模式。

④ 精益生产的多品种混排模式。

（3）动态多变的生产环境。

① 临时订单改变，紧急插单的需求。

② 产品流程变化，新产品研制流程的不确定性。

③ 机器设备故障检修，员工生病请假等。

因此，大多数工厂并没有达到实际状况的最佳运行状态。事实上，制造业对优化的需求很大，但是目前仍有不少管理者尚未意识到优化的需求与真正价值。

复杂业务问题的优化一般有以下四个特征。

（1）具有可能性的方案数量巨大，无法全部评估。

（2）会随时间或场景动态改变。

（3）会受到极大的约束，以至于无法找到方案。

（4）大部分的目标是互相矛盾的。

因此，需要相应的系统和算法来支撑制造业这个超级复杂系统的生产计划与排产。

6.1 APS 概述

6.1.1 APS 的概念与内涵

1. APS基本概念与功能

视频讲解

APS曾经只是一个单一概念，即高级计划系统，其中的S指的是system，但是在业界早已有有识之士发现并阐明了planning与scheduling的不同，其差异导致了在系统层面难以用一套数据、一种算法、一个解决方案同时解决这两个问题。于是，在2013年的PPM（preactor partner meeting，一年一度的全球合作伙伴大会）上，来自全球的业界专家齐聚英国小镇Chippenham，见证了凝聚大家数年心血和期待的高级计划与排产出炉，APS的缩写保持不变，但内涵却已全面升级。自此，APS的概念正式更改为高级计划与排产（advanced planning and scheduling），由AP（advanced planning）和AS（advanced scheduling）组成。

APS是均衡供应链与生产过程中各种资源，在不同的供应链与生产瓶颈阶段给出最优的生产计划与排产，实现快速计划排产并对需求变化做出快速反应的使用各种先进算法技术的软件。

APS系统最初运用在一个工厂的范围内进行计划的运算和优化，后被扩展到供应链的计划上，包括供应商、分销商和出货点的需求，APS的功能演变经历了如图6.1所示的四个阶段。

图6.1 APS的功能演变阶段

　　一般而言，广义APS涵盖整个供应链上的高级计划排产系统，狭义APS主要是工厂内高级计划排产系统。APS是基于能力约束、原料约束、需求约束、运输约束、资金约束等资源约束条件，均衡生产过程中各种生产资源；通过超高速模拟能力在不同的生产瓶颈阶段给出优化的生产排产计划；并对实现需求变化做出快速反应，不论是长期的或短期的计划都具有优化和可执行性。

　　2. AP与AS的区别与联系

　　AP与AS究竟有什么不同呢？如图6.2所示。

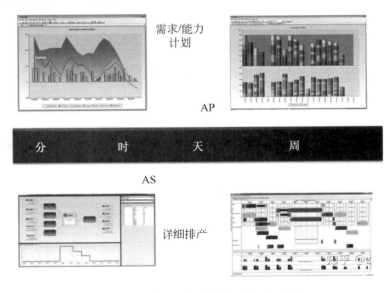

图6.2 AP与AS在时间粒度上的比较

一图以概之，其核心差别在时间颗粒度上。简言之，planning面向天、周、月乃至年颗粒度的计划问题，而scheduling则面向更小的天、小时级别的细颗粒度优化问题。典型来讲，planning要解决的是M天+N周（N通常取值$10\sim50$）的问题，而scheduling解决连续X天每天各时间段内的问题。颗粒度的变化却带来了算法、模型、理念的巨大差异。

AP的目标是解决做什么（what to make）、做多少（how much to make）这两个核心问题，故AP解决的核心问题是MPS的制订，其基本的输入输出模型如图6.3所示。

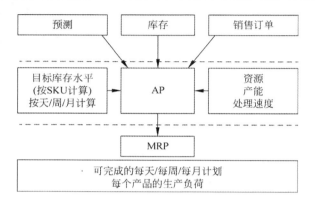

图6.3　AP基本的输入输出模型

通过AP的有限能力优化算法，对客户的制造系统做了两个重大的改变：① 由AP计算MPS替代MRP的生产计划由于无限能力问题而导致的不可执行问题；② 以有限能力MPS作为MRP的输入，让MRP的物料采购变得更加精益，减少不必要的原料库存的堆积。

在AP解决了生产什么、生产多少两个大难题后，就轮到AS（AP并非AS的必然前提，部分以面向订单的生产（make to order，MTO）为主的企业可以跳过AP）优化生产。很多企业把对生产的优化放到了生产部门本身，或者精益部门的眼睛大多数只盯着生产车间：等待的浪费、搬运的浪费、不良的浪费、库存的浪费……浪费滚滚而来，精益改善也如火如荼。诚然，精益生产确实可以极大地帮助企业，APS本身也是旨在提高企业的精益化水平，但是角度和理念却有些许不同，APS的目标是要在做生产计划时就考虑精益的问题，首先要消除不合理的生产安排，其次才是合理的生产。即把精益活动从生产部门提前到了计划部门。AS的使命就在于此。AS是一个精密的约束模型的灵活实现，通过对工厂制造过程中各种制约因素的巧妙建模，使得有机会在排产方案真正下发给车间执行之前，就可以发现潜在的问题并做出优化。

从AS的角度来看，工厂里面充满了各种制约：设备、产线、工装夹具、物料、工序衔接、工作日历、关键绩效指标的要求……，而AS系统则像一名高明的向导，带领工厂在种种约束下，多快好省地交付产品。通过AS的详细排产，不但要解决如何做到机台级别的详细排产（绝大多数企业现在依赖班组长的人工调配），还要帮助企业在JIT的路上走得更稳、更远。

此外，AS内嵌的物料关联引擎可以实现物料需求计算与排产的即时互动，即排产变化引起物料需求的重新计算，物料的变化也可以即刻制约排产的制订。这种在排产和物料之间的双向约束，成为制订一个可靠的、可执行的生产排产的必备条件。更重要的是，整个过程只需数分钟便可完成。时间的极大缩短（相较于ERP系统数小时级别）赋予了无限次模拟并优化作业模式以可行性。

6.1.2 APS 与 ERP 的对比与关联

1. APS与ERP的对比

视频讲解

在成功地使用ERP时，就会发现还有很多事要做，这并不是说APS比ERP更重要，而是因为ERP是基于无限物料、无限能力的理论，是通过缺料分析、能力分析，由人进行调整而决定采取行动。

APS是基于约束理论的，通过事先定义的约束规则，由计算机自动采取行动。

ERP依赖于MRPⅡ/DRP，主要基于无限能力原理；APS依赖于约束优化理论。除此之外，它们在计划上也有许多关键的不同，如表6.1所示。

表6.1 APS与ERP的关键不同点

规　　则	ERP	APS
计划物料和能力	顺序	同时
计划的时段性	分段	连续
组织一体的计划	按功能计划	集成计划
计划的传向	单向	双向
分配供应给客户	不能	可以
可承诺量（ATP）	静态	动态
约束的类型	只有软约束	硬约束和软约束
制造提前期	固定	灵活
模拟能力	低	高
计划的可视性	本地点	本地点、多地点和全局
实现计划的速度	慢	快
评估机会成本	不能	可以

下面介绍其中的关键不同点。

（1）计划的时段性。APS在无缝环境下支持供应链活动的任何时段，如小时、天、周、月。而传统ERP系统一般做不到。

（2）组织一体的计划。强调一个事实，MRPⅡ/DRP是以功能为中心的计划过程，因为它对供应链产生计划是功能顺序的方法，如先运行DRP的批处理，然后运行MPS计划处理，最后运行MRP等；还有跨组织的计划顺序问题。而APS可以处理合并供应链计划过程为一个全局的计划过程的一个集成计划方法。

（3）分配供应给客户。APS提供互相匹配的能力，将一部分供应计划规定给客户或销售渠道，避免了从其他需求产生拆分现象。这是主供应计划的关键功能。而MRPⅡ/DRP做不到。

（4）可承诺量（ATP）。实时提供交货日期能力。大部分ERP系统都可以处理实时承诺，但是它只依赖于以前存在的供应计划，而APS可以对整个供应链分析动态的交货日期。

（5）制造提前期。传统的MRPⅡ/DRP的计划逻辑是预先固定的或固定函数的提前期，对整个供应链在效果上产生很大的负面结果。相反，APS的计划制造提前期逻辑是考虑存在的硬约束下的供应链活动，进行连续动态的计算。

（6）模拟能力。MRPⅡ/DRP需要较长时间的计算，因此只能提供非常有限的模拟能力。而APS由于是基于内存的计算，其计算速度非常快，可以在任何时间执行模拟。

值得特别注意的是，APS提供的高级计划逻辑常被嵌入ERP系统，而不是取代ERP系统。APS只是局限在计划决策领域，它需要一个闭环的集成系统，如ERP系统。APS需要从ERP系统拿出所需的计划数据来执行计划优化活动；一旦在APS产生计划，就输入ERP系统去执行，如采购订单、生产订单、分销补货单，如图6.4所示。

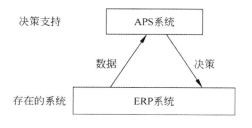

图6.4　APS嵌入ERP系统

2. APS与ERP的关联

1）APS与ERP的集成

APS与ERP有如下两种系统数据的集成方式。

（1）分离数据的模式。此种模式是典型的集成方式。从ERP数据库里实时提取数据，导入APS的数据库，进行快速的优化计算，形成多个优化方案，有交互的人机界面给计划员进行决策，再导回ERP系统中进行业务处理，如图6.5所示。存在的问题是数据在多个数据库之间交换，给实施者带来一定的困难。但是，它的好处是可以灵活配置，可以选择不同APS软件和不同的数据库进行集成。

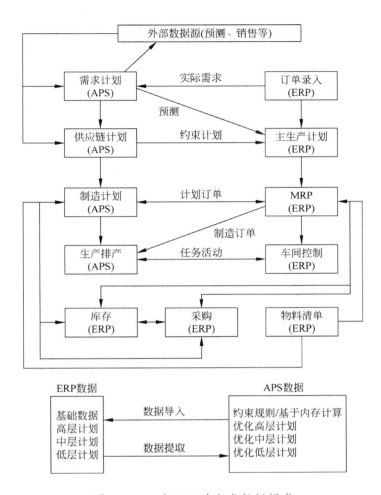

图6.5　APS与ERP的分离数据模式

（2）共用数据模式。如图6.6所示，此种模式是较先进的方式，需要ERP厂商把APS技术嵌入ERP系统中，这已经是大势所趋。它改变基于无限约束理论的MRP技术，用基于约束理论的APS技术来有效规划企业的资源。

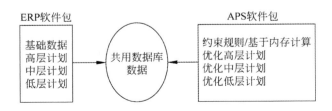

图6.6　APS与ERP的共用数据模式

2）主需求计划

主需求计划包括汇总预测、供应链计划、销售订单的承诺。APS通过市场约束、供应链物料瓶颈约束及工厂能力约束及历史数据的算法，使预测与供应链计划更精确、更实际。在销售订单的承诺上，利用ERP的计划可承诺量（ATP）集成APS的能力可承诺量（capable to promise，CTP）及可交货能力（capable to deliver，CTD）、可盈利承诺（profitable to promise，PTP），使销售订单更精确、更真实、更能满足客户需要。

3）MPS

ERP的MPS是工厂的核心计划、需反复模拟平衡的计划。这里的平衡包括对需求计划的平衡、对工厂粗略能力的平衡和对存货的平衡。而这些平衡在ERP中均是经分析后手工介入的。APS通过优化过的需求计划、自定义的资源组或瓶颈资源的约束、采购可供应的约束、现有库存的配套约束自动产生满足目标的计划。如此复杂的平衡模拟由APS的基于约束的高级算法、基于内存的快速计算所代替。

4）资源组与资源

在ERP中定义资源组，同样，在APS中利用资源组。它包括一个或多个资源，一般来说它包括同样类型的资源。此外，一个资源可能存在多个资源组。但是在APS中可以对资源进行进一步细分为单一资源、无限资源、并发资源、共享资源和可调整共享资源。

在APS的排产过程中，对于通过计划板处理哪个资源、怎样处理，需要考虑资源的可用性和有效性的结合等，APS可以对不同的生产环境设置不同的资源类型。

但是，需要强调的是，APS不对业务进行管理，如货物的接收、原料的消耗、发货、开发票、文档管理、财务、生产订单下达、采购订单下达、客户订单的接收等操作业务。ERP处理数据的维护，如物料主文件维护，BOM维护，工艺路径维护，货源和设备的维护，能力表及供应商、客户、资源的优先级的维护。

总之，APS的优势在于能对复杂的制造环境提供比MPS/MRP/CRP更好的计划，利用最先进的计算机技术，一般计划时间在几分钟内甚至几秒之内。利用甘特图计划板进行可视排产，要求很高的数据精度。APS依赖ERP系统，需要大量的ERP系统的数据，需要ERP的采购计划、库存控制、成本控制。

6.1.3　APS 与 SCM 关联分析

供应链计划的含义是对所有的组织进行计划，用DRP计划分销渠道，支持集中式和分布式计划，其计划扩展到客户与供应商。DRP是计划分销中心或客户，可以定义执行单一的、多个的组织计划，可以反查供应链；分销清单（bill of distribution，BOD）支持多种设置，包括企业的内部和外部，定义各货源的优先和有效日期。必须定义供应链网络、货源规划，把物料分配给BOD，对供应链进行顺序的计划（未优化）。传统的供应链计划有三种计算模式：垂直、水平、综合。传统的供应链的计划运用ERP的DRP、MPS、MRP的算法。它的特点是基于无限约束理论和批处理的顺序计算方式。随着供应链越来越复杂，传输的数据的优化和同步化是供应链网络建立和执行的关键。如果这些条件得不到满足，则现有系统将永远无法获得企业自己所希望的竞争优势。

1. APS与数字经济时代的供应链计划

当前，全球企业均遇到同样的挑战：全球化的市场与竞争，专业化分工，大规模定制的市场趋向，较短的产品生命周期与提前期。这些都要求企业有准确掌握现状、能够快速做出反应，并与顾客或上下游共同创造价值等方面的能力。

供应链的APS就是能帮助企业达到供应链管理同步化、优化的高级算法。其主要体现在以下几方面。

（1）最大化满足客户和消费者需求。

APS能够帮助减少供应链中不确定的供应与需求，以便更好地满足客户需求和客户服务。通过供应链APS，几十个工厂、几十个分销中心和几百个销售渠道实时平衡优化需求、供应和各种约束。这意味着一旦有未意料的变化，改变了需求、供应及约束，APS就能立刻看到它的影响。

APS可以实时、智能地再同步所有需求、供应及供应链约束，可以帮助决策者重新计划，自动解决问题。当然，它考虑了所有约束规则。这两者关键的能力——实时报警和实时基于约束的重排计划——可以使企业达到"零等待"状态。这就是供应链优化管理所面临的挑战。所以，需要提高与客户的沟通，减少供需缓冲，减少供应链内部的操作，最大化满足客户和消费者需求。

（2）通过整个供应链进行成本和服务的优化。

用APS建立有效的模式，它是有效的客户响应（efficient consumer response，ECR），使制造商和零售商之间的协作为消费者提供更好的价值服务。

（3）在供应链中，减少非增值的活动。

在实施APS之前，进行BPR，用准时制生产方式的管理思想消除浪费，减少准备时间，进行文档资料和行政管理，实现供应链精益化。

（4）需求信息和服务需求应该是以最小的变形，传递给上游并共享。

利用APS通过计划时区持久地平衡需求、供应和约束，同时看到发生的供应链问题。由于实时和双方向的重排计划能力，计划员有能力执行各种模拟以满足优化计划的要求，这些模拟提供实时响应。如：我的安全库存水平应是多少？这是最低成本计划吗？我使用的资源已经优化了吗？这个计划满足我的客户服务水平了吗？我已经最大化利润了吗?我可以承诺什么?

在供应链中的每一个阶段，把最终用户的（实际）需求传递回去。因此，一旦实际需求发生变化，所有地点都知道，并实时产生适当的行动。

（5）同步化供需是服务和成本的一个重要目标。

（6）可靠的、灵活的经营是同步化的关键。

（7）与供应商形成战略联盟，从战术采购向战略采购转移。

（8）供应链的能力必须进行战略的管理。

必须直接控制关键能力来达到减弱从需求到供应的震动的目标。要考虑库存存放地点、运输的路径。一旦产品需求发生变化，用APS可以一起考虑所有供应链约束。当每一次改变出现时，APS就会同时检查能力约束、原料约束、需求约束。这就保证了供应链计划在任何时候都能有效、实时优化供应地点或分销地点、运输路线，避免库存超储、工厂供应的振动过大。

（9）新产品的开发和新产品的推出也取决于供应链的性能。

新产品的引进必须与需求、能力计划、供应能力集成，使供应链有效地传递，使产品周期缩短。整个高级供应链的部署必须研究开发与PDM或PLM集成，形成产品商务协同。

2. APS依赖的一组核心能力

（1）计算速度。

基于内存的计算结构比MRPⅡ/DRP的计算速度快300倍。这种计算处理可以持续地进行。这就彻底地改变了MRPⅡ/DRP的批处理的计算模式。

（2）可以同步考虑所有供应链的约束。

当每一次改变出现时，APS就会同时检查能力约束、原料约束、需求约束、运输约束、资金约束，而不像MRPⅡ/DRP每一次计划只考虑一种类型的软约束。这就保证了供应链计划在任何时候都有效。

（3）基于约束的计划——硬约束和软约束。

硬约束：不太灵活，如每天三班运行的机器，或只从一个供应商分配的物料。

软约束：较灵活，如一台加班的机器可以增加生产能力或一非关键客户的交货能力。

APS使用的独特的核心计划逻辑：当软约束不行时，实行硬约束来执行优化。

（4）APS可以同时传播信息影响到供应链的上游和下游。

（5）在交互的计划环境中实行解决问题和供应链优化算法。

因此，它有能力产生反映所有约束的有效计划，而且有能力产生最大利润的计划。

现代供应链必须优化建立互动式的工程设计、生产规划、日程安排和分销、运输计划，而同步和优化必须使用APS为核心的技术。

6.2 APS体系架构及系统功能模块

6.2.1 APS体系架构

图6.7所示为供应链APS控制塔体系，它主要集中于大的计划体系，考虑组织和流程优化、技能的提升、系统的支撑，以及数据的支撑。针对销售与运营计划、销售实时感知数据和销售大数据驱动滚动预测，进行从上而下的有限产能的高级计划。基于多重约束的高级排产是从下到上的保证齐套以满足总装的要求，实现交期承诺。因此，供应链APS计划体系实现了前推后拉的运营模式。

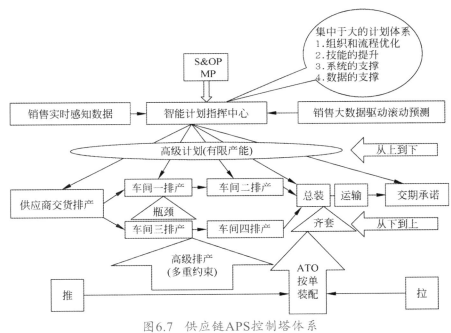

图6.7　供应链APS控制塔体系

（蔡颖，e-works培训资料）

图6.8所示为APS体系，在进行生产任务的计划与排产时，除了要考虑四大约束（物料库存、设备产能、员工技能和工装模具），还需考虑加权多目标优化，优化的目标涉及生产成本、任务优先级、生产时间、设备利用率、按时交单率等多方面的因素。然后进行模拟仿真与分析评估，若方案可行，则进入操作任务派工单管理；若方案不可行，则需反馈回到制订计划策略步骤，调整优化目标，再次进行生产任务的计划与排产，形成一个闭环系统，直到满意为止。

图6.9所示是进一步具体化的APS体系，包含基础数据、排产规则、排产的模拟和

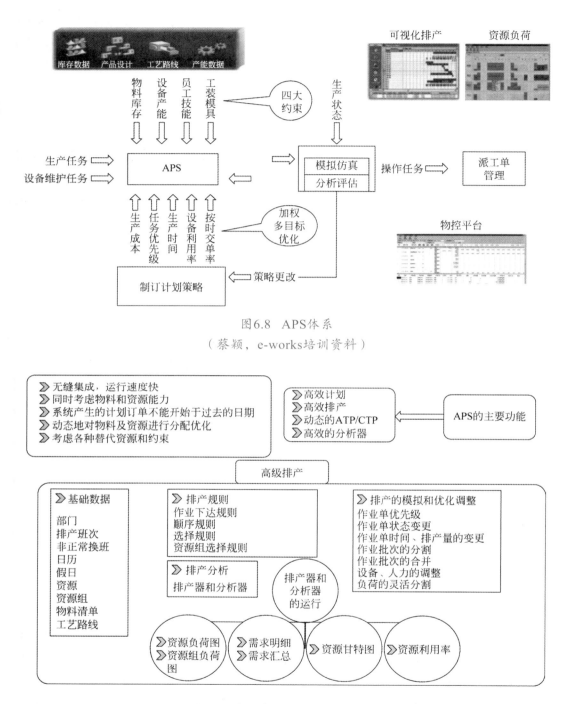

图6.8 APS体系

（蔡颖，e-works培训资料）

图6.9 进一步具体化的APS体系

（蔡颖，e-works培训资料）

优化调整及排产器和分析器的运行四个核心模块。

（1）基础数据部分包含部门、排产班次、非正常换班、日历、节假日、资源、资源组、物料清单以及工艺路线。

（2）排产规则主要包含作业下达规则、顺序规则、选择规则和资源组选择规则。

（3）排产的模拟、优化调整包含作业单优先级、作业单状态变更、作业单时间、排产量的变更、作业批次的分割、作业批次的合并、设备人力的调整以及负荷的灵活分割。

（4）排产器和分析器的运行主要涉及需求明细与需求汇总、资源负荷图与资源组负荷图、资源甘特图以及资源利用率等。

通过上述APS体系的计划与排产，能够给企业带来以下效益。

（1）提高订单准时交货率。

（2）缩短订单生产过程时间。

（3）快速解决插单难题，减少机台产线停机、等待时间。

（4）减小物料采购提前期。

（5）减少生产缺料现象。

（6）减少物料、半成品、成品的库存。

（7）减少生管、生产的人力需求。

（8）让工作更轻松、更高效，让工厂更赚钱。

因此，有了APS这个智能计划与排产指挥中心，有了AP和AS，企业才有可能构建起现代化的数字化供应链体系，也只有通过APS弥补了ERP和MES之间的鸿沟，企业才有可能是"数字化工厂"。

在数字化工厂体系下，APS起到了承上启下数据互联的关键作用（沟通ERP和MES，以及PLM和WMS）。也就是说，通过APS系统给企业打造了一个智能制造的指挥中心：来自ERP的订单，通过APS优化后发给MES，MES的执行结果反馈给APS以修正计划偏差；PLM的主数据支撑APS计划模型的精准度，WMS提供APS物料信息以确保计划的可行性。而APS系统成了名副其实的指挥中心和大脑：收集各系统的数据，然后给出优化的计算结果，指挥工厂、仓库、物流、供应商协同起来更好地服务企业的客户。

6.2.2　APS 系统功能模块

APS系统主要解决"在有限产能条件下，交期产能精确预测、工序生产与物料供应最优详细计划"的问题。APS系统制订合理优化的详细生产计划，并且还可以将实际与计划结合，接收MES或者其他工序完工反馈信息，从而彻底解决工序生产计划与物料需求计划难做的问题。APS系统是企业实施JIT精益制造系统的最有效工具。主流的APS系统主要功能模块如表6.2所示，包括产品工艺、设备管理、订单管理、派工反馈、计划策略、计划可视化、核心算法和集成引擎八大功能模块。

表6.2　APS系统主要功能模块

序号	名　称	功　能	描　述
1	产品工艺	产品/物料管理	产品、中间品、半成品、原材料等管理
		工艺路线管理	产品、订单相关的参数化工艺路线管理
		工艺管理	生产工艺管理
		制造BOM管理	精细化的制造BOM管理，融合了ERP中的产品BOM及工艺路线
2	设备管理	设备/工作中心管理	设备/工作中心管理
		刀具、模具、人员等副资源管理	刀具、模具、人员等副资源管理
		生产日历	设备、人员、刀具等生产资源的日历管理维护
		班次管理	班次管理
		换线切换矩阵管理	以矩阵形式维护换线时间，包括规格切换、数字规格切换、品目切换、副资源切换等
3	订单管理	制造订单管理	制造订单管理
		客户管理	客户属性管理
4	派工反馈	作业计划	设备级别的详细作业计划，精确到时、分、秒
		投料计划	与设备作业计划同步的投料计划
		入库计划	与设备作业计划同步的入库计划
		计划结果评估	计划结果评估分析
		派工反馈	计划派工、锁定、反馈等
5	计划策略	计划策略管理	计划策略管理
		排产规则管理	排产规则管理
		资源权重管理	资源权重管理
6	计划可视化	资源甘特图	从资源、时间维度展示计划结果，可视化每台设备的任务安排
		订单甘特图	从订单、时间维度展示计划结果，可视化订单及订单内每个工序的开工、完工时间
		资源负荷图	从资源、时间维度展示计划结果，可视化每台设备的任务负荷情况
		物料库存图	从品目、时间维度展示计划结果，可视化产品、物料的库存变化

续表

序号	名　称	功　能	描　述
7	核心算法	有限产能计划	考虑工艺、设备、物料、人员班组等各项约束的有限产能计划
		无限产能计划	类似MRP的无限产能计划
		分步排产/一键排产	分步排产/一键排产
		启发式排产算法	基于规则的启发式排产算法
8	集成引擎	系统集成引擎	系统集成引擎，与ERP/MES等系统无缝集成

6.2.3　APS系统功能实施案例

如下是一家泵阀生产企业的实施APS系统的案例。

（1）导入设备、工作中心、工装等生产资源，APS系统支持主资源、副资源、人力资源、外协资源等，不同的资源可以灵活地设定班次及工作时间，如图6.10所示。

出勤模式代码 △	模式	资源量	备注
白班	1:00-7:30;8:00-11:30;12:30-17:30;20:00-24:00;	1	
全日	00:00-24:00;	1	
晚班	00:00-07:00;20:00-24:00;	1	
休整		1	

图6.10　班次及工作时间的设定

（2）导入生产工艺，APS系统可以支持流程行业以及离散行业的工艺，同时对一个产品设定多种工艺路线、多个BOM等，如图6.11所示。

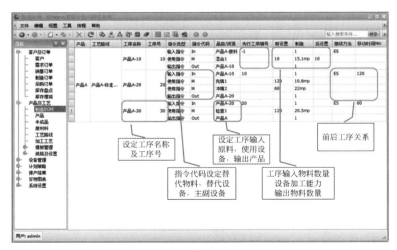

图6.11　产品生产工艺的设置

（3）导入制造订单，订单中至少包含品目、数量、开始时间、结束时间，如图6.12所示。

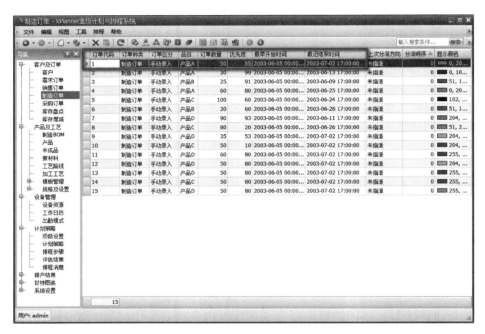

图6.12　制造订单的导入

（4）设定排产策略进行计划排产，APS系统可以设定准时生产（JIT）、约束理论（theory of constraint，TOC）等多种排产策略，同时内置启发式算法、遗传算法、神经网络等先进排产算法，如图6.13所示。

（5）导出排产结果、进行派工。因为APS系统使用的是有限能力排产，排产结果可以直接指导生产派工，同时还生成外协计划、投料计划、入库计划等，如图6.14所示。

（6）系统提供多种甘特图可以直观地得到排产结果。APS系统中甘特图是最直观、最灵活的，X、Y轴都可以任意缩放，非常方便查看；同时也是支持企业级数据应用的甘特图，当数据量大时，这种方式的甘特图的优势非常明显。

① 资源甘特图。直观地反映一段时间内设备资源、工装夹具等副资源以及人力资源和外协资源的任务分派情况。资源甘特图上外协资源是采用无限能力排产的，因此可以看到任务有重叠的部分，如图6.15所示。

② 订单甘特图。直观地反映订单内部以及订单网络之间各个工作的先后关系、加工时间长短关系，如图6.16所示。

③ 资源负载甘特图。反映一段时间内各个设备的负载情况。通过负载甘特图计划员可以一目了然地知道生产负荷情况，如图6.17所示。

④ 库存甘特图。直观地反映车间在制品生成及库存、原料库存、成品入库情况，如图6.18所示。

图6.13 排产的策略

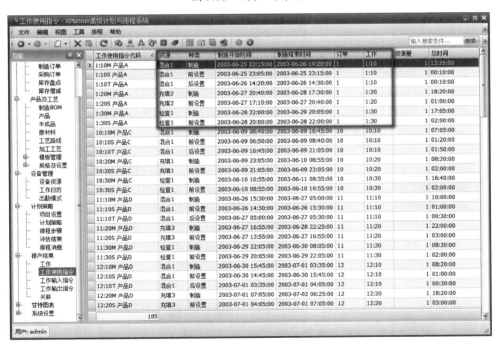

图6.14 导出排产结果、进行派工

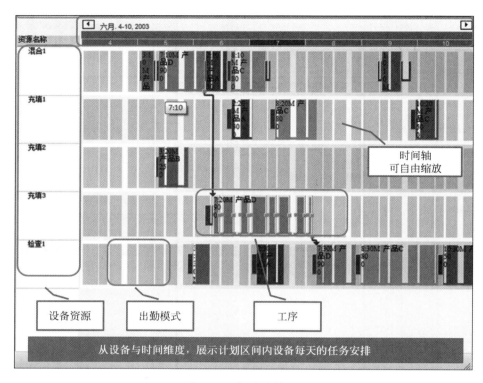

图6.15　资源甘特图

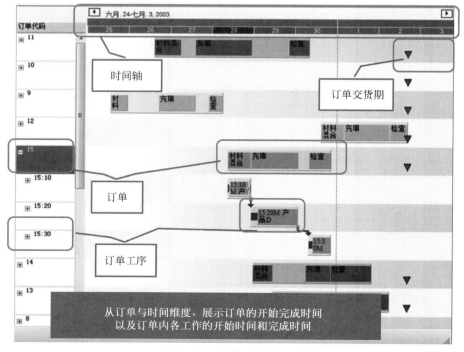

图6.16　订单甘特图

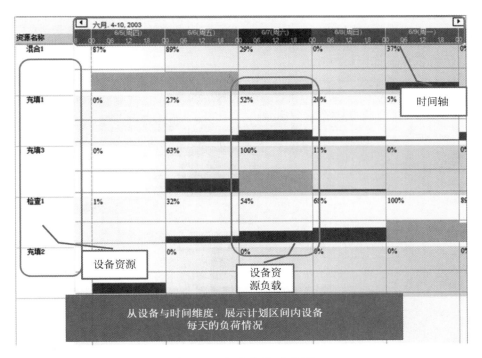

图6.17　资源负载甘特图

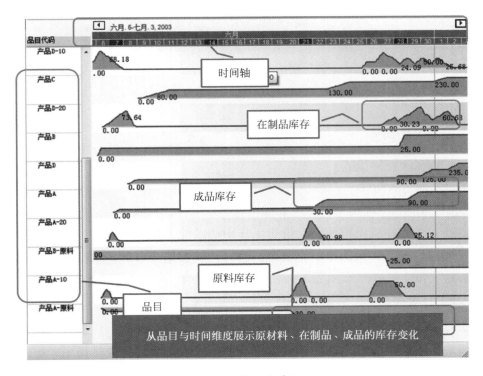

图6.18　库存甘特图

⑤关联甘特图。除了以上四种甘特图外，APS系统还提供关联甘特图，同时反映所有与生产相关的订单、资源、负载、库存等信息。关联甘特图是进行问题分析、计划调整的重要依据，如图6.19所示。

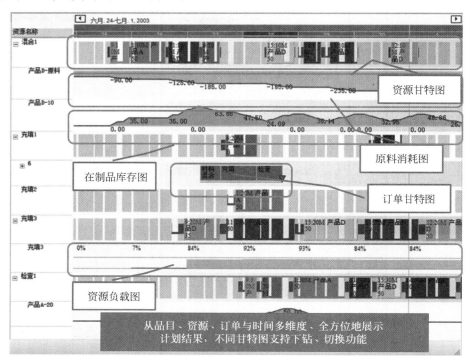

图6.19　关联甘特图

视频讲解

6.3　APS的逻辑

6.3.1　APS的三种模式

1. 基于模拟仿真模式

有限能力计划（finite capacity planning，FCS）已发展多年，在动态复杂的车间管理中建立一个计算机模拟原型，设定工作中心的能力是有限的，计划的安排按照优先级的规则进行排产。当工作中心负荷已满时，就根据定义的规则，如基于订单任务（job-based）和基于事件（event-based），自动、优化地安排可行的生产计划。

1）基于订单任务

基于订单任务是基于订单的优先级决定下一个订单的加工，可以自动识别订单的优先级和手工定义优先级，在计算机中自动地根据规则的优先级排出生产计划后，还可以手工介入，修改优先级进行重排，以满足复杂的现实需要。

如图6.20所示，工作中心WC$_A$有两个资源，工作中心WC$_B$有一个资源。订单MO-1

是最高优先级，订单MO-2是次优先级，因此宁愿WC$_B$资源有空闲，也要首先保证订单MO-1加工完成后才能加工订单MO-2。

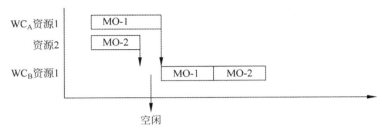

图6.20　基本订单任务的排产

2）基于事件

基于事件的排产考虑较短的生产订单，根据优化规则排产以提高利用率。如图6.21所示，因为订单MO-2生产较短，所以在WC$_A$资源上加工完成后首先占用WC$_B$资源进行加工。

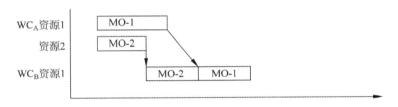

图6.21　基于事件的排产

2. 基于约束理论的模式

基于TOC的计划均可以考虑资源、物料、订单和管理策略的约束，可以通过有限能力建模，同步化物流。任何资源均可以定义为瓶颈资源（关键资源）或非瓶颈资源，对瓶颈资源采取双向计划，对非关键资源采用倒排计划。TOC的DBR（鼓-缓冲-绳子，drum-buffer-rope）逻辑是对关键工序同步化所有资源和物料。基于资源的约束以优化计划排产，如图6.22所示，瓶颈工序前端的工序采取后排计划（拉动），而瓶颈工序后端的工序则采取前排计划（推动）。

图6.22　基于资源约束的双向排产

结合算法，可以对定义的约束资源建模进行大量的模拟来实现实际的详细计划。

对所有资源可以模拟不同的批量（策略约束）来分析库存或对完成日期的影响。

3. 基于数学建模的模式

数学建模包括神经网络、基因运算、线性规划、进化运作、渐进迭代和人工智能等多种算法，构建高级计划和高级排产模式。

6.3.2 APS建模

1. 确定计划排产层次：定义产品

APS的制造BOM为制造工艺BOM，反映工序、设备、资源的使用、物料的量和地点位置，如图6.23和图6.24所示。

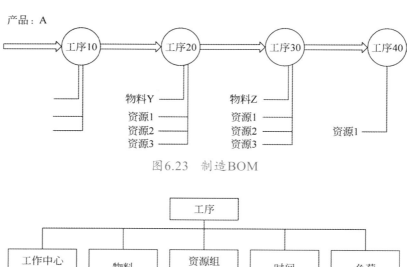

图6.23 制造BOM

图6.24 某工序的制造清单

2. 确定计划排产粒度：定义资源

资源的分类又称小能力模型，如图6.25所示，包含占用型资源（设备、工具和人员）和消耗性资源（物料）。资源可以根据设备集群或者生产单元而形成资源组（大能力模型），如图6.26所示。计划和排产分为两级，一般计划用大能力模型，排产用小能力模型。建立资源组和资源模型时需注意的是，要为任何要计划的对象（班组、设备、夹具、工具甚至货位）创建一项资源；仅将限制资源作为关键资源建立模型；

超级资源可以同时执行无限数量的制造工序，但是仅适用于在班时间。缓冲时间的设定：进入缓冲和离开缓冲时间仅在需要进行操作时，在合理的情况下在资源组中创建缓冲。

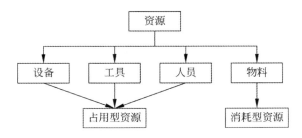

图6.25 资源的分类（小能力模型）

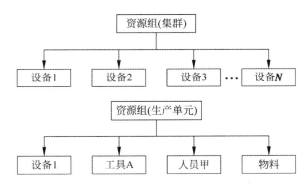

图6.26 资源组（大能力模型）

3. 确定约束规则：定义工艺模型

图6.27所示为生产过程各工序之间的逻辑关系，包含ES、SS、SSEE、EES、ESE、ESSEE和SSEEE七种模式，表6.3是对各前后工序接续方法的进一步说明。

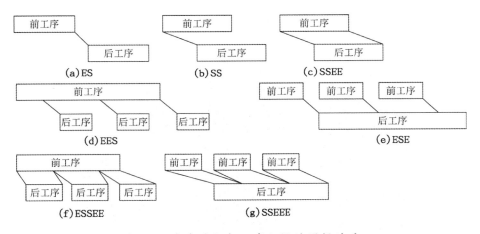

图6.27 生产过程各工序之间的逻辑关系

表6.3 前后工序接续方法的种类说明

继续方法	解　释
ES	表达前工序的结束时间和本工序的开始时间之间的关系
SS	表达前工序的开始时间和本工序的开始时间之间的关系
SSEE	表达前工序的开始时间和本工序的开始时间以及前工序的结束时间和本工序的结束时间的关系
EES	表达前工序的任何时间和本工序的制造开始时间的关系（本工序的工作被分割）
ESE	表达前工序的制造结束时间和本工序的任何时间之间的关系（前工序的工作被分割）
ESSEE	本工序各自工作的制造开始时刻和制造结束时刻与前工序的工作时刻关联（本工序工作分割）
SSEEE	前工序的各自工作的制造开始时刻和制造结束时刻与自工序的工作时刻关联（前工序工作被分割）

4. 确定计划排产的数据核心：基于工序定义产能

高级计划的建模主要是建立特定资源的模型、替代资源模型、工作时间模型、计划订单规则模型、提前期和快速提前期、物料清单模型（包含工序物料和替代物料）以及外协工序模型。

（1）高级计划建模的生产时间模型定义为

$$生产时间=（（（每件加工持续时间×负荷数量）+准备）×（100÷效率））+$$
$$移动+排队+完成）\qquad(6.1)$$

（2）高级排产建模主要涉及投入、过程和产出，如图6.28所示，其生产时间模型定义为

$$生产时间=（（（每件加工持续时间×负荷数量）+准备）×（100÷效率））+$$
$$移动+完成）÷效率因子\qquad(6.2)$$

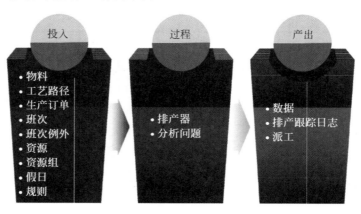

图6.28 高级排产建模

除了上述四方面之外，APS的建模还需确定时间约束（定义日历）、确定计划排产任务（即订单管理与分解）以及确定计划排产目标（定义指标与参数）。

6.3.3 APS 规则

APS规则包含生产订单下达规则、顺序规则、选择规则和资源分配规则四方面，具体如图6.29所示。

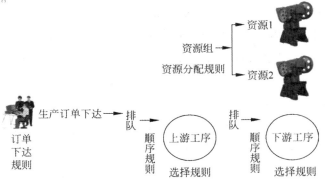

图6.29 APS规则示意图

1. 订单下达规则

当多个作业具有相同的开始日期和时间时，订单下达规则使用户能够控制下达这些同步作业的顺序，以解决哪个订单先下达，如按交货期、优先级等。

（1）瓶颈。基于瓶颈选择规则的排列。用向前和向后方法来计划所有未分配的任务订单，其重点是瓶颈资源工序的双向模式，先计划瓶颈资源的任务，再用任何可得到的规则计划剩余任务。

（2）完成日期。基于最早完成日期确定优先顺序。

（3）先到先服务。先到订单先安排生产。

（4）升序订单属性值。按规定的订单升序的值排列。订单的属性可以是数值、字母。

（5）优先级。按照最小数值优先。如果用此规则，优先级字段必须在订单上定义。

（6）加工时间。按照最小的订单加工时间优先。

（7）下达日期。按照最早开始日期优先。

（8）相反优先级。按照最大数值优先。如果用此规则，优先级字段必须在订单上定义。

（9）闲散时间：按照最小闲散时间优先。

2. 顺序规则

当资源不够用时，生产订单和负荷在排队，则需解决排队的顺序，如最小加工时间、最小工序数等来决定顺序。

3. 选择规则

当资源需要动态选择以完成加工时，也就是对顺序规则重新选择时（如最小准备时间规则等），可以采取基于模拟的顺序计划选择规则。

实现模拟顺序计划的关键是导向规则的使用。有如下两个基本的规则。

（1）工序选择规则（operation selection rule，OSR）。

（2）资源选择规则（resources selection rule，RSR）。

以下是详细的模拟顺序器的工序选择规则或资源选择规则的决策逻辑分析与介绍。针对不同产品和资源，必须选择不同的规则，在决定是使用工序选择规则还是资源选择规则时，主要考虑的是什么是一个好的计划标准。一旦确定目标，就可以选择工序或资源选择规则来完成目标。

一般来说，先选择工序选择规则，然后选择合适的资源选择规则。在一些情况下，有关资源选择规则被工序选择规则所决定。

在APS中至少有一个资源是空闲的和两个或多个工序能用于这个资源时，采用OSR。此规则决定哪一个工序被加载。这就是决定计划结果质量好坏的关键因素。独立的工序选择规则详细介绍如下。

（1）最早完成日期。选择最早完成的工序（也许是订单完成日期）。

（2）最高优先级第一。选择最高优先级（即最低值）的工序。

（3）最低优先级第一。选择最低优先级（即最高值）的工序。

（4）最高订单属性字段。选择最高（最大）订单属性字段的工序。

（5）最低订单属性字段。选择最低（最小）订单属性字段的工序。

（6）动态最高订单属性字段。选择动态最高（最大）订单属性字段的工序。

4. 资源选择规则/资源分配规则

当需要选择多个资源的替代资源时，资源选择规则是选择工序加载到资源组内的哪一个资源，具体如下。

（1）最早结束时间。选择将要最先完成工序的资源。

（2）最早开始时间。选择将要最先开始工序的资源。

（3）最迟结束时间。选择将要最迟完成工序的资源。

（4）与前工序一样。选择被用于前一工序的资源。

（5）非瓶颈最早开始时间。选择将要最早开始工序的非瓶颈资源。

5. 相关选择规则

如果选择一个工序选择规则，就自动地选择相应的资源选择规则。

（1）系列顺序循环。选择同样或下一个最高（最低）系列值的工序。当没有最高值的工序时，顺序将相反，选择最低的工序。

（2）系列降顺序。选择同样或下一个最低系列值的工序。

（3）系列升顺序。选择同样或下一个最高系列值的工序。

（4）最小准备系列。选择最小准备时间及最近的系列值的工序。

（5）最小准备时间。选择最小准备时间或换装时间的工序。

（6）定时区的系列顺序循环。选择同样或下一个最高（最低）系列值工序，且只考虑在特定时区中的订单完成日期中的工序。当没有最高值的工序时，顺序将相反，选择最低的工序。

（7）定时区的系列降顺序。选择同样或下一个最低系列值工序，且只考虑在特定时区中的订单完成日期中的工序。

（8）定时区的系列升顺序。选择同样或下一个最高系列值工序，且只考虑在特定时区中的订单完成日期中的工序。

（9）定时区的最小准备系列。选择最小准备时间及最近的系列值的工序，且只考虑在特定时区中的订单完成日期中的工序。

（10）定时区的最小准备时间。选择最小准备时间或换装时间的工序，且只考虑在特定时区中的订单完成日期中的工序。

6. 工序选择规则的分析

标准的工序选择规则是已在APS中定义好的。使用者可以简单选择其中某一个规则。在APS中有20多个标准规则，不同的规则对应不同的目标。这些规则可以进一步分成静态与动态的规则。

排产规则的使用一般遵循以下规律。

（1）预先确定任务的批量类规则。适用于面向库存生产环境。

（2）最小化任务延迟类规则。适用于面向订单生产环境。

（3）最小化任务加工时间类规则。适用于最小时间的控制，提高工时利用率。

（4）最大设备能力类规则。适用于提高设备效率，最大化整个设备生产能力的环境。生产作业计划是以设备能力的效率来安排的。

对于不同的行业，其排产策略也有很大的差别，如注塑行业侧重的是成型机设备的利用效率，最大化设备生产能力；而对于一些组装行业，其产能比较大，有时反而备受原材料缺乏的困扰，排产时更关心有否足够的原材料。

6.3.4 排产中的满意规则

1. 排产规则核心逻辑：分派顺序

例6.1　5件薄金属板加工工作在Z工作中心等待分配，它们的加工时间和交货期时间如图6.30所示。每件工作按其来到顺序标一字母，请比较先到先服务规则（FCFS）、最短加工时间规则（SPT）以及最早交货期规则（EDD）的分派顺序。

工作顺序	A	B	C	D	E
加工时间	6	2	8	3	9
交货期(天)	8	6	18	15	23

图6.30 加工时间和交货期时间

（1）分派顺序：先到先服务（FCFS）规则，如图6.31所示。

按FCFS规则排序的结果是A-B-C-D-E						
工作顺序	A	B	C	D	E	
加工时间	6	2	8	3	9	28
制造提前期	6	8	16	19	28	77
交货期	8	6	18	15	23	
逾期量	0	2	0	4	5	11

图6.31 按FCFS规则排序

FCFS规则的效率测算结果如下。

（a）平均制造提前期=总制造提前期/工作数=77/5=15.4（天）。

（b）使用率=总加工时间/总制造提前期=28/77=36.4%。

（c）平均工作数=总制造提前期/总加工时间=77/28=2.75（件）。

（d）平均逾期量=总逾期量/工作数=11/5=2.2（天）。

（2）分派顺序：最短加工时间规则（SPT），如图6.32所示。

按SPT规则排序的结果是B-D-A-C-E						
工作顺序	B	D	A	C	E	
加工时间	2	3	6	8	9	28
制造提前期	2	5	11	19	28	65
交货期	6	15	8	18	23	
逾期量	0	0	3	1	5	9

图6.32 按SPT规则排序

SPT效率指标测算结果如下。

（a）平均制造提前期=65/5=13（天）。

（b）使用率=28/65=43.1%。

（c）平均工作数=65/28=2.32（件）。

（d）平均逾期量=9/5=1.8（天）。

（3）分派顺序：最早交货期（EDD）规则，如图6.33所示。

按EDD规则排序结果为B-A-D-C-E						
工作顺序	B	A	D	C	E	
加工时间	2	6	3	8	9	28
制造提前期	2	8	11	19	28	68
交货期	6	8	15	18	23	
逾期量	0	0	0	1	5	6

图6.33　按EDD规则排序

EDD效率指标计算结果如下。

（a）平均制造提前期=68/5=13.6（天）。

（b）使用率=28/68=41.2%。

（c）平均工作数=68/28=2.42（件）。

（d）平均逾期量=6/5=1.2（天）。

三种规则效果对比，如图6.34所示。

	工数(计时)最大化	设备利用最大化	逾期最小化
	FCFS规则排序： A-B-C-D-E	按SPT规则排序： B-D-A-C-E	按EDD规则排序： B-A-D-C-E
平均制造提前期= 总制造提前期/工作数	77/5 = 15.4	65/5 = 13	68/5 = 13.6
使用率= 总加工时间/总制造提前期	28/77= 36.4%	28/65= 43.1%	28/68= 41.2%
平均工作数= 总制造提前期/总加工时间	77/28= 2.75	65/28= 2.32	68/28= 2.42
平均逾期量= 总逾期量/工作数	11/5 = 2.2	9/5 = 1.8	6/5 = 1.2
	✓员工中意	✓生管中意	✓营业中意

图6.34　三种规则效果对比

2. 满意规则

正如西方管理决策创始人赫伯特·西蒙所说，“最优化”的概念只有在纯数学和抽象的概念中存在，在现实生活中是很难达到的；按照满意的标准进行决策显然比按照最优化原则更为合理，因为它在满足要求的情况下，极大地减少搜寻成本、计算成本，简化了决策程序。因此，满意标准是绝大多数的决策所遵循的基本原则。

6.4　APS 系统的算法

6.4.1　APS 算法的分类

至今为止，APS算法经历了四代，第一代是基于约束理论的有限产能算法，第二

视频讲解

代是基于规则的算法，第三代是智能算法，第四代是智能算法加人工智能动态调整算法，如图6.35所示。

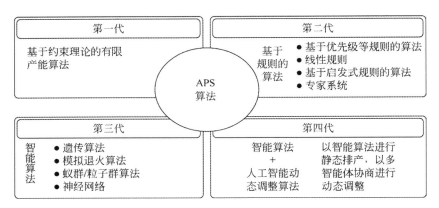

图6.35　APS算法的分类

（1）基于约束理论的有限产能算法（第一代）：高德拉特的TOC理论。

（2）基于规则的算法（第二代）。

① 基于优先级等规则的算法。

② 线性规划。

③ 基于启发式规则的算法。

④ 专家系统。

（3）智能算法（第三代）：APS计划与调度需要快速收敛寻优。

① 遗传算法。

② 模拟退火算法。

③ 蚁群/粒子群算法。

④ 神经网络。

（4）智能算法+人工智能动态调整算法MAS（第四代）：以智能算法进行静态排产，以多智能体协商进行动态调整。

AI的GA（遗传算法）与ML（机器学习算法）的区别：GA是模仿生物进化原理进行网络权值的学习，而ML是模仿生物脑神经采用反向传播（BP）算法进行权值学习。ML需要大数据，善于识别与预测，故AI的ML适应高层的决策分析；AI的GA等运筹优化与规则启发优化不需要大量数据，擅长启发优化与权衡决策，较适应运作层与现场调度优化。

AI算法在APS优化上有突破，如8条生产线涉及4300个订单、92个机型和3万多台机器，交期为1～30天，只用1.5min就完成排产优化。

6.4.2 APS 算法的本质

APS的高级算法是基于规则和约束自动地调配资源、优化计划达到需要的计划目标。APS有如下两种计划排产方法。

（1）基于订单任务，订单优先级计划——算法任务顺序计划：一次一个订单或任务。

（2）基于事件，资源利用率最大化计划——模拟顺序计划：一次一个工序或操作。

1. 算法任务顺序计划：一次一个订单或任务

算法顺序器选择一个订单，然后把每一个订单的每一个工序放在计划板。它重复这个过程，直到所有的订单、所有的工序都已经加载。满足约束的条件下第一次加载到可用时间间隔的每一个工序及特别的资源。在一个一次一个订单或任务（job at a time）的顺序器，这些计划被计划板上选择的订单控制。因此，计划的质量关键是用于加载订单的规则。

算法任务顺序计划包括如下三种。

（1）向前顺序计划。

如图6.36所示，用于订单的规则是可以按优先值排序的任务，且是已分配的每一个任务。其他可能的排序条件是提前完成就提前下达和最小化闲散时间。从数学的角度并不是所有的规则都是优化的。每一个规则代表不同的策略和计划的重点。如，完成日期相关的规则集中于减少延迟订单的数量，而基于优先级的规则努力完成最重要的订单。

在一些应用中，一个特定的工序能用于两个或多个资源。如，一个钻孔工序也许用到两个钻床中的任一个钻床。在此案例中，算法顺序器的计划是首先决定任务的顺序，然后由规则决定在加载过程中分配给特定工序用哪一种资源。

（2）向后顺序计划。

虽然一个算法顺序器是由第一个工序开始和通过最后工序加载每一个订单任务向前计划，但是它也能用同样的顺序设计相反的流程。如图6.37所示，在此案例中，顺序器参照"要求完工时刻"安排特定任务的最后工序，之后再向后倒推来绘制其相关前导工序（即前导工序的完成时刻衔接着后续工序的开始时刻）。这种向后顺序计划的过程是连续的后排计划，直到该任务的第一道工序被加载完成。此外，向后顺序计划还需要考虑系列任务对相同设备的占用顺序问题。在这一点上，算法顺序器会选择新的订单任务加载并重复整个过程，直到系列任务被加载完成，整个算法才会结束。

向后顺序计划的算法顺序器优势是总是产生一个不会延迟的计划，然而计划的开始时间也许因突破现在时刻而变得不可行。基本上，一个向前"一次一个任务"顺序

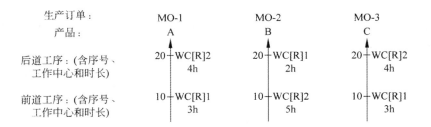

第一次加载生产订单MO-1：

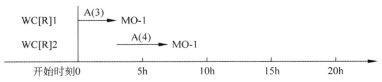

第二次加载生产订单MO-2：

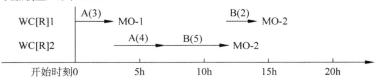

第三次加载生产订单MO-3：

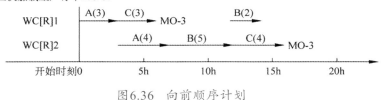

图6.36 向前顺序计划

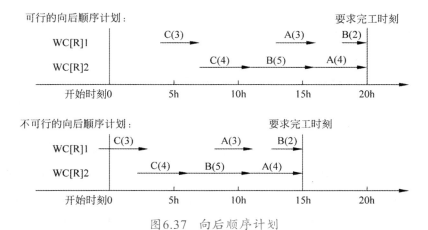

图6.37 向后顺序计划

器固定了系列任务的开始时间并根据其各自工作时长来决定的相应的结束时间，这也许会违反系列任务需达成的完成日期。然而，一个向后"一次一个任务"顺序器固定了系列任务的结束时间并根据其各自工作时长来倒推系列任务的开始时间。虽然理想的向后顺序计划是没有订单延迟，这确实吸引人；但是向后顺序计划需要一些特别限制，甚至在许多情况下会产生不可行的方案。向后顺序计划将把所有任务都放到计划板上，在它们满足要求完成日期的前提下，尽可能地延迟其开始时刻（即等到最后必要时刻才开始每一个任务）。这就意味着系统没有预留出时间缓冲，此时任何中断出现（机器故障，物料延迟，等等）将会导致订单延迟。再考虑之前已尽量延迟使用工作中心能力的因素，这意味着可能放弃了一些满足新增计划任务的机会。

（3）双向计划/瓶颈计划。

选择任务顺序和计划工序中的一个瓶颈工序用前排法来计划此工序的后一个工序，用后排法来计划此工序的前一个工序，如图6.38所示。这对瓶颈工序或利用率高的资源是非常有用的。需要把一个工序分配给瓶颈资源，然后加载此资源的上游和下游工序。瓶颈算法顺序器的优势是可以最小化所有任务的周期，使得所有计划的能力、节拍受到瓶颈计划的约束。

图6.38 双向计划

总之，算法顺序器是一个简单和快速地把一套任务加载在计划板上的方法，计划完全是由规定任务的订单和资源之间的规则所决定的。

2. 模拟顺序计划：一次一个工序或操作

图6.39所示是一个用模拟顺序器排出的模拟计划，它能产生算法顺序器所不能产生的许多计划。模拟顺序器一次选择一个独立的工序而不是整个任务进行加载，它是一个出色的控制工序加载到计划板上的方法。

从以上案例可以看出，用模拟顺序方法生产周期明显缩短。它们的区别是算法顺序器是按订单任务加载，模拟顺序器是按独立工序加载而不是整个订单任务。模拟顺序器是一个出色的控制工序加载到计划板上的方法，用模拟顺序器产生计划主要是为了增加"一次一个工序或操作"的灵活性。

总之，模拟顺序器是在单一时间模拟产生计划，通过向前移动从一个事件时间到下一个事件。模拟顺序器是在当前时间开始及加载所有现在所有能开始的工序。注意，这些工序不是单一的任务。一旦所有工序被加载，就能在此时刻开始。例如，在第一次加载第10工序：产品A，B。

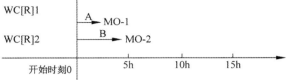

第二次加载第10工序：产品C。

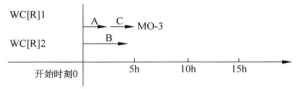

第三次加载第20工序：产品A。

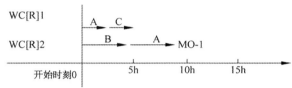

第四次加载第20工序：产品B。

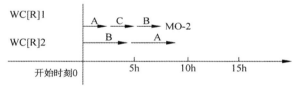

第五次加载第20工序：产品C。

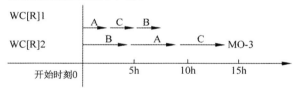

图6.39　模拟顺序计划

计划板上一旦资源改变为空闲，就加载第一个需完成的任何工序。因此，模拟顺序器企图在此新的事件时间上加载另外的工序，模拟顺序器持续应用这一方法。模拟顺序器只能采用向前排计划，它仅仅向前移动所有工序。

算法顺序器是连续地向后或向前移动，它为每一个订单任务加载所有工序。它在当前时间开始，为第一个订单任务向前加载所有工序。然后，回到当前时间为第二个订单任务再次向前移动加载所有工序。它用此方法持续地向前和向后移动，直到所有任务全部加载到计划板上。因此，算法顺序器是通过时间固定一个订单或任务。一旦订单上的所有工序被加载，就可以加载下一个订单任务。

6.4.3 APS 算法的优劣分析

1. AP

AP的主要算法有线性规划、遗传算法等，但也可以是规则算法，其时间跨度为天、周、月等。其主要针对的问题是批量大小（lot sizing）和资源调配（resource assignment）。这里的资源可以是资源组，也可以具体资源。AP的优点与缺点如下。

优点：

（1）可以适应企业多目标优化。

（2）目标可以有优先级。

（3）成熟技术。

（4）适合大规模问题。

（5）可以找到最优值或者较好的次优值。

缺点：

（1）对于次序问题比较困难。

（2）动态重排的频率不能太高。

（3）大规模商用成熟，优化器一般比较昂贵。

2. AS

AS的主要算法有约束规划、经验规则、启发式算法等。其时间跨度为连续时间，或者分、小时等，主要针对的问题是派工与顺序（sequencing）。其优缺点比较如下。

优点：

（1）可以处理次序问题。

（2）可以处理复杂工序问题。

（3）以找到可行解为主要目标。

缺点：

（1）无法实现多目标同时优化。

（2）算法个性化程度较高，开发难度大。

（3）可处理的变量数量和复杂程度限制较高。

对于经验规则算法与启发式算法，前者运算速度快、开发简单且容易理解，但是不能找到最优解，能找到一个可行解，对规则的质量要求高，且无法实现多目标同时优化；后者可以找到较好的解决方案且运算速度较快，但是算法个性化程度较高，开发难度大，可处理的变量和复杂程度限制较高，而且方案的稳定性随着问题的不同而有较大差异。

当快速收敛启发式规则适应于环境结构（如时间、知识、计算能力）时，从生态学（复杂动态系统）的角度看它是合乎理性的。也就是说它在追求满意（而不是最优）的目标或线索间进行有限搜索（有限理性），并利用环境结构约束做出适应性决策。

用"满意"取代"最优"，"最优"的概念只在纯数学和抽象的概念中存在，在现实生活中是不存在的。在满足各种约束条件下，"满意"的概念显然比"最优"的概念更为合理。它可以极大地减少算法搜寻技术成本、计算成本，简化决策程序。因此，约束"满意"是绝大多数的决策者所遵循的标准。

3.算法总结

关于算法，ASP协会的蔡颖老师总结如下。

（1）贪婪启发算法寻找局部最优解，企图以这种方式获得全局最优解。

（2）对于NP（Nondeterministic Polynomial，多项式复杂程度的非确定性问题），还没有找到快速解决方案。

（3）面临NP，最佳的做法是使用近似算法。

（4）规则算法易于实现，运行速度快，是不错的近似算法。

（5）动态规划与线性规划：在多个约束条件下，寻找最优解。

（6）随机仿真算法可能有更好的解决方案。

（7）并行算法、分布式算法（边缘计算、智能代理）有待进一步深化。

（8）智能算法（遗传算法、机器学习、深度学习）有待进一步深化。

因此，不同的APS软件供应商选用不同的优化算法搭建自己的高级计划系统软件，需要根据解决不同的问题来决定采用哪种算法引擎。

6.5 APS 软件及未来发展趋势

视频讲解

APS软件参考架构如图6.40所示，包括基础数据、计划平台、核心算法和调度平台这几个部分。国内APS决策优化系统有商简智能、杉数科技、安达发、永凯、美云智数，以及华中科技大学、上海交通大学等。国外的有APS Preactor、ASProva、Planet together、SAP等。

6.5.1 APS软件应用举例

以ASProva公司的产品为例，如图6.41所示，Asprova SCP（supply chain planning）帮助企业优化整个供应链体系，Asprova APS（advanced planning and scheduling）帮助企业优化内部产能，提高投入产出。

Asprova APS主要解决的数字化场景：中长期产能分析计划、主生产计划（多工厂/单工厂）、物料齐套欠料分析、车间日计划详细排产、车间实时派工计划，如图6.42所示。

Asprova基本操作步骤包含启动软件、基础数据录入/修改、设置排产参数/修改、系统自动排产以及排产结果查看/调整/输出。

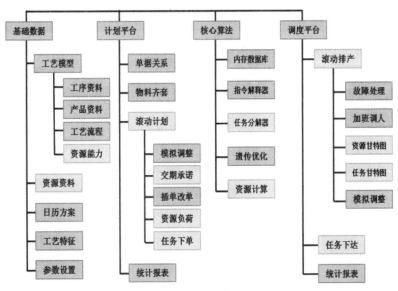

图6.40 APS软件参考架构

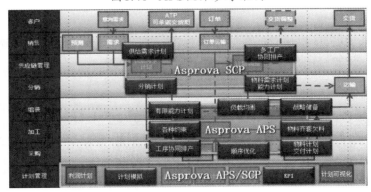

图6.41 Asprova的APS体系

中长期产能分析计划（LS）	中长期产能预估，瓶颈能力分析	事业计划达成分析
	设备人力投资，能力检讨	长周期物料模拟
主生产计划 多工厂/单工厂	ATP&CTP Whatif 插单模拟	长周期物料约束
	多工厂产能负荷，分单、外发分析	库存策略排产
	订单投产顺序、合批、分批均衡排产	人员出勤排班
物料齐套欠料分析（CTB）	物料欠料分析（按天/整单）	取替代物料，多供应商
	物料送货和备料计划（SRM集成）	有效期、关联锁定
	物料CTB齐套分析（循环/整单）	成组替代、质量挡位关联
车间日计划详细排产（DPS）	JIT物料送货计划	生产顺序优化
	多工序联动排产	设备、人力优化选择
	日计划小时排产（MES集成）	班次滚动排产
车间实时派工计划（RTD）	工序实时滚动排产（MES集成）	顺序和设备 实时优化选择
	生产异常实时再计划	任务池优化排产

图6.42 Asprova主要解决的数字化场景

6.5.2 APS 发展趋势

数字孪生技术组件成为优化整个制造价值链和创新产品的重要工具。如图6.43所示，通过APS系统对生产计划进行数字建模，在数字空间中对生产计划进行反复且快速模拟，能够动态反映现实生产所需要的计划和物料需求，提高计划精度，满足客户对计划方面的需求。

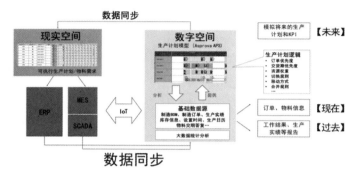

图6.43　数字孪生与APS

对于APS来说，未来一定是在通用和标准的基础上，配合个性化定制，进行少量的开发便能适应新的应用场景和调度问题，如图6.44所示。

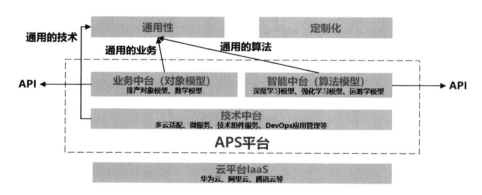

图6.44　APS平台未来架构

6.5.3　从订单到交付一站式 APS 解决方案

1. 从ISA-95模型看企业数字化困境

ISA-95模型是大多数企业实现数字化的参考路线图，已经成为事实上的行业标准，然而很多企业在导入了多个系统后就发现继续前进时遇到了诸多障碍，总是无法达成理想的数字化运营的效果，原因何在？

图6.45展现了企业在数字化道路上的六大隐含困境。

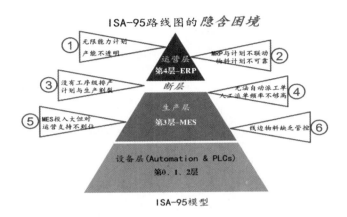

图6.45　ISA-95路线图的隐含困境

（1）ERP主计划缺乏有效的能力约束导致主计划偏企业实际能力，只能手工线下处理主计划。

（2）由于主计划是离线的导致MRP与主计划无法有效联动，从而导致物料采购需要人工计算和调整。

（3）没有工序级排产导致计划和生产之间出现断层，需要大量的车间调度员填补空白。

（4）MES建设与没有充分满足运营计划的需求导致投入大但收效低。

（5）需要高频调派工调整的场景人工调度已经无法满足需求导致设备出现闲置片段或者紧急物料没有及时生产。

（6）线边物料仓库、车间两不管。

以上六大困境给企业带来了大量的损失，削弱了企业的市场竞争力。而传统的堆人的解决方案已经无法满足企业要求；导入多个独立系统的方式又对企业带来沉重的选型、对接、运维方面的困难和高支出。因此，急需要一个完整的解决方案帮企业走出这六大困境。

2. 比特智造一站式APS

本节以比特智造一站式APS为例，介绍其是如何实现企业从订单到交付的数字化运营的完整解决方案，赋能制造企业实现数字化转型。通过一站式解决方案，企业可以实现从接单到生产计划到制造执行到产品入库的全流程数字化管控，大大提升企业的运营效率，减少各环节的人力成本及产能、物料浪费，如图6.46所示。

比特智造一站式APS系统通过七大模块提供三层自动计划、五次物料齐套，覆盖从年、月、日、分钟到实时的各种时间颗粒度规划，记录过去、管控当前、规划未来，如图6.47所示。

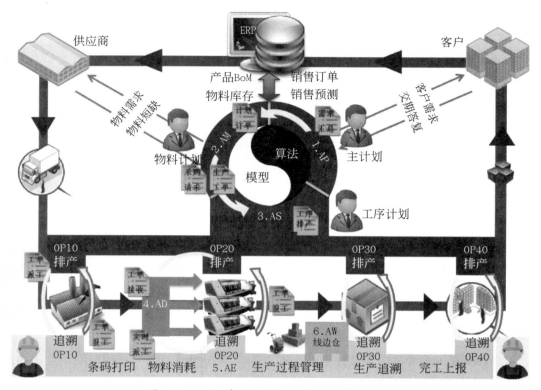

图6.46 从订单到交付一站式APS解决方案

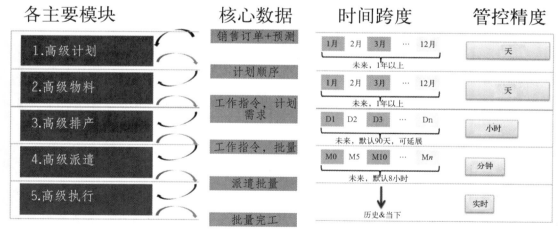

图6.47 比特智造一站式APS主要模块

（1）AP（advanced planning）主计划：负责需求分解、工厂间产能分配以及各工厂主生产计划的制订，同时给出各厂/各产线的RCCP粗能力规划与安全库存控制，如图6.48所示。

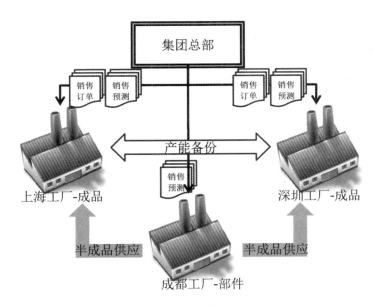

图6.48　AP主计划模块

（2）AM（advanced material）物料规划是类MRP产品，但是比传统MRP更灵活，提供企业在有限能力前提下的物料采购、半成品工单生成功能，尤其是对于物料种类特别多的企业提供替代料的计算的功能是传统MRP所不具备的，有效帮助企业减少呆滞料的发生，如图6.49所示。

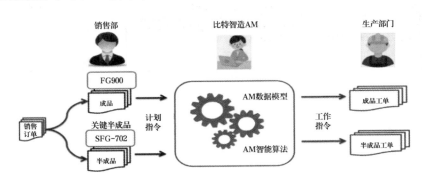

图6.49　AM主物料模块

（3）AS（advanced scheduling）全工序排产是目前大多数企业在运营层面的一个盲点，由于人工排产的低效率导致在排产的时候无法考虑所有的工序环节，只能制订仅考虑开工点、完工点，跳过大多数中间工序的简化版排产，无法有效实现厂内各类设备利用率优化、物料配送指导、工单优先级调整等事关整体运营绩效的优化，如图6.50所示。

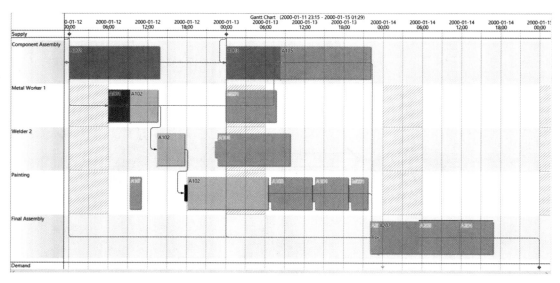

图6.50 排产模块

（4）AD（advanced dispatching）实时派工是对部分关键工序进行分钟级高频派工优化的模块，替代人工无法实现的高频次异常修复及紧急订单优先分配，如图6.51所示。

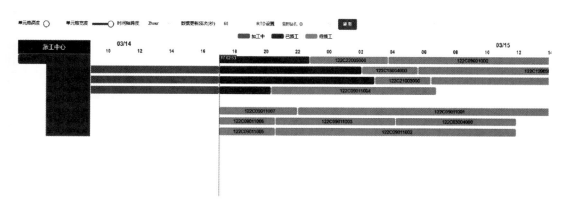

图6.51 派工模块

（5）AE（advanced execution）生产过程管理是对生产实际的管控，从而形成计划-实际的闭环管理，是对企业运营不可或缺的闭环支撑。

（6）AW（advanced warehousing）线边仓管理针对部分企业现场面积大、物料堆放多，且传统WMS不再管控已出库物料的需求而设计的线边库管理，可以有效提升企业现场的物料管理水平，如图6.52所示。

（7）BI运营分析是针对上述运营模块的数据提供可视化分析的工具，让企业运营更透明、更高效。

基础设置

库区/库位/打印机

收料入库

原材料收料

半成品入库、上架

外购件入库、上架

库存管理

库存余量

库存移库/库存移位

循环盘点

物料出库

原材料退料

组装领料

手动出库

图6.52 AW线边仓管模块

　　一般来说，一站式解决方案是模块化设计的方案，各个功能模块既可以互相衔接又可以独立部署，充分体现灵活性以满足不同客户的不同需求。

　　相较于传统模式，一站式APS解决方案具有省钱、省事、省心、省时的突出优点，如图6.53所示。

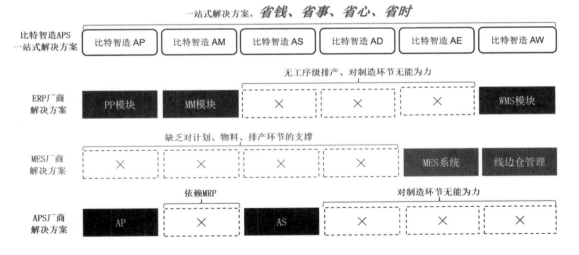

图6.53 一站式解决方案的优点

习题

一、判断题

1. APS能够弥补ERP和MES之间的鸿沟，让企业真正成为"数字化工厂"。（　　　）

2. APS依赖于MRPⅡ/DRP，主要基于无限能力原理，而ERP依赖于约束优化理论。（　　　）

3. APS系统可以设定JIT、TOC等多种排产策略，同时内置启发式算法、遗传算法、神经网络等先进排产算法。（　　　）

4. 在APS上至少有一个资源是空闲的和两个或多个工序能用于这个资源，采用工序选择规则。（　　　）

5. 计划与排产的核心差别在时间颗粒度上。（　　　）

6. AP总是AS的必然前提。（　　　）

7. APS的目标是要在做生产计划时，就考虑精益的问题，把精益活动从生产部门提前到计划部门。（　　　）

8. APS是基于约束理论的，通过事先定义的约束规则，由计算机自动采取行动。（　　　）

9. ERP可以评估机会成本，APS不能。（　　　）

10. APS提供的高级计划逻辑常被嵌入ERP系统中，而不是取代ERP系统。（　　　）

11. APS未来将在通用和标准的基础上，配合个性化定制，进行少量的开发便能适应新的应用场景和调度问题。（　　　）

12. APS系统制订合理优化的详细生产计划，并且还可以将实际与计划结合，接收MES或者其他工序完工反馈信息，从而彻底解决工序生产计划与物料需求计划难做的问题。（　　　）

13. 资源负载甘特图能直观地反映车间在制品生成及消耗、原料消耗、成品入库情况。（　　　）

14. APS排产一定要按照"最优化"的标准进行决策。（　　　）

15. 使用一站式APS解决方案，企业可以实现从接单到生产计划到制造执行到产品入库的全流程数字化管控，大大提升企业的运营效率，减少各环节的人力成本及产能、物料浪费。（　　　）

16. 基于订单任务的排产方法，是资源利用率最大化计划，即一次一个工序或操作的模拟顺序计划。（　　　）

二、单选题

1. 以下（　　　）不属于APS系统功能模块。

A. 产品工艺　　　　　　　　　　　　　　　　B. 订单管理

C. 财务管理
D. 计划策略

2. AP解决的核心问题是MPS的制订，下面（　　　）不是属于其输入输出模型中的输入内容。

A. 预测　　　　　　　B. 库存　　　　　　　C. 销售订单　　　　　　　D. MRP

3. AP解决的核心问题是（　　　）。

A. MPS　　　　　　　B. ATP　　　　　　　C. PAB　　　　　　　D. POR

4. 下列（　　　）不是高级计划的特点。

A. 考虑较长的计划订单　　　　　　　　　B. 考虑订单优先级和到期日

C. 基于订单任务　　　　　　　　　　　　D. 基于事件

5. 当资源不够用时，生产订单和负荷在排队，解决排队的顺序，如最小加工时间、最小工序数等运用的是四大类APS排产规则的（　　　）。

A. 顺序规则　　　　　　　　　　　　　　B. 选择规则

C. 生产订单下达规则　　　　　　　　　　D. 资源组成员分配规则

三、多选题

1. APS算法任务顺序计划包括（　　　）。

A. 无顺序计划　　　　B. 向前顺序计划　　　C. 向后顺序计划　　　D. 双向计划

2. APS的内涵包括（　　　）。

A. 满足资源约束　　　B. 具有模拟能力　　　C. 基于内存计算模式　　D. 计划供应链

3. 下列属于APS在制造业主要解决的问题中精益执行方面的有（　　　）。

A. 如何实现承诺的运营目标　　　　　　　B. 当日需要完成哪些生产订单

C. 使用哪些资源　　　　　　　　　　　　D. 单元生产线上动态看板的执行情况

4. 下列属于用可视化的APS实现精益制造的技术有（　　　）。

A. 接单可视化　　　　　　　　　　　　　B. BOM工艺可视化

C. 计划与排产可视化　　　　　　　　　　D. 运作绩效可视化

5. 为了达到高级计划能力，APS所依赖的核心能力有（　　　）。

A. 计算速度快　　　　　　　　　　　　　B. 同步考虑所有供应链的约束

C. 硬约束和软约束　　　　　　　　　　　D. 同时传播信息影响供应链上下游

6. APS与ERP集成的两种系统数据的集成方式是（　　　）。

A. 分离数据　　　　　　B. 编码数据　　　　　C. 共用数据　　　　　　D. 存储数据

7. 主需求计划包括（　　　）。

A. 汇总预测　　　　　　　　　　　　　　B. 计算生产调拨数量

C. 供应链计划　　　　　　　　　　　　　D. 销售订单的承诺

8. APS算法（　　　　）。

A. 基于模拟仿真模式

B. 基于TOC的模式和扩展

C. 基于选择规则

D. 基于数学建模

四、简答题

1. 什么是APS？AP和AS有什么不同？

2. APS与ERP与SCM的关联是什么？

3. APS系统功能模块有哪些？

4. 在计划逻辑上是先考虑产能后平衡物料还是先安排物料后优化产能？在产能平衡上，是分析瓶颈再优化限制还是只允许有限产能加载优化？

5. APS与工业4.0智能制造、IoT、AI、大数据、云计算有什么关系？

6. APS排产的规则有哪几类？

7. 一站式APS解决方案的优缺点是什么？

五、应用分析题

1. 某加工车间要为2023年9月加工的6批产品进行作业排序（见表6.4），每批的件数相同，都是1000件，公司对各种产品的加工时间都设定了工时定额，销售部门提出了各种产品的预定交货期。请比较先到先服务规则（FCFS）、最短加工时间规则（SPT）以及最早交货期规则（EDD）分派顺序下的效率指标，并说明排产中选择规则的意义。

表6.4　2023年9月加工的6批产品

产　　品	加工工时定额 /天	预定交货时间
A	10	2023年12月22日
B	7	2023年12月15日
C	8	2023年12月17日
D	6	2023年12月20日
E	4	2023年12月25日
F	5	2023年12月18日

2. 某一产品生产要经过10、20、30工序，现在有三个不同型号的产品订单a、b、c，客户交期顺序也是a、b、c。在各工段只有一个产能资源的情况下，当什么因素都不考虑，排产顺序一般如图6.54所示。

10	a	b	c		
20		a	b	c	
30			a	b	c

图6.54 排产顺序

请根据以下几种不同的考虑因素，调整排产顺序。

（1）如果20工序需要考虑换型时间，即a、c两个订单型号可以在同一炉温下面生产，不同的炉温需要切换机器炉温等待。这个时候如果30段只考虑订单客户交期，怎么进行排产？若考虑产能资源利用更加充分，则该怎么排产？

（2）如果a在20段的工艺很复杂，生产周期长，c和b在10段甘特图就会出现提前开工的现象，假如c和b在10段有生命周期限制，不允许提前开工，如何排产？

（3）请根据（1）和（2）的排产，谈谈你对生产排产的看法。

第 7 章

从制造执行系统到制造运营管理

近年来，企业认识到要从最基础的生产管理上提升竞争力，只有将数据信息从产品级（基础自动化级）取出，穿过操作控制级，送达管理级，通过连续信息流来实现企业信息集成才能使企业在日益激烈的竞争中立于不败之地。作为生产制造环节数字化的核心系统，MES的实施应用、优化升级是我国制造企业数字化进程中的一个缩影，代表着企业在数字化转型道路上迈出的坚实一步。本章首先介绍MES的基本概念、功能模型以及系统规划与需求分析，然后介绍MOM的概念、案例及发展趋势。

7.1 MES 的基本概念

视频讲解

7.1.1 MES 的产生与发展

20世纪60年代起，计算机技术在制造过程中的应用演进的两条主线如下。

（1）对企业运营的支持：财务—库存—MRP—MRPⅡ—ERP。

（2）对现场设备运行的支持：PLC/DCS/CNC/SCADA/HMI。

PLC（programmable logic controller）：可编程逻辑控制器。

DCS（distributed control system）：分布式控制系统。

CNC（computer numerical control）：计算机数控。

SCADA（supervisory control and data acquisition）：监控与数据采集。

HMI（human machine interface）：人机交换。

从信息系统的完整性来看，两大类系统之间存在一个空白、一个断层，存在双向断流的现象，如图7.1所示；从制造管理内容的完整性来看，需要在两大系统之间增加一个现场制造过程管理，如图7.2所示；从支持或服务的对象的完整性来看，需将生产现场人员嵌入其中，如图7.3所示；到了20世纪90年代，出现了MES的嵌入，如图7.4所示。

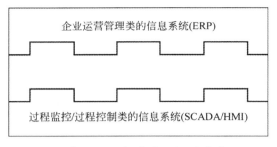

图7.1 两大系统之间的空白

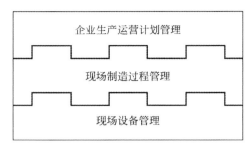

图7.2 现场制造过程管理的嵌入

图7.3 生产现场人员的嵌入

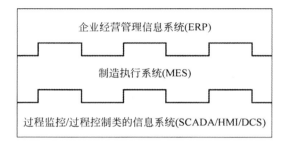

图7.4 MES系统的嵌入

MES是美国AMR公司在1990年提出的。AMR公司提出三层结构的信息化体系结构，将位于计划层和控制层之间的执行层叫作MES，确立了MES的地位。此后，国际自动化学会（International Society of Automation，ISA）描述了MES模型，包括工厂管理（资源管理、调度管理、维护管理）、工厂工艺设计（文档管理、标准管理、过程优化）、过程管理（回路监督控制、数据采集）和质量管理（统计质量管理、实验室信息管理系统）四个主要功能，并由实时数据库支持。在20世纪90年代初期，MES的重点是生产现场的信息整合。

MESA（Manufacturing Enterprise Solutions Association，制造企业解决方案协会，原名为制造执行系统协会）于1997年提出了MES功能组件和集成模型，该模型包括11个功能模块。这一时期，大量的研究机构、政府组织参与了MES的标准化工作，进行相关标准、模型的研究和开发，其中涉及分布对象技术、集成技术、平台技术、互操作技术和即插即用技术等。

进入2000年后，MES作为信息化应用的重要组成部分得到了市场的广泛关注。MES领域的并购十分活跃，越来越多的北美和欧洲MES软件厂商进入中国，中国本土不少自动化厂商，以及PLM和ERP软件厂商也开始进入MES市场。随着企业加强精细化管理，以及面临的越来越严格的质量追溯和管控需求，越来越多的大中型制造企业开始重视MES的应用，对MES进行选型与实施，并在MES应用和集成方面取得显著成效。

2013年以后，随着德国工业4.0、美国工业互联网、中国制造2025等规划和政策的出台，智能制造成为全球制造业的发展目标，MES作为实现智能制造的重要推手，得到了广泛关注，引发了新一轮的应用热潮。

7.1.2 MES 的定义

不同的组织和研究机构研究后形成了很多MES的理论和体系，包括MES的定义、定位模型、功能模型、数据流模型，甚至实施方法模型等，但是并没有统一的定义。比较著名的有以下几类。

1. AMR对MES的定义

AMR将MES定义为"位于上层计划管理系统与底层工业控制之间的、面向车间层的管理信息系统"，旨在加强MRP计划的执行功能，把MRP计划通过执行系统同车间作业现场控制系统联系起来，为操作人员、管理人员提供计划的执行、跟踪以及所有资源（人、设备、物料、客户需求等方面）的当前状态。这里的现场控制包括PLC、数据采集器、条形码、各种计量及检测仪器、机械手等。

AMR提出了决策层、执行层和控制层的企业信息集成三层业务模型：第一层为决策层（ERP），主要为企业提供全面管理决策；第二层为执行层（MES），主要负责车间级的协调、跟踪、发现并监控相关趋势；第三层为控制层（SFC），直接负责工厂生产控制的环节。

AMR对MES的定义是外延式的。外延式的定义易于理解，解决了什么东西是什么的问题，但解决不了怎么做的问题。也就是说，AMR的定义在进行MES普及应用时，远远不能满足实际需求。还需回答为什么需要MES、MES的作用、MES会取得哪些效益、具有什么功能等。

2. MESA对MES的定义

在AMR提出MES的概念之后，一大批相关的厂商、解决方案供应商、咨询分析人士聚集在AMR提出的MES的大旗之下，开始了MES方面的研究推广和应用工作。MES需要更大的发展，首先需要明确的内涵。MESA在这方面做出了巨大贡献。

1992年，AMR作为奠基者之一，与相关的MES厂商、解决方案供应商、咨询分析师、制造商等成立了一个非营利性、非政府组织行业协会——国际制造执行系统协会（Manufacturing Execution Systems Association International，MESA），后进一步更名为国际制造企业解决方案协会（Manufacturing Enterprise Solutions Association International），简写保持不变。

MESA对MES的理解为MES能通过信息传递，对从订单下达到产品完成的整个生产过程进行优化管理。当工厂中有实时事件发生时，MES能对此及时做出反应、报告，并利用当前的准确数据进行指导和处理。这种对状态变化的迅速响应使得MES能够减少内部没有附加值的活动，有效地指导工厂的生产运作过程，从而使其既能提高工厂及时交货能力、改善物料的流通性能，又能提高生产回报率。MES还通过双向的直接通信在企业内部和整个产品供应链中提供有关产品行为的关键任务信息。

MESA对MES的定义强调了以下四点。

（1）MES是对整个车间制造过程的优化，而不是单一解决某个生产瓶颈。

（2）MES必须提供实时收集生产过程数据的功能，并做出相应的分析和处理。

（3）MES需要与计划层和控制层进行信息交互，通过企业的连续信息流来实现企业信息集成。

（4）MES系统实现生产过程的透明化和实时监控。

MESA制造执行系统（MES）要点小结。

（1）基础——采集、处理、传递信息。

（2）范围——在订单发起到制成品之间活动。

（3）手段——生产活动的优化。

（4）手段——快速响应（处理）工厂中发生的各种生产活动。

（5）目的——消除不增值的活动，工厂的生产过程更为高效。

（6）终极目的——获取收益，全面质量控制系统。

3. ISA对MES的定义

ISA从1997年启动编制ISA-95（企业控制系统集成标准），其目的是建立企业信息系统的集成规范性，ISA-95标准文件内容目前包含以下四部分。

第一部分：模型和术语。

第二部分：数据结构和属性。

第三部分：制造业运作模型。

第四部分：事务处理技术报告。

ISA-95标准定义了企业级计划管理系统与工厂车间级控制系统进行集成时使用的术语和标准，其内容主要包括信息化和标准化两方面。ISA-95所涉及的信息内容有产品定义信息、生产能力信息、生产进度信息、生产绩效信息。ISA-95除了上述信息化内容之外，其重要组成部分就是生产对象的模型标准化。ISA-95的生产对象模型根据功能分成了四类、九个模型。四类为资源、能力、产品定义和生产计划。资源包括人员、设备、材料和过程段对象；能力包括生产能力、过程段能力；产品定义包括产品定义信息；生产计划包括生产计划和生产性能。

4. NIST对MES的定义

美国国家标准与技术研究院（National Institute of Standards and Technology，NIST）有关MES的定义：为使从接受订货到制成最终产品全过程的管理活动得以优化，采集硬件、软件的各种数据和状态信息。

5. 我国发布《工业自动化系统与集成 制造执行系统功能体系结构》

2010年12月1日，我国发布《工业自动化系统与集成 制造执行系统功能体系结构》（GB/T 25485—2010），该标准明确了制造执行系统在整个制造类企业集成系统中的定义、主要功能、系统的层次划分、MES通用的功能体系结构，并提供了实际企业MES的参考示例。

6. e-works智能制造研究院对MES的定义

MES是一套对生产现场综合管理的集成系统。MES用集成的思想替代原来的设备管理、质量管理、生产排产、DNC、数据采集软件等车间需要使用的孤立软件系统。MES在信息化系统中具有承上启下的作用，是一个信息枢纽，强调信息的实时性。MES从生产计划的执行、生产过程的追溯、设备的正常高效使用、保证产品质量、进行工人排班及合理激励等多个维度对生产现场进行集成管理。不同行业、不同生产模式的企业，应用的是MES中的某些模块或者在MES的基础上进行拓展应用。

7. MES的定义总结

（1）业务视角。MES提供实现从订单下达到完成产品的生产活动优化所需的信息；运用及时准确的数据，指导、启动、响应并记录车间生产活动，能够对生产条件的变化做出迅速的响应，从而减少非增值活动，提高效率。MES不但可以改善资本运作收益率，而且有助于及时交货、加快存货周转、增加企业利润和提高资金利用率。MES通过双向的信息交互形式，在企业与供应链之间提供生产活动的关键基础信息。

（2）架构视角。MES是处于制造企业计划层与控制层之间的执行层，是ERP系统和设备控制系统之间的桥梁和纽带，是制造企业实现敏捷化和全局优化的关键系统。

（3）指标视角。制造（生产）过程管理的作用是把企业有关产品的质量、产量、成本等相关的综合生产指标目标值转换为制造过程的作业计划、作业标准和工艺标准，从而产生合适的控制指令和生产指令，驱动设备控制系统使生产线在正确的时间完成正确的动作，生产出合格的产品，从而使实际的生产指标处于综合生产指标的目标值范围内。

7.1.3 MES 的发展趋势

作为承上启下的车间级综合信息系统，MES涉及与底层自动化系统和各类设备的信息采集，需要承接ERP下达的生产计划，实现设备与工装管理、质量管理、人员派工、在制品管理、生产追溯、车间排产等功能的集成应用，并与仓储物流系统集成。MES的应用与制造企业所处的行业、产品特点、工艺路线、生产模式、设备布局、车间物流规划、生产和物流自动化程度、数据采集终端、车间联网，以及精益生产推进等诸多因素息息相关，非常具有行业特质。

MES的应用又与车间无纸化、多工厂协同、混流生产、物联网应用、工业大数据、数字孪生、CPS等诸多新兴技术交叉，正在不断进化。其中，CPS的内涵实际上是自动控制技术（数据采集、伺服驱动）、嵌入式软件技术、机器人技术、无线通信技术、物联网技术融合的系统，其愿景是实现智能制造和智能工厂。通过数字孪生技术，可以将MES采集到的数据在虚拟的三维车间模型中实时地展现出来，不仅可以提供车间的VR环境，还可以显示设备的实际状态，实现虚实融合。

除此之外，MES正向精细化、智能化等方向发展，其主要目标是通过MES帮助企业构建智能工厂、实现全球范围内的生产协同。

（1）MES的集成范围会逐渐扩大，不仅包括生产制造车间，还将覆盖整个企业的业务流程。通过建立物流、质量、设备状态的统一的工厂数据模型，使数据更能适应企业的业务流程的变更和重组的需求，真正实现MIS软件系统的开放，可配置、易维护。在制成方式上，通过MES系统的设计和开发，使不同软件供应商的MES和其他的信息化构件实现标准的互联和互操作性，同时实现"即插即用"的功能。

（2）实现协同制造。互联网技术的发展对制造业的影响越来越大，未来MES将会帮助企业实现网络化的协同制造，通过对分布在不同地点甚至全球范围内的工厂进行实时管理。以协同企业所有的生产活动，建立过程信息化互联，并以MES为引擎进行实时过程管理。以协同企业所有的生产活动，建立过程化、敏捷化和级别化的管理模式。此外，MES在协同制造方面将超越目前个人和组织范畴，扩展至与供应商和客户的连接；在制造智能方面将不限于收集、分析与展现，而将进一步实现现场实时分析、协同智能决策，及时调整制造执行过程，最终帮助企业实现智能生产，打造智慧工厂。

（3）更加智能。目前MES的应用还存在通过大量的人工干预来控制生产过程的现象。MES中所涉及的信息以及决策过程非常复杂，以现有的方式难以保证生产过程的高效和优化。伴随着人工智能的发展，MES将具有人工智能决策功能，能够根据实时数据进行及时的智能辅助决策。

未来，伴随着新兴技术的发展和应用，MES的深度和广度也会得到更大的发展。更加模块化、更具柔性的MES将使企业的实施和维护成本大降低。智能化的MES将为企业实现智能制造、建设智能工厂打下坚实基础。

7.2 MES的功能模块及与其他系统的集成

7.2.1 MES的核心功能

视频讲解

MESA定义MES的各功能模型及其与企业其他信息化系统的关系如图7.5所示。MESA通过其各成员的实践归纳了11个主要的MES功能模块。

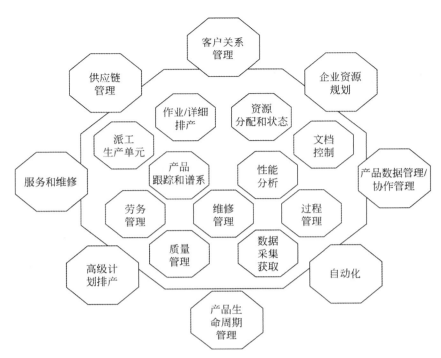

图7.5　MES的功能模型及其与企业其他信息化系统的关系

1. 资源分配和状态

资源分配和状态管理机床、工具、人员、物料、其他设备以及其他生产实体（例如进行加工必须准备的工艺文件、数控加工程序等文档资料），用以保证生产的正常进行。它还要提供资源使用情况的历史记录，确保设备能够正确安装和运转，以提供实时的状态信息。对这些资源的管理，还包括为满足作业排产计划目标对其所做的预定和调度。

2. 作业/详细排产

在具体生产单元的操作中，根据相关的优先级、属性、特征以及配方提供作业排产功能。这个调度功能的能力有限，主要是通过识别替代性、重叠性或并行性操作来准确计算出时间、设备上下料，以做出相应调整来适应变化。

3. 派工生产单元

以作业、订单、批量、成批和工单等形式管理生产单元间工作的流动。分配信息用于作业顺序的定制以及车间有事件发生时的实时变更。派工生产单元具有变更车间已制订的生产计划的能力，对返修品和废品进行处理，用缓冲区管理的方法控制任意位置的在制品数量。

4. 文档控制

文档控制管理生产单元有关的记录和表格，包括工作指令、配方、工程图纸、标准工艺规程、零件的数控加工程序、批量加工记录、工程更改通知以及班次间的通信记录，并提供按计划编辑信息的功能。它将各种指令下达给操作层，包括向操作者提供操作数据或向设备控制层提供生产配方。此外它还包括对环境、健康和安全制度信息，以及ISO信息的管理与完整性维护，例如纠正措施控制程序。当然，还有存储历史信息功能。

5. 数据采集获取

数据采集获取能通过数据采集接口来获取生产单元的记录和表格上填写的各种作业生产数据和参数。这些数据是可从车间以手工方式录入或自动从设备上获取的分钟级实时更新的数据。

6. 劳务管理

劳务管理提供按分钟级更新的内部人员状态，作为作业成本核算的基础。它包括出勤报告、人员的认证跟踪以及跟踪人员的辅助业务能力，如物料准备或工具间工作情况。劳务管理与资源分配功能相互作用，共同确定最佳分配。

7. 质量管理

质量管理对生产制造过程中获得的测量值进行实时分析，以保证产品质量得到良好控制，质量问题得到确切关注。该功能还可针对质量问题推荐相关纠正措施，包括对症状、行为和结果进行关联以确定问题原因。质量管理还包括对统计过程控制和统计质量控制的跟踪、实验室信息管理系统的线下检修操作和分析管理。

8. 过程管理

过程管理监控生产过程、自动纠错或向用户提供决策支持以纠正和改进制造过程活动。这些活动具有内操作性，主要集中在被监控的机器和设备上，同时具有互操作性，跟踪从一项到另外一项作业流程。过程管理还包括报警功能，使车间人员能够及时察觉到出现了超出允许误差的过程更改。通过数据采集接口，过程管理可以实现智能设备与MES之间的数据交换。

9. 维护管理

维护管理跟踪和指导作业活动，维护设备和工具以确保它们能正常运转并安排进行定期检修，以及对突发问题能够即刻响应或报警。它还能保留以往的维护管理历史记录和问题，帮助进行问题诊断。

10. 产品跟踪和谱系

产品跟踪和谱系提供工件在任一时刻的位置和状态信息。其状态信息可包括：进行该工作的人员信息；按供应商划分的组成物料、产品批号、序列号、当前生产情况、警告、返工或与产品相关的其他异常信息。其在线跟踪功能也可创建一个历史记录，使得零件和每个末端产品的使用具有追溯性。

11. 性能分析

性能分析提供按分钟级别更新的实际生产运行结果的报告信息，对过去记录和预想结果进行比较。运行性能结果包括资源利用率、资源可获取性、产品单位周期、与排产表的一致性、与标准的一致性等指标的测量值。性能分析包含统计过程控制（SPC）和统计质量控制（SQC），该功能从度量操作参数的不同功能提取信息，当前性能的评估结果以报告或在线公布的形式呈现。

7.2.2 MES 与其他系统的集成与比较分析

MES必须与ERP、APS、CAPP、质量管理、人力资源管理、设备管理、管理信息等系统以及底层自动化设备等做集成接口，使企业在相关系统中基础数据和动态数据保持一致，避免数据的重复录入和不一致，使数据充分共享，图7.6所示为企业数据流中的MES。

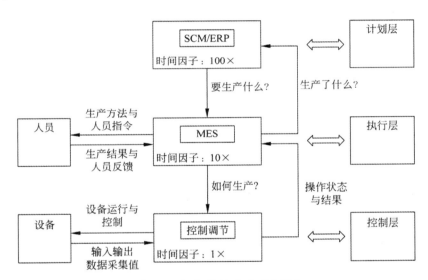

图7.6 企业数据流中的MES

1. MES与ERP的集成与比较

1）MES与ERP的集成

从生产计划的角度看，ERP在生产计划的前端，MES在生产计划的后端，MES需要得到ERP生成的"粗"计划作为其计划的源头和基础；车间任务开工前，MES需要根据现场任务的进度安排到ERP系统中领料；车间任务完成后，MES需要将完工信息反馈给ERP进行入库登记，ERP自动关联到相应订单并进行完工处理，从而实现计划的闭环控制管理。

因此，车间工作订单信息、配套加工领料单信息、物料编码基本信息、物资库存质量信息、配套单据及配套结果信息等基础信息都存储在ERP中；车间领料信息、在制品信息、车间完工反馈信息等在生产车间的信息都存储在MES中。

ERP系统与MES集成主要包括如下几部分功能。

（1）ERP系统向MES提供车间生产任务数据，作为MES计划排产的来源。

（2）MES系统向ERP提供限额领料需求，以实现系统自动领料。

（3）ERP系统向MES提供零件限额领料的详细信息，使车间及时了解生产准备情况。

（4）通过MES向ERP提交完工入库信息，以实现系统自动入库。

（5）ERP系统接收MES提供的零部件完工信息后自动反馈到生产计划，使生产管理人员及时掌握车间任务进度。

2）MES与ERP的比较

（1）MES覆盖面大得多，如果ERP用户数为1，则MES用户数为7～10。

（2）MES实现技术更复杂，涉及IT（信息技术）与OT（运作技术），以及两者间的融合。

（3）MES业务模式更复杂。

① ERP有标准MRP、近乎标准财务、近乎标准仓储。

② MES几乎没有标准作业模式。

（4）MES管理粒度更为精细。

（5）ERP做什么和做多少的问题，具体可到车间层面；MES是解决如何做和做得好坏的问题，具体可到设备、工位、人层面。

（6）ERP与瓶颈工序相关，MES与全部工序相关。

2. MES与APS的集成

APS通常被用来制订车间作业计划，是一套基于优化生产原理的生产排产软件。对于APS功能，最重要的就是基础数据的准确以及有明确的业务管理需求。

APS需要输入的信息包括生产任务、加工工艺、库存数据、设备信息和工人信息。

（1）生产任务。MES向APS提供车间的生产任务信息。

（2）加工工艺。由MES或者其他系统向APS提供工艺规程上要求的内容，至少包括加工工序、各工序所需要的工装工具及其他物料、各工艺加工工时和所需工种、所需加工设备组（工作中心），还有一些辅助性的内容，包括图纸、加工说明等。

（3）库存数据。由MES或者其他系统向APS提供包括制订计划时的物资库存，可用工装、工具、刀具库存，近期计划可用入库信息等。

（4）设备信息。由MES或者设备管理系统向APS提供可用设备能力、时间模型及所属设备组（工作中心）等内容。

（5）工人信息。由MES或者人力资源管理系统向APS提供各个工人加工技能、时间模型及所属班组等信息。

APS向MES输出的信息包括排产仿真及结果对比分析和排产结果。

（1）排产仿真及结果对比分析。由于APS引擎内置大量的排产策略，采用不同的排产策略将得到不同的排产结果，因此，要将得到的不同排产的结果进行对比分析，最终得到需要的结果。

（2）排产结果。准备下达给班组的指导工人加工的排产方案，可细化到某时某工人在某个设备上加工某工序，同时需要配备何种工装工具及刀具以及准备哪些物资辅料。比较好的排产结果还会包括该工序的详细制造指令，信息更为详备。

3. MES与CAPP、PDM的集成

CAPP中保存结构化工艺文件数据，PDM用于工艺文件的管理和归档。MES、CAPP和PDM三者之间的集成包括：①CAPP与MES之间的集成，实现工艺数据从CAPP向MES中的导入，同时在CAPP中实现工艺文件的自动查错；②CAPP与PDM之间的集成，实现工艺文件在PDM中的流程审批和归档管理，包括CAPP与PDM中产品结构树的统一、MES与PDM中产品结构树的统一、CAPP与PDM的审批流程统一。

4. MES与DNC的集成

MES负责生产作业计划，当车间生产调度将某道工序派往某台机床时，需要向DNC系统传送一个信息：该工序的零件号、工艺规程编号、工序号、设备号。DNC接收了该信息后，需要根据零件号、工艺规程编号、工序号三个条件，在产品结构树下检索到该零件节点，并在该节点下根据工艺规程编号、工序号、设备号检索加工代码（按代码属性检索），检索到后将这些代码传送到DNC通信服务器相应的设备节点下。

DNC与MES的集成实现了车间计划指令与机床的物理关联，同时机床的生产状态能及时反馈给MES，为MES的工序加工计划提供可靠的依据。

7.3 MES 规划与需求分析

MES需求分析方法包含基础数据分析、流程梳理与分析、生产工艺建模与分析、数据采集分析、现状评估与MES集成、系统需求与架构设计以及制订实施方案七方面，如图7.7所示。

视频讲解

7.3.1 基础数据梳理

基础数据标准化是MES应用的重要工作之一。建立规范统一的基础数据是保证企业MES正常运行的前提条件。图7.8所示为MES基础数据收集范围，包含人、机、料、法等多方面。

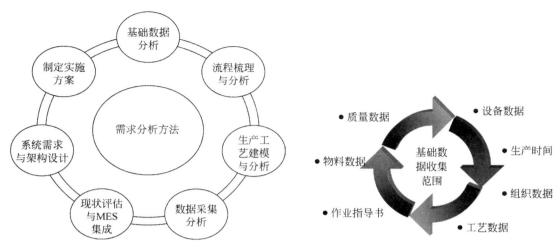

图7.7 MES系统需求分析方法

图7.8 MES基础数据收集范围

1. 人

1）生产组织（人）——人员类数据

MES系统中主要对人员的资质、考勤、绩效进行管理，与之相关的人员基础属性，如工号、姓名、资质等都属于本次梳理范围内。根据ISA-95标准体系，结构人员类主要包括人员类属性、人员、人员属性、人员资质等几方面，如图7.9所示。人员类数据收集整理包括人员编号、人员岗位、岗位要求、人员编制等信息。

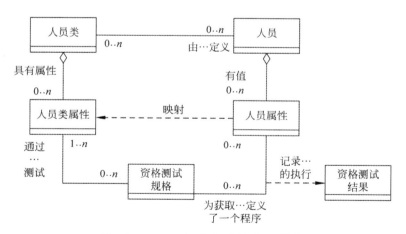

图7.9 ISA-95标准体系结构人员类

2）生产组织（人）——生产时间

生产时间是指企业劳动资源以及劳动对象在生产工作过程中的劳动序列与时间长度。人员信息是生产主体，生产人员的工作安排同生产班制以及生产时间计划紧密相关。生产时间类主要包括生产班制、生产班次，如图7.10所示。

班制名称	描述
单班	单班
双班	早班、中班
三班	早班、中班、夜班
多班	四班三运转或其他

类型	班次名称	所属班制	班次序列	起始时间	结束时间	是否跨天	所属车间
工作日	早班	三班制	1	7:00	16:00		
双休日	中班	三班制	2	16:00	0:30	是	
节假日	晚班	三班制	3	0:30	7:00		

图7.10 生产班制和生产班次

人员类数据的逻辑关系如图7.11所示，可以实现正反追溯。

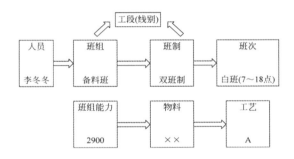

图7.11 人员类数据的逻辑关系

2. 机

1）设备类数据（机）

设备模型参照国际标准进行梳理，自上而下包括工厂、车间、设备，以及与设备相关的所有数据，如图7.12所示。

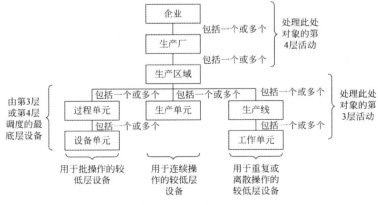

图7.12 设备模型

261

2）设备资源

设备是生产线上的最小单元，是MES运行的关键，所以设备资源数据的梳理也相对比较关键。对与设备相关的多个数据进行梳理，包括设备清单、设备能力、维修、备品备件等，如图7.13与图7.14所示。

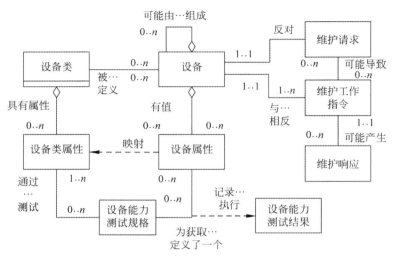

图7.13 设备资源关系

设备代码	设备名称	设备组代码	设备组	核心资源	设备型号	供应商

地址编码与名称	是否改装	隶属车间	所需证书或技能

标准工序	设备型号名称	人工工时(小时/台班)	准备时间(小时/台班)	加工工时(小时/台班)	定额产量(万/台班)	每台班时	正常生产辅助时间	班制产量	台班定员
							B	C	

物料代码	物料名称	规格	图号	物料组	基本计量单位	辅助计量单位

图7.14 设备资源表

设备类数据的逻辑关系如图7.15所示。

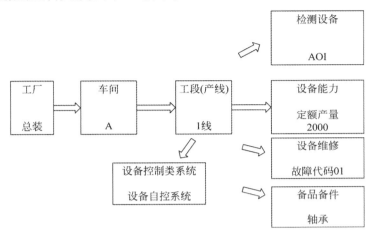

图7.15　设备类数据的逻辑关系

3. 料

1）物料类数据（料）

物料是生产加工和业务处理的直接对象，是MES最重要和关键的数据。MES中主要对物料的加工进行管理，所以生产中涉及的所有物料都是MES管理的对象。物料类数据关系如图7.16所示。

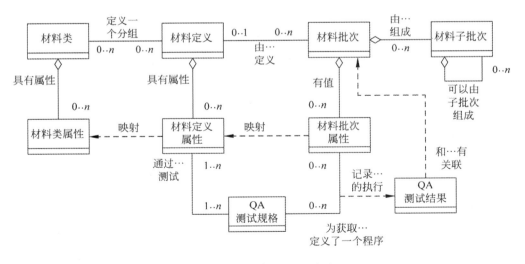

图7.16　物料类数据关系

2）物料的主数据

物料是对企业实物客观的描述和反映，在生产领域流转的一切材料（不论其来自生产资料还是生活资料）、原材料、零部件、半成品、成品以及生产过程中必然产生

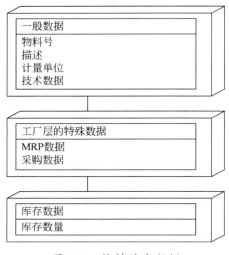

图7.17 物料的主数据

的废料以及各种低值易耗辅料和生产过程中的工装模具都包含在其中。

同时在实际生产组织活动中也全部围绕物料展开，如图7.17所示，物料的各类属性（采购、自制、批次管理）和参数（安全库存、采购批量、最小库存、采购提前期、计量单位、辅助计量单位、保质期管理）直接关系到未来生产和业务处理方式。

4.法

1）过程类数据（法）

过程类数据核心包括工步、工序、工艺路线、加工方法、质量类数据。

MES主要依据过程类数据对生产过程进行管理，所以与人员、设备、物料等数据都有关联关系，如图7.18所示。工艺类数据逻辑关系如图7.19所示，重点为建立工序BOM。

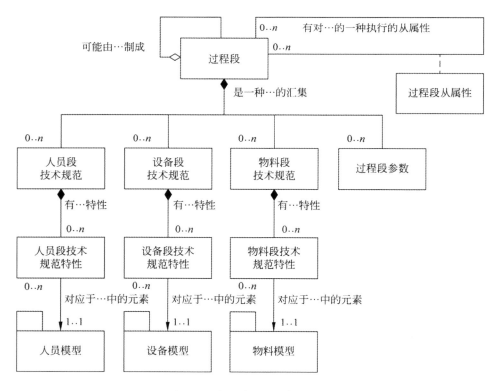

图7.18 过程类数据关系模型

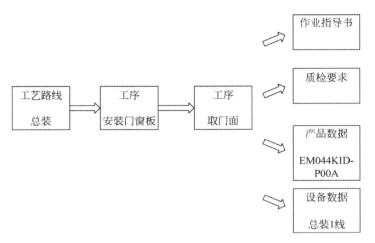

图7.19　工艺类数据逻辑关系

2）过程类数据（法）——质量数据

质量管理是MES的重要组成部分，同时质量管理是企业管理和生产管理的核心。在MES中质量管理需要实时分析从生产现场收集到的数据，及时控制关键工序的加工质量，进行质量预测、监控和在线调试，消除质量缺陷和隐患，如图7.20所示。

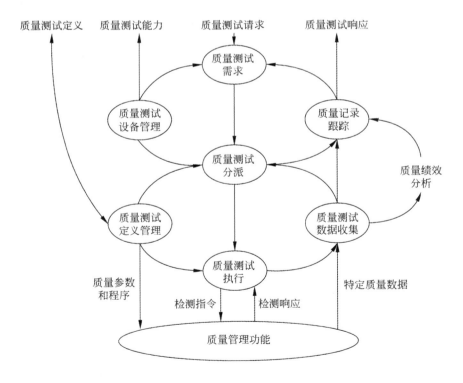

图7.20　MES质量管理

质量管理基础数据按照ISA-95体系标准进行梳理，主要包括质量数据、检验规则、检验项目、常规检验结果以及相关质量计划和质量检查资源等，如图7.21所示。质量类数据逻辑关系如图7.22所示。

物料编码	物料名称	检验规则代码	检验方式	是否周期检验	备注

检验规则代码	检验规则名称	手工或机检(含仪器名称)	检验规则方案

检验项目代码	检验项目名称	抽样标准	是否机检	检验规则	备注

结果代码	结果名称	备注

图7.21　质量管理基础数据

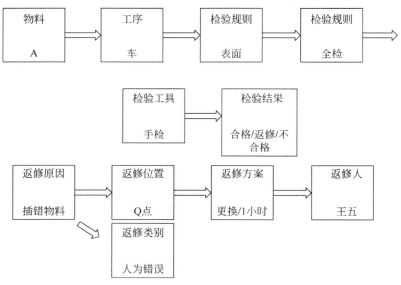

图7.22　质量类数据逻辑关系

最后输出《基础数据调研与分析报告》框架，包括基础数据收集的意义与价值、基础数据的模型与范围、基础数据管理存在的问题，以及改进建议与计划。

7.3.2 业务流程梳理与优化

业务流程梳理的目标为：

（1）实现业务流程的可视化、规范化和监控化。

（2）发现业务运行中存在的问题，对流程进行优化。

（3）全面、真实地梳理MES业务需求。

（4）确认未来MES的业务运行流程。

（5）在公司中培养业务流程管理的理念与方法。

大部分企业流程管理中存在如下问题：

（1）缺乏完整的流程管理体系。

（2）错误的问题重复发生。

（3）完成工作的周期很长。

（4）组织决定流程，而非流程决定组织。

（5）每一个人对流程的理解不同。

（6）各种各样的制度，如同"百衲衣"。

（7）缺乏标准的岗位说明书。

（8）职权利不匹配。

因为一个企业的业务流程数量众多，同时业务流程的梳理与优化是一个持续、长期、永无止境的工作，所以流程梳理与优化的重点是未来MES将要覆盖的流程，包含生产管理流程、质量管理流程、设备管理流程等，如图7.23所示。

MES系统的实施可以带来以下主要流程的变化：

（1）减少生产计划的层级。

（2）物料配送更加精确。

（3）产品追溯流程更加精细。

（4）质检与设备维护更加完善与规范。

（5）车间人员大量岗位调整与缩减。

最终输出《生产流程梳理与优化分析报告》框架，包括流程梳理的价值与意义、MES流程梳理与建模、流程优化分析及建议以及流程变革的推进与实施。

7.3.3 工艺建模与分析

工艺建模的重要性主要表现在六方面。

（1）工艺是生产过程的基础，生产过程中的所有活动都围绕工艺要求展开。

（2）工艺是未来MES运行的基础，MES将围绕工艺管理要求而建立。

（3）工艺要求决定了生产过程，也决定了产品的加工过程和加工环节。

（4）工艺要求决定了生产现场数据采集的结构与分布。

视频讲解

图7.23 MES流程视图

（5）工艺流程贯穿了生产制造的生产计划、车间调度、过程控制与质量控制环节。

（6）工艺是生产现场标准化作业的基础。

工艺建模的目标如下。

（1）建立完整的生产工艺分级模型，提供可视化的展现工具。

（2）清晰描述各制造部详细生产工序、工步直至具体操作的流程特点。

（3）准确说明对生产工艺条件、质量控制要求以及各工序的输入、输出，为制造过程数据采集提供来源依据。

（4）了解生产过程中所需的基础数据（人、设备、物料等资源）。

（5）了解未来工艺趋势，为MES实施后的工艺变化做好相应准备。

工艺建模方法IDEF0用活动框代表活动式功能，进入或从活动出来的箭头依次代表输入、控制、输出和机制。图7.24所示为系统的活动（用盒子来表示）和数据流（用箭头表示）以及它们之间的联系。用模型可以表示将来的系统功能或需求，也能够表示目前的系统功能和需求。用图形语言表示IDEF0模型，模型由图形、文字说明、词汇表及相互的交叉引用表组成。它把方盒作为活动，用箭头表示数据及接口。

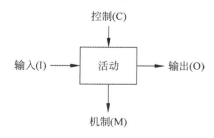

图7.24 工艺建模方法IDEF0

工艺建模与分析如图7.25所示，工艺建模的重点是：

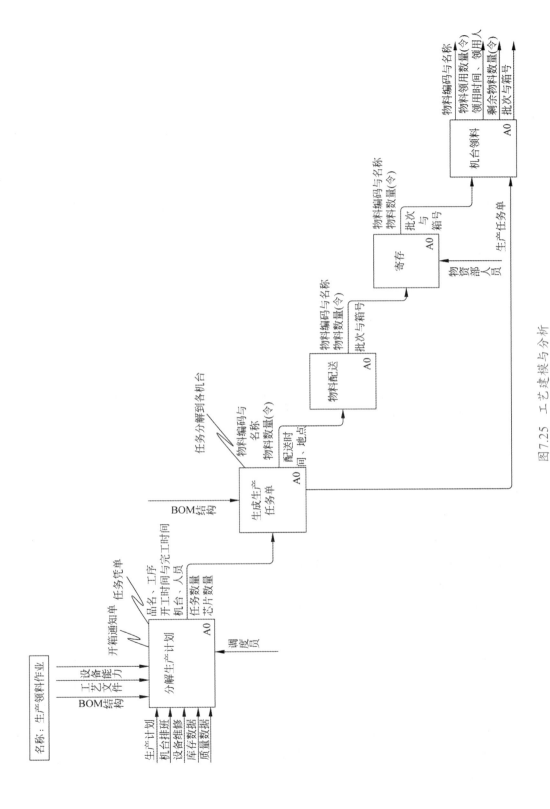

图 7.25 工艺建模与分析

（1）推进工艺标准化（每道工序的名称、时间、替代、作业指导书、资质等）。

（2）为每个产品建立工艺模型（尤其是特殊工艺的建立）。

（3）分析每道工艺所对应的控制要求与设备。

（4）分析每道工艺产生的数据，为数据采集做好准备。

最终生成《生产工艺特点分析报告》，包括生产工艺总体介绍、详细工序与工步分析、各产品详细工艺分析以及未来生产工艺分析。

7.3.4　数据采集基础梳理

根据生产工艺特点分析，能对实现和影响产品工艺的信息进行实时采集和分析，如图7.26所示。

	设备	工艺	人员	质量
采集数据	设备名称及状态、工装及模具数据、DNC类数据等	生产任务单 加工产品 使用物料 工位 开始时间 结束时间 :	生产人员 换班信息 :	首检信息 合格品数量 次品数量 返修数量 :

人机并互　传感器　PDA　RFID　生产设备　条码扫描器　检测设备

图7.26　实时数据采集和分析

采集的数据类型包括：带有时标的生产过程数据，带有时标的报警、消息、生产事件信息，重要检测数据（如各种检测指标和重量数据），计量数据（如数量、重量），批次信息（如批次号码、批次执行状态等）。数据采集需求确定采什么、怎么采、在哪里采，以及采集的设备，如图7.27所示。数据采集分析的步骤如图7.28所示。

最终输出《MES数据采集分析报告》框架，包含车间数据采集需求分析、车间数据采集方式分析、生产车间数据采集点分步与规划以及数据采集预算。

7.3.5　MES边界与集成

需求确定后，需要就系统的边界进行界定，如果界限划分不清晰，即便是从业务角度分析出来的需求，也将面临新的挑战，如通过哪一个系统的实施来落地的问题，所以本项目要划清MES与其他系统之间的关系。首先要解决的是MES可能会与哪些系统会发生关系；其次分清楚各种系统所擅长的功能；然后对于系统之间的关系进行切割；最后划清系统边界，考虑清楚系统间集成的方式。系统边界确定的步骤如图7.29所示，对现有系统将从功能调研、系统应用效果两方面进行分析，并对后续应用方向以及

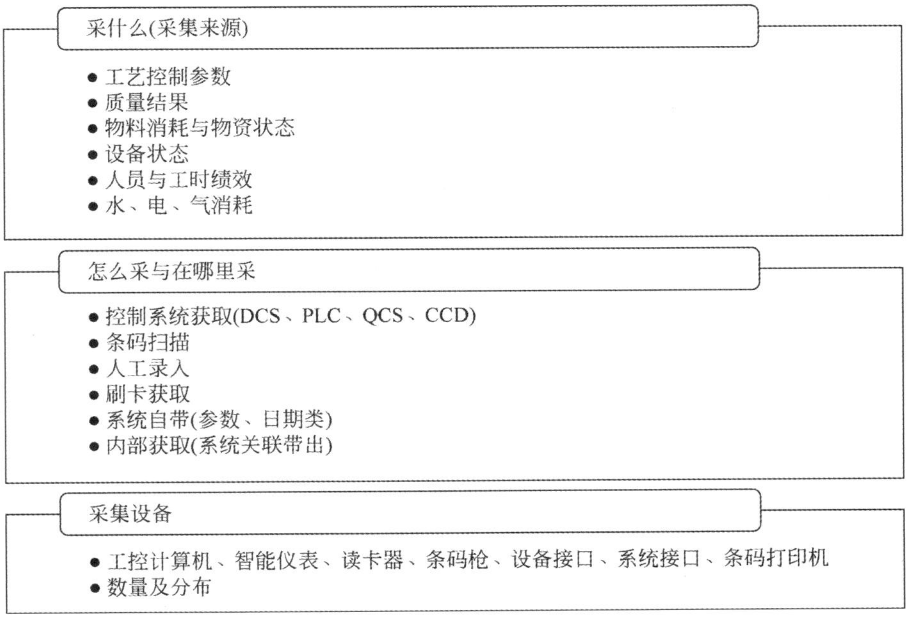

采什么(采集来源)

- 工艺控制参数
- 质量结果
- 物料消耗与物资状态
- 设备状态
- 人员与工时绩效
- 水、电、气消耗

怎么采与在哪里采

- 控制系统获取(DCS、PLC、QCS、CCD)
- 条码扫描
- 人工录入
- 刷卡获取
- 系统自带(参数、日期类)
- 内部获取(系统关联带出)

采集设备

- 工控计算机、智能仪表、读卡器、条码枪、设备接口、系统接口、条码打印机
- 数量及分布

图7.27 数据采集分析

分析每道工步的数据采集需求 ⇨ 分析外部采集数据的方式 ⇨ 对数据采集点进行规划 ⇨ 分析数据采集结果与改进环节

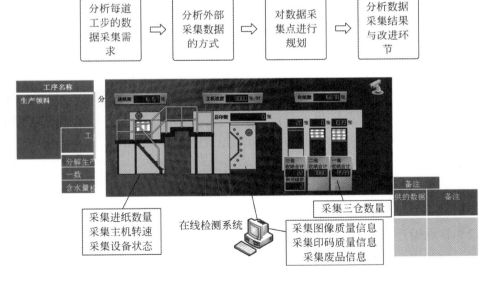

采集进纸数量
采集主机转速
采集设备状态

在线检测系统

采集三仓数量

采集图像质量信息
采集印码质量信息
采集废品信息

图7.28 数据采集分析的步骤

同MES集成、数据交换上做全面评估和论证,使其后续能很好支撑业务需要。

最后生成《系统现状评估与MES集成报告》,包括车间现有系统应用现状分析、MES的定位与边界、现有系统未来应用建议以及MES与其他系统的集成关系分析。

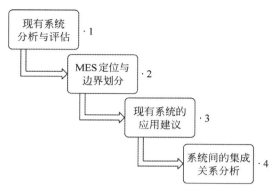

图7.29　系统边界确定的步骤

7.3.6　系统需求分析与框架设计

因MES的个性化较强，在需求梳理的过程中，需结合行业和企业的特点，对生产管理流程、工艺管理需求以及业务管理需求进行详细分析，以保证未来的MES能够满足公司个性化的要求。MES框架与功能设计及详细功能设计如图7.30和图7.31所示。

最终输出《MES需求分析架构设计报告》框架，包括MES需求汇总与分析、MES总体规划与框架设计、MES详细功能设计。

7.3.7　实施方案制订

在实施路线上，需依据企业目前生产管理的瓶颈、存在的问题、企业的核心管理特色、模块对业务的重要性、模块的投资收益比、同类型企业的建设情况等，规划出详细的实施路线，包括哪些模块先应用、模块之间的先后关系等。同时需学习和借鉴其他企业经验和企业现状，规划出详细的风险规避措施。

MES项目的实施要做到管理先行，业务驱动，IT支撑，如图7.32所示。具体原则如下。

（1）以业务为主导，IT部门为辅助。

（2）管理提升为基础，数据准确是关键。

（3）标准化、规范化是MES运行的必要条件。

（4）高层领导充分参与，"一把手"工程。

（5）以应用为原则，而非"一步到位"。

最终输出《MES实施方案报告》框架，包括MES实施原则与总体要求、MES实施步骤及内容、MES实施各阶段的详细功能要求及目标、MES系统投资预算分析以及如图7.33所示的MES实施前整改样例。

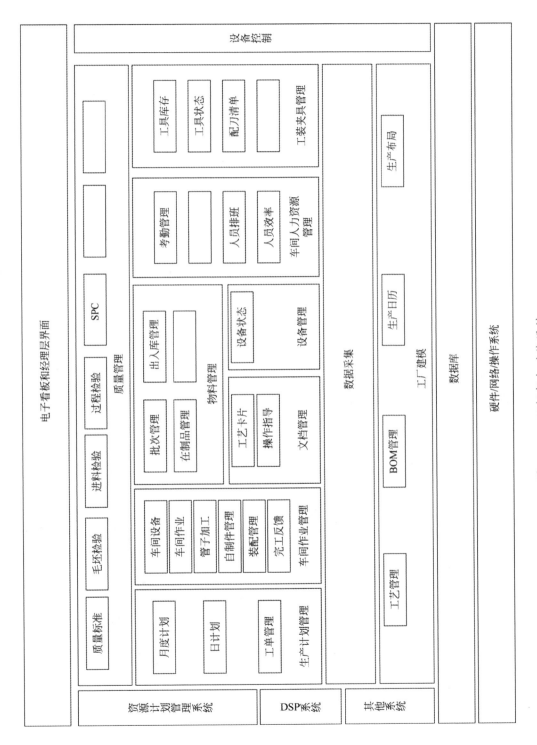

图 7.30　MES 框架与功能设计

上料防错	指定工单和设备机台后，系统能自动获取设备机台上相关联的设备编号和物料编号
	系统能够将当前工单BOM与获得的物料编号进行对比，若不匹配则给出明确的警示信息
	能够将待上料的物料编码读入系统，将其与从设备机台上获得的物料编号对比，若不一致给出明确的警示信息
	将上料过程中操作异常的记录红色显示，以方便统计操作员的绩效
	支持组装的上料防错
	建立浆料与产品代码的对应关系，支持浆料使用时防错检查

图7.31　MES详细功能设计

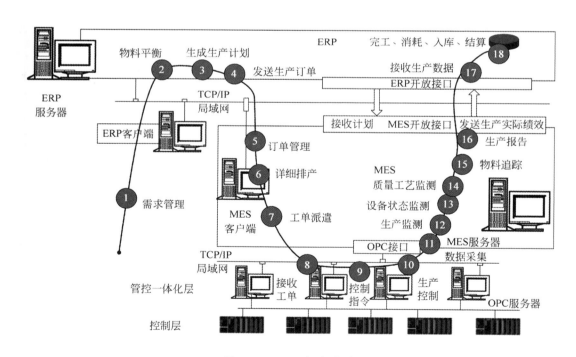

图7.32　MES实施原则

MES功能应用的前提要求	整改措施
工艺基础信息完善	(1) 梳理目前厂内各车间内工艺规程中的工序名称，并形成企业级资源库，工艺编制直接用标准工序； (2) 完善、维护多工艺路线作业方式的工艺卡； (3) 细化工艺卡内容，完善设备、工装刀具、工时等信息； (4) 建立生产通用工艺模板，提升工艺卡编制效率保证内容一致性
质量标准基础信息建立	建立各产品各工序质检项目和指标标准
物料基础数据梳理	参考集团总物料管理规则，制定并调节总级物料编码规则和分类规则，对所有物料编码进行规范，清理不符合规则物料的编码，处理一物多码问题
生产计划统筹协调	增加生产计划统筹职能，对各产品型号间的生产计划统筹协调，依据经验进行粗能力平衡执行时检查生产资源冲突等问题
设备控制系统联网	通过传感器等方式对DNC网络之外的设备进行整改，使设备运行状态等信息能及时采集

图7.33　MES实施前整改样例

7.4　制造运营管理

7.4.1　MOM 概念的提出

视频讲解

MES的发展与实践过程中遇到了如下一些问题：由于MES应用的行业之间差异巨大，不同MES产品的设计理念和发展历程不相同，MES和企业的业务系统及控制系统之间的边界往往难以清晰地界定，从而导致MES与其他软件产品之间常常存在较多的重叠，交互关系也不够清晰；由于缺少通用的MES集成模型或集成平台，导致MES的通用性差，可扩展性不足，各种数据难以实现有效的集成与共享；由于绝大多数MES只关注生产执行的核心作用，对维护运营、质量运营和库存运营的重视程度有限，通常将其弱化为处理能力十分有限的功能模块，有时甚至缺少这部分功能，并且未提高到与生产运营相类似的复杂程度来描述，难以充分满足现代制造企业对其制造运营区域的业务管理需求，进而直接影响对企业的运营管理效果。

针对这些问题，美国仪器、系统和自动化协会（Instrumentation，System，and Automation Society，ISA）于2000年开始发布ISA-95标准，首次正式确立了制造运营管理（manufacturing operations management，MOM）的概念，从而避免对MES边界的争论，针对更广义、更明确的MOM划定边界，将MOM作为该领域的通用研究对象和内容，并构建通用活动模型，应用于生产、维护、质量和库存四类主要运营区域，详细定义了各类运营系统的功能及各功能模块之间的相互关系，从而将以生产执行为主体的MES框架扩展至生产运营、维护运营、质量运营和库存运营并重的MOM框架。该标准于2003年由国际标准化组织和国际电工委员会（International Electrotechnical Commission，IEC）联合采用，正式发布为国际标准IEC/ISO 62264——《企业控制系统集成》。

IEC/ISO 62264标准以美国普度大学企业参考体系结构（PERA）为基础，建立了如图7.34所示的功能层次模型，将企业的功能划分为5个层次，明确地指出制造运营管理的范围是企业功能层次中的第3层，作用是定义了为实现生产最终产品的工作流活动，包括了生产记录的维护和生产过程的协调与优化等。IEC/ISO 62264标准对制造运营管理的定义是：通过协调管理企业的人员、设备、物料和能源等资源，把原材料或零件转换为产品的活动。它包含管理那些由物理设备、人和信息系统来执行的行为，并涵盖了管理有关调度、产能、产品定义、历史信息、生产装置信息，以及与其相关的资源状况信息的活动。

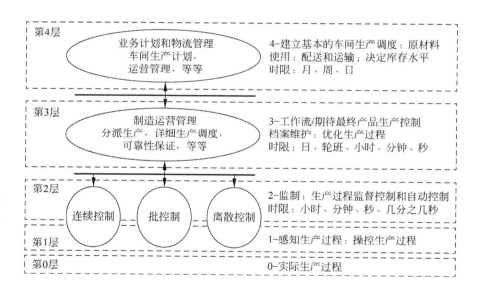

图7.34　功能层次模型

由此针对制造运营管理的研究可转换为两方面：一是针对制造运营管理内部的整体结构、主要功能及信息流走向的定义；二是针对制造运营管理与其外部系统（即第4层的业务计划系统、第2层及其以下的过程控制系统）之间信息交互的定义。

2016年，美国国家标准与技术研究院在发布的《智能制造系统现行标准体系》报告中定义了智能制造系统模型，其中用MOM取代MES，让业界对于制造运营管控的认知升级。

7.4.2　MOM 与 MES 的关系

从范围上看，MOM覆盖的范围比MES支撑的范围更广泛、更明确。MOM覆盖的范围是企业制造运营管理区域（第3层）内的全部活动，是一个抽象化了的并且相对固定的区域；MES涉及的范围则会因其产品的设计理念、发展历程，以及应用的行业、地域的不同而变化，难以给出一个十分明确的界限。但无论MES的范围如何变化与扩展，都不可能超越MOM的界限，即MOM所定义的范围是MES可扩展范围的上限。由于MES的范围会随其产品历程而不断变化，这就使MES和其他管理与控制系统之间的边界往往很难清晰地界定，各个软件产品间、功能模块间常常存在较多的重叠，交互关系也很不清晰，使得不同厂商的MES产品难以有效地实现集成与共享。MOM的提出避免了MES边界的争论，提供了一个更为广义并抽象化了的边界范围和一个更为明确的统一框架。

从本质上看，MOM与MES是从两个不同角度所提出的概念。MOM应该是一个对象范畴的概念；MES则是一个软件产品或软件系统的概念。可以说MOM就是所要研究和解决的问题本身，也可以看作包括了各种MES类产品所涉及的对象范围经过抽象化了的通用内容的上限；而MES则是为了解决某一类MOM问题而设计开发出来的软件产品。在MOM的概念提出之前，因为该领域缺少对象范畴的明确表述，所以MES除了自身软件产品和软件系统的主体概念之外，还包含了其所能解决问题的部分概念和描述，但是由于MES自身概念的模糊性和边界范围的不确定性，使得该领域通用的研究对象与研究内容并不明确，不利于该领域进一步发展。MOM的提出则可以解决这方面的问题，明确作为该领域的通用研究对象与内容，而MES则回归其软件产品或软件系统的主体概念，从而使得该领域的研究更加清晰化。

从内容上看，MOM与MES的整体结构存在着一定的差异。MOM是将生产运营、维护运营、质量运营和库存运营并列起来，使用一个统一的通用活动模型模板来描述，并详细定义了通用活动模型内部的主要功能及各功能之间的信息流；MES则通常是以生产运营为核心，其他几部分运营管理弱化为功能模块，处于辅助生产运营的位置，功能十分有限，并没有采用与生产运营管理相类似的复杂程度的框架来描述，但是随着现代企业对企业安全生产、精益生产和生产质量要求的日益提高，尤其是在对这几方面更为重视的行业，如食品行业，MES难以充分满足对于设备维护、质量和库存管理的要求，进而直接影响对于生产运营的管理。MOM的提出利用与生产运营相统一的平行框架，扩展和细化了对于维护运营、质量运营和库存运营的模型化描述，使其与生产运营相互作用，更好地支撑制造运营领域的研究与应用。

总体来看，MES可以视为针对MOM问题的一种具体实现方式，或是一种为解决某一类MOM问题而设计开发的软件产品实例。MOM的提出并不是要替代MES，而是要为该领域确立一个通用的、明确的研究对象和研究内容，并提供一个主体框架，而MES依然会作为该领域最常见的软件产品和软件系统，基于MOM确立的主体框架，进一步向集成化、标准化的方向发展，从而更易于实现集成和共享，更便于维护和升级。

7.4.3 MOM 的功能结构模型

IEC/ISO 62264标准又参考美国普度大学的CIM参考模型，给出了企业功能数据流模型，定义了与生产制造相关的12种基本功能及各个功能间相交互的信息流。并根据业务性质的不同，将功能数据流模型中MOM的内部细分为4个不同性质的区域，生成了如图7.35所示的MOM模型，明确了MOM内部整体结构。

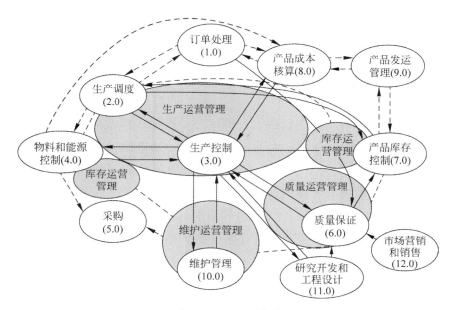

图7.35 MOM模型

图7.35中的虚线代表了企业的业务计划系统与制造运营系统之间的接口，即给出了MOM的边界。白色椭圆和带箭头的实线则分别代表企业中与生产制造相关的基本功能及各功能之间相交互的信息流（详见图7.36，其中各符号的定义如表7.1所示）。图7.35中的阴影区域则表示MOM内部细分的4大类不同性质的区域，分别是生产运营管理、维护运营管理、质量运营管理和库存运营管理。支持性的活动，如安全管理、信息管理、配置管理、文档管理、法规依从性管理以及突发事件与偏差管理没有包括进标准中，但常常包含在企业范围内。

1. 订单处理

订单处理的一般功能通常包括①客户订单处理、接收和确认；②销售预测；③放弃和保留处理；④销货毛利报告；⑤确定生产订单。在订单处理功能和制造控制功能之间通常不存在直接接口。

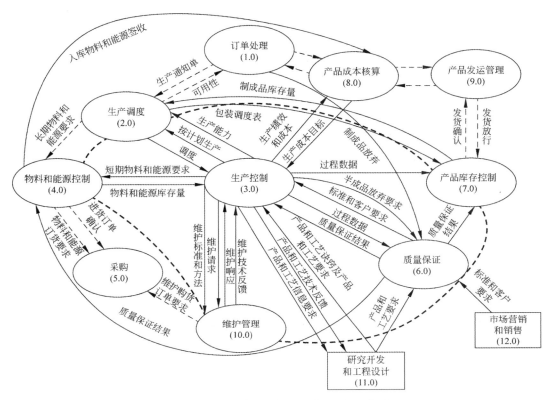

图7.36 MOM各功能之间交互的信息流

表7.1 图7.36中各符号的定义

符　号	定　　义
功能 (4.0)	一个功能表示为有标注的椭圆。一个功能是由相同目标分类的一组任务组成的。功能同分层方法加以组织，并用名称和数字加以区别。数字用来确认数据模型层次的等级
外部实体	一个外部实体表示为一个有标注的长方形。外部实体是模型边界以外的部件，它向功能发送数据，和/或从功能接收数据
数据流名称	一条带箭头的实线表示在功能，数据存储器或外部实体之间流动的一组数据。数据是在企业控制集成模型内定义的。所有实线都有一个数据流名称。在功能层次某一层的数据流可用较低层的一个或多个数据流表示
	一条带箭头的虚线表示在功能、数据存储器或外部实体之间流动的一组数据，数据与企业控制集成模型无关，只是用来图示功能的前后关系。无名称的虚线数据流不在本模型中识别
数据存储器	一个永久性数据存储器表示为在上、下方各有一条线的数据存储器名称。一个永久性数据存储器维护一个数据流中所定义的信息，因此，它一般用于具有原始数据源的潜在的非同步方式中

2. 生产调度

生产调度功能通过生产调度表、实际的生产信息以及生产能力信息与制造控制系统功能互连。这种信息交换在生产控制功能内表述。

在一个区域内，详细调度被看作一种控制功能。生产调度的一般功能如下。

（1）生产调度表的确定。

（2）长期原材料需求的确认。

（3）最终产品包装调度表的确定。

（4）可供销售的产品的确定。

由生产调度功能产生或修改的信息包括生产调度表、实际生产和计划生产的对比、生产的产能和资源可用性、当前的订货情况。

3. 生产控制

1）生产控制的主要功能

生产控制功能包括与制造控制有关的大多数功能。生产控制功能如下。

（1）按生产调度表和生产标准控制原材料转变成最终产品。

（2）完成工厂工程设计活动并更新工艺计划。

（3）提出原材料需求。

（4）生成性能和成本报告。

（5）评估对产能和质量的约束条件。

（6）自测和诊断生产和控制设备。

（7）为 SOP（标准操作程序）配方以及专用加工设备的设备操作建立生产标准和指示。生产控制中主要包括过程支持工程、运营控制以及运营计划。

2）过程支持工程

过程支持工程的功能主要如下。

（1）提出修改或维护要求。

（2）协调维护和工程设计功能。

（3）提供运行和维护功能的技术标准与方法。

（4）跟踪设备和工艺性能。

（5）提供对操作人员的技术支持。

（6）跟踪技术进展。

过程支持工程的功能产生或修改以下信息，这些信息用于其他控制功能。

（1）少量的设备和工艺修改，这可能包括新的设计图纸。

（2）对如何操作设备的指示，这可能包括标准的操作程序。

（3）对如何制作产品的指示，这可能包括生产规则和标准物料、设备以及其他所用的资源、物料安全性数据单（MSDS）。

（4）对如何安装设备的指示，这可能包括销售商设备。

（5）环境和安全性操作极限和约束。

（6）工艺设备设计技术和工艺操作方法，以及在线操作指示的工程标准。

3）运营控制

运营控制是管理一个工厂或区域内所有生产的功能的汇集。生产控制功能如下。

（1）按调度表和技术规范生产产品。

（2）报告生产、过程及资源信息。

（3）监视设备运行，确认操作测量值，以及确定维护要求。

（4）准备设备维护，并在维护后将设备投入运行。

（5）完成生产和控制设备的诊断和自检查。

（6）平衡和优化工厂或区域内的生产。

（7）可能的当地工厂或区域的劳动力管理和文件管理。

生产控制功能一般生成或修改如下信息，这些信息用于其他控制功能。

（1）生产请求状况。

（2）被选择的生产数据，诸如用来计算生产成本和性能的数据。

（3）被选择的过程数据，诸如设备性能反馈。

（4）资源状况。

（5）维护工作通知单请求状况。

（6）维护请求。

（7）诊断和自测试结果。

（8）过程历史。

（9）过程支持和工程支持请求。

（10）物料分析请求。

4）运营计划

运营计划的功能如下。

（1）制订一种基于生产调度表的短期生产计划。

（2）对照原材料可用性和产品储藏能力，检查生产调度表。

（3）对照设备和人员可用性，检查生产调度表。

（4）确定产能现状的百分值。

（5）考虑设备停机、人力和原材料可利用性，按小时修改生产计划。

运营计划功能一般生成或修改如下信息，这些信息用于其他控制功能。

（1）物料和能源库存量报告。

（2）满足生产计划所需要的物料和能源要求。

（3）运营控制的工厂或区域生产计划。

（4）可利用的生产资源的能力。

4. 物料和能源控制

物料和能源控制功能如下。

（1）管理库存量、转移，以及物料和能源的质量。

（2）在短期和长期需求的基础上提出物料和能源采购请求。

（3）计算和报告库存量平衡以及原材料和能源使用的损耗。

（4）接收入库的物料和能源供应并请求质量保证测试。

（5）通知采购可接收的物料和能源供应。

物料和能源控制功能一般生成或修改如下信息，这些信息用于其他控制功能。

（1）物料和能源订货要求。

（2）接收的物料和能源的进货确认。

（3）物料和能源库存量报告。

（4）对运营控制的手动和自动转移指示。

基于本地的组织结构，物料和能源控制中的一些功能可能处于控制域内。因此，就需要表述进出物料和能源控制的所选数据流，因为这些数据流可能跨越企业控制系统的边界。

5. 采购

采购功能如下。

（1）发出有供应商名字的原材料、补给品、备件、工具、设备和其他所需物料的订单。

（2）监视采购进程并向申请人报告。

（3）物品到货并认可后，发放进货支付发票。

（4）汇集和处理原材料、备件等单位请求，以便将订单发给销售商。

采购功能通常产生或修改预期的物料和能源交付进度表（用于其他控制功能）。

6. 质量保证

质量保证功能如下。

（1）物料的试验和分类。

（2）设定物料质量标准。

（3）根据技术、市场和客户服务等提出的要求，对制造和测试实验室发布标准。

（4）收集和维护物料质量数据。

（5）发放其他用途的物料（提交或进一步处理）。

（6）证明产品是按照标准工艺条件生产的。

（7）对照客户要求和统计质量控制例行程序检查产品数据，以保证产品发货前质量合格。

（8）将物料偏差重新置入工艺过程，以便重新评估以改进工艺。

质量保证功能通常产生或修改如下信息，这些信息用于其他控制功能。

（1）质量保证试验结果。

（2）批准发放物料或同意放弃。

（3）可施行的标准和客户对物料质量的要求。

基于本地的组织结构，质量保证中的某些功能可能位于控制域内，例如质量保证请求。因此，就需要论述进出质量保证的所选数据流，因为这些数据流可能跨越企业控制系统的边界。

7. 产品库存控制

产品库存控制功能如下。

（1）管理制成品库存量。

（2）按照产品销售指示储备特定的产品。

（3）按照交货进度表完成包装好的最终产品。

（4）向生产调度报告库存量。

（5）向产品成本核算报告余额和损耗。

（6）与产品发货管理协调，安排产品的实物装载/发运。

产品库存控制功能通常产生或修改如下信息，这些信息用于其他控制功能。

（1）制成品库存量。

（2）库存量余额。

（3）包装进度表。

（4）发货放行。

（5）发货确认。

（6）各项要求。

基于本地的组织结构，产品库存量控制内的某些功能可能处于控制域内。因此，就需要利用进出产品库存控制的所选数据流，因为这些数据流可能跨越企业控制系统的边界。

8. 产品成本核算

成本核算功能如下。

（1）计算和报告产品总成本。

（2）向生产部门报告成本计算结果以作调整。

（3）为生产设定成本目标。

（4）收集原材料、劳动力、能源和其他要传送到会计部门的成本。

（5）计算和报告总生产成本，向生产部门报告成本计算结果以作调整。

（6）为物料和能源供应及分配设定成本目标。

成本核算功能通常产生或修改如下信息，这些信息用于其他控制功能。

（1）生产的成本目标。

（2）生产绩效和成本。

（3）从物料和能源控制出发对零件和能源输入进行核算。

9. 产品发运管理

产品发运管理功能如下。

（1）按接收的订单要求组织产品发货运输。

（2）与运输公司商谈和发出订单。

（3）接受工厂货运条款并发放发货物料。

（4）准备相应的发货文件（提单，结关）。

（5）确认发运并发送至总会计部门要求开具发票。

（6）向产品成本核算部门报告发运成本。

10. 维护管理

维护管理功能如下。

（1）提供现有设施的维护。

（2）提供预防性维护计划。

（3）提供设备监视以预测故障，其内容包括自检和提供诊断程序。

（4）发出物料和备件的定购单请求。

（5）拟定维护成本报告，并与外部承包工作量相协调。

（6）为过程支持工程提供性能和可靠性的状态与技术反馈。

维护管理功能通常产生或修改如下信息，这些信息用于其他控制功能。

（1）维护进度表，它规定以后工作订单的计划。

（2）维护工作通知单，它规定需要停用维修的专用设备以及可供利用的维护功能。

（3）关于设备的诊断和自检请求。

基于本地的组织结构，维护管理内的某些功能可能处于控制域内。因此，就需要给出进出维护管理的所选数据流，因为这些数据流可能跨越企业控制系统的边界。

7.4.4　MOM 信息的交互与信息资源

为了实现MOM与业务计划系统（第4层）之间的信息更有效地集成与共享，IEC/ISO 62264标准分别针对MOM内部4类不同性质的区域进行了归纳与整合，将其与业务系统间交互的信息均归为4类，分别是运营定义信息、运营能力信息、运营调度/请求信息和运营绩效/响应信息。这4类信息可根据其所应用的制造运营管理区域进行细化，如图7.37所示，从而使得交互的制造运营信息能够形成一个完整的逻辑闭环。

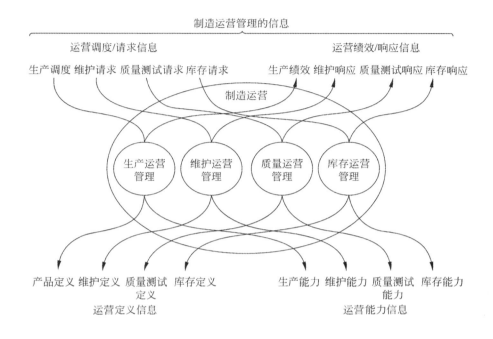

图7.37 制造运营信息

在明确了MOM的范围、结构和信息交互的基础上，IEC/ISO 62264标准采用UML（unified modeling language）建立了企业信息资源对象模型，描述了企业信息的基本结构。首先通过建立3类基础资源对象模型（即人员模型、设备模型和物料模型）作为企业信息构建的基础；进而使用并汇集这3类基础资源模型，辅以特定的参数描述和从属性描述，联合生成了过程段模型。过程段是指企业中一个生产段所需的所有资源和能力的汇集，可视为企业生产过程的基本粒度，过程段对象模型即成为描述企业信息资源的基本单位。通过过程段模型与前面定义的3类基础资源模型的联合使用和汇集，便可生成与制造运营信息相对应的对象模型，即运营能力模型、运营定义模型、运营调度模型和运营绩效模型，从而使MOM与业务计划系统之间相交互的制造运营信息有了对象模型的支撑，为MOM软件产品和软件系统的开发与集成奠定了坚实的基础。

7.4.5 MOM 活动模型

如图7.38所示，IEC/ISO 62264标准定义了MOM通用活动模型模板，给出了MOM内部的基本体系框架，作为描述与研究制造运营管理的基本工具。该模型中的椭圆框表示企业制造运营管理内部的主要活动，带箭头的实线则代表了这些活动之间相互传递的各种信息流。通过这些活动和信息流的定义，可以清晰地反映企业制造运营管理的基本业务过程，实现对从原材料、能源和信息到产品的转换过程中的成本、数量、安全和时间等参数进行协调、指导和追踪。

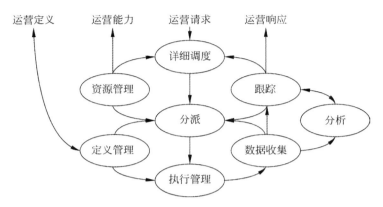

图7.38　MOM活动模型模板

MOM通用活动模型模板实际使用时，需细化到制造运营管理的4类主要区域。例如，当该模型模板用于描述生产运营管理时，它将会细化生成一个更为具体的生产运营管理活动模型，如图7.39所示。该模型的主要活动已细化到与生产直接相关，各活动之间的信息流也被进一步地细化描述，并扩展了它与第1、2层生产控制功能之间的信息交互。

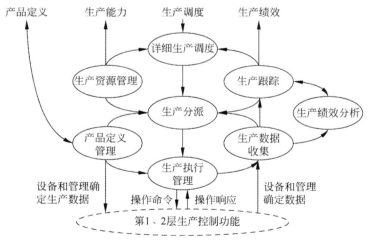

图7.39　生产运营管理的活动模型

在生产运营管理活动模型实际应用时，业务系统通过调用产品定义管理和生产资源管理的信息，结合第4层的相关活动与信息，形成生产调度信息传递给详细生产调度模块；通过该模块分解为详细生产进度表；再通过生产分派模块进一步生成生产分派清单；最后通过生产执行管理模块形成操作命令，下达给第1、2层的生产控制功能。实际的生产功能需要再结合产品定义管理所提供的生产规则，完成由生产执行管理下达的操作命令，并以操作响应的形式，将实际的生产结果反馈给生产执行管理模块。同时，通过生产数据收集模块从实际生产过程及生产执行管理模块，实时获取并存储设备和流程特定数据和操作响应信息，形成生产和资源的历史数据，传递给生产跟踪和生产绩效分析模块，进一步形成生产跟踪报告和绩效分析结果反馈给MOM的其他活动，并形成生产绩效信息反馈给第4层业务系统。

类似地，MOM通用活动模型模板同样可以用于描述其他3类制造运营区域，形成维护运营管理活动模型、质量运营管理活动模型和库存运营管理活动模型。以上4类运营管理活动模型之间通过详细调度模块相交互，共同为制造运营管理提供了模型化的描述与支撑。

7.4.6　MOM软件应用案例

1. 锐制制造运营系统

浙江锐制公司MOM是以MES为基础，加入APS、PMC、WMS、QMS和TPM等相关系统，涵盖计划、物流、生产、质量、设备五大制造领域，集制造、执行与工厂运营于一体，对工厂实行全方位数字化管理的软件系统，如图7.40和图7.41所示。

（1）以平台化的工厂建模方式，在软件上灵活构建从集团到工厂、车间、产线、设备的工厂运转体系，并以此进行包含工艺路线和工艺参数的工艺BOM管理。

（2）以RFID/标识码、现场物流、生产防错、异常处理、动作管控、数据采集及监控SCADA、SPC及产品溯源、质量管理、设备运维等系统功能，满足生产工厂工位级别对人、机、料、法、环、测等方面的制造执行管理和现场控制。

（3）采用工业大数据平台进行现场监控、数据仿真、工业智能和大数据分析，从而实现工厂管理的全方位数字化。

图7.41是锐制公司MOM系统数据层级图，其中，①、②、③分别是锐制CPS（信息物理系统）、DCS（分布式控制系统）、DTS（数据接口系统），④是锐制DFS（数字工厂系统），⑤是锐制APS，⑥、⑦分别是锐制数字化供应链PMC和WMS，⑧是锐制MES，⑨是锐制QMS，⑩是锐制TPM，⑪是锐制DBI（工业大数据分析系统）。

2. 浪潮MOM

浪潮MOM以MES为原型，涵盖生产、库存、运维和质量四大领域，集制造执行与运营于一体，对工厂实行全方位管理。MOM系统中包含工厂建模、工艺管理、计划管理、生产执行、质量管理、仓储管理、设备管理、条码管理、异常处理、数据采集、虚拟仿真和工业智能等众多功能，满足生产工厂对人、机、料、法、环、测及计划等各方面的管理。同时，系统外接ERP系统、工业大数据中心和设备管理层等模块，实现

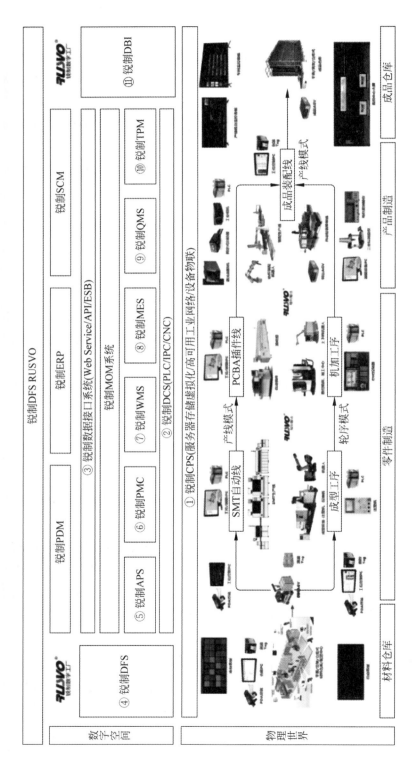

图7.40 锐制公司MOM运营关系图（e-works）

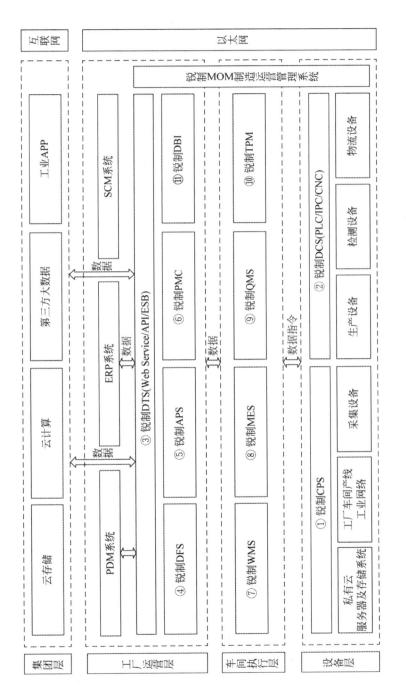

图7.41 锐制公司MOM系统数据层级（e-works）

工厂管理的一体化。

浪潮MOM系统采用"云+边"的技术架构，以边缘智能平台为支撑，打造高级计划排产、制造执行、质量监测、设备运维和工业智能五大核心应用，为制造业客户提供生产协同、设备监测及质量追溯等多种云端服务。

（1）支持柔性制造，从容应对突发情况。

浪潮MOM系统提供多种排产方法，随时应对突发情况，同时支持生产订单变更，实现对生产订单的数量、交期、产品、BOM和工艺变更。在计划阶段（生产订单未执行）支持生产订单的取消、分割和合并。在生产订单已经下达后，未完工前可对数量、计划完成日期、生产产品、生产BOM和生产工艺等内容进行修改，修改后影响所有备料信息、工艺路线的工序信息和产出计划信息。通过浪潮自主研发的高级排产模型，依托机器学习通用平台能够实现系统的不断优化完善，能够提供车间级可执行的一次排产和二次排产，如图7.42所示。

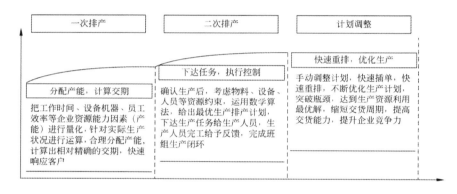

图7.42 浪潮高级排产模型

（2）支持精益生产，实现不停机不断料。

MOM平台可实现物料需求计划计算过程配置，能够根据需要随意裁剪或增加需求和供给，指定计划策略、需求范围、可用库存统计方案、供应方案和需求日期范围。在进行物料需求计划运算时，通过获取主需求计划，指定计算的需求范围，指定可用库存统计方案和供应方案、库存供应策略，MRP运行完成后，可下达计划订单到采购、自制和外协部门。

（3）有序生产调度与制造执行，实现均衡化生产。

如图7.43所示，浪潮MOM系统通过数字化车间执行系统对具体生产活动进行管理。生产排产之后，将生产任务单通过数字化车间执行系统下达到生产线上的具体生产人员或者生产设备，进行具体生产操作。完工后数据返回给生产排产系统进行反馈及生产计划调整，实现生产从计划到完工的闭环管理。同时数字化车间执行系统可实现对工厂人员的管理，具有人员资质、出勤、工时和绩效管理等功能，通过系统方便统计人员作业效率，规避因人员资质不足引起的生产问题。

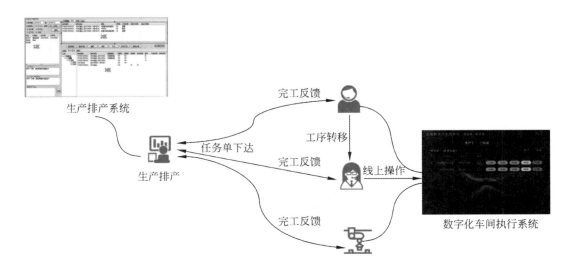

图7.43 浪潮MOM生产管理

（4）企业制造智能让企业享受人工智能服务。

基于机器学习的人工智能服务是浪潮智能制造解决方案的核心竞争力。如图7.44所示，浪潮MOM系统采用业界优秀的边缘计算架构，在边缘智能系统中推出机器视觉系统，融合现阶段主流的工业相机与自主研发的浪潮视觉检测系统，实现图像采集、检测和反馈，大大加快产成品检测工作速度并提高其准确率。

（5）采集控制系统IoT/SCADA实现现场设备的深度集成。

边缘智能平台是浪潮MOM的基础，平台采用微服务架构，支持各种工业物联网通信。市场上大部分数控设备及智能仪表等都可以进行设备边缘数采，如西门子、ABB、三菱和霍尼韦尔及康斯特仪表等，实现企业边缘设备的互联互通与高性能计算，完成企业业务中央数据与底层数据的一体化管理，打造智能制造时代下的边缘计算，助力企业实现边缘智能。且平台采用时序数据库，存储量达到10亿以上级别，存储与展示时间达到毫秒级，如图7.45所示。

（6）设备监测云开创资产远程监控的新模式。

浪潮MOM系统依托采集控制系统IoT/SCADA和企业制造智能（EMI），提供公有云的远程设备监测和运维，向企业提供设备上云和监测服务。通过设备数字监测和运维，打通设备管理软件与设备的连接，实现企业内部业务与底层数据采集一体化管理，帮助企业实现设备的智能化管理。设备数字运维可实现设备远程操纵，从而提高车间自动化水平，系统界面如图7.46所示。

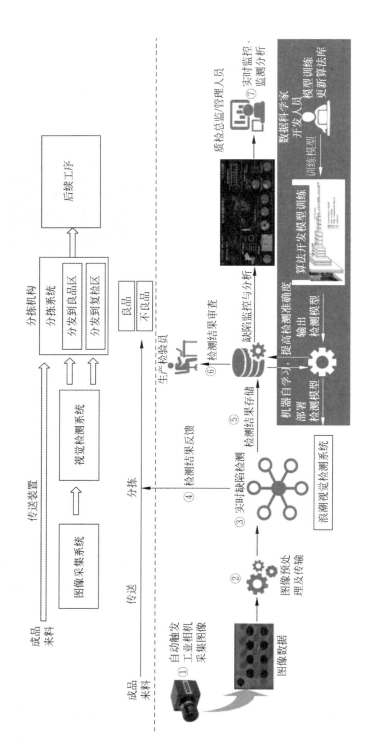

图7.44 基于边缘计算架构的浪潮MOM系统

边缘数采(edge access) ⟺ 边缘智能(edge intelligent)

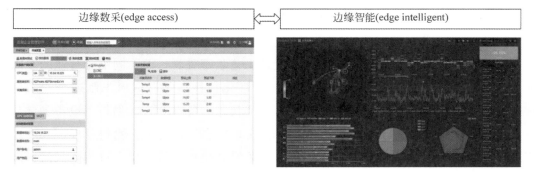

图7.45 浪潮MOM的边缘数采与边缘智能

图7.46 浪潮MOM系统的设备远程监控界面

（7）数字孪生助力企业优化运营，开启企业新的经营模式。

浪潮数字孪生是以数字化的形式对某一物理实体的行为或流程进行动态呈现，从而有效反映系统运行情况，企业可根据所获得的信息采取实际行动，实现高效运营，如图7.47所示。

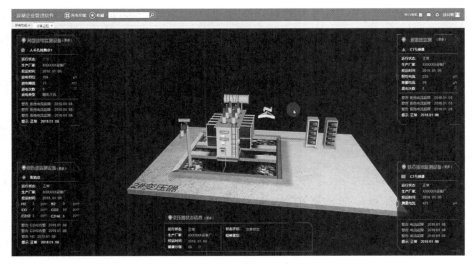

图7.47 基于数字孪生的高效运营

7.5 从 MES 的现状与困境看低代码 MOM 的发展

7.5.1 MES 的现状与困境

MES是生产现场管理软件，与企业生产工艺紧密关联，而不同细分行业的车间，其工艺过程和制程管控要求差异性巨大，个性化特性显著。以PCB制造企业为例，MES除了实时采集生产现场的生产进度、生产状态、备料上料、物料、设备测试与维修、物料质检抽检、重工等各种生产数据，实现生产过程管理、物料管理、仓库作业管理、设备管理等，还需重点实现SMT上料防错、缺料预警、生产过程防呆防错以及产品质量的实时追踪与控制，实现产品的追溯管理等个性化的功能应用。

MES的功能体系的行业差异性也造就了MES软件市场形成了成品软件和客制软件两个派系。客制软件（custom-made）的方式在定制化、需求适应性和可扩展方面对比成品软件（OTS）更有优势，但供应商为企业特异需求设计和开发功能的成本会转嫁到制造企业身上，同时，客制软件需要为每个企业量身定制符合其自身工艺流程的MES，这对供应商的工艺流程理解能力提出了较高要求，同时也延长了MES的实施周期。而成品的MES软件在快速实施、持续性的技术支持和用户社群方面优于客制的MOM软件。同时，为了兼顾更多同行业企业的MES需求，供应商正不断提升MES架构的先进性，融入微服务与模型驱动，推进MES软件的平台化、模块化，还会在MES平台上搭建不同的行业套件，以最大限度满足和引领行业企业应用需求。

例如，西门子在为企业提供覆盖生产制造全流程的制造运营管理系统的基础上，加入了多个行业套件解决方案，例如针对高科技电子行业的解决方案，为企业提供了一种低成本、高效率、智能化的制造方式，满足高科技电子制造企业的生产管理需求，并与Valor软件（工艺工程设计解决方案）整合，完成对表面组装技术（surface mount technology，SMT）生产线的完美管控和追溯，帮助企业应对市场的快速变化和不断提高的竞争压力。这些行业套件解决方案的优势主要体现在以下四方面。

（1）优化生产计划和调度。通过实时监控整个生产过程，实现自动化优化生产计划和调度。

（2）提高制造效率和质量。通过数字化孪生和智能制造等技术帮助制造商优化工作流程，降低生产成本和提高质量。

（3）确保产品合规和安全性。通过符合行业相关的标准和法规，确保产品合规和安全性。

（4）提升工人的生产效率和工作安全性。通过提供即时的生产数据和智能化的生产设备，协助工人提高生产效率和工作安全性。

无论是平台化、行业化还是模块化，虽然可以降低和减少MES软件二次开发的程度与复杂度，但随着客户需求的不断变化、企业的生产工艺和流程的不断变化，MES

需要快速迭代升级以适应企业发展。无论是成品软件还是客制软件，在应用中仍会面临着众多二次开发的需求。而从企业提出业务需求，到转换为MES功能需求，再到二次开发到应用，整个过程通常较久，无法快速满足企业应用需要，此外，在进行二次开发时，企业通常对开发语言没有太多限制，也将导致MES在升级时过于复杂。

7.5.2 低代码MOM解决方案

1. "小、快、轻、准" MOM的需求转变

成长型企业数字化转型需求碎片化、多元化，这类企业的转型解决方案面临碎片化和定制化等问题，开发定制的系统需要花费较高成本和大量沟通时间，尤其是在执行逻辑复杂多样的MOM领域，衍生出"敏捷开发""快速迭代"的刚性需求。这促使MOM软件从"巨无霸"应用向普惠型的"小、快、轻、准"应用转变。

小指的是项目小、前期投资小、切口小，见效快。项目的切入点聚焦在痛点上，一两个痛点解决得好，可以逐步把整个企业盘活。

快指的是接受快，一看就懂，一学就会，一用就灵。软件应用的技术门槛低，易用性高，容易理解。

轻指的是轻资产、轻转身、轻迭代。轻资产就是降低硬件的投入；轻转身就是随着需求变化随时裁剪或增加应用组合的敏捷性；轻迭代就是更容易获得应用的更新。

准指的是对症下药，找准需求，包括成长型企业发展过程中存在的痛点、难点，找到合适的解决方案。

低代码MOM一方面可以降低成长型企业应用开发的人力成本，另一方面可以将原有数月的MOM开发时间大大缩短，为成长型企业提供一条普惠、个性、低成本的数字化转型新路。例如，西门子低代码MOM平台是依托低代码技术形成的制造运营管理数字应用开发平台。

2. 低代码MOM的作用与应用场景

低代码MOM为成品软件扩展既有功能提供了高效敏捷的工具（技术开放、可扩展），使成品MOM软件具备了很高的定制能力和需求适应性，同时保留了成品MOM软件所有的优势，避免了客制软件的劣势，将成品MOM软件和客制MOM软件两者的优势巧妙融合在一起，成为制造企业在数字化转型时代的MOM首选。低代码MOM的优势主要表现在以下三方面。

（1）低代码MOM以模型驱动的方式管理应用程序的开发，很容易在不同的MOM项目之间复用和共享应用程序的功能模块，使开发速度能够提高10倍到30倍，极大地提高了MOM软件的生产力水平。

（2）低代码MOM面向的不仅仅是IT工程师，更主要的是没有编程基础的领域专家。因为它技术门槛低、上手快，即使没有任何编程基础的业务人员也可以开发自己

的应用程序。它拥有快速搭建原型的能力，可以极大地填补领域专家和IT工程师之间的思维鸿沟，可视化的设计方式让领域专家也可以参与到应用设计的工作中，把因理解偏差可能带来的风险消除。制造企业的领域专家拥有了自主权，快速搭建适合于自己生产管理流程的应用和UI。

（3）低代码MOM节省了制造企业运维MOM应用程序的成本。从时间上来说，低代码由于操作简单，因此开发周期短，节省了时间成本；从资金上来说，低代码受众更广，因此待项目交付之后，制造企业可以根据自己的需要灵活修改，节省了二次开发的成本。

低代码MOM系统可以帮助企业实现整体生产过程的自动化和优化，从而提高生产效率和质量，降低成本，如西门子低代码赋能的MOM平台不仅仅提供MES应用功能，还能够提供广泛的诸如APS、QMS、物流管理等低代码解决方案，帮助企业实现更加全面的数字化转型和提高IT效率。

低代码MOM的典型应用场景包括以下四方面。

（1）生产过程管理。低代码MOM系统可以实现生产过程管理，包括在生产流程中插入智能制造技术，如机器人操作、自动化流程控制等，对整个制造过程进行实时监控，优化生产流程，提高生产效率和品质。例如，高科技电子行业中的电视、智能手机等产品，在生产过程中需要进行外观、尺寸、电性能等多方面的检测，以达到生产质量要求，低代码MOM系统可以帮助企业实现这一过程。

（2）零部件追踪和质量管理。低代码MOM系统可以实现零部件追踪和质量管理，对整个生产过程中的每个零部件进行追踪和管理，并采用质量管理系统，如SPC、六西格玛等方法对质量进行管理。例如，高科技电子行业中的电子元件、电池等必须符合标准才能使用，低代码MOM系统可以帮助跟踪所有生产过程中的零部件信息，确保符合标准。

（3）物流管理。低代码MOM系统还可以应用于物流管理，包括对订单、供应链、生产计划排产等方面的管理。例如，针对高科技电子行业中需要快速交付电子产品的需求，低代码MOM系统可以帮助在保证质量和成本控制的情况下快速完成订单的处理和生产。

（4）数据分析。针对企业的大量数据，低代码MOM系统可以实现数据分析和挖掘的功能，在生产过程中进行数据采集、统计、分析和报告，进一步优化生产过程、降低成本、提高质量。例如，低代码MOM系统可以实现在生产过程中采集各阶段关键指标数据，并通过数据分析和仪表盘等形式进行数据展示和分析，以便管理层或生产工程师对生产过程实时调整。

虽然MOM低代码化可以一定程度上解决MES软件二次开发比例高的问题，可以很好地满足工业企业个性化需求的大部分，但低代码技术并不是万能的。例如，大部分高科技电子行业企业对MES应用有业务逻辑定制化和UI定制化的需求，这些需求中80%以上可以通过低代码开发的形式解决。针对数据分析和个性化决策支持部分也可以通过低代码开发来解决一部分需求。但在一些复杂的场景下，依然需要更专业、更定制化的开发。

当下，企业数字化转型最主要的矛盾来自系统提供的功能过于标准化和市场的定制化需求层出不穷，而借助低代码MOM，工业企业可以很便捷地搭建符合业务和场景需求的应用，加速数字化运营管理驶向智造之海。

习题

一、判断题

1. 相较于ERP来说，MES实现技术更复杂，涉及IT与OT，以及两者间的融合。（　　）

2. MESA功能模型中质量管理模块提供了对从制造过程中收集到的测量值进行实时分析的能力，以确保合适的产品质量控制，并发现需要关注的问题。（　　）

3. 因为MES的个性化较强，所以在需求梳理的过程中，需结合行业和企业的特点，对这些特点进行详细分析，以保证未来的MES能够满足企业个性化的要求。（　　）

4. 安全管理与法规依从性管理都不是MOM的相关支持性活动。（　　）

5. 从架构视角看，MES是处于制造企业计划层与控制层之间的执行层，是制造企业实现敏捷化和全局化的关键系统。（　　）

6. 在MES的功能模块中，设备维护包含于质量管理功能。（　　）

7. 人员信息是生产主体，生产人员的工作安排同生产班制以及生产时间计划紧密相关。（　　）

8. MOM通用活动模型模板实际使用时，需细化到制造运行管理的4类主要区域。（　　）

9. 针对企业的大量数据，低代码MOM系统可以实现数据分析和挖掘的功能，在生产过程中进行数据采集、统计、分析和报告，进一步优化生产过程、降低成本、提高质量。（　　）

二、单选题

1. 以下（　　）是MES支持或服务的对象。

A. 会计员　　　　　　　　　　　B. 现场设备

C. 车间主任　　　　　　　　　　D. 销售业务员

2. 下面（　　　）不是MOM的构成部分。

A. 生产运营管理　　　　　　　　　　　B. 维护运营管理

C. 质量运营管理　　　　　　　　　　　D. 销售运营管理

3. MES与ERP对比，MES不具备的特点是（　　　）。

A. MES覆盖面大得多　　　　　　　　　B. MES实现技术更复杂

C. MES业务模式更简单　　　　　　　　D. MES管理粒度更为精细

4. 返工与修复过程中在任何控制点处都设置缓冲区管理来控制在制品数量的能力的活动，属于MES的功能是（　　　）。

A. 制造资源的分配与状态　　　　　　　B. 作业/详细排产

C. 为生产单元分配任务　　　　　　　　D. 数据采集/获取

5. MES中的（　　　）功能模块能提供分钟级别的实际完成的制造作业结果的报告，并提供该结果与过去的历史以及预期的对比。

A. 生产过程监控　　　　　　　　　　　B. 可视化方式展示

C. 生产过程透明化　　　　　　　　　　D. 产品质量控制

三、多选题

1. MES基础数据包括（　　　）。

A. 人员类数据　　　　　　　　　　　　B. 设备类数据

C. 物料类数据　　　　　　　　　　　　D. 过程类数据

2. MOM功能数据流模型中内部细分的不同性质区域是（　　　）。

A. 生产运行管理　　　　　　　　　　　B. 库存运行管理

C. 质量运行管理　　　　　　　　　　　D. 维护运行管理

3. 下列属于过程管理功能的有（　　　）。

A. 生产过程监控　　　　　　　　　　　B. 可视化方式展示

C. 生产过程透明化　　　　　　　　　　D. 产品质量控制

4. 实施MES的主要流程变化有（　　　）。

A. 减少生产计划的层级　　　　　　　　B. 物料配送更加精确

C. 质检与设备维护更加完善与规范　　　D. 车间人员大量岗位调整与缩减

5. 制造运营管理的信息模型包括（　　　）。

A. 运营能力信息　　　　　　　　　　　B. 运营定义信息

C. 运营调度信息/请求信息　　　　　　　D. 运营绩效/响应信息

6. 低代码MOM的典型应用场景包括以下（　　　）方面。

A. 生产过程管理　　　　　　　　　　　B. 零部件追踪和质量管理

C. 物流管理　　　　　　　　　　　　　D. 数据分析

四、简答题

1. 什么是MES? MES有什么作用?

2. 简述MES与ERP、APS、PDM、CAPP、DNC的集成与比较。

3. MESA定义MES的功能模块有哪些?

4. MES需求分析包含哪些方面?

5. 什么是MOM? MOM的提出背景是什么?

6. 简述MOM的通用活动模型模板。

7. 简述MES的现状与困境,以及低代码MOM的作用。

第四篇

数字化运营的
管理创新

第 8 章

工业互联网

工业互联网是新一代信息通信技术与工业经济深度融合的新型基础设施、应用模式和工业生态，通过对人、机、物、系统等的全面连接，构建起覆盖全要素、全产业链、全价值链的全新制造服务体系，为工业乃至产业数字化、网络化、智能化、绿色化发展提供了实现途径。本章首先介绍工业互联网的发展动因、概念与内涵、本质与特征以及标准体系结构，然后介绍工业互联网平台的体系架构、核心技术、应用案例，在此基础上进一步介绍工业互联网平台赋能产业供应链，最后是工业互联网平台运营模式及基于区块链的工业互联网运营。

8.1 工业互联网概述

8.1.1 工业互联网发展的动因

视频讲解

1. 技术突破焕发创新潜能，驱动工业互联网快速发展

近年来，以互联网、物联网、大数据、云计算为代表的新一代信息技术创新代际周期大幅缩短，创新活力、集聚效应和应用潜能裂变式释放，并以更快速度、更广范围、更深程度地向工业技术、生产工艺、经营管理、营销服务等环节渗透，深刻变革生产模式、组织方式和产业发展范式，推动制造业加速向数字化、网络化、智能化发展。互联网打破时空界限，使ICT能力如同自来水一样唾手可得，实现随时随地按需所取；物联网和传感器技术的突破，使人们能够以低成本、高效率方式实现对机器数据的大规模采集；云服务降低了IT资源的成本与壁垒，促进了信息技术更广泛的应用，为工业互联网平台的发展奠定了坚实的技术基础；边缘计算为传输、存储、分析海量数据提供了有效的解决方案，缓解了网络宽带的压力；大数据技术能够在杂乱无章的数据中挖掘有价值的信息，促成了信息技术应用潜能的深层次挖掘；软件定义为工业互联网发展提供了全新架构，工业APP封装、复用、传播工业技术和经验知识，给工业互联网平台赋予了新的能力和灵活性。

2. 企业数字化转型加速，牵引工业互联网创新发展

当前，数字转型浪潮扑面而来。GE、西门子等跨国企业纷纷踏上数字转型之路。GE近年来通过一系列收购不断强化软件能力，加快进行数字化布局，将数字技术与其在航空、能源、医疗和交通等领域的专业优势结合，向全球领先的工业互联网公司转型。西门子依靠自身多年积累的工业经验和ICT经验，开发了Teamcenter数据平台，集成了PLM、MES和TIA（全集成自动化），贯穿于产品生命周期各环节的"数字孪生"：产品数字孪生、生产工艺数字孪生、设备数字孪生，致力于提供企业数字转型系统解决方案。在数字转型的驱动下，一方面基于云架构的工业互联网平台快速发展，另一方面工业互联网平台也成为企业实现转型发展和掌控主导权的最佳切入点和有力支撑。

3. 先进制造业发展路径明晰，推动工业互联网步入发轫阶段

先进制造业是制造业中创新最活跃、成果最丰富的领域，也是价值链上高利润、高附加值的领域，是以创新为引领和支撑的产业体系，是软件定义、数据驱动、平台支撑、服务增值、智能主导的新型制造体系最具代表性的产业。工业互联网是以数字化、网络化、智能化为主要特征的新工业革命的关键基础设施，加快其发展有利于加速智能制造发展，更大范围、更高效率、更加精准地优化生产和服务资源配置，促进传统产业转型升级，催生新技术、新业态、新模式，为先进制造业发展提供技术基础。同时，工业互联网平台承担着工业操作系统的关键角色，是工业全要素汇聚的枢纽，是工业资源配置的核心，驱动着先进制造体系的智能运转。先进制造业的发展脉络日益清晰，既为工业互联网的发展提出了新要求，又为工业互联网发展提供了广阔的发展空间。

4. 生态系统勾画国家竞争力新内涵，促进工业互联网体系日臻完善

围绕产业生态系统之争正成为国际博弈竞争的重要筹码。传统制造业以产品和生产为核心的商业模式已经在向以消费者为核心、以服务型制造为重点转变，产业竞争正在从价值链提升转向价值网络构建，从单一环节演变为产业生态的竞争。当前，发达国家抢抓新一轮工业革命机遇，围绕核心标准、技术、平台加速布局工业互联网，构建数字驱动的工业新生态。GE围绕构建航空发动机、大型医疗设备等高端装备产品的全生命周期管理服务体系，基于Predix培育产业生态，实现对35 000台航空发动机的监测管理，打通了数据采集、工业APP开发、服务应用的生态链。西门子围绕高端智能装备和智能工厂运营，基于MindSphere构建以开放平台、工业操作系统和工业APP为核心的产业生态体系。围绕"智能机器+云平台+应用APP"功能架构，整合"平台提供商+应用开发者+用户"等主体资源，形成基于工业云的制造业生态体系，抢占工业大数据入口主导权、培育海量开发者、打造用户黏性。

8.1.2 工业互联网的概念与内涵

1. 工业互联网的概念与发展

工业互联网最早由GE提出。GE的CEO杰夫·伊梅尔特（Jeffrey R.Immelt）认为，工业互联网是一个由机器、设备组、设施和系统网络组成的庞大物理世界，能够在更深层面与连接能力、大数据、数字分析相结合。美国将工业互联网上升为国家战略，力图以互联网等信息技术优势加强异地协同制造，以数据驱动制造业智能化转型，破解制造业空心化发展难题。

关于工业互联网的概念，不同国家、不同行业基于不同的发展基础和需要，说法并不统一，有工业互联网、信息物理系统（CPS）、工业物联网（IIoT）等。我国采用"工业互联网"这一概念，其内涵也在不断丰富和完善。

2015年，十三届全国人大第三次会议的政府工作报告中将建设工业互联网作为落实"互联网+"的行动计划、推动两化深度融合的重要手段之一。

2016年，国务院印发的《关于深化制造业与互联网融合发展的指导意见》（国发〔2016〕28号）中，将工业互联网作为制造业与互联网融合的"新四基"之一。

2017年11月27日，国务院印发了《国务院关于深化"互联网+先进制造业"发展工业互联网的指导意见》，明确指出工业互联网通过系统构建网络、平台、安全三大功能体系，打造人、机、物全面互联的新型网络基础设施，形成智能化发展的新兴业态和应用模式，是推进制造强国和网络强国建设的重要基础，是全面建成小康社会和建设社会主义现代化强国的有力支撑。

2018年7月，工业和信息化部印发了《工业互联网平台建设及推广指南》和《工业互联网平台评价方法》。《工业互联网平台建设及推广指南》提出，到2020年，培育10家左右的跨行业、跨领域工业互联网平台和一批面向特定行业、特定区域的企业级工业互联网平台。

2019年1月，工业和信息化部印发《工业互联网网络建设及推广指南》，初步建成工业互联网基础设施和技术产业体系，包括建设满足试验和商用需求的工业互联网企业外网标杆网络，建设一批工业互联网企业内网标杆网络，建成一批关键技术和重点行业的工业互联网网络实验环境，建设20个以上网络技术创新和行业应用测试床，形成先进、系统的工业互联网网络技术体系和标准体系等。

2019年，在全国两会上，"工业互联网"成为"热词"并写入《2019年国务院政府工作报告》。《2019年国务院政府工作报告》中提出，围绕推动制造业高质量发展，强化工业基础和技术创新能力，促进先进制造业和现代服务业融合发展，加快建设制造强国。打造工业互联网平台，拓展"智能+"，为制造业转型升级赋能。

2020年3月，工业和信息化部印发《关于推动工业互联网加快发展的通知》，通知中要求各有关单位要加快新型基础设施建设、加快拓展融合创新应用、加快健全安全保障体系、加快壮大创新发展动能、加快完善产业生态布局、加大政策支持力度；深入贯彻习近平总书记在统筹推进新冠肺炎疫情防控和经济社会发展工作部署会议上的重要讲话精神，落实中央关于推动工业互联网加快发展的决策部署，统筹发展与安全，推动工业互联网在更广范围、更深程度、更高水平上融合创新，培植壮大经济发展新动能，支撑实现高质量发展。

2022年3月5日，李克强总理在十三届五次会议上作政府工作报告时再次强调"加快发展工业互联网"。习近平总书记曾强调指出："工业互联网正在赋能千行百业的数字化转型，推动我国数字经济进入全面发展的新时代，并成为高质量发展的重要引擎。"

由此看来，工业互联网的内涵逐渐丰富。最初，工业互联网被认为是应用于工业生产环境的高可靠、低延时、安全泛在的互联网，是实现生产机器、工业产品、控制系统、信息系统和人之间泛在连接的重要基石。当前，工业互联网被认为是由网络、平台、安全构成的体系，是互联网和新一代信息技术在工业全领域、全产业链、全价值链中的融合集成应用，是一个巨型复杂的网络制造生态系统，通过机器、零部件、控制系统、信息系统、产品及人之间的互联互通，基于对工业大数据的全面深度感知、实时传输交换、快速计算处理和高级建模分析，驱动企业在技术研发、开发制造、组织管理、生产经营、市场营销等方面开展全向度创新，促进产业链上/下游的融合与产业生态的协同发展。工业互联网连接工业全系统、全产业链、全价值链，是支撑工业智能化发展的关键基础设施，是新一代信息技术与制造业深度融合所形成的新兴业态与应用模式，是互联网从消费领域向生产领域、从虚拟经济向实体经济拓展的核心载体，是一套基于云的制造业数字化、网络化、智能化的解决方案。

2. 工业互联网的内涵

工业互联网是满足工业智能化发展的需求，具有低时延、高可靠、广覆盖特点的关键网络基础设施，是新一代信息通信技术与先进制造业深度融合所形成的新兴业态与应用模式。工业互联网包括网络、平台、安全三大体系。其中，网络体系是基础，平台体系是核心，安全体系是保障。

（1）网络体系是基础。

工业互联网将连接对象延伸到工业全系统，可实现人、物品、机器、车间、企业及设计、研发、生产、管理、服务等产业链、价值链全要素各环节的泛在深度互联与数据的顺畅流通，形成工业智能化的"血液循环系统"。

（2）平台体系是核心。

工业互联网平台作为工业智能化发展的核心载体，平台体系为数据汇聚、建模分析、应用开发、资源调度、监测管理等提供支撑，实现生产智能决策、业务模式创新、资源优化配置、产业生态培育，形成工业智能化的"神经中枢系统"。

（3）安全体系是保障。

建设满足工业需求的安全技术体系和管理体系，增强设备、网络、控制、应用和数据的安全保障能力，识别和抵御安全威胁，化解各种安全风险，构建工业智能化发展的安全可信环境，形成工业智能化的"免疫防护系统"。

8.1.3 工业互联网的本质与特征

1. 工业互联网的本质

（1）工业互联网是机器、数据和人的融合。

从构成要素角度看，机器、数据和人共同构成了工业互联网生态系统。工业生产中，各种机器、设备组和设施通过传感器、嵌入式控制器和应用系统与网络连接，构建形成基于"云—网—端"的新型复杂体系架构。随着生产的推进，数据在体系架构内源源不断地产生和流动，通过采集、传输和分析处理，实现向信息资产的转换和商业化应用。人既包括企业内部的技术工人、领导者和远程协同的研究人员等，又包括企业之外的消费者，人员彼此间建立网络连接并频繁交互，完成设计、操作、维护及高质量的服务。

（2）工业互联网是实现数据价值的技术集成。

从核心技术角度看，贯彻工业互联网始终的是大数据，工业互联网的本质就是构建一套数据自动流动的运行体系，即将正确的数据（所承载知识）在正确的时间传递给正确的人和机器，以信息流带动技术流、资金流、人才流、物资流，进而不断优化制造资源的配置效率。数据体系从原始的杂乱无章到最有价值的决策信息，经历了产生、收集、传输、分析、整合、管理、决策等阶段。其中，就需要集成应用各类技术和各类软/硬件，完成感知识别、远近距离通信、数据挖掘、分布式处理、智能算法、系统集成、平台应用等连续性任务。简而言之，工业互联网是实现数据价值的重要工具。

（3）工业互联网是基于互联网的巨型复杂创新生态系统。

工业互联网是涵盖从软件到硬件、从数字到实体、从厂内到厂外的复杂生态体系，应用主体多样、应用形式丰富。从产业发展角度看，工业互联网构建了一个庞大的网络制造生态系统，为企业提供了全面的感知、移动的应用、云端的资源和大数据分析，实现各类制造要素和资源的信息交互及数据集成，释放数据价值。这有效驱动了企业在技术研发、开发制造、组织管理、生产经营、市场营销等方面开展全向度创新，实现产业间的融合与产业生态的协同发展。这个生态系统为企业发展智能制造构筑了先进组织形态，为社会化大协作生产搭建了深度互联的信息网络，为其他行业智慧应用提供了可以支撑多类信息服务的基础平台，为经济社会提质增效发展提供重要的驱动力量。

（4）工业互联网是基于互联网平台的双创体系。

工业互联网由平台、网络、安全三大体系构成。其中，工业互联网平台是一个由平台建设商、解决方案提供商、开发者等多方主体构建的"双创"平台。工业互联网平台包括数据采集层、平台开发层（工业PaaS）和应用服务层（工业APP），需要多方主体合作构建。其中，数据采集层主要由自动化企业、ICT企业等解决方案提供商主导，核心是通过协议兼容、转换实现多源设备、异构系统的数据可采集、可交互、可传输。平台开发层主要由工业企业主导，核心是将大量工业技术原理、行业知识、基础模型规则化、软件化、模块化，并封装为可重复使用的微服务。应用服务层由软件开发商、应用开发者主导，核心是面向特定行业、特定应用场景开发工业APP，通过多方主体的协同参与，推动形成资源富集、合作共赢、协同演进的制造业"双创"生态。

2. 工业互联网的典型特征

（1）数据资产化，价值无极限。

工业互联网的本质是基于传感器、处理器、执行器、信息网络、云计算、大数据将现实的物理世界映射为虚拟的数字模型，通过基于高级算法的大数据分析，将最优的决策数据反馈给物理世界，优化物理世界运转效率，提升安全水平。从智能机器的信息采集到企业管控的智慧决策，工业互联网应用的最终目标是释放数据价值，数据资源日益成为重要的生产要素，数据资产的优劣将成为一个企业软实力和竞争力的重要标志。从应用的角度讲，数据在优化生产、提升服务、完善供应链管理等方面都能为企业创造价值。例如，数据可以用于生产线监测与预警、设备故障诊断与维护、产品质量监测预测等，以直观明了的量化信息形式传递生产的隐性状态，模型范围从纯粹的统计"黑箱"模型到基于专家和知识的"白箱"模型，支持决策者采取适时维修策略，降低生产成本。数据还可以帮助决策者跟踪产品库存和销售价格，预测市场需求，通过供应链的优化提升生产效益。数据的应用价值决定了其必将成为未来工业企业战略性生产要素，企业价值中枢将从厂房、设备等有形资产向数据等无形资产转移。数据分析对推动智能制造具有核心作用，只有得到有作用的分析结果，智能制造才能得以实现。

（2）生产可定义，动态可调整。

当前，软件成为驱动未来工业的重要力量，机器的价值已从衡量零部件的数量、精度，衡量电路数与灵敏度，到衡量芯片数量、衡量软件代码数与可靠度。制造业需要实现研发设计、生产制造、经营管理、运维服务等知识和工艺流程的模型化、代码化、工具化，进而实现软件的平台化，本质上即"软件定义制造"。软件定义产品功能、软件定义管理流程、软件定义生产方式、软件定义企业能力、软件定义商业模式正在成为全球制造业发展的新特征。一个没有软件的系统，最多是初级智能系统，无法成为智能水平较高的开放智能系统。越来越多的制造企业重视软件的开发和应用，加速转型发展。在工业互联网条件下，机器和开源硬件的智能控制由软件完成，通过互联将智能控制链条延伸至产品全生命周期的各个环节，并通过软件快速不断迭代，实现机器能力、生产能力的迭代和业务流程的优化；由软件产生的数据、信息、流程、模式等都归集到知识工作的自动化，所涉及的大数据、模式识别、人工智能、控制技术等使得企业内部、企业之间、产业系统实现深度整合，推动企业生产和管理向可通过软件定义、实时执行和动态调整的智能化方向转变。这极大地改变了传统的基于固定模具、固定生产线的规模化生产模式，破解了企业资源不能灵活调整分配、大量闲置浪费的发展瓶颈。例如，软件可以预测市场动向，计算生产需求，动态调整原材料库存；软件可以升级机器功能，加大其生产能力和适用范围；软件可以实现设备智能调配，按需配置其生产任务和工作负载。软件由于实现了模块化开发，各模块如同积木，相对独立又能任意组合、按需搭配，因此在工业互联网上的应用将不断深化，软件定义制造的模式将日益普及。

（3）组织虚拟化，创新无边界。

工业互联网通过集成先进的信息通信和自动控制等技术，构建了物理空间与信息空间中人、机、物、环境、信息等要素相互映射、适时交互、高效协同的复杂系统，突破了时空界限，实现系统内资源配置和运行的按需响应、快速迭代、动态优化。同时，工业互联网也具备了开放、共享、协同、去中心化的特征，使得企业不断突破地域、领域、技术的界限，加快汇聚技术、资金、人才等创新要素，生产协同由企业内部扩大到全供应链条甚至是跨供应链条上，大企业通过数据、设备、系统集成互联，打通企业内外部、企业之间及产业链各环节，实现与中小企业在细分领域的服务能力和创新能力的整合共享，同时让更多的相关企业、客户甚至终端用户参与自身的研发设计和生产制造，促进产业链各个环节互联互通，构建多方参与、高效协同、合作共赢的产业生态。

（4）IT/OT融合化，知识可复用。

工业互联网的发展既需要沉淀大量的工业机理，又需要具备科学先进的数据分析手段。大量工业知识经验以数字化模型方式沉淀，再把海量数据加入数字化模型中进行反复迭代、学习、计算、分析，从而实现对工业机器、设备、系统运行的状态感知、实时分析、自主决策、精准执行和学习提升。可以说，对工业机理的深入理解是进行工业数据分析的重要前提，科学强大的数据分析能力是工业优化运行的重要支撑，随着工业互联网的发展，工业机理与数据科学深度融合的分析范式将成为主流，大数据、机器学习、人工智能等方法成为平台必备工具，通过各种基于工业机理的分析模型在平台上的沉淀，平台将汇聚起大量的工业知识，有效支撑复杂数据分析，并实现知识传承、迭代与复用。

8.1.4　工业互联网标准体系结构

工业互联网标准体系包括基础共性、网络、边缘计算、平台、安全、应用六大部分（见图8.1）。基础共性标准是其他类标准的基础支撑。网络标准是工业互联网体系的基础，平台标准是工业互联网体系的中枢，安全标准是工业互联网体系的保障，边缘计算标准是工业互联网网络和平台协同的重要支撑和关键枢纽。应用标准面向行业的具体需求，是对其他部分标准的落地细化。

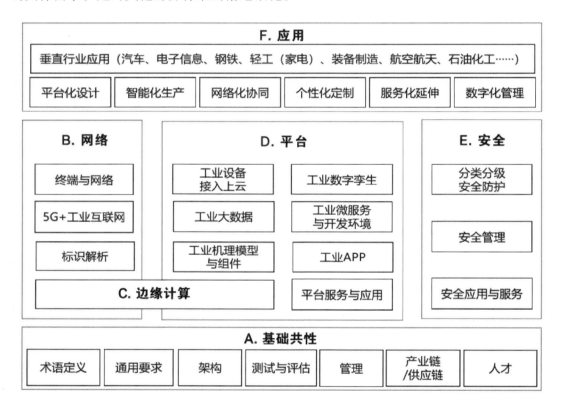

图8.1　工业互联网标准体系结构（工业互联网标准体系3.0，2021）

标识解析技术是指将对象标识映射至实际信息服务所需的信息的过程，如地址、物品、空间位置等。例如，通过对某物品的标识进行解析，可获得存储其关联信息的服务器地址。标识解析是在复杂网络环境中，能够准确而高效地获取对象标识对应信息的"信息转变"的技术过程。

工业互联网标识解析体系是工业互联网网络体系的重要组成部分，是支撑工业互联网互联互通的神经中枢，其作用类似于互联网领域的域名解析系统（DNS）。2022

年，工业和信息化部发布工业互联网标识解析体系"5+2"国家顶级节点全面建成，国家顶级节点集中打造了自主可控、开放融通、安全可靠的标识解析体系，开启了工业互联网全要素、全产业链、全价值链全面连接的新篇章。

标识解析技术通过建立统一的标识体系将工业中的设备、机器和物料等一切生产要素都可以连接起来，通过解析体系连接割裂的数据和应用，实现对数据的来源、流动过程、用途等信息的掌握。

（1）纵向。可以打通产品、机器、车间、工厂，实现底层标识数据采集成规模、信息系统间数据共享，以及标识数据得到分析应用。

（2）横向。可以横向连接自身的上下游企业，利用标识解析按需地查询数据；中小型企业可以横向连接成平台，利用标识解析按需地共享数据。

（3）端到端。可以打通设计、制造、物流、使用的全生命周期，实现真正的全生命周期管理。

8.2　工业互联网平台的体系架构及核心技术

8.2.1　工业互联网平台的定位和作用

工业互联网平台是工业互联网的核心，是连接设备、软件、工厂、产品、人等工业全要素的枢纽，是海量工业数据采集、汇聚、分析和服务的载体，是支撑工业资源泛在连接、弹性供给、高效配置的中枢，是实现网络化制造的核心依托。从"云""网""端"的角度来看，工业互联网平台以"云"为核心，通过"网"的泛在连接，实现对海量终"端"资源、数据和主体的汇聚集成与优化配置。

工业互联网平台包含数据采集体系、工业PaaS平台和应用服务体系三大核心要素。其中，数据采集体系是基础，工业PaaS平台是核心，应用服务体系是关键。其本质是通过构建精准、实时、高效的数据采集互联体系，建立面向工业大数据存储、集成、访问、分析、管理的开发环境，支撑工业技术、经验、知识的模型化、软件化、复用化，不断优化研发设计、生产制造、运营管理等资源配置效率，形成资源富集、多方参与、合作共赢、协同演进的制造业生态。从工业互联网平台的关键作用来看，主要有三方面。

（1）工业互联网平台是传统工业云平台的迭代升级。

从工业云平台到工业互联网平台演进包括成本驱动导向、集成应用导向、能力交易导向、创新引领导向、生态构建导向五个阶段，工业互联网平台在传统工业云平台的软件工具共享、业务系统集成基础上，叠加了制造能力开放、知识经验复用与第三方开发者集聚的功能，大幅提升工业知识生产、传播、利用效率，形成海量开放APP应用与工业用户之间相互促进、双向迭代的生态体系。

（2）工业互联网平台是新工业体系的"操作系统"。

工业互联网平台依托高效的设备集成模块、强大的数据处理引擎、开放的开发环境工具、组件化的工业知识微服务，向下对接海量工业装备、仪器、产品，向上支撑工业智能化应用的快速开发与部署，发挥着类似于微软Windows系统、谷歌Android系统和苹果iOS系统的重要作用，支撑构建了基于软件定义的高度灵活与智能的新工业体系。

（3）工业互联网平台是资源集聚共享的有效载体。

工业互联网平台将信息流、资金流、人才创意、制造工具和制造能力在云端汇聚，将工业企业、信息通信企业、互联网企业、第三方开发者等主体在云端集聚，将数据科学、工业科学、管理科学、信息科学、计算机科学在云端融合，推动资源、主体、知识集聚共享，形成社会化的协同生产方式和组织模式。

8.2.2　工业互联网平台的体系架构

工业互联网平台是面向制造业数字化、网络化、智能化需求，构建基于海量数据采集、汇聚、分析的服务体系，支撑制造资源泛在连接、弹性供给、高效配置的载体。

从构成来看，工业互联网平台包含四大要素：数据采集（边缘层）、基础设施（IaaS层）、工业平台（PaaS层）、工业APP（SaaS层）。工业互联网平台架构如图8.2所示。

（1）数据采集（边缘层）是基础。

数据采集本质是利用泛在感知技术对多源设备、异构系统、运营环境、人等要素信息进行实时高效采集和云端汇聚。通过构建一个精准、实时、高效的数据采集体系对设备、系统、环境、人等要素信息进行数据采集、汇聚。同时，通过协议转换和边缘计算，一部分数据在边缘侧进行分析、处理并将结果直接返回到机器设备，指导设备运行；另一部分数据传到云端进行综合分析，进一步优化形成决策。数据采集通过实现制造全流程隐性数据的显性化，为制造资源的优化提供了海量数据源，是实时分析、科学决策的起点，也是建设工业互联网平台的基础。

（2）基础设施（IaaS层）是支撑。

基础设施的作用是提供计算、存储及网络等资源，支撑PaaS层更好地为用户服务。通过虚拟化技术将计算、存储、网络等资源池化，向用户提供可计量、弹性化的资源服务。这一层主要由ICT企业主导建设，在这一领域，我国以阿里、腾讯、华为代表的企业提供的服务在国际上已经处于第一梯队，与发达国家处于同一水平。

（3）工业平台（PaaS层）是核心。

通过构建一个可扩展的操作系统，为工业 APP应用开发提供基础平台。工业PaaS平台本质是一个基于云计算的开放式、可扩展的工业操作系统，除能够提供通用PaaS平台的运行环境和运营管理环境之外，还具有一套标准化、模块化的工业微服务组件

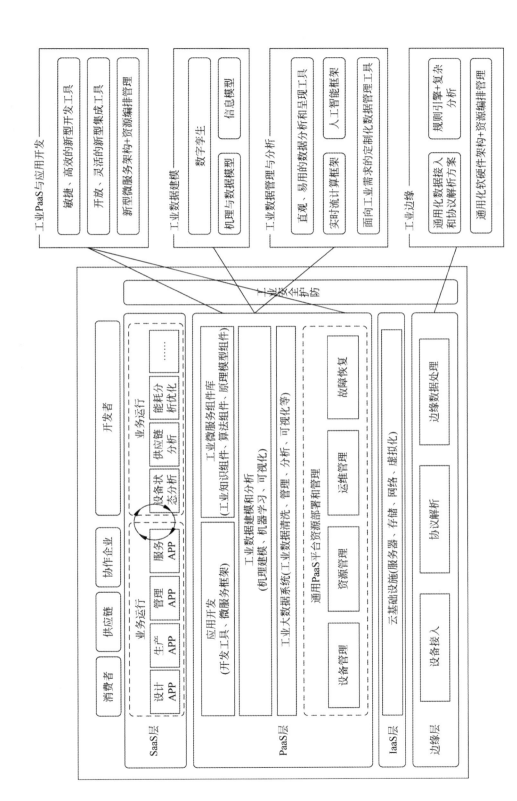

图 8.2　工业互联网平台架构

库、开发环境、工业大数据系统，为工业APP应用开发提供一个基础平台。对于工业互联网而言，工业互联网平台是核心，而对于工业互联网平台而言，工业平台是IaaS层和SaaS层承上启下的中间关键层，向下能够调用部署在IaaS层的资源，向上能够为SaaS层提供功能模块、管理模块、计算存储等资源的调用和配置。工业平台最核心的是基于微服务架构的数字化模型，即将大量工业技术原理、行业知识、基础工艺、模型工具等规则化、软件化、模块化，并封装为可重复使用的组件。

（4）工业APP（SaaS层）是关键。

通过推动工业技术、经验、知识和最佳实践的模型化、软件化，形成满足不同行业、不同场景的应用服务，并以工业APP的形式呈现出来。工业APP由传统软件云化和基于工业PaaS开发的新型工业APP应用构成，面向企业客户提供SaaS服务。工业APP通过不断汇聚应用开发者、软件开发商，服务集成商、工业用户和平台运营商等各方资源，正成为行业领军企业和软件巨头构建和打造共生共赢工业云生态系统的关键。

8.2.3　工业互联网平台的核心技术

工业互联网平台运用了许多技术，其中以传感器技术、协议转换技术、工业建模技术、微服务架构技术、图形化编程技术等最为关键。本节按照工业互联网平台架构分层对其核心技术进行简要介绍，如表8.1所示。

表8.1　工业互联网平台核心技术列表（杨春立，孙会峰，2019）

架 构 分 层	关 键 技 术
数据采集层	传感器技术
	协议转换技术
	低功耗技术
	能量获取技术
	边缘计算技术
基础设施层	海量数据分布存储技术
	海量数据管理技术
	虚拟化技术
	云计算平台管理技术
工业平台层	数据建模分析技术
	工业建模技术
	微服务架构技术
	动态调度技术
	平台安全技术
工业APP（SaaS层）	多租户技术
	应用系统集成技术

如图8.3所示，工业互联网平台的技术进展，具体而言有以下四方面。

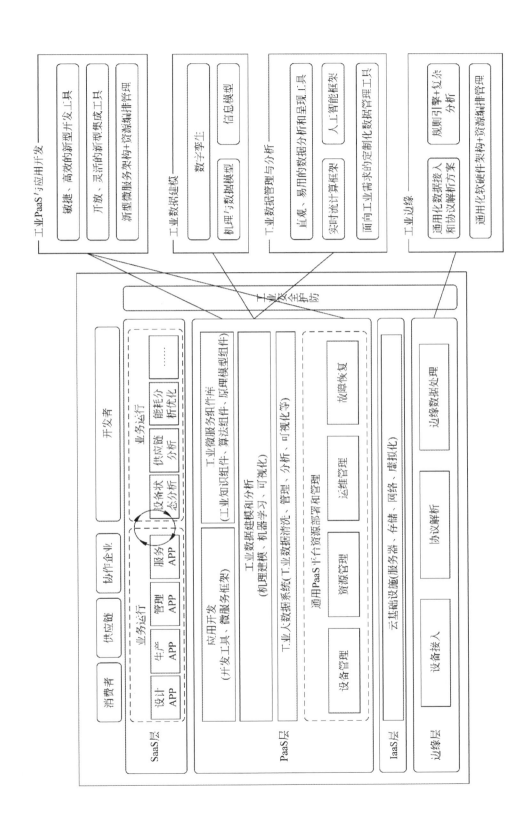

图 8.3 工业互联网平台的技术进展

一是平台边缘功能由数据接入向智能分析演进。传统的定制化的数据接入方案逐步演变成平台服务；而边缘数据分析功能从简单规则引擎的应用向人工智能等复杂分析延伸；边缘功能变化的背后是通用IT软硬件架构的下沉，给边缘数据分析和应用运行带来更好的支撑环境，使整体平台架构更加统一，降低平台系统应用的综合成本。

二是模型的沉淀、集成与管理成平台核心能力。信息模型的集成与统一成为提升平台工业要素管理水平的关键，为平台资产、功能提供统一的语义描述；机理模型、数据模型、业务模型快速在平台中沉淀，使平台化的提供工业个性服务成为可能；数字孪生由概念走向落地，多类模型融合集成，支撑全企业的系统优化。

三是数据管理与分析从开源工具走向成熟商业方案。平台聚焦工业特色需求，普遍开展定制化开发强化工业数据管理能力；工业现场的实时性业务需求驱动平台大力发展实时流分析能力，人工智能技术进一步扩大了平台处理工业问题的深度和广度；平台不断丰富数据分析和可视化工具，催生工业数据PaaS，有望大幅降低分析门槛，提升分析效率。

四是平台架构向资源灵活组织、功能封装复用、开发敏捷高效加速演进。以Kubernetes、Service Mesh为代表的容器、微服务技术演进推动平台基础架构加速成熟，大幅提高平台功能解耦和集成的效率；新型集成技术发展将有效提升平台功能复用效率，推动平台功能由"内部调用"走向"多云集成"；DevOps与低代码提升开发效率，降低开发门槛，新兴平台架构和应用开发技术推动工业APP交付更快、应用更广。

8.3 工业互联网平台应用案例

8.3.1 工业互联网平台应用分布及层次

视频讲解

国外工业互联网平台应用分布如图8.4所示，国内工业互联网平台应用分布如图8.5所示。可以看出，工业互联网平台在设备管理服务、生产过程管控、企业运营管理以及资源配置协同方面都起到比较大的作用。

综合图8.4和图8.5，可以将工业互联网平台应用划分为三个层次，如图8.6和图8.7所示。

（1）层次I：基于平台的信息化应用。

得益于平台的"连接+数据可视化"能力，传统的生产管理类信息化应用得到更为广泛的普及。其中，在生产监控分析领域应用最为广泛，在物料管理、排产调度等方面也有初步探索。微软、思科、罗克韦尔、树根互联、宝信、阿里云等企业的平台均推出了面向生产过程可视化应用。这类应用主要提供数据汇聚和描述基础，帮助管理者直观了解工厂运行状态，其更高价值的实现依赖于在此基础之上的更深层次数据挖

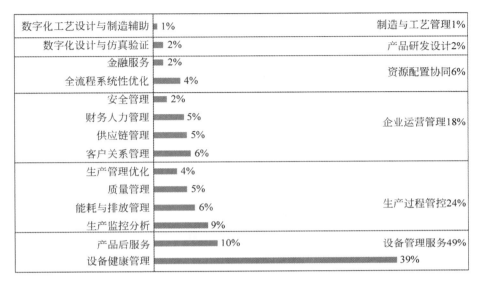

图8.4　国外工业互联网平台应用分布统计
（工业互联网平台白皮书，2019）

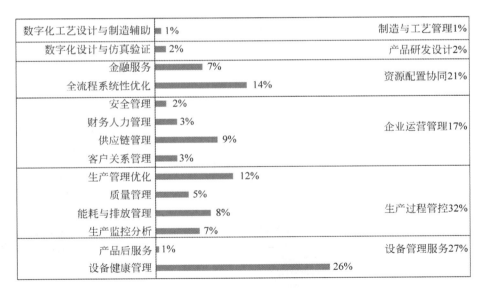

图8.5　我国工业互联网平台应用分布统计
（工业互联网平台白皮书，2019）

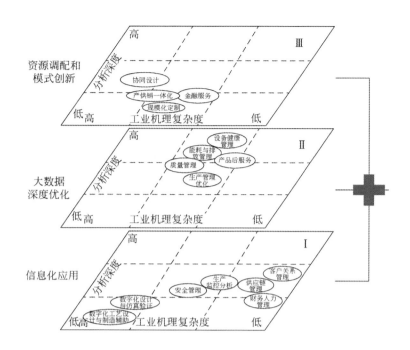

图8.6 工业互联网平台应用的三个层次

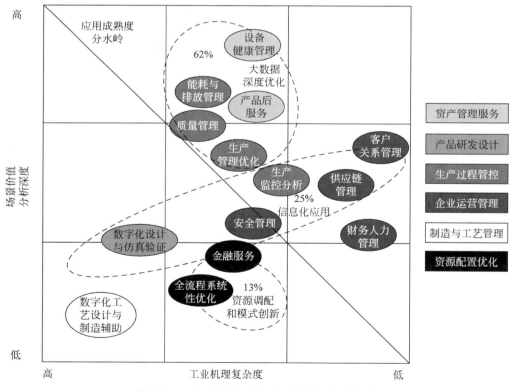

图8.7 工业互联网平台应用优化价值视图

掘分析。

基于平台的"软件上云+简单数据分析"在客户关系管理、供应链管理和部分企业计划资源管理领域获得应用，有效降低中小企业软件使用成本。如SAP、Oracle、Salesforce、微软、用友、浪潮、金蝶等企业提供大量管理软件SaaS服务。如Salesforce所提供的云化CRM软件服务已聚集超过15万客户，同时除通用软件工具之外，还提供基于社交网络的客户关系与需求分析，为中小企业提供销售渠道服务。用友提供采购、供应链、物流、财务、人力资源等工业云服务，服务工业企业客户44万家。

（2）层次II：基于平台能力的大数据深度优化。

基于平台能力的大数据，以"模型+深度数据分析"模式在设备运维、产品后服务、能耗管理、质量管控、工艺调优等场景获得大量应用，并取得较为显著的经济效益。GE、西门子、ABB、富士康、树根互联、东方国信、日立、C3IoT等企业已经推出了上百个上述类型的应用服务，如Uptake帮助美国最大核电站PALO Verde，通过提高资产性能，实现每年1000万美元的成本节省，成本降低20%。又如青岛纺织机械厂依托海尔COSMOPlat平台通过数据采集及分析实现设备远程运维，每年可节省96万元，宕机时长从每次的三天缩短为一天，可降低直接损失64万元/次。

（3）层次III：基于平台协同能力的资源调配和模式创新。

借助平台整合产业链资源，探索制造能力交易、供应链协同等应用，成为部分企业的实践选择。如智能云科依托iSESOL平台开放共享自身生产力，提高闲置设备的利用率，目前已对24 000台机床提供超过533万小时的交易共享服务。再如中国船舶集团利用船海智云平台对船舶制造企业、船用设备制造企业等开展纳期监控等应用，提升供应链协同水平。基于平台进行深层次的全流程系统性优化尚处在局部的探索阶段。

8.3.2　海尔 COSMOPlat 平台

作为中国最早一批探索工业互联网的企业，海尔在探索制造业数字化转型升级的实践中，研发了具有中国自主知识产权、全球首家引入用户全流程参与体验的工业互联网平台——COSMOPlat（cloud of smart manufacture operation plat）。COSMOPlat以用户体验为中心，旨在创造用户终身价值，实现企业、用户、资源的共创共赢共享。其意义在于使整个智能家电的应用产业链变得完整，主要方式是通过将每个消费者不同的个性化需求与智能化、透明化的工业产业链紧密地对接，实现了用户、产品、生产线之间的无缝对接，使用户可以高度地参与产品的设计和制造过程中。

COSMOPlat通过平台创新、技术创新与生态创新，构建"1+7+N"平台架构体系，即1平台7个模块覆盖N个行业，实现跨行业、跨领域应用。其中，7个模块为用户交互、研发创新、协同采购、智能制造、智慧物流、智能服务、精准营销。通过COSMOPlat，海尔改变了传统制造业各个模块串联式的价值链，开创了7个模块间的环形价值创造方式（见图8.8），使组织职能部门变成直面用户的节点，以快速响应用户，实现与用户的零距离。

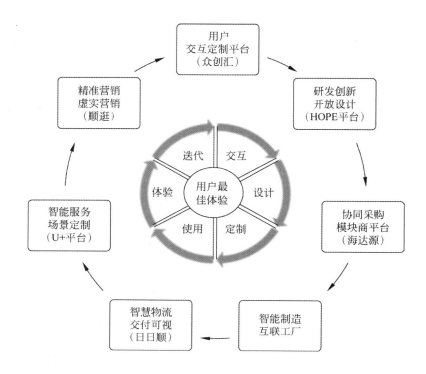

图8.8　海尔COSMOPlat七大模块间的环形价值创造

海尔以众创汇为窗口收集用户定制需求，依靠云技术处理智能设备与物联网终端产生的海量数据，整合用户碎片化的需求。该平台提供了三种个性化定制模式，即模块化定制、众创定制和个性化定制。

（1）模块化定制。用户可以根据模块进行定制化购买。

（2）众创定制。产品通过众创的方式产生，通过用户投票等机制实现，一旦达到最小批次量后，海尔就开始生产。

（3）个性化定制。为用户提供独一无二的定制化服务。

在消费者定制完其希望的产品之后，海尔的大数据采集中心通过互联网传送到其数据云平台进行信息数据的存储与分析，就可以通过海尔工业互联网中的互联工厂实现生产。针对平台提供的三种定制化服务，海尔互联工厂有三种生产模式：①针对不变的模块，该种模块采用高效自动化生产线，在保证产品质量的情况下最大化降低产品单价；②针对可变化的模块，主要通过柔性自动化生产线，根据订单需求，对模块进行组合；③针对极端定制化情况，主要实行定制单元线。每个操作员在作岗位上接收唯一订单，系统会根据实时安装手册，将所有的零部件推送到他的岗位上。通过这种信息化和智能化，最大化保证了生产效率，缓解库存压力。此外，通过工厂内自下而上的系统集成及与上下游企业间的数字化协作，互联工厂缩短了信息传递链，实现了用户、供应商、上下游的零距离，并为用户提供全程可视化的体验。

在采购端，海尔COSMOPlat采用模块化采购模式，通过建立开放的海达源全球采购平台，实现从零件商到模块商的端到端信息融合。在COSMOPlat平台上，海尔的所有供应商都能随时参与模块设计，与海尔进行零距离交互。同时，COSMOPlat对所有供应商的信息收集后进行后台处理，通过大数据运算，自动对所有供应商进行绩效评价和分类，并制订后续采购计划，实现了对供应商关系管理的颠覆。海达源全球采购平台还向外部中小企业提供采购交易和转型升级服务，帮助中小企业优化自身采购体系，降低采购成本，带动供应商整体和外部中小企业的信息化升级。

COSMOPlat平台以用户体验为中心，实现企业由大规模制造向大规模定制的转型，最终构建成企业、用户、资源共创共赢的新型生态体系。COSMOPlat的三大差异化特征表现为全周期、全流程和全生态，如表8.2所示。

表8.2　海尔COSMOPlat的三大差异化特征

全周期	用户通过COSMOPlat对产品全生命周期进行参与		
	海尔通过智能家电了解用户使用全周期		
全流程	高精度（三联）	联全要素	制造全要素人、机、物、单等与客户互联
		联全流程	用户与企业全流程零距离互联互通
		联网器	产品升级为网器，持续与用户交互
	高效率（三化）	柔性化	三种生产模式
		数字化	以COSMO-IM为核心的五大系统集成
		智能化	智能产品的自控制、自学习、自优化
全生态	全球资源共创共赢		

（1）全周期主要体现在两方面。一是用户通过COSMOPlat平台对产品全生命周期进行参与。产品全生命周期和用户进行紧密的连接，解决了大规模生产与个性化之间的矛盾。二是海尔通过用户对智能家电全生命周期的使用，在产品销售结束后依然可以对客户在生活场景中的使用情况进行全程了解，从而改进产品，为客户创造新的需求。

（2）全流程主要体现在智能制造方面，即将低效的串联流程转换为以用户为中心的并联流程，以互联工厂为载体解决了大规模制造和个性化定制的矛盾，实现了大规模制造到大规模定制转型。COSMOPlat与用户连接，实现"三联"（用户与全要素互联、用户与"网器"互联、用户与全流程互联）与"三化"（柔性化、数字化、智能化）。

（3）关于全生态，COSMOPlat不是一个封闭的体系，而是一个开放的平台。平台上的每个企业、资源方和用户都可以在平台上共创共赢共享。

海尔COSMOPlat的实践可以说是工业互联网方面的最佳实践，通过重塑产业价值链和生态链，改变了企业与用户之间传统的交易关系，构建了企业、用户、资源共创共赢的工业新生态体系，持续进行跨行业、跨领域赋能。其开放性和普适性为实现跨行业、跨领域、跨文化的全面复制提供了可能，为相关的中小型企业进行工业互联网创新提供了可参照的样本。

8.4 工业互联网平台赋能产业链供应链

视频讲解

当前，新一轮科技革命和产业变革加速发展，世界贸易和产业分工格局发生重大调整，大国博弈日益复杂尖锐。在复杂性、不稳定性、不确定性显著增强的发展环境中，产业链供应链遇到了前所未有的挑战。只有安全稳定的产业链供应链，才能有效应对复杂多变的环境。在《中共中央关于制定国民经济和社会发展第十四个五年规划和二零三五年远景目标的建议》中，习近平总书记将产业链与供应链两个名称首次作为一个整体概念提出，随后产业链供应链一词进入大众视野，并在短时间内大量转载，可见产业链供应链的概念得到中央政府和企业的高度重视。

工业互联网等新兴技术为发展安全可靠的产业链供应链提供了前所未有的机遇。工业互联网具有泛在连接、云化服务、知识积累、应用创新四大特征，这正是产业链供应链网络结构形成的必要条件。

8.4.1 工业互联网助力传统供应链解决问题

传统供应链管理中存在如下问题。

（1）传统供应链缺少设备实时监控。

（2）传统供应链上下游协同困难。

（3）传统供应链缺乏快速响应能力。

（4）传统供应链存在信息偏差与滞后。

（5）传统供应链信息共享不充分。

（6）传统供应链缺乏应对风险冲击的弹性。

为应对传统供应链的一系列挑战，工业互联网整合各种技术力量构建数字化供应链。工业互联网通过跨设备、跨系统、跨厂区、跨地区的全面互联互通，实现全要素、全产业链、全价值链的全面连接，构建数据驱动的工业生产制造体系和服务体系，重塑供应链运营管理新范式。新范式下形成了以工业互联网平台为基础，以降本增效为目标，以大数据、人工智能等新一代信息技术为手段，具有全面连接、高效协同、智能决策等特征的基于工业互联网的供应链。因此，工业互联网促进供应链数字化转型，更加精益化、柔性化、按需化、智能化，变革成高度智能的数字化供应链。

工业互联网的作用主要体现在以下三方面。

（1）提供新型基础设施，加速供应链数字化转型。

工业互联网提供了新型供应链基础设施支撑，为供应链数字化转型提供了必不可少的网络连接和计算处理平台，加速供应链数字化进程。工业互联网赋能供应链多方面的数字化转型，包括供应链决策控制，供应链运营，物件数码化和管理标准化，全生命周期管理、采购以及信用和金融等方面。

（2）促进资源优化配置，推动产业价值链延长。

工业互联网能促进各类资源要素优化配置和产业链紧密协同，帮助供应链上下游企业创新产品和服务研发模式、优化生产制造流程，不断催生新模式新业态，延长产业价值链。

（3）加强供应链可视化，形成全流程智能化供应链。

工业互联网将促进传统工业制造体系和服务体系再造，推动物流运输、仓储全流程可视化，供应链全流程线上协作，高度智能化等为显著特征的数字化供应链的形成。该数字化供应链是一个数字化网链结构，与传统供应链相比，在交互智能化、产品个性化、制造服务化、组织分散化、网络生态等方面具有优势。

工业互联网作为第四次工业革命的重要基石，融合人工智能、区块链和大数据、云边协同、数字孪生、边缘计算、5G等新一代信息技术，通过网络、平台、安全三大功能体系构建，实现全要素、全产业链、全价值链的全面连接。工业互联网将有力支撑企业在开发设计、采购供应、生产制造、物流配送、客户服务等供应链各环节的数字化转型升级。

8.4.2 基于工业互联网的供应链内涵与结构

基于工业互联网的供应链是以工业互联网为基础，以降本增效为目标，以客户为中心，以人工智能、数字孪生等新一代信息技术为手段，实现供应商、制造商、分销商、零售商全面连接、高效协同、智能决策的数字化网链结构。

工业互联网赋能传统物理世界的供应链面向数字世界的延展，形成双向映射、动态迭代的立体式结构，如图8.9所示。

传统物理世界的供应链以供应商、制造商、分销商、零售商自身的企业目标为核心，虽有平面级的简单连通，但缺乏深度协同。工业互联网通过叠加5G、区块链、标识解析、数字孪生、云计算、人工智能等新一代信息技术，将物理世界中的物流、信息流、资金流映射到以工业互联网为基础的数字世界中，通过上下游企业以及终端客户的全面连接，实现以客户为中心的高效协同，应对市场变化的快速响应。

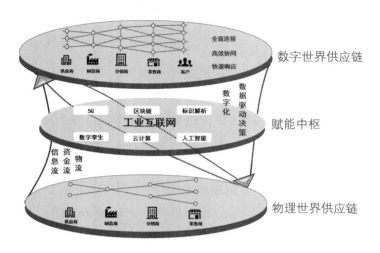

图8.9　基于工业互联网的供应链结构

同时，数字世界的供应链将全链路全流程打通的数据流以及基于数据分析做出科学判断的决策流反馈给物理世界，指导物理世界供应链中各参与企业发现问题、解决问题。工业互联网通过实现物理世界供应链与数字世界供应链的双向映射、实时动态迭代，可赋能各行业供应链持续优化提升，不断升级数字化、网络化、智能化水平。

表8.3从驱动流程、需求预测、数据共享、柔性弹性、运输过程、供应链风险成因、供应链组织结构七方面对比了传统供应链和基于工业互联网的供应链。

表8.3　传统供应链和基于工业互联网的供应链比较

	传统供应链	基于工业互联网的供应链
驱动流程	离散、按顺序执行的事件驱动型流程，基于历史数据的经验驱动	端到端的统筹式洞察驱动型流程，基于大数据的实时驱动
需求预测	非实时、非智能认知分析和预测，基于经验预测需求	实时、智能认知分析和预测，基于人工智能预测需求
数据共享	信息孤岛，非实时信息交换	全链信息共享和沟通
柔性弹性	市场不断变化、供应链中断等问题难以解决	快速应对市场变化，快速恢复中断供应链，兼具柔性和弹性
运输过程	劳动密集型的运输	智慧化物流运输
供应链风险成因	市场需求波动、上下游之间信息传递失真等	因数据共享而存在数据管理漏洞和网络安全风险
供应链组织结构	以企业为中心的线性结构	以客户为中心的网链结构

8.4.3 "工业互联网+供应链"模式的应用场景

1. 实时生产设备数据监控，全生产过程资源配置优化

生产设备是企业的重要资产，高效利用生产设备是企业提升竞争力的重要举措之一，对生产设备进行实时数据监控、实现全生产过程资源配置优化是提高生产设备利用率、促进供应链高效协同执行的关键手段。生产设备数据监控包括三方面。

（1）对车间设备的全方位管理、对设备信息的查看和大屏幕展示。

（2）对设备的设备状态、生产运行数据进行收集，并进行统计分析输出数据看板，帮助提高设备效益和辅助决策。

（3）对设备运行状态、工艺参数进行实时监控，对异常情况进行报警通知，降低设备的损耗；对故障设备进行报警管理、维修管理和配件管理，甚至进行预测性维护，如图8.10所示。

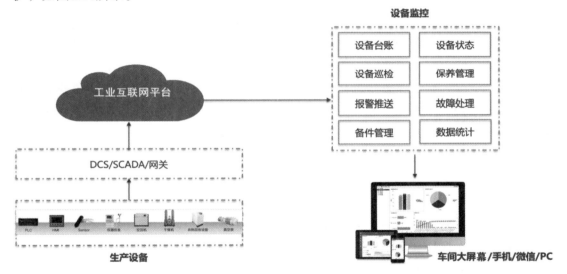

图8.10 基于工业互联网平台的设备状态监控

基于工业互联网的基础，采用AI技术、AI监控技术，以及云端计算技术对各种工业生产设备进行实时高效采集和云端汇聚，可以实时生产设备数据监控。同时，可以对供应链上游的整个生产过程及其相关设备的各项数据进行监控，并对数据进行精密的计算以及管理。通过各类通信手段接入不同设备、系统和产品，采集大范围、深层次的工业生产设备数据，以及异构数据的协议转换与边缘处理，构建工业互联网平台的数据基础。根据工业互联网平台的基础数据，包括投入数量、结构、方式，产出数量、质量、形式、效率等，采用数字孪生的技术，对供应链上游的整个生产过程进行反复的模拟和计算得出最合理的资源配置，实现全生产过程资源配置的优化，实现降本增效，促进企业甚至供应链的进一步发展。

2. 高效协同产业链上下游，驱动全供应链数字化转型

长久以来，产业链上下游在采购、生产、仓储运输、可信溯源、产业电商等方面存在较多痛点，如：在采购环节，信息化水平不高、寻源下单效率低且议价能力低；在生产环节，上下游企业间业务信息和数据缺乏共享，信息系统孤立隔绝，协同水平低下；在仓储运输环节，装卸、运输效率低，信息传递速度慢，运输需求与运力资源不匹配，运营成本高；在可信溯源环节，存在的采集数据可信度不高等问题；在产业电商环节，整体信息化水平不高，不能精准识别目标用户。因此，全行业对于构建完整的供应链及其连接关系、协同产业链上下游的需求十分强烈。而现代流通经济建设是一个全局性、系统性的工程，需考量产业链上下游关系要求的紧密性和综合性成本，包含需求采购、生产协同、仓储物流、可信溯源、产业电商等多个环节。

以现代供应链为切入，通过信息系统可实现全程智能化管理，整合优化外包模式和资源布局，综合供应成本、供应柔性、全流程周期和EMS能力等因素，贯穿产业链上下游，深入生产链的各个环节，提供全链路、一体化的供应链服务，达成生产路径最优，持续帮助企业降本增效。基于大数据、物联网、5G、人工智能、区块链等新一代信息技术手段，通过业务数据化、操作规范化，实现高质量的信息共享和各类物流资源的高效配置，并实现产业上下游之间的高效协同；通过补全供应链环节、聚集群式发展的方式，持续升级数字化技术与产品，驱动全供应链数字化转型升级，推动经济社会高质量发展。

3. 精准对接客户个性需求，柔性生产组织大规模定制

精准对接客户个性需求，柔性生产组织大规模定制，将成为未来智能制造的核心。对于供应方来说：第一，把个性需求进行汇总分析，找出共性的需求然后规模化生产；第二，小批量满足个性需求，同时为了平衡成本极大地提高供应产品价格；第三，批量化生产个性需求，基本不会有企业愿意背负这样的资金压力，除非需求方愿意承担批量生产的成本压力。传统供应链模式很难实现在精准对接客户个性需求、实现针对个性需求组织大规模定制的基础上，能够很好地平衡成本与质量、供货周期、货物安全、资金安全等多因素之间的矛盾。

针对这一痛点，下一代的供应链方案将通过对更多环节的数据采集，实现全供应链的数据管理；进一步通过对全链条的大数据分析实现成本与质量、供货周期、货物安全、资金安全等的统筹与规划，达到以上因素的最优组合。同时与大数据相比，协同制造中的小数据是以个体用户为中心而感知的数据集合体，对于特定小数据的分析和处理，增强企业对客户需求的精准把握，更能体现数据在客户个性、因果、精准定位方面的价值。

4. 精益化管理全生命周期，推动产品面向服务化延伸

在工业互联网相关技术引领下，制造业的生产技术、生产组织方式、企业管理方式及竞争策略都将面临重大调整，为制造业新模式与新业态的形成发展提供了可能。在工业互联网相关技术出现之前，企业在面向最终用户推出服务时面临两方面的痛点。一是产品本身的售后维护服务。随着产品销售地域范围的不断扩大，以及线下维护人员的技术水平参差不齐和人力成本不断增加，企业很难将高质量的售后维护服务控制在一个合理的成本水平之内。二是产品供应链上下游企业自身因资金不够充裕，无法保证企业的正常健康运营，从而导致产品供应链整体不均衡，引发产品质量甚至供货短缺等问题。包括物联网、云计算、大数据、人工智能、5G、边缘计算等工业互联网相关技术的出现与应用，使得企业能够围绕产品的全生命周期实现精益化管理。

基于新技术的全生命周期精益化管理的创新性主要体现在两方面：全面感知和实时分析。一方面，企业能够实时感知供应链上各环节物料、零件、产品等实物所处的物理位置和状态；另一方面，企业能够对产品全生命周期各个环节所产生的数据进行全面而及时的采集、汇总、处理与分析。基于这两方面的创新性，为企业在供应链产品服务方面所创造的价值是显而易见的，主要体现在两方面：一是产品运维水平和能力提升的同时降低成本；二是对于供应链运转情况的精准把控，实现企业信用的重塑。

5. 技术融合打造创新应用，全面赋能物流数智化升级

物流是复合型服务产业，融合了生产制造、仓储运输、商贸流通和信息技术等多个业务领域。以人工智能为代表的核心技术可以有效提高物流系统的感知、认知、分析、决策和智能执行能力，使物流体系更加自动化、数字化和智能化。在经济全球化和电子商务的双重推动下，传统供应链正在向现代供应链迅速转型，智能物流体现了供应链运作的特点，强调信息流与物质流快速、高效、通畅地运转，大大降低社会成本，提高生产效率，成为推动供应链转型升级的关键因素。智能物流应用场景可以包括5G智能物流园区、车联网、物流地图和电子运单管理等。

工业互联网赋能产业链供应链将以价值为核心，驱动产业链供应链重构和优化；以"双碳"为目标，打造数字化可持续供应链；以数据为基础，补链强链实现国内国际双循环；以管理为保障，关注组织架构调整与员工适应。工业互联网赋能产业链供应链将犹如猛虎添翼般为各行各业带来巨大变革。

8.5 工业互联网平台运营模式

1. 专业服务

专业服务是当前平台企业的最主要盈利手段，基于平台的系统集成是最主要服务方式。绝大部分与设备管理、能耗优化、质量提升相关的大数据分析平台都以这种方

式提供服务。如寄云科技主要面向电力、石化、高端装备等行业，依托其平台的大数据分析处理能力，结合客户需求场景，进行定制化解决方案开发与现场部署。即便是企业运营等管理软件服务平台也需要依赖这种方式进行落地部署。如用友利用精智平台的数据集成能力，为厦门侨兴提供定制化解决方案，全面打通已有的ERP、PDM和MES。此外咨询服务也正在成为平台专业服务的重要方式，部分企业依托其平台所集聚的数据，为客户提供分析服务，以指导业务拓展，如Salesforce为用户提供一对一的数据增值等技术咨询服务，拓宽盈利空间。

2. 功能订阅

功能订阅是现阶段平台盈利的重要补充，有可能成为未来平台商业模式的核心。

（1）IT资源及工业软件服务已普遍采用订阅服务方式。

一是云资源订阅，亚马逊、微软、阿里、腾讯、华为都提供了较为成熟的IaaS资源租用服务。

二是功能组件订阅，如GE Predix提供超过50种微服务工具集，以订阅形式向用户收费。百度为工业设备提供位置定位API，根据使用量收费。

三是工业SaaS订阅，如PTC应用商店中基于ThingWorx的工业SaaS数量超过40个，均以订阅方式提供；ANSYS提供仿真软件的云端订阅服务，用户可选择在ANSYS企业云或其合作伙伴的云平台上进行订阅；SAP、甲骨文等提供了基于自家平台的云化ERP订阅服务；西门子Manage My Machines等应用软件以订阅模式进行收费。

（2）围绕资产运维、能耗优化领域的托管服务正在成为工业领域新的订阅方式。

如天远科技为工程机械厂商提供资产托管服务，基于远程监控诊断保障设备资产安全，托管运营设备超过25万台；极熵物联为中小企业提供空压机等设备的运营托管服务，目前平台上管理设备超过600台，节能减排提升30%以上。

3. 交易模式

交易模式中，工业产品交易相对成熟，制造能力交易与工业知识交易仍在探索。在工业产品交易方面，部分工业互联网平台依托其对产业链资源的集聚，提供工业产品交易服务。如积微物联基于CⅢ平台对订单需求、库存、物流数据进行整合与分析，提供钢铁、钒钛等产品的在线交易服务，钢铁年交易额超过700亿元。在制造能力交易和工业知识交易方面，智能云科利用iSESOL平台对装备工况、地理位置等数据进行分析，面向机械加工领域企业提供订单匹配与交易服务，探索制造能力交易模式。航天云网利用INDICS平台积累产品设计图、标准件模型等资源，供企业用户使用。但是，由于现阶段知识产权与数据共享问题、制造系统的互联互通与管理问题尚未完全解决，导致制造能力与工业知识的交易模式仍在探索中。

4. 金融服务模式

金融服务模式显现巨大的价值潜力，是平台企业探索商业模式的新热点。推动产融结合是增强金融服务实体功能重要措施。工业企业及金融机构均可基于平台开展产融结合，举例如下：

（1）数据+保险模式。如平安集团基于平台获取和集成工业排污企业的生产、经营、排污、信用等数据，利用AI与大数据技术进行环境监管风险分析，实现环责险有效投放。

（2）数据+信贷模式。如树根互联赋能久隆保险推出设备UBI保险，联合慕尼黑再保险和德国工程机械巨头普茨曼斯特推出设备在线延长保修定价服务，成功探索出保费和理赔额双降、保险公司和客户共赢的保险新模式。海尔金控利用COSMOPlat平台将单个企业的不可控风险转变为供应链企业整体的可控风险，为中小企业提供融资借贷、供应链金融服务。

（3）数据+租赁模式。徐工基于汉云平台的大量设备管理能力，探索经营租赁模式，融资租赁率超过80%。中科云谷基于平台对设备租赁进行全过程管理，实现租赁回款管理等功能。

目前，国家正大力提倡"创新工业互联网平台+金融"合作业务模式，持续发展金融科技、数字供应链金融、数据资产等新技术、新业态和新模式，提高金融资源配置效率。各地区鼓励搭建产融合作信息共享平台，推进了工业互联网平台与金融有效结合。针对碳达峰、碳中和长期目标，加大力度鼓励碳核算数据采集方法及核算标准创新，助力绿色信贷、绿色股权、绿色债券、绿色保险、绿色信托等多元化业务的落地实践，加快了工业领域低碳工业革新和绿色化转型。

5. 其他模式

基于应用商店的分成模式刚刚起步。部分领先的工业互联网平台已经开始探索构建应用开发者商店，如PTC构建应用市场，提供超过200个软件工具；西门子MindSphere应用商店提供超过20项的应用服务。虽然上述平台为培育应用生态，目前还未对应用开发者进行分成，但未来随着市场的成熟，这也可能成为平台一种新的盈利方式。

此外，直接将平台作为一种软件产品进行销售也是部分企业的盈利手段之一。PTC依托其代理商渠道将ThingWorx平台作为一种软件工具直接销售，供其他企业进行二次开发，搭建自家平台或开展企业内数据的采集与集成工作。如IT服务商NSW对ThingWorx平台进行二次开发，以其为"底座"构建自家平台Toami；Woodward利用ThingWorx平台开发了自家制造信息系统，将工厂内自动化设备、ERP、PLM、MOM系统进行了全面集成。

6. 工业互联网平台运营展望

（1）平台创新与竞争的大幕刚刚拉开，未来将有更多主体进入这一领域，但只有少数能最终构建起自己的"平台经济"。

（2）伴随平台成熟与应用深化，构建面向业务与数据的服务体系将可能成为平台建设的关键与核心。

（3）工业APP创新能力与应用交付能力将是平台价值实现的关键，具有工业积淀的企业短期优势更为明显。

（4）生态建设将成为下一阶段平台产业发展的主线。

（5）平台应用短期仍将以设备侧与工厂侧为主，长期看消费侧将逐渐发力，并最终实现汇聚打通。

（6）平台治理将成为政府与企业必须面对的重要问题，数据确权、数据流转与平台安全是关键。

8.6 区块链赋能工业互联网

视频讲解

2019年10月24日下午，习近平主席在中共中央政治局第十八次集体学习时强调：把区块链作为核心技术自主创新重要突破口，加快推动区块链技术和产业创新发展。2020年3月20日，工业和信息化部印发的《关于推动工业互联网加快发展的通知》中提出，提升工业互联网平台核心能力需以区块链等新技术作为支撑。

当前，工业互联网连接规模变大，端到端的连接和交易也将更为频繁，需要通过区块链将产业链上下游间的数据上链，有助于实现核心企业生态内共享、工业企业间互信共享、工业互联网平台间价值共享，利用区块链技术为工业"网络化生产"推进中遇到的生产协同、工业安全、信息共享、资源融合、柔性监管等挑战提供相应的解决方案。

1. 基于区块链技术的工业云架构

在工业互联网平台提供的供需能力撮合模块，区块链技术起到了分布式的监管模式，保障企业需求各确认环节的内容不可修改，提高供需撮合效率。

在工业品交易环节，利用区块链技术保障交易双方的利益与数据安全。

在云产品和服务的供给过程中，基于统一数字身份认证、共识机制、智能合约技术，推动企业登云补贴政策数字化执行和监管，实现数据流通、溯源、确权及交易，为工业企业提供安全保障。

通过搭建以上架构的工业云平台，如图8.11所示，将更好地解决云平台在生产制造过程的数据采集、管理、服务和应用中面临的数据安全、数据信任、数据存储方式、数据价值服务等问题。

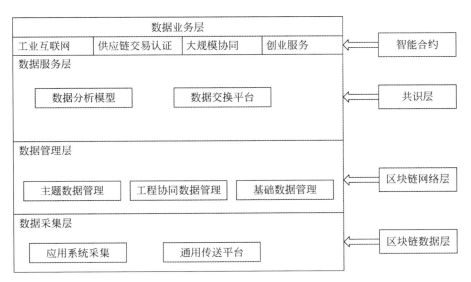

图8.11 基于区块链技术的工业云架构

2. 区块链+工业互联网应用场景举例

工业互联网平台现行痛点之一：平台客户当发生经济纠纷时缺少可靠的交易凭证；平台认证、金融机构缺少全面可信的依据。

如图8.12所示，利用区块链时间戳、分布式存储特性，完整账本在多节点顺序记录，无法通过篡改一个单节点数据改变整个账本数据；同时利用非对称加密技术，只有获得相应公钥的认证方、金融服务方才能够读取交易数据，增强数据隐私性与安全性。

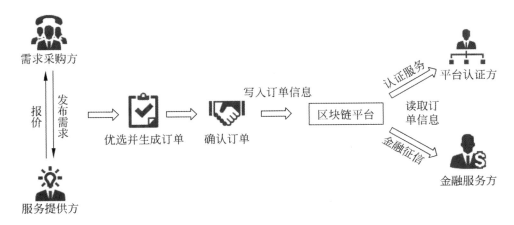

图8.12 外协外购交易区块链（天智公司）

工业互联网平台现行痛点之二：云网用户活跃度相对较低，缺乏激励措施。

如图8.13所示，工业互联网平台可以效仿比特币挖矿过程，用户可通过增加活跃度的相关举措获取积分。

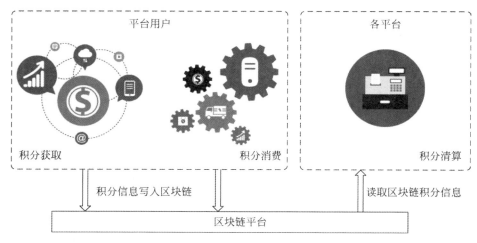

图8.13　云网积分（天智公司）

工业互联网平台现行痛点之三：供应链存在不够透明的问题，采购方缺乏对采购物品的必要了解。发生质量问题时，缺乏可靠的追溯依据。

如图8.14所示，RFID技术可用来较为全面记录供应链各个环节信息，利用区块链时间戳、分布式存储特性，完整账本在供应链的每一个环节进行记录，无法通过篡改某一环节的数据而影响整体，从而实现产品质量的可靠追溯。

图8.14　供应链数据写入区块链（天智公司）

3. 区块链在工业互联网信息安全中的应用

（1）区块链可以解决工业互联网数据共享中的关键问题。

工业互联网数据是工业领域各类资源的核心载体，通过汇聚、处理、分析、共享和应用各类数据资源，推动工业经济全要素、全产业链、全价值链的数据流通共享，实现对工业领域各类资源的统筹管理和调配。我国工业互联网数据资源总量呈爆炸性增长，区块链技术可以有针对性地解决工业互联网平台数据共享模式中存在的主导权不清晰、隐私保护难、数据确权难、资源负载严重等问题。图8.15和图8.16分别是基于区块链的工业互联网平台架构以及相应的数据处理流程。

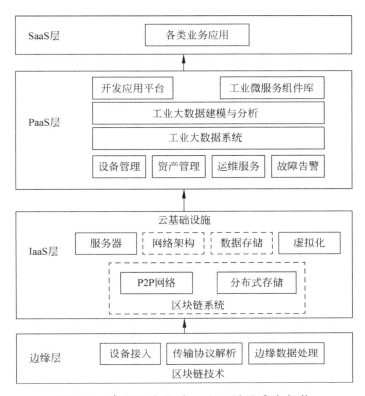

图8.15 基于区块链的工业互联网平台架构

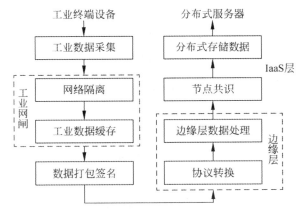

图8.16 基于区块链的平台数据处理流程

（2）区块链可以实现对工业互联网企业运营的柔性监管。

工业互联网基于各种网络互联技术，可以将工业设计、工艺、生产、管理、服务等涉及企业从创立到结束的全生命周期全部串联起来，从而摆脱了传统工业企业间的割据状态。区块链特有的"物理分布式、逻辑多中心、监管强中心"的多层次架构设计，能够为政府监管部门和工业企业相互之间提供一种"松耦合"的连接方式，例如，政府与企业之间、企业与企业之间、同一企业内部不同的生产部门之间，均可实现工业互联网对象标识的管理需求。图8.17所示为区块链管理系统架构。

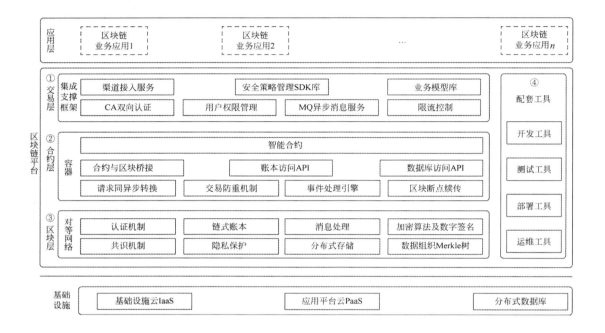

图8.17　区块链管理系统架构

（3）区块链可以提升工业互联网企业的制造协同管理能力。

工业互联网应该赋能整个工业系统，使其拥有描述、诊断、预测、决策、控制的智能化功能。基于共识算法、密码学、智能合约等技术，可构建一个多方可信的"工业互联网+区块链"生产协作平台，提高工业生产制造效率和促进企业管理协同。图8.18所示为基于区块链技术的工业互联网平台方案流程。

（4）区块链助力工业互联网建立主动防护体系。

工业互联网打破了传统的网络安全界限，企业IT和OT实现融合，工业网络、管理网络与互联网相互连接，大量工业互联网资产在公网暴露，安全边界不断延伸，工业互联网成为网络攻击的重点目标。区块链技术提供了一种在不可信网络中进行信息与价值传递、交换的可信通道，为解决工业互联网安全问题提供了新方法和新思路。

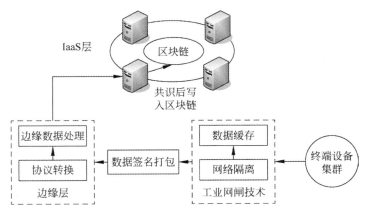

图8.18 基于区块链技术的工业互联网平台方案流程

习题

一、判断题

1. 资源调配和模式创新不是工业互联网平台应用的发展层次。（   ）

2. 区块链的分布式监管模式能够为工业互联网平台提供供需撮合效率。（   ）

3. 区块链可以提升工业互联网企业的制造协同管理能力。（   ）

4. 工业互联网被认为是由设备、平台、安全构成的体系。（   ）

5. 工业互联网平台是资源集聚共享的有效载体。（   ）

6. 互联的最终目的是为智能决策提供支撑，进而实现工业过程的运行优化。（   ）

7. 平台创新与竞争的大幕刚刚拉开，未来将有更多主体进入工业互联网产业这一领域，大多能最终构建起自己的"平台经济"。（   ）

8. 工业互联网促进供应链数字化转型，更加精益化、柔性化、按需化、智能化，变革成高度智能的数字化供应链。（   ）

9. 区块链技术提供了一种在不可信网络中进行信息与价值传递、交换的可信通道，为解决工业互联网安全问题提供了新方法和新思路。（   ）

10. 工业互联网赋能产业链供应链将以价值为核心，驱动产业链供应链重构和优化；以"双碳"为目标，打造数字化可持续供应链。（   ）

11. 标识解析技术通过建立统一的标识体系将工业中的设备、机器和物料等一切生产要素都可以连接起来，通过解析体系连接割裂的数据和应用，实现对数据的来源、流动过程、用途等信息的掌握。（   ）

二、多选题

1. 工业互联网平台功能架构包含（   ）。

A. 边缘层　　　　　　　B. IaaS层　　　　　　　C. 工业PaaS层　　　　　　　D. 工业SaaS层

2. 工业互联网的典型特征有（　　　）。

A. 数据资产化　　　　　　　　　　　　B. 生产可定义

C. 组织虚拟化　　　　　　　　　　　　D. IT、OT融合化

3. 利用区块链技术为工业"网络化生产"推进中遇到的以下（　　　）问题提供相应的解决方案。

A. 生产协同　　　　B. 工业安全　　　　C. 信息共享　　　　D. 资源融合

4. 以下（　　　）属于工业互联网平台运营模式。

A. 专业服务　　　　B. 功能订阅　　　　C. 交易模式　　　　D. 金融服务

5. 从构成要素角度看，以下（　　　）共同构成了工业互联网生态系统。

A. 生产时间　　　　B. 设备　　　　C. 人　　　　D. 数据分析

三、简答题

1. 工业互联网的产生背景是什么？为什么需要工业互联网？

2. 工业互联网的应用层次与应用模式有哪些？

3. 我国大中小企业如何推进基于工业互联网平台的运营管理创新应用？

4. 区块链如何赋能工业互联网？

5. 比较传统供应链和基于工业互联网的供应链的区别，并阐述工业互联网平台如何赋能产业链供应链数字化转型。

第 9 章

双碳背景下的数字化运营管理

2020年9月22日，习近平主席在第七十五届联合国大会一般性辩论上的讲话中郑重承诺："中国将提高国家自主贡献力度，采取更加有力的政策和措施，二氧化碳排放力争于2030年前达到峰值，努力争取2060年前实现碳中和。"2021年10月，《中共中央 国务院关于完整准确全面贯彻新发展理念做好碳达峰碳中和工作的意见》发布。同月，国务院印发《2030年前碳达峰行动方案》。2021年11月，工业和信息化部印发《"十四五"工业绿色发展规划》，针对工业领域提出加速生产方式数字化转型，利用数字技术绿色制造。

当前"数字化"和"绿色化"成为全球经济复苏的主旋律。数字技术在助力全球应对气候变化进程中扮演着重要角色。本章首先介绍数字技术赋能"双碳目标"管理，然后以我国能源消费、温室气体排放大户工业企业为对象，阐述数字技术驱动的工业企业低碳绿色运营管理，以及工业互联网碳达峰碳中和园区，最后是数字技术驱动的低碳绿色供应链管理。

9.1 数字技术赋能"双碳目标"管理

数字技术能够为经济社会绿色发展提供网络化、数字化、智能化的技术手段，赋能产业转型升级和结构优化，提升政府监管和社会服务的现代化水平，促进形成绿色的生产生活方式，推动社会总体能耗的降低。我国碳达峰碳中和"1+N"政策体系中明确提出要推动大数据、人工智能、5G等新兴技术与绿色低碳产业深度融合；推进工业领域数字化、智能化、绿色化融合发展。数字化正成为我国实现碳中和的重要技术路径，为应对气候变化贡献重要力量，主要体现在以下三方面。

（1）数字经济以战略性新兴产业中新一代信息技术为基础，可以显著拉动社会需求，对促进产业结构和能源结构调整和优化意义重大。

（2）数字技术对传统产业实施技术改进和优化配置，引领工艺和服务创新，对支

视频讲解

撑低碳发展具有巨大潜力。

（3）在碳排放管理方面，能够促进碳管理高效化以及碳排放追踪监测。新一代信息技术应用在传统用能领域，促进其能源结构清洁化转型、用能效率提升、环境影响降低、资源循环利用等直接减少碳排放并促进碳达峰、碳中和目标实现，如图9.1所示。

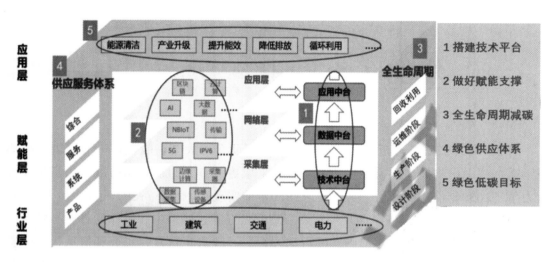

图9.1　数字技术赋能碳达峰、碳中和
（中国信息通信研究院）

数字技术在碳排放、碳移除和碳管理方面都将发挥重要作用，如图9.2所示。碳中

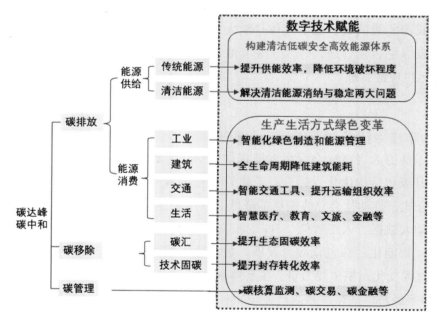

图9.2　数字技术助力碳达峰、碳中和的主要途径
（中国信息通信研究院，2023）

和主要包括碳的排放、碳的移除。如果碳的排放和移除相等，即可实现碳中和，在这个过程中始终伴随着碳的管理。

碳排放包括能源的供给和消费，能源供给又包括传统能源和清洁能源。对传统能源来讲，数字技术提升供能效率，降低环境破坏程度；对于清洁能源，解决清洁能源消纳与稳定两大问题。能源消费包括工业、建筑、交通和生活：数字技术赋能工业智能化绿色制造和能源管理；赋能建筑全生命周期降低建筑能耗，促进智能交通工具，提升运输组织效率；在生活方面，数字技术赋能智慧医疗、教育、文旅、金融等。

在碳移除方面，数字技术提升生态固碳效率和封存转化效率。

在碳管理方面，碳核算监测、碳交易、碳金融等也离不开数字技术。数字技术助力构建清洁低碳安全高效能源体系，加快实现生产生活方式绿色变革。

9.2 数字技术驱动的工业企业低碳绿色运营管理

工业部门是国民经济中十分重要的物质生产部门，对社会生产起着巨大的推动作用，对国民经济发展起着决定性作用。同时，工业部门也是我国能源消费、温室气体排放的大户，是我国第一大终端能源消费与碳排放领域，因此，降低工业部门高耗能制造业碳排量，对于我国实现碳中和目标非常关键。

数字技术能够促进传统产业能源优化、成本优化、风险预知及决策控制，整体上实现节能降本增效提质。数字化为中国工业绿色转型打开重要窗口，助推传统制造业"跳出厂房"发展绿色化生产，赋能制造业价值链全流程的绿色转型。

9.2.1 数字技术赋能工业双碳

数字技术赋能工业双碳主要表现在以下四方面。

1. 促进工业生产绿色化

数字技术可为工业领域生产流通环节中的节能改造、节约用料、供需精准对接、物流线路优化、材料回收等提供有力支撑，全方位助力工业节能减排。

例如，工业互联网感知层实时采集工业生产流程数据，企业可以根据实时的生产线数据优化生产流程，减少能源损耗，提升产品质量。

人工智能给材料工业带来包括研发模式的改变、生产组织方式的改变等，推动着材料工业生产工艺不断优化、生产效率不断提高、产品质量不断改进，实现材料工业领域更加节能和环保，助力绿色智能制造。

工业软件优化产品设计方案以及整个过程的生产工艺，能够大幅提升能源效率，从源头减少碳排放。根据中国信息通信研究院对1015个工业互联网应用案例的统计，数字技术赋能工业节能减排主要侧重于生产过程管控，占比近64%，其他方面包括赋能经营管理占比9%，赋能运维服务占比8%，赋能产品工艺研发占比6%。

2. 赋能工业领域碳管理

数字技术可用于工业领域碳管理，包括碳排放数据的精准采集监测、碳数据的核查分析、碳移除等，提高工业碳管理水平。例如，碳排放的监测和核算是非常重要的一环。基于云计算、大数据等数字技术，可实现在线实时监测，更加精确地进行碳排放核算。基于碳排放现状和目标，利用大数据可对工业碳达峰碳中和进程模拟预测。

工业互联网标识解析技术为仪器仪表、计量器具和测量数据等提供唯一标识编码，依托唯一标识编码解决了碳管理领域中数据可靠性和数据溯源的关键问题。

卫星遥感可以监测不同地区乃至具体工业园区的碳源和碳汇，动态呈现碳源和碳汇分布。

3. 助力工业碳交易、碳金融发展

例如，通过区块链技术可以对各环节碳资产数据、碳配额交易数据等进行实时上链存证，实现多层级穿透式核查监管、在线跟踪溯源等。区块链技术同时可为碳资产交易及相关金融衍生产品提供有效的数据服务支撑。

人工智能可运用在碳价预测方面，由于具有很强的学习能力和非线性映射能力，径向基神经网络、BP、LSSVM等神经网络模型均得到了应用，提高碳价预测准确性。

云计算基础设施可为碳管理分析提供算力和存储等基础支撑。大数据技术为碳金融产品设计、投放等提供算法支持。

4. 数字技术对工业节能减排具有综合赋能效果

数字技术已形成一个相对完整的生态体系，从数据的采集、存储、处理到应用，支撑起一个完整的产业链，构成了数字世界的基石，是数字社会孕育、发展和繁荣的重要保证。各类数字技术本身相互融合、相互助力，在赋能工业节能降碳方面也是共同发力，实现倍增效应。

例如，云网边端协同可促进工业数据多级联动，依托5G、NB-IoT（窄带物联网）、TSN（交换机）、工业PON（无源光纤网络）等网络连接方案，实现工业生产数字化、智能化、绿色化发展。

9.2.2　工业软件赋能双碳

工业软件赋能工业碳减排主要包括产品工艺研发、生产过程管控、经营管理模式、运维与服务、多环节协同优化、构建产业链供应链协同等方面。

1. 优化产品设计和生产工艺助力碳减排

碳排放量与产品设计、工艺路线及加工过程关系密切，因此优化产品设计方案以及整个过程的生产工艺，能够大幅提升能源效率，从源头减少碳排放。

应用研发设计类工业软件（CAD、CAE等）的三维建模、数值模拟仿真等功能，

能够在产品设计的构思阶段，根据可持续性指标进行智能化设计，提前考虑与原材料及碳足迹相关的社会和经济影响，选择更高效、更环保的产品设计方案，最大限度减少材料和能源浪费。同时利用该类软件，能够有效测试产品设计的强度和耐用性，减少多次物理实验造成的能源和材料消耗，确保组件结构和材料的更改不会导致质量故障，保障产品设计的安全性。

在工艺流程优化中应用该类工业软件，能够实现工艺参数动态调优，实现对产品变形、温度场及应力场的有效预测，并通过策略性改变工艺参数和条件优化结果值，助力制造业高耗能企业实施技术改进和优化配置，减少由于工艺不成熟、需要通过反复实验的方法制订工艺流程而造成的人力和资源浪费，有效降低材料碳排放和设备能源碳排放。

2. 提升生产管控效率助力碳减排

某些行业的制造过程属于能源密集型生产，例如从原材料中制造或提炼金属的过程，除了在产线实施节能措施外，通过整合监控、可视化和管理软件以及连接设备资源，也能够有效降低碳排放。

应用生产调度和过程控制类工业软件（DCS、SCADA、PLC、MES等）软件，能够简化、整合和优化分散的资产，实现数据采集、设备控制、测量、参数调节以及各类信号报警等各项功能。同时，通过收集和控制能源数据，从能源消耗追踪开始，使用历史查看器、统计和曲线绘图仪，实时测量能源消耗，将数据记录并汇总到数据库中以供后续分析，并借助人工智能启动功耗预测，实现能源效率优化和碳排降低。

从人员操作角度，基于云的生产管控软件能够提供SaaS服务模型、成熟的用户管理界面和能源管理系统，降低管理现场服务器的复杂性和能耗，操作员能够收集和控制能源数据、分析能耗并及时优化能源效率策略。同时，通过远程定位资产，即时访问实时数据可减少差旅成本、节省时间并帮助员工专注于增值业务。

3. 提升供应链效率助力碳减排

供应链通常涉及制造、包装、存储和分销等多个环节，较为复杂且容易发生中断。如果供应商急于满足准时交货要求，但与全球贸易伙伴沟通不畅，可能会引发低效的物流活动，增加供应链碳足迹，造成资源浪费和不必要的碳排放。

目前，造成供应链企业高碳排的主要原因是过度生产或过度购买导致的高库存，应用经营管理类工业软件（ERP、SCM等），可对库存和订单流动进行全面管控，有助于制造商整合订单，减少效率低下的发货。利用该类工业软件的敏捷需求预测、自动化高效分析功能，能够预测、评估和监控供应链各环节，减少人工工作的不确定性，消除一次性事件的影响，改善供应链协作和效率，减少材料或产品的总运输里程，有效降低碳减排。图9.3为SAP公司的碳管理方案，分三个层面，即ESG报告发布、碳管理数字化平台和元数据平台。三个核心解决方案是基于SAP BTP业务技术一体化平台来实现的。

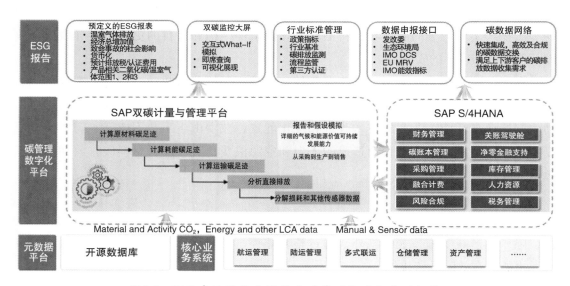

图9.3 SAP建议的供应链物流碳管理数字化应用架构

9.2.3 工业互联网赋能双碳

通过网络、平台、安全三大功能体系构建，工业互联网全面打通设备资产、生产系统、管理系统和供应链条，基于数据整合与分析实现IT与OT的融合和三大体系的贯通。工业互联网赋能双碳主要体现在以下四方面。

1. 碳排放量监测和预测

以工业互联网技术为支撑，部署和应用各类智能传感器，可以帮助企业获取生产运营过程中的碳足迹信息、碳排放数据，实时开展在线监测，辅助节能减排决策及实施。感知设备主要由安装在企业气源排口的CO_2连续在线监测设备、厂界厂区内的CO_2监测设备、企业内网格化报警设备、气体流量监测设备、碳排放数据采集传输设备、动态管控监测设备等组成。可通过移动端识读标识或扫描标识二维码或输入标识编码查询能源消耗及排放物检测仪表的基本信息和全生命周期动态信息及能源测量、碳排放数据信息。根据企业工作过程、减排方法和需求，可预测未来的碳排放量，帮助企业更加准确地制订、调整和实现碳排放目标。

2. 碳资产管理

依托工业互联网标识解析服务平台建设碳资产专项服务平台，基于标识代码和工业互联网平台可以精准管理物流、能源流、排放流数据，通过标识解析服务平台可以记录管理对象的动态信息，溯源相关碳资产数据，支持政府或行业实施碳达峰碳中和规划与目标。服务内容主要包括能源数据、排放数据采集、存储、分析、处理、评估、核算、标识编码、认证、碳资产管理等。

3. 碳计量管理

碳数据来源于碳计量和测量。按照国家标准《计量器具识别编码》（GB/T 36377—2018）建设的工业互联网标识解析仪表平台，可为仪器仪表、计量器具和测量数据等提供标识编码，为企业能源消耗与碳排放数据管理提供解析服务；可为计量器具制造企业、使用单位、检校机构等提供计量器具全生命周期电子台账；对能源生产或消费企业使用的计量器具巡检/维修/保养进行管理，保障定期检定校准和设备完好正常使用，可确保测量数据的可靠可信。

4. 企业碳数据管理

工业企业可按照国家标准《工业企业能源管控中心建设指南》（GB/T 40063-2021）构建企业能源管控中心，用于采集能源消耗量和碳排放量，并通过安全网关设备把碳数据传输到工业互联网服务平台上。对工业企业和主要用能设备安装能源及碳数据测量计量器具，建立基于企业内部工业控制网络对能源及碳数据实施计量的监控体系。通过对能源及碳数据测量计量器具进行实时在线的采集，获取分类、分项实时的能耗数据。建立数据交换融合接口，实现企业数据资源共享与信息融合，助力能源大数据的高效利用。

随着云计算的发展，当前已呈现出"一切皆服务"（XaaS）的趋势，即未来任何企业技术需求都可通过服务的方式满足，随时随地像用水和电一样，按需获得云上数字技术服务。人工智能、大数据、区块链、物联网、工业软件等先进技术都可以在任何时间、地点以云服务的方式提供给用户。基于云服务上的数字技术，为各行业向低碳转型发展快速赋能，助力绿色低碳技术与应用创新，成为各行各业节能降碳、绿色发展的首选。

图9.4所示为某煤电厂工业互联网碳痕迹溯源管理平台，该平台基于工业互联网云计算基础设施，实现能耗、碳排放、碳汇等数据的管理，在此基础上实现企业的碳排放核算与碳排放溯源等功能。

9.3 工业互联网碳达峰碳中和园区

工业园区产业集聚、创新活跃、信息化基础坚实，是我国制造业转型升级的重要抓手。我国从改革开放以来，工业的发展取得了举世瞩目的成就，园区作为推进我国改革开放和经济发展的重要抓手，一直被视为经济建设的主战场。《"十四五"数字经济发展规划》提出要引导产业园区加快数字基础设施建设，利用数字技术提升园区管理和服务能力。工业和信息化部组织开展了"工业互联网平台+园区"赋能深度行，

视频讲解

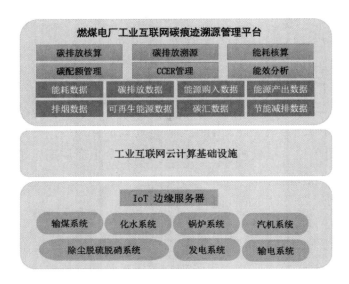

图9.4 某煤电厂工业互联网碳痕迹溯源管理平台

加快园区工业设备和业务系统上云平台，支持园区产业发展。作为工业企业集聚区的园区，在提供了大量基础设施和公共服务的同时也成为了碳排放的主要源头。工业和信息化部印发的《“十四五”工业绿色发展规划》中提出要基于流程型、离散型制造的不同特点，提出降碳和碳达峰实施路径；要建设171家绿色工业园区，并完善绿色工业园区评价标准体系。

9.3.1 工业互联网双碳园区的内涵

工业互联网双碳园区是以实现园区的碳达峰碳中和为目标，以绿色高质量发展为愿景，充分利用工业互联网规划、建设、运营、提升的新型绿色园区。园区应以供给侧结构性改革为主线，以产品碳足迹、园区综合能源调控、园区双碳智能化管理三大模式为导向，通过网络、平台、安全三大体系和绿色融合新技术、新模式、新业态的构建，来指导新型园区建设以及已有园区的绿色转型发展。

1. 产品碳足迹

园区应构建设备、车间、厂区、产品等所有组成要素的全生命周期的碳足迹跟踪，将绿色低碳理念贯穿于园区规划、建设、运营和维护全过程，降低全生命周期能耗和碳排放，助力园区内部企业实现绿色化物流、生产、经营、服务等。

2. 园区综合能源调控

园区应以工业互联网等手段推动园区能源绿色化综合应用，采用可再生能源替代化石能源，推动清洁能源的使用，推进多能高效互补利用，并加强化石能源的节约与高效利用。园区应在公共设施共建共享的基础上，加强能源梯级利用，开展园区循环化改造，不断提升园区内部协同性，并加强园区和外部的协同，促进园区产业的持续调优。

3.园区双碳智能化管理

园区应基于工业互联网、云计算、区块链等信息化手段，构建设备、车间、厂区、园区多层次的系统能源、资源与碳排放的优化与精益管控技术体系，以节能调度、资源动态配置为手段，综合采用大数据智能算法，赋能园区构建双碳数据采集、监测、核算、管控、预测等全流程智慧化治理体系，实现对园区碳数据全方位、多层次的透明化监测与管控的目标。

9.3.2 工业互联网双碳园区的建设

工业互联网双碳园区的建设与发展，应在政府相关政策措施的引领下，以碳达峰碳中和科学规划为规划指导，推动园区实现双碳创新变革。工业互联网双碳园区整体框架如图9.5所示，要充分发挥工业互联网双碳园区可信数字基础设施的作用，通过构建工业互联网园区网络，提升园区的双碳信息传输能力和信息感知能力；打造工业互联网园区平台，实现园区要素的全流程数字化管理；基于工业互联网安全框架建立园区可信碳资产交互与可信身份认证机制，提升园区日常运营的安全防护能力。同时，园区应基于低碳零碳负碳绿色基础研究，部署园区绿色公共设施与环境，助力企业绿色化改造升级。进而通过持续优化升级，与外部政府、区域、能源供给单位、产学研共同构建园区协同零碳生态模式，促进资源的充分整合和共享。

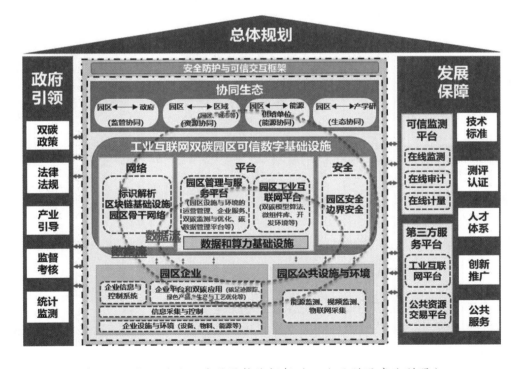

图9.5 工业互联网双碳园区整体框架（工业互联网产业联盟）

工业互联网双碳园区建设的两大核心要素如下。

（1）要打造双碳数据流动闭环，推动园区内设备、工艺、物料等数据联动，以及园区外产业链上下游的生产、物流、库存等数据互通，进而结合具体场景实现园区双碳数据洞察分析。

（2）推进双碳数据价值化，通过信息化的手段保证园区碳和能源数据采集的准确性、核算的真实性、交互的可信性，实现园区双碳数据的资源化、资产化、资本化。

图9.6所示是正泰物联网工业园区碳监测平台，在正泰（乐清）物联网传感器工业园部署应用。基于区块链、智能物联网等技术，实现工业园区能耗数据的实时监测和数据安全共享，并进行碳排数据的自动核算，通过汇总、分析和报告摸清工业园区整体碳排能源结构与园区14栋楼宇、10余家企业碳排放情况，实现碳资产清晰、碳管控到位。通过碳普惠激励机制倡导工业园区绿色低碳行为，低碳行为核算量化为减排量，抵消碳排放量，助力工业园区实现碳中和。

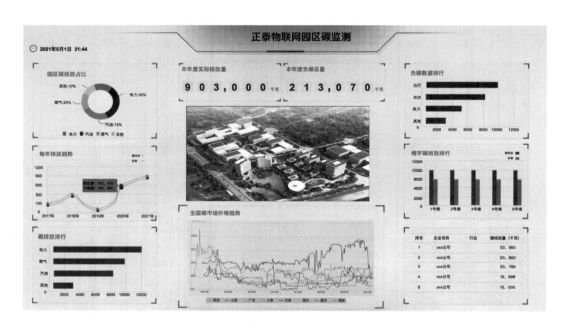

图9.6 正泰物联网工业园区碳监测平台

9.4 数字技术驱动的低碳绿色供应链管理

为了更好地实现碳达峰碳中和的双碳目标，作为承担应对气候变化目标的重要主体，企业在降低自身碳排放的同时，还要促进供应链成员共同实现碳减排。在利益相关者的共同参与下，供应链各主体碳减排管理的协同变得更加重要。

9.4.1 低碳绿色供应链内涵与运营框架

20世纪90年代，企业开始关注环境绩效，关注的焦点逐步由单个企业扩展到供应链，绿色供应链应运而生。绿色供应链是一个比较宽泛的概念，低碳供应链强调的则是在供应链运作决策中将碳排放作为目标或者约束。早期，受到可持续发展和循环经济理念的影响，意识到气候变暖主要受到温室气体的影响，一些企业投入碳减排技术的研发，更换设备以提高能源使用效率，使用清洁能源以减少碳排放。进一步地，考虑碳减排的任务不能完全靠企业自身完成，企业在供应商的选择和评价中增加了碳排放的考量，还通过物流网络和供应链结构与契约的再设计来降低碳排放。供应链各环节的碳足迹和产品全生命周期碳足迹的科学识别和管理也成为一个基础性的重要议题。

供应链企业低碳运营实践往往与产品碳足迹相结合，基于产品全生命周期进行管理优化。核心企业从产品设计出发，通过对采购、生产、销售、交付、消费和回收全过程进行改善，实现低碳目标，如图9.7所示。

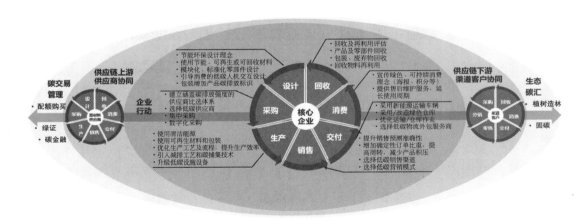

图9.7 供应链低碳运营框架（罗戈研究）

同时，各国政府也纷纷出台碳补贴、碳限额、碳交易、碳税、碳标签等相关制度性政策，关注减排政策对供应链运作与管理的影响，在促进供应链决策者兼顾经济的同时减少碳排放。

9.4.2 基于数字商业生态的低碳供应链管理

随着数字技术的不断发展，数字商业生态得到了广泛的关注。所谓数字商业生态是由数字生态和商业生态两个生态的耦合而成的，商业生态是跨企业、跨行业的社会经济系统，而数字生态是指具有解释和应用能力的节点群以数字形式所实现的业务流程、经济运行、社会功能而形成的数字系统，包括数字化知识、信任、契约、规则等数字化要素、框架、平台。实现低碳供应链要实现这两个生态的耦合。

1. 低碳供应链数字生态发展中的层级

在推进低碳物流和低碳供应链的过程中，既需要关注链层级，就是企业多环节、多流程的低碳化，又需要关注网层级，还需要解决的是态层级。态层级更多的是从产业的角度，从供应链的闭环和多利益相关者之间怎么实现低碳的角度展开研究。无论是链层级、网层级还是态层级都要解决如下三个问题。

（1）组织问题。低碳运营中的组织方式、组织范围如何进行。

（2）足迹问题。整个供应链低碳运营过程中，包括采购、库存、分销、物流等活动足迹问题。

（3）技术要素。低碳在运营过程中，数字技术的采用、支撑和发展。

无论是哪一个层级，这三方面的要素都是需要探索的问题，也有很多需要解决的核心问题，如图9.8所示。

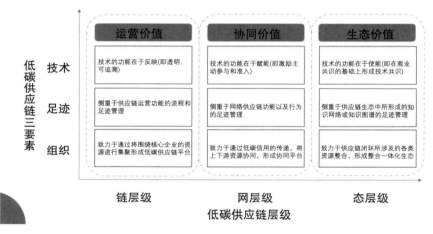

图9.8　低碳供应链管理的层级与核心要素

2. 低碳供应链管理的核心要素

1）链层级低碳供应链

链层级主要围绕核心企业的资源进行集聚，建成一个低碳运营的平台，主要有三方面，以焦点企业为核心来牵引低碳供应链如何形成，另外一个在治理过程中，以契约形态打造。

在足迹方面，要关注供应链商流和物流各个环节的链接、智慧、可测度、可管理，建立以核心企业为主导的供应链运营平台。

在技术方面，要形成组织供应链技术规范和标准，数字化治理是一种集中化治理方式。

例如华能智联，试图从九方面来实现链层级低碳供应链，包括交易线上化、车辆网联化、载具再电气化、仓配智能化、运维可视化、资产数字化、金融普惠化、碳迹标准化、制造低碳化，这是站在一个微观层面的层级来实现的低碳化。

2）网层级低碳供应链

不仅仅是核心企业自身，还需要和上下游联动，在组织层面一定要通过低碳信用的传递，将上下游资源协同起来。以焦点企业为支点，上下游多主体互动的低碳供应链，不仅仅是内部需要互动起来，这个时候靠契约治理很难，需要关系治理。

在足迹方面，不仅关注内部各方面的生产经营足迹化，还要关注供应链商流物流各环节的交互、穿透和行为信用链的打造，建立多方交互的运营平台。

在技术方面要实现整个供应链流程数字萃取、数字关联、数字智能、数字自驱，实现从信息到知识的转化，这里的核心就是形成网络化的供应链规范和标准，以及商业共识，数字化治理是一种协调化的治理方式。

例如，国网浙江省电力有限公司通过数字化把上下游降碳情况进行数字萃取和整合，形成整个碳评报告，鼓励上游建立数字化碳账户，再利用碳账户不断地去发展积累，引导其进行降碳，然后再和金融进行结合。

3）态层级低碳供应链

最终的目标是态层级的低碳供应链。态层级致力于供应链所涉及的各类资源整合，形成一体化的生态，就是多主体共建来推动闭环的低碳供应链，这个时候就需要区块链治理。

在足迹方面，关注供应链的商流物流多维交互和知识网络形成，建立松耦合的元生态平台，就是多生态聚合的生态平台。

在技术方面，主要是实现从知识到智慧的转化，形成多方位商业共识，整合供应链技术与运营规范，它的治理是一种分布式协同治理方式。

4）相关案例

2005年8月15日，时任浙江省委书记的习近平同志在湖州市安吉县余村考察时提出"绿水青山就是金山银山"的科学论断，浙江省湖州市成为"两山"理论的发源地。作为我国铅酸动力电池行业领军企业的天能集团率先落实《生产者责任延伸制度》，有力推动铅酸动力电池再生循环经济助力产业转型升级。铅酸动力电池闭环式绿色产业生态平台项目依托天能集团产业链上下游资源优势，围绕"生产—销售—回收—再利用"的产业链全生命周期构建。浙江天畅供应链管理有限公司通过"系统化整合、O2O运作、平台化赋能"，不断延伸服务链条，构建铅酸动力电池闭环式绿色循环经济生态圈。2020年，天能集团依托废铅酸动力电池清洁化再生技术，实现年回收处理废铅酸动力电池100万吨以上，产出67万吨再生铅、6.9万吨塑料、10万吨硫酸，使所有物质全部循环再利用。天能集团通过铅酸动力电池清洁化再生技术及先进技术和装备，废旧电池金属回收率可达99%以上、塑料回收率达99%、残酸回收率达100%，整个生产过程实现零排放。天能集团态层级供应链的借鉴意义主要表现在以下两方面。

（1）创新业态模式，引领供应链行业发展新方向。

① 闭环式绿色循环经济生态模式。依托天能集团正向分销网络建立逆向物流回收体系，形成"正向分销+逆向回收"一张网，构建"生产—销售—回收—再利用"的闭路循环体系，打造闭环式绿色循环经济生态圈。

② "互联网+高效物流"模式。利用人工智能等现代信息技术，打造"天畅智运"网络货运平台，实现"去中间化"，高效匹配货主端和运力端信息资源，全面提升物流运营效率，降低物流运输成本。

③ "包供包销+期现结合"模式。积极探索铅采购模式创新，打造"原材料代采+产品包销"的"包供包销"模式，逐步构建"代工厂"体系。同时，依托现货端产业优势，帮助天能集团平抑现货商品价格周期波动，保障货源紧俏期间原材料稳定供应，为采购、保供提供强有力支撑。

（2）创新技术应用，推动供应链行业数智化升级。

① "大仓模式+多式联运"应用。通过大仓统一集货、统一配送，优化末端配送。同时，依托前置仓积极探索公铁联运、公水联运等多式联运方式，大大优化运输成本。

② "产销运高效协同体系"应用。通过信息化平台与天能集团SAP系统对接，实现T+2月预测计划提前规划基地优化辐射半径线路，利用关联码推动"基地前置仓—城市中心仓—区域大仓"仓储网络体系搭建，以仓储网络体系推动末端配送优化，推进电池产销运高效协同体系应用。

③ "ABCD+I"现代信息技术应用。积极探索人工智能等现代信息技术应用，实现在车货匹配等领域的广泛应用，提升供应链运作管理和决策智能化。

当前的产业变化，就是从企业级到行业级再到整个闭环的供应链，从组织、足迹、技术多方面共同推动物流和供应链的低碳化，这是当前各行各业所面临的一个挑战，也是需要研究和探索的新课题。

9.4.3 多措并举推动低碳供应链的发展

在整个双碳管理方面，确定科学碳目标之后该如何制胜。主要包含以下三方面。

一是碳管理体系。碳管理体系既要有明确的碳目标，又要有减碳路线图，还要有对应的内部管理机制和对于落地减碳工作有效管控与持续优化。所以需要构建科学碳目标，明确减碳路线图及内部双碳管理体系。

二是全价值链减碳行动。对于平台型企业，需要全价值链碳管理，实现全环节的减碳行动，最终在研发产品的设计、生产、销售、售后服务、回收、再处理、再制造、再应用等环节实现整个商业循环的绿色循环经济体系。

三是双碳数字化。通过构建企业层面的碳管理系统实现对企业的碳盘查，从企业自身的碳管理的视角延伸到整个价值链的碳库存系统，构建产品的PCR（product category rules，产品种类规则，全球公认的绿色低碳评价标准）到EPD（environmental product declaration，环境产品声明）的全生命周期的数据化管理体系，将产品EPD与环境生态系统跟整个绿色品牌的营销能够适配起来，从而呈现商业价值。

1. 碳交易和碳税政策

挪威、荷兰、瑞典、芬兰等国的实践经验和研究表明，碳税和碳交易两种碳减排政策虽然各有优缺点，但并不矛盾。数量控制和价格控制措施并不对立，二者的协调配合、互补使用可避免碳交易价格和碳排放的波动，更好地在兼顾经济的同时降低供应链的碳排放。研究表明，碳交易和碳税政策并行实施后，促进了供应链上、下游企业的合作，更好地实现经济效益和环境绩效，并与其他气候政策相兼容。由于交易、监管和检测的成本较高，相对而言，碳交易政策比较适用于管理碳排放量比较大的行业或企业，而碳税政策则比较适用于管理排放量小或者排放量大但比较分散的行业或企业。目前全国性碳交易市场只是将一些重点行业或企业纳入在内，可能导致碳泄漏，这就需要以碳税政策作为补充，对低排放或高排放但较为分散的行业或企业征收合理的碳税。同样，针对碳排放不同的供应链和消费者低碳偏好不同的供应链，在实施复合碳减排政策时要灵活地进行区分，避免重叠或真空。在实施复合碳减排政策时，为了避免价格大幅波动，碳交易价格可以控制在一个合理的区间之内；为了避免碳减排波动的影响，碳税税率要结合多方利益参考碳交易价格来制定。另外，还需考虑与其他气候政策（如可再生能源政策）的兼容和协调，以免削弱碳交易或碳税政策减排的效果，更好地发挥各种政策实现双碳目标的作用。

2. 基于区块链的低碳供应链管理

协同供应链各个主体的碳减排管理，统筹发展低碳供应链，以便促进区块链技术在低碳供应链管理中的推广和应用。只有全球碳减排的协调和合作，才能打造满足碳达峰、碳中和要求的低碳供应链。

区块链技术的可追溯性和不可篡改性使得碳足迹的追踪变得容易，也可以提高计算的准确性。消费者在购买低碳产品时，对碳标签所包含信息的信任问题也可得以解决。企业可以更全面、准确地评估供应链各环节的碳排放，并从产品的设计、采购、生产、物流和销售各环节进行供应链结构调整以降低产品全生命周期的碳排放。区块链上透明、可靠和实时的信息与智能合约，可以更好地实现低碳供应链各主体之间的信息共享，促进碳减排的协作，也为供应链各主体之间厘清碳排放责任提供了更有效的保障。同时，借助区块链技术，政府可以构建数字化低碳管理平台，对企业实施灵活的动态碳补贴和征收动态碳税。区块链技术还可以帮助企业开发和管理碳资产，为碳交易动态定价提供有效的依据，并提高碳交易的效率，降低碳交易成本。与物联网技术、机器学习技术和人工智能等技术相结合，可以实时接入碳排放数据，对数据进行统计和分析，自动生成碳足迹报告，并进行碳减排方案的模拟和优化。因此，区块链技术的应用可以较好地解决供应链信息可靠性和碳减排协作的问题，还可以为多项减排政策措施的有效实施提供帮助。

3. 碳矩阵SaaS服务实现了专业、技术双重保障企业低碳供应链数字化转型

碳矩阵是一款基于区块链技术帮助企业对自身碳中和全流程进行科学管理的SaaS产品，能够提高企业碳管理效率及可信性。

目前，碳矩阵已经用于蚂蚁集团的碳中和管理中。基于区块链技术不可篡改和可溯源的特点，使得蚂蚁自身碳排放、碳减排、清结算、监管、审计等过程公开透明，相关记录可随时追溯查证。同时，碳矩阵可以实现企业碳中和数据统一平台管理与数据可视化，以及链上第三方专业机构认证和颁发证书。通过区块链安全计算的能力，帮助企业在确保数据安全的前提下披露环境相关数据。碳矩阵已经与国内碳中和领域的权威认证机构——中环联合认证（CEC）达成合作。

碳矩阵SaaS服务实现了专业、技术双重保障企业低碳供应链数字化转型。

首先，通过IoT设备或者跟ERP等系统进行直连，快速收集相关的数据。其次，这些数据在PC端或者APP端做相关碳数据的排查，并且提供多维度的一个分析工具。最后，在线链接相关机构，支持企业定向授权相关机构进行数据核查，可以申请相关的证书，并将这些证书在区块链上得到存证。

这样一个SaaS服务，操作更加便利，并且有认证的权威机构的参与，区块链技术又保证相关的数据安全。

碳矩阵产品的SaaS服务，有四个功能点。

（1）可视化的碳账户的管理系统。企业通过碳相关的数据上传系统，能够得到整个企业的碳管理的数据的总览；能够分区域分范围，从不同的维度去做相关的分析。

（2）一键设置碳盘查的范围。基于国际国家标准，碳矩阵已内置基于不同行业的盘查模板，企业能够根据自己的行业属性去设置自己的盘查范围及排放源清单；能够快速地入门，便于操作，不需要专业的人参与。

（3）数据搜集方式灵活。无论是通过智能的设备，还是通过跟企业的ERP系统相连，都能够快速地获取数据。

即使企业这两部分的数据有部分缺失，集团的碳矩阵SaaS服务还支持手动录入的方式进行数据采集，可以将企业的碳相关数据进行补全。

（4）通过生态的方式在线连接多家权威机构。企业能够在线通过数据上传的方

式，隐私加密计算上传到权威机构，得到相关的认证，并且这个认证机构能够在线颁发相关的证书，存于区块链上。

碳矩阵SaaS在物流供应链行业里面，有如图9.9所示的几方面的应用实例，可以概括为三个场景。

物流企业智能盘查

- 支持企业自主根据相关标准、方法论定义企业排放源清单
- 可视化数据报告，动态分析监测

完善货主企业产品碳足迹

- 助力货主企业核算范围三碳排放数据
- 通过提供相关增值服务，提升供应链物流企业服务竞争能力

智慧能源助力打造绿色产品

- 通过碳盘查核理能源潜在优化空间
- 通过供应链能源优化助力货主打造绿色产品

隐私计算链接生态

- 基于隐私计算技术，做到数据可用不可见
- 链接生态能力，助力企业生成区块链证书、生成可交易的碳资产、申请和绿色金融贷款

图9.9　碳矩阵SaaS在物流供应链的应用

第一个场景，帮助企业自身去做相关的碳排查。根据相关的标准去核定自己碳排查的清单，产生相关的可视性的报告，去做动态的监测。

第二个场景，物流供应链企业作为服务型企业，服务于相关的货主企业。借此能够传递给货主，提供相关的增值服务，帮助货主进行碳排放核算。例如，提高物流企业的中标率；提升运输业务服务竞争力；适配货主企业打造绿色产品的需求，用碳矩阵产生的相关数据支持合作企业申请绿色产品的认证。

第三个场景，通过隐私计算的方式，能够把这些相关的数据给到生态合作企业。例如，认证机构、一些金融机构能够助力物流企业自身；货主申请相关的绿色贷款，拿到相关的认证。碳矩阵已提供相关认证机构、金融机构等的生态链接。

习题

一、判断题

1. 数字技术对传统产业实施技术改进和优化配置，引领工艺和服务创新，对支撑低碳发展具有巨大潜力。（　　）

2. 碳中和主要包括碳的排放、碳的移除。如果碳的排放和移除相等，即可实现碳中和，在这个过程中始终伴随着碳的管理。（　　）

3. 工业互联网双碳园区是以实现园区的碳达峰碳中和为目标，以绿色高质量发展为愿景，充分利用工业互联网规划、建设、运营、提升的新型绿色园区。（　　）

4. 人工智能可为碳管理分析提供算力和存储等基础支撑。（　　）

5. 供应链企业低碳运营实践往往与产品碳足迹相结合，基于产品全生命周期

（LCA）进行管理优化。（　　　）

6. 由于交易、监管和检测的成本较高，相对而言，碳交易政策比较适用于管理碳排放量比较大的行业或企业，而碳税政策则比较适用于管理排放量小或者排放量大但比较分散的行业或企业。（　　　）

7. 区块链技术的可追溯性和不可篡改性使得碳足迹的追踪变得容易，也可以提高计算的准确性。（　　　）

8. 碳矩阵是一款基于5G技术帮助企业对自身碳中和全流程进行科学管理的SaaS产品，能够提高企业碳管理效率及可信性。（　　　）

9. 从供应链的闭环和多利益相关者之间怎么实现低碳角度看，无论是链层级、网层级还是态层级都要解决组织、足迹以及技术三个问题。（　　　）

二、简答题

1. 简述数字技术是如何赋能工业双碳目标的。

2. 简述工业软件是如何赋能双碳目标的。

3. 简述如何构建工业互联网双碳园区。

4. 简述碳矩阵产品的SaaS服务的功能。

5. 简述供应链低碳运营框架，并分析数字技术如何赋能供应链低碳运营管理。

参考文献

[1] 李长江.关于数字经济内涵的初步探讨[J]. 电子政务, 2017(9): 83-92.

[2] TAPSCOTT D.The digital economy: promise and peril in the age of networked intelligence[M]. New York: McGraw Hill, 1997.

[3] 李艺铭, 安晖. 数字经济: 新时代再起航[M]. 北京: 人民邮电出版社, 2017.

[4] 张鹏.数字经济的本质及其发展逻辑[J]. 经济学家, 2019(2): 25-33.

[5] 李晓, 刘正刚. 基于区块链技术的供应链智能治理机制[J]. 中国流通经济, 2017(11): 34-44.

[6] 王伟玲, 王晶. 我国数字经济发展的趋势与推动政策研究[J]. 经济纵横, 2019(1): 69-75.

[7] 肖旭, 戚聿东. 产业数字化转型的价值维度与理论逻辑[J]. 改革, 2019(8): 61-70.

[8] 吕铁, 徐梦周. 传统产业数字化转型的趋向与路径[J]. 人民论坛·学术前沿, 2019(18): 13-19.

[9] 李永红, 黄瑞. 我国数字产业化与产业数字化模式的研究[J]. 科技管理研究, 2019, 39(16): 129-134.

[10] 新华三大学. 数字化转型之路[M]. 北京: 机械工业出版社, 2019.

[11] 中国信息通信研究院. 中国数字经济发展研究报告(2023年)[R/OL].(2023-4-27)[2023-8-15] .www.caict. ac.cn/kxyj/qwfb/bps/202304/t20230427_419051.htm.

[12] 孟小峰, 慈祥. 大数据管理: 概念、技术与挑战[J]. 计算机研究与发展, 2013, 50(1): 146-169.

[13] 邹蕾, 张先锋. 人工智能及其发展应用[J]. 信息网络安全, 2012, 12(2): 11-13.

[14] JIN J, MA L, YE X W.Digital transformation strategies for existed firms: from the perspectives of data ownership and key value propositions[J]. Asian Journal of Technology Innovation, 2019, 28(3):1-17.

[15] 冯登国, 张敏, 李昊. 大数据安全与隐私保护[J]. 计算机学报, 2014, 37(1): 246-258.

[16] 冯朝胜, 秦志光, 袁丁. 云数据安全存储技术[J]. 计算机学报, 2015, 38(1): 150-163.

[17] 中国信息通信研究院. "5G+云+AI": 数字经济新时代的引擎[R/OL]. (2019-12-9)[2021-1-10]. http://www.cbdio.com/image/site2/20191209/f42853157e261f5840505a.pdf.

[18] 中国信息通信研究院. 中国数字经济发展白皮书(2017年)[R/OL]. (2017-7-13)[2021-1-10].http: // www.cac.gov.cn/files/pdf/baipishu/shuzijingjifazhan.pdf.

[19] 陈剑, 黄朔, 刘运辉. 从赋能到使能: 数字化环境下的企业运营管理[J]. 管理世界, 2020, 36(2): 117-128.

[20] 迈克尔·格里夫斯. 产品生命周期管理[M]. 褚学宁, 译. 北京: 中国财政经济出版社, 2007.

[21] 苏春. 数字化设计与制造[M]. 3版. 北京: 机械工业出版社, 2019.

[22] 王建华, 程绪琦.AutoCAD 2014标准培训教程[M]. 北京: 电子工业出版社, 2014.

[23] GRIEVES M, VICKERS J. Digital twin: mitigating unpredictable, undesirable emergent behavior in complex systems[J]. Transdisciplinary Perspectives on Complex Systems, 2017, 10(3): 85-113.

[24] 陶飞, 张贺, 戚庆林, 等. 数字孪生十问: 分析与思考[J]. 计算机集成制造系统, 2020, 26(1): 1-17.

[25] 数字化从业笔记. 了解MBSE，这一篇文章就够了[EB/OL].(2021-01-26)[2024-03-22].http://www.360doc.com/content/20/0813/07/71135856_959051034.shtml.

[26] 陶飞, 刘蔚然, 张萌, 等. 数字孪生五维模型及十大领域应用[J]. 计算机集成制造系统, 2019, 25(1): 1-18.

[27] 鹏慧. 数字孪生概念的起源与内涵的历史变迁[EB/OL]. (2023-07-25)[2023-11-24]. https://mp.weixin.qq.com/s/TABW9I_0Ri6JysOrAcXZiw.

[28] LI X, CAO J R, LIU Z G, et al.Sustainable business model based on digital twin platform network: the inspiration from Haier's case study in China[J]. Sustainability, 2020, 12(3): 936-958.

[29] 中国电子信息产业发展研究院. 数字孪生白皮书(2019)[R/OL]. (2019-12-19)[2021-1-10].http://www.woniupai.net/93291.html.

[30] 梁乃明, 方志刚, 李荣跃, 等. 数字孪生实战: 基于模型的数字化企业(MBE)[M]. 北京: 机械工业出版社, 2020.

[31] 吴星星. 国内外数字孪生平台初探[EB/OL]. (2023-7-18)[2023-11-24]. https://mp.weixin.qq.com/s/H5O5SjiODNWLIp61PoHz-A.

[32] 中国信息通信研究院, 企业数字化转型技术发展趋势研究报告(2023年)[R/OL]. (2023-5-9)[2023-8-15] www.caict.ac.cn/kxyj/qwfb/ztbg/202305/t20230509_419516.htm.

[33] 邹明政. 西门子数字化工厂架构解读：生产数字孪生[EB/OL]. (2022-9-26)[2023-11-24]. https://baijiahao.baidu.com/s?id=1745020792481786818&wfr=spider&for=pc.

[34] 田军, 刘正刚. 企业资源计划(ERP)[M]. 2版. 北京: 机械工业出版社, 2020.

[35]比特智造管理员.智能工厂指挥中心: 西门子APS介绍[OL].(2019-11-13)[2021-1-10]. https://www.jianshu.com/p/2b440be3c027.

[36] 蔡颖. APS走向实践[M]. 广州: 广东经济出版社, 2007.

[37] 蔡颖.APS供应链优化引擎[M]. 广州: 广东经济出版社, 2004.

[38] 比特智造. 从订单到交付一站式APS解决方案[EB/OL]. (2023-03-16)[2023-11-24]. https://zhuanlan.zhihu.com/p/617880255?utm_id=0.

[39] 黄培. MES选型与实施指南[M]. 北京:机械工业出版社, 2020.

[40] 彭振云, 高毅, 唐昭琳. MES基础与应用[M]. 北京:机械工业出版社, 2021.

[41] 苏宏业, 肖力墉, 苗宇, 等. 制造运行管理(MOM)研究与应用综述[J]. 制造业自动化, 2010, 32(4):8-13, 95.

[42]肖力墉, 苏宏业, 褚健. 基于IEC/ISO 62264标准的制造运行管理系统[J]. 计算机集成制造系统,

2011, 17(7): 1420-1429.

[43] 浪潮集团. 浪潮制造运营管理系统(MOM)[J]. 智能制造, 2019(4): 29-31.

[44] 邵奇峰, 金澈清, 张召, 等. 区块链技术: 架构及进展[J]. 计算机学报, 2018, 41(5): 969-988.

[45] 吕文晶, 陈劲, 刘进. 工业互联网的智能制造模式与企业平台建设: 基于海尔集团的案例研究[J]. 中国软科学, 2019(7): 1-13.

[46] 徐雪松, 金泳, 曾智, 等. 应用于工业互联网数据安全的分层轻量级高通量区块链方法[J]. 计算机集成制造系统, 2019, 25(12): 3258-3266.

[47] 工业互联网产业联盟. 基于工业互联网的供应链创新与应用白皮书[R/OL]. (2021-08-01) [2023-8-15]. http://aii-alliance.org/uploads/1/20210517/4fee9046851d070e9fdebc 515143ffb1.pdf.

[48] 杨春立, 孙会峰. 工业互联网创新实践[M]. 北京: 电子工业出版社, 2019.

[49] 工业互联网产业联盟(AII). 工业互联网平台白皮书(2019)[R/OL]. [2021-1-10].https://www.miit.gov.cn/n973401/n5993937/n5993958/c6002326/part/6002331.pdf.

[50] 工业互联网产业联盟, 工业互联网平台赋能产业链供应链白皮书[R/OL]. (2021-12-01)[2023-8-15]. http://aii-alliance.org/uploads/1/20211223/8bb8fbf263c9a5fb15e2005843e5b938.pdf.

[51] 杜苗苗, 孙洁. 2023中国工业互联网平台研究报告[R/OL]. (2023-08-15)[2023-11-24]. https://www.163.com/dy/article/IC6N05NG0538KZBE.html.

[52] 中国信息通信研究院, 数字碳中和白皮书[R/OL]. (2021-12-20)[2023-05-18]. www.caict.ac.cn/kxyj/qwfb/bps/202112/t20211220_394303.htm.

[53] 工业互联网产业联盟. 工业互联网碳达峰碳中和园区指南[R/OL]. (2021-12-01)[2023-11-24]. http://aii-alliance.org/uploads/1/20211230/e2cb0bfc10df274a064c959dd49489c6.pdf.

[54] 中国信息通信研究院, 中国航天科工集团有限公司, 工业互联网产业联盟. 数字技术赋能工业碳达峰碳中和应用指南[R/OL]. (2022-05-01)[2023-08-18]. http://aii-alliance.org/uploads/1/20220829/60a1b5f60 969dd1673460614040e504f.pdf.

[55] 宋华. 基于数字商业生态的低碳供应链[EB/OL]. (2023-03-06)[2023-11-24]. https://mp.weixin.qq.com/s/VbedZBbGpMNaCOeT-0leFA.

[56] 飞驼数智航运. 低碳供应链数字化转型[OL]. (2023-01-02)[2023-08-18]. https://zhuanlan.zhihu.com/p/595823553.

图书资源支持

感谢您一直以来对清华版图书的支持和爱护。为了配合本书的使用，本书提供配套的资源，有需求的读者请扫描下方的"书圈"微信公众号二维码，在图书专区下载，也可以拨打电话或发送电子邮件咨询。

如果您在使用本书的过程中遇到了什么问题，或者有相关图书出版计划，也请您发邮件告诉我们，以便我们更好地为您服务。

我们的联系方式：

清华大学出版社计算机与信息分社网站：https://www.shuimushuhui.com/

地　　　址：北京市海淀区双清路学研大厦 A 座 714

邮　　　编：100084

电　　　话：010-83470236　　010-83470237

客服邮箱：2301891038@qq.com

QQ：2301891038（请写明您的单位和姓名）

资源下载：关注公众号"书圈"下载配套资源。

资源下载、样书申请

书 圈

图书案例

清华计算机学堂

观看课程直播